反ヘイト・反新自由主義の批評精神

いま読まれるべき〈文学〉とは何か

岡和田晃

寿郎社

はじめに

批評の無力が叫ばれて久しい。だが、本当にそうであろうか？

否、と大声で言いたい。

虚飾とシニシズムが積み重なり、現実は閉塞に満ちている。既存の権威におもねらず、単独者の観点から風穴をあける行為が、批評だろうと思うのだ。学知を横断しつつ、状況へのオルタナティヴとなるような言葉とその位置を探り当てること。加えて、そこに至るまでの思考プロセスの提示こそを、本書で示したいと考えている。

もっとも、無力とは言いながらも世間で評判になっている（＝売れている）「批評」はすでに存在しており、およそ三つのパターンに区分できる。

第一に、政治的現実が醸し出す〝空気〟に同調し、歴史の改竄と陰謀論を基軸に、マイノリティを排除することで連帯せんとする「極右（＝ネット右翼、ネトウヨ）」批評である。社会問題化したヘイトスピーチ（差別煽動表現）が典型的なのだが、そうでなくとも歴史的な事実をカジュアルに歪曲して差別へ誘導する話法は、あちこちに拡散されてしまっている。

第二に、欧米由来のアカデミックな文化研究《カルチュラル・スタディーズ》が本来、有していたはずのダイナミズムを喪失し、微細な表現のあり方や作品を取り巻く政治的文脈から目をそらし、性差別的な〝萌え〟を錦の御旗とすることで、加害の構造を隠蔽せんとする「オタク（＝サブカルチャー、サブカル）」批評である。

第三に、思想的な真空を直視することに堪えられず、「魂」や死者の世界を明示的な前提として議論を組み立て、安直な癒しとして心の傷跡に擦り寄る「スピリチュアリズム（＝スピリチュアル、オカルト）」批評である。権威を失墜した「文学」を再生するという名目で、もてはやされており、これからも、ますます人気を集めてゆくだろう。

これらに共通するのは、読者の無軌道な欲望に奉仕すること、そして、同調圧力を高める類の願望充足的な「物語」の提供に疑問を持っていないことだ。

かつて批評とは、アカデミズムとジャーナリズムの谷間に位置し、両者を架橋する言説であって、それゆえに可能性があると喧伝されたものだ。しかし現状では、学術的というには恣意的にすぎ、報道としては遅きに失し正確性を欠くような言説ばかりが「批評」と称している。その流れで蔓延した「極右・オタク・スピリチュアル」という陥穽をすべて回避しつつ、抵抗の現場から見えてきた認識を示し届けることこそが、本書の目標とするところにほかならない。

バブル経済が完全に崩壊した一九九〇年代から、あらゆるものの価値を売り上げの多寡で判断する新自由主義経済体制（＝ネオリベラリズム、ネオリベ）が台頭し、私たちの拠って立つ思想的な土壌を限りなく低いレベルで均質化・平準化させた。

そこで批評は無力とされるどころか、積極的な旗振り役を担うことも珍しくなかった。近代の批評は、国民国家《ネーション＝ステート》のイデオロギー操作を担うという機能を有したが、粗悪なパロディが「ポストモダン」な社会において流通しているのだ。3・11東日本大震災と福島第一原発事故の惨劇が、こうした傾向に拍車をかけ――少数の優れた例外を除き――それまでの批評の息の根を止めてしまった。

私はこのような知的風土に息苦しさを感じ、そこを切り拓く言葉、すなわち〈文学〉とは何かを模索してきた。その成果が本書である。私が二〇〇八年から二〇一八年まで一〇年のあいだ書き続け、商業文芸誌や新聞・共著書等に発表してきた原稿から、「日本」の政治的・文化的な状況に対する抵抗を直接・間接の主題とする批評、狭義のジャンルとしては、現代社会の現状と変化をダイレクトに表象せんとする「純文学」を扱ったものを精選した。本書の理論的な屋台骨としては「ポストコロニアリズム」に区分されるが、植民地主義《コロニアル》の問題を「ポスト=終わった」ものではない、〝いま、ここ〟の障壁と捉えている。

本書に収められた原稿は個々に独立しており、どこから読んでいただいてもかまわない。大まかな分類としては、各章の表題に見られるとおりなのだが、これらの仕事と並行して、私は『北の想像力　《北海道文学》と《北海道SF》をめぐる思索の旅』（編著、寿郎社、二〇一四年）、『向井豊昭傑作集　飛ぶくしゃみ』（編著、未來社、二〇一四年）、『向井豊昭の闘争　異種混交性（ハイブリディティ）の世界文学』（未來社、二〇一四年）といった書物を世に問うており、それらとリンクするような原稿も多数、収めてある（もちろん、独自の批評としても読めるものだ）。

こうした仕事の中核にあるのは、〈アイヌ〉に対する歴史的な加害性への反省を出発点とした作家・向井豊昭（一九三三～二〇〇八年）の仕事の研究である。一九八〇年代以後の向井は、フランスの「新しい小説《ヌーヴォー・ロマン》」に影響を受け、既存のリアリズムに留まらない自由な作風を獲得した。その顰《ひそみ》に倣うわけではないが、本書は「純文学」の論集でありながら、〝思弁=投機《スペキュレーション》〟性を軸に現実とは異なる世界を希求するSF（=スペキュレイティヴ・フィクション）的な思考も積極的に採用している。輻輳《ふくそう》する社会へ向き合うためには、表現も複雑にならざるをえないと考えるからだ。

複雑さを擁護してきた私は、二〇〇七年頃から本名でライター活動を開始し、非正規雇用やフリーランスの労働環境の無慈悲さ（貧困）を身をもって体験して、政治的現状への批判的な視座の必要性を自覚するようになった。向井豊昭などの現代文学を読み込むことで、突破口が確保できたようにも思えたが、そのことで「日本」という国家が暗黙の前提としてきた、植民地主義の問題に直面せざるをえなくなった。植民地主義の暴力性をとりわけ生々しい形で痛感したのは、それまで小規模に存在していたアイヌの民族性を否定し差別を煽動するヘイトスピーチが、燎原の火のごとくに広がりを見せる事態に遭遇したことだ。文芸評論家として看過することは許されないという思いから、『アイヌ民族否定論に抗する』（共編著、河出書房新社、二〇一五年）を緊急刊行した。本書には、その後に発表したヘイトスピーチへの対抗を主軸とする批評も収められており、私なりに「以後の責任」を示したものとご理解いただきたい。

3・11以後、反原発運動に代表される社会運動の言葉が目立つようになった。それらが重要なのは言うまでもないが、直接的な有効性を求めるあまりか、〈文学〉の言葉が本来そうであるような熟慮の姿勢が軽視されている。かわってSNS（ソーシャル・ネットワーキング・サービス）的な言葉が浸透し、短絡的な罵倒が二四時間、三六五日飛び交っている始末だ。私も何度となく、一人の市民としてデモの列に混じってきたが、本書はそうした性急さを採らない。テクストという媒介項を噛ませることで、俯瞰的な視座を提示することが可能なものとして文芸評論を捉え、実存の深い部分にこそ訴えかけることを目指している。

従来、こうした方法論はかつて「文化左翼」と嘲笑されることが多かった。確かに、現役の文芸評論家で、反ヘイトスピーチを公言し重要な指針とする書き手は、ほとんどいない。反面、テクストを読むことは、むしろ政治的なコミットメントを避けるためのエクスキューズに使われてきた。だが、そのような旧弊で甘い態度はもう許されないだろう。敢えてこういう言い回しをするならば、かつて「文化左翼」だったものを抜本的にアップデートすべき時期が到来しており、本書はその実践と理解していただいても差し支えない。

いま読まれるべき〈文学〉とは何か。この問いを共有し、意義あるものとして再生させたい。

目次

はじめに　i

I　ネオリベラリズムに抗する批評精神　15

◉真空の開拓者
——大江健三郎の「後期の仕事《レイト・ワーク》」　16

一　悲しいオレンジの実る土地／二　抵抗としての「形式」／三「内面化」された「他者」／四「後期の仕事」／五「時間」と「暴力」／六「近代」と、「習合」の拒否／七「散種」された「星座小説」／八「方向性のある探究」／九「責任」を口にするための視座／一〇「暴力」への対抗／一一　真空への貪欲な「宙返り」／一二「アナクロニスム」の圏域、そして未来／本書収録にあたっての付記

◉「核時代の想像力」と子どもの「民話」
——『はだしのゲン』への助太刀レポート　59

「心の炎」としての「想像力」／「ネトウヨ発」の藁人形論法／ヘイトスピーチの拡大、『はだしのゲン』騒動の長期化／保守論壇が問題視するもの／「他者」へ向き合う「想像力」／「想像力」と「民話」の機能

◉世界の革命家よ！　孤立せよ！……73
◉「歴史の偽造」への闘争
——『日本人論争　大西巨人回想』……77
◉文学に政治を持ち込む戦術《タクティクス》の実践
——陣野俊史『テロルの伝説　桐山襲烈伝』……79
◉高橋和巳、自己破壊的インターフェイス……81
回帰する『邪宗門』のリアリティ／「内ゲバ」の論理と「管理／統治」／想像力により消尽される「生命の哲学」／高橋和巳と小松左京、不純なインターフェイスとしてのSF
◉破滅《カタストロフィー》の先に立つ批評
——神山睦美『希望のエートス　3・11以後』……96
◉「近代文学の終り」と樺山三英「セヴンティ」
——3・11以後の〈不敬文学〉……100
◉選び取り進むこと
——山城むつみインタビュー……115
ロシア語とマルクスとの出会い／小林秀雄のドストエフスキー論の衝撃／英語で書かれた評論／〝ある一点〟を抉り出す／〝アラン的〟なもの／NAMについて／選び取り進む

II ネオリベラリズムを超克する思弁的文学《スペキュレイティブ・フィクション》 …… 141

◉青木淳悟
――ネオリベ時代の新しい小説《ヌーヴォー・ロマン》 …… 142

はじめに――「セカイ系」とは何か／一 内側からだけでは見えないもの／二 真空の性質とメタレベル／三「世界視線」をジャックする／四 Google Earth Eye ／五 システムの外に飛び出す「利己的な遺伝子」／六 切り捨てられた記号を再度拾うこと／七「モナド」の断絶

◉「饒舌なスフィンクス」からの挑戦状
――青木淳悟『匿名芸術家』 …… 194

◉『北の想像力』という巨大な〈弾〉 …… 196

◉『北の想像力』の試み
――「仮説の文学」でネオリベに対峙 …… 199

◉『北の想像力』という「惑星思考《プラネタリティ》」
――山林に自由存せず、から始まる〈北海道文学〉史の再考 …… 201

〈北海道文学〉という「ルービンの壺」／後景化された階層性／状況への抵抗としての〈北海道文学〉／〝ゆるキャラ〞的なデフォルメの背景／円城塔の方法が示した数学的構造／向井豊昭の「魔術的リアリズム」とその原点／「御料牧場」と「アイヌ」からの逃走／「脱領土化」から見えた「惑星思考《プラネタリティ》」／閉塞を打破する様々な「惑星思考」

◉「私」と〈怪物〉との距離
——藤野可織の〈リアリズム〉……213
◉日常の裏に潜む別世界
——小山田浩子『穴』……224
◉林美脉子という内宇宙《ドキュメント》……226
◉「作者の死」、パンドラゲートのその先へ
——林美脉子『タエ・恩寵の道行』栞文……237
◉文学による「報道」
——笙野頼子『さあ、文学で戦争を止めよう　猫キッチン荒神』……241

Ⅲ　北方文学の探求、アイヌ民族否定論との戦い　243

◉小熊秀雄を読む老作家・向井豊昭を読む　244

◉夷《えみし》を微《かす》かに希《ねが》うこと
——向井豊昭と木村友祐　247

下北と〈在日朝鮮人〉——向井豊昭「御料牧場」／「下北語」が表現するもの——向井豊昭「下北」、「ゴドーを尋ねながら」／無二の故郷を書き換える——向井豊昭「南無エコロジー」／忘却への闘争——木村友祐「海猫ツリーハウス」、「Ｐ」「満車」「連結散水送水口」／下北、「核」と「基地」をゆく——木村友祐「幸福な水夫」／同調圧力に抗する蝦夷——木村友祐「イサの氾濫」／夷を微かに希うこと——向井豊昭「鳩笛」、木村友祐「聖地Ｃｓ」／本書収録にあたっての付記

◉アイヌ民族否定論の背景　274

◉環太平洋的な「風景」を描いた民族誌
——金子遊『辺境のフォークロア』　277

◉私たちは『アイヌ民族否定論に抗する』をなぜ編んだか
——岡和田晃×マーク・ウィンチェスター　279

◉北限で詠う詩人たち、「途絶えの空隙」とそこからの飛翔　290

◉放射能が「降る降る」現実を前に
——小坂洋右『大地の哲学　アイヌ民族の精神文化に学ぶ』　298

●中央《ヤマト》の暴力《リズム》を掻き回す《コヤッコヤッ》辺境の言葉
——向井豊昭『怪道をゆく』……300

●ノッカマップを辿り直して……302

●「がんばれニッポンっ！」という空白を埋める
——木村友祐『イサの氾濫』……307

●生きられる隙間を探せ
——木村友祐『野良ビトたちの燃え上がる肖像』……311

●歴史修正主義に抗する先住民族の「生存の歴史」
——津島佑子『ジャッカ・ドフニ』……313

●津島佑子と「アイヌ文学」
——pre-translation の否定とファシズムへの抵抗……317

津島佑子の〝遺作〟が置かれた磁場／『ジャッカ・ドフニ』刊行後の反響／津島佑子と「アイヌ文学の状況」／『アイヌ神謡集』の翻訳を介して見えたもの／pre-translation を拒む「アイヌ文学」／ファシズムが「アイヌ研究」に落とした影／再話という「翻訳」で「夢」を恢復する

●歴史修正主義と〈マイノリティ憑依〉をともに打破する言葉はどこか
——教育者にして作家・向井豊昭の調査と思索、その原点……337

富岡幸一郎と的場光昭の歴史修正主義／矮小化を拒んだ『森と湖のまつり』／「言葉狩り」と〈マイノリティ憑依〉／向井豊昭の調査と内省／ヘイトスピーチは「日本」そのものの貧しさ

◉〈アイヌ〉をめぐる状況とヘイトスピーチ
――向井豊昭「脱殻《カイセイエ》」から見えた「伏字的死角」……353
〈アイヌ〉をめぐる二〇一四―一六年の状況／〈アイヌ〉を表象し、あるいは受容する際の屈折／「文学上の言説批判」と「現実に目の前で行われている暴力」との乖離／向井豊昭の新発見資料「脱殻《カイセイエ》」の概要／「脱殻」が露呈させる〈アイヌ〉という「伏字的死角」／本書収録にあたっての付記
◉「文化振興」に矮小化される「アイヌ政策」を批判、表象と政治のねじれた関係を解きほぐす
――計良光範『ごまめの歯ぎしり』……377
◉マイノリティ相互の関係史を資料と証言で掘り下げる
――石純姫『朝鮮人とアイヌ民族の歴史的つながり』……380
◉江原光太と〈詩人のデモ行進〉
――『北海道＝ヴェトナム詩集』再考……382
◉江原光太と〈詩人的身体〉
――郡山弘史、米山将治、砂澤ビッキ、戸塚美波子らを受け止めた器……394
◉断念の感覚の漂着点
――中原清一郎『人の昏れ方』……408
◉異議を申し立てる文学
――木村友祐『幸福な水夫』……410

IV 沖縄、そして世界の再地図化《リマッピング》へ……413
◉沖縄の英文学者・米須興文の「二つの異なった視点」
——主に『ベン・ブルベンの丘をめざして』収録文から考える……414
◉移動と語りの重ね書きによる世界の再地図化《リマッピング》
——宮内勝典『永遠の道は曲りくねる』……427
あとがき 431

装幀　鈴木美里

I

ネオリベラリズムに抗する批評精神

真空の開拓者

——大江健三郎の「後期の仕事《レイト・ワーク》」

人間は究極的にはそれ自体が問題を体現している存在だ。あなたはそう言った。それは正しい。しかし、それはどんな問題なのですか。

（ガッサーン・カナファーニー『ハイファに戻って』）

一方、現在の自分はほぼ仕事を終えた老作家で、それもいったん歩み去ったはずのこちら側に舞い戻っている、と考えた。そして「集団恢復病棟」の暗い床にゴロゴロしていた、自分の想像力の産物の面倒を見なければならない。そういうことが可能かどうか……しかも、これから自分が面倒を見なければならないのは、想像する眼の産物だけじゃないのだ……

（大江健三郎『さようなら、わたしの本よ！』）

一　悲しいオレンジの実る土地

水気を失ってひからびたオレンジの実をひとつ、思い浮かべてみよう。そのオレンジは、脚の短いテーブルの上に置かれている。隣にあるのは、黒光りする六連発の銃だ。その脇には寝台が据え付けられており、男が横たわったままわずかに身体を震わせている。さながら屠殺される寸前の動物のように、力なく、しかしはっきりと、ぶるぶる身震いしているのだ。床擦れらしきものがうかがえ、どうやら寝たきりであるらしい、ということがわかる。時折、苦しそうな嗚咽が混じる。傍らにはくたびれた女が腰を下ろし、夫をじっと見つめている。その瞳はらんらんと、猫の目のように輝いている。窓は閉め切られ、部屋は薄暗い。でも、こっそりと両親の寝室に忍び込んだあなたは、なぜだかわからないが、そうした情景を目にしてしまい、何が起きているかを知る。その瞬間、あなたの時間はそこで停まり、もう戻らない。

これは、パレスチナのアラブ系作家ガッサーン・カナファーニーの短編「悲しいオレンジの実る土地」(一九六三年)の最後の場面を、言葉を補い描写し直したものだ。この、日本語訳にして僅か一〇頁強の短編小説は、カナファーニーが体験した実際の事件をモデルとしている。それは、一〇七人から一二〇人が犠牲になったというデイル・ヤーシン村の虐殺だ。一九四八年、イスラエル建国の一カ月ほど前に引き起こされたこの陰惨な事件は、イスラエル側からは「独立戦争」、パレスチナ側からは「大災厄」と異なった呼称で呼ばれ——私たちが第一次中東戦争として認識している——戦いの前触れとして企図された殺戮であった。第一次中東戦争の目的は、パレスチナの地にユダヤ人の国家を打ち立てることにあったとされているが、そのためには、もともとパレスチナに住んでいたアラブ系の——一〇〇万人規模と的は、アラブ系の住民たちに恐怖を与え、移送作業を速やかに行なわせることにあったのである。そして、デイル・ヤーシン村の虐殺の真の目的は、アラブ系の住民たちに恐怖を与え、移送作業を速やかに行なわせることにあったのである。

奇しくもこの日一二歳の誕生日を迎えたカナファーニーは事件に巻き込まれ、混乱のさなか家族ともども落ち延び難民となって、シリアの山村ザバダーニへと逃れたのであった。後にパレスチナ解放人民戦線（PFLP）のスポークスマンとして健筆を振るうことになった作家は、その光景を「悲しいオレンジの実る土地」の冒頭に、「この事態がいったいどのように始まり、そして終ろうとしているのかわからなかった」と書きつけた。殺戮と強姦の饗宴を終えた「ユダヤ人達」が「凶暴な威嚇をつづけながら、迅速に軍を撤退させた」後に、語り手の家族は「高熱にうなされでもしたかのような狂おしさ」で、トラックに家具類を投げ込み、レバノンに向かう。こうして語り手である「ぼく」達の一家は難民となったのだが、「トラックの屋根の上のちょうど運転手の頭の上のあたりの、鉄の柵をめぐらした中」、「どんよりと曇っていた」空を見つめる弟の隣で寒さに震える語り手の眼は、「道の両側にどこまでもつづくオレンジ畑」に注がれていた。その様子を、遠くで響く銃声を耳に、「誰もが恐怖の入りまじった不安に苛まれはじめていた」と、「ぼく」は描写する。

やがて、亡命先においても、「ただ、なるがままされるがままになっていた」一家は、「一遍に年をとってしまったかのよう」な父親に率いられ、ひと月あまり亡命先を点々とする。そして、五月一五日がやってくる。レバノン、シリア、トランスヨルダン、イラク、エジプトのアラブ連盟五カ国がパレスチナへ攻め込んだのだ。しかしながら、兵力では圧倒的に勝りながらも、アラブ連盟はユダヤ人を追い出すことができなかった。その間に「いろいろな事が、ひどくゆっくりと過ぎていった。伝えられた報道は、ぼく達を欺いていたのだった。そして真実があらわになったが、それはみなぼく達に背くもので、ぼく達はありったけの苦しみをなめさせられた」と語り手は言う。そして、日に日に父親の抱える苦悩は深まるばかりで、もはや「パレスチナのことを語ったり果樹園や家での幸せだった過去について語るのはほとんど不可能」になってしまった。

　そしてある日、一人の男が「ぼくには何だかわからない、また憶えてもいないある用件」で、「父さん」のもとを訪れる。それを原因として「父さん」は、「癇でもおこしたように狂おしく」脱出の際に持ってきた箱のなかをかき回す。そのとき、「きみ」の母は、「すべてを理解」し、子供たちを「うろたえながらも発作的に」、部屋の外へ突き飛ばし、「山へ逃げて！」と叫んだのだ。その後、どうなったのかを引用してみよう。


「子供たちを楽にしてやるんだ。そして俺も死ぬんだ。もうすっかり終りにしたいんだ。終りにしたいんだよう」

やがて、きみの父さんは静かになった。ぼく達が戸の割れ目から部屋のなかをのぞくと、きみの父さんは床の上にくずおれて、はっきりと聞きとれるほどぜいぜいという音を出して、喘ぐようにかみしめた歯の間から、嗚咽の声をもらしていた。きみの母さんは、その傍らできみの父さんを見つめながら、暗澹とした面持ちで坐っていた。それでもぼく達には、いったいどういうことなのか、事態がよく呑み込めなかった。

けれど、ぼくははっきりと憶えている。きみの父さんの傍らの床の上にころがっている、黒い六連発銃がぼくの眼に映ったとき、すべてがはっきりしたことを。

人喰鬼の姿をいきなり目にしたときのように、ぼくは息もとまるほどの恐怖におそわれ、はじけるようにそこをとびだして、山へ逃げた。その場からどんどん遠ざかるにつれて、ぼくは自分の子供時代からも遠のいていったのだった。

ぼく達の生活が、もうかつてのように甘く美しい、静かな流れのようにすぎてゆくものでなくなっているのがわかった。事態は、ぼく達一人一人の頭に弾丸を打ちこもうとするところにまで来てしまっていたのだ。それならば、ぼく達はそれにふさわしい別の行動をとらなければならないのだ。ひもじいときには食べものをほしがる、というのとは違ったふるまいを。

（「悲しいオレンジの実る土地」）

まさに激烈な、極限状況と言ってもよい光景だ。その後、「ぼく」が戻ると、狂乱した「父さん」は具合が悪くなり、寝込んでしまっていた。病みついて、もう起き上がることはできない。本論の冒頭に引用した情景が描いていたものは、ずばりそのような状況なのである。

二　抵抗としての「形式」

ここで重い沈黙を押しのけ、あえて、この極めて張り詰めた短編全体の語りの仕組みに着目してみよう。「悲しいオレンジの実る土地」は、語り手である「ぼく」が、「君」に向けて、過去の起きた事件について語るという仕立ての小説だ。さて、この「君」とはいったい誰なのだろうか？　おそらくは、「ぼく」の家族の一員、ひいては「ぼく」の弟か妹、少なくともより年少の家族であることは間違いない。あまりにも幼く、ことの次第を呑み込めなかった者に、多少なりとも分別のある「ぼく」が、デイル・ヤーシンの虐殺の「その後」について、内側にいた者にしかできない語り方で聞かせているのだろう。こうした読解で、何も問題はないように見える。

だが、それだけだろうか？　「父さん」が、「一人の男」から何を言われて一家心中を決意したのか、詳しい説明がなされないのも、結局のところ極限状況を生きるうえでは、「事態は、ぼく達一人一人の頭に弾丸を打ちこもうとするところにまで来てしまっていた」ことを理解しさえすればよいからだと解することができる。だが、歴史がいかように経過したのかを知っている読者は、問題が奈辺にあるのかを心得ている。おそらく「父さん」を絶望させたのは、パレスチナの土地の多くをイスラエルに割譲することとなった休戦協定の知らせではないかと推測できるからだ。「ぼく」や「父さん」はもはや、生まれ育った土地へと帰ることは適わなくなった。それゆえ、「父さん」は絶望し「もうすっかり終りにしたい」と嘆き、心中をしようとして失敗し、寝たきりになってしまったのである。そう考えると、この小説では、歴史と「言葉」と「物」がひとつになっていると理解することができる。この小説が、読み手の魂の奥底に訴えかけるような深みを持っているのは、「ひからびたオレンジの実」というただの「物」について語ることが、もはや戻らない失われた何かについて語ることを意味することであり、そのまま何かを伝えることに直結していると、読み手に思わせるからにほかならない。

いったん、そう理解してしまえば、「ぼく」が呼びかける「君」というものは、単に小説の作中に収まるものでは、もはやなくなってしまう。「君」とは、不当に故郷を追われた人々すべてを指すことになるわけだ。「ぼく」が境遇を語るうえで頻繁に「ぼく達」という呼称を用いて連帯性を強調すること、そして「父さん」を「君の父さん」との呼称で呼ぶ理由は、おそらくこの点に帰結する。ほかならぬ「君」に生を与えた、その父親が、「屠殺される寸前の動物」のように震えていることを、「ぼく達」にとってもわけもわからないものであるにもかかわらず、それでも、確かに伝達しなければならない。「ぼく」の語りは、そうした強靭な意志に貫かれたものとなっている。こうして「父さん」は一個人から、より大きな何かへと変貌する。そして、「ぼく達はそれにふさわしい別の行動をとらなければならないのだ。ひもじいときには食べものをほしがる、というのとは違ったふるまいを」という記述は、個人の決意から、より普遍的な人間としての生を獲得するための抵抗の呼びかけへの発展だと読むことができる。

エドワード・W・サイードは、『パレスチナとは何か』（一九八六年）において、この短編を軸に、パレスチナのアラブ系住民の特質について、興味深い見解を寄せている。

しかしながら、深刻な意味合いで論争の余地などないと私には思われる事柄も確かに幾つかある。ひとつは、歴史的に私たちが、本質的に、使い捨ての民《ディスポウザブル》、従属民［臣民］《サブジェクトピープル》、古典的な帝国主義のいう劣等人種と見なされてきたことである。私たちは、同じ原理に従って、移動させられ、転置され、身ぐるみ剥がされてきたのだ。同じ原理とは、パレスチナ人など一貫性を有する民族集団ではないということである（カナファーニーの書いた物語のなかで最も悲惨な一篇である「悲しいオレンジの実る土地」は、ヤーファーのある家族の遍歴《ペレグリネイションズ》を描きながら、この宿命を具体的に示している。その痛切さは、私たちの文学では、ほとんど類例のないものだ）。したがって、私たちの姿勢は根本的に外側に向けて焦点を合わせている、つまり、私たち自身が提供するわけではない権威の中心のほうを向いている、と見ることが可能である。あたかもそれは、外的な権威の持つ諸見解を私たちが内面化してしまって、その権威の計略の数々に私たちも参与しているかのようなのだ。

（『パレスチナとは何か』）

サイードは『パレスチナとは何か』の執筆意図を、「パレスチナ人の眼を通して見たパレスチナ人像を呈示することであり、しかも、パレスチナ人とは、当人たちにとってすらどれほど異人もしくは「他者」のように感じられる存在かという実態を手加減を加えずに示す」ことだと語っている。「使い捨て」、「従属民」、「劣等人種」。そうした見解を内面化せざるをえず、当人たちすらが自らを「他者」としてしか理解することのできない現状。その本質をカナファーニーの小説は体現していると、サイードは語るのだ。その意味で、サイードはパレスチナのアラブ系住民の残した文学について、西洋近代の知を基盤とする批評家らが注目を寄せがちな「筋書きと内容が伝えているのは何かとか、その社会学的・政治学的意味」にのみ目を向けるのは間違いであると告げる。むしろ「形式」にこそ着目すべきだと彼は言うのだ。そうすることによって、マイノリティ文学が扱う問題系は、各々の土地土地、あるいはイデオロギーのくびきから解き放たれ、広く抑圧され、虐げられた者の「声」として結実することになるわけなのだから。まさにこの点において「悲しいオレンジの実る土地」は、明らかに民族主義的な呼びかけが内包されているにもかかわらず、「民族としての宿命」が、個々の「民族」のフレームのみに留まらない、開かれたものであるということを、「形式」として証し立てるに至る。

三 「内面化」された「他者」

だからこそサイードが、「私たちの姿勢は根本側に外側に向けて焦点を合わせている、つまり、私たち自身が提供するわけではない権威の中心のほうを向いている」と述べるとき、その「私たちの姿勢」は、「パレスチナのアラブ系住民」の声に留まらず、「パレスチナ」とは何の関わりも持たない者たちにとっても、私たちが抱える病理について述べていることになる。それゆえ、「外的な権威の持つ諸見解を私たちが内面化してしまって、その権威の計略の数々に私たちも参与している」のは、実のところ、文字通りに、いまを生きる私たちが抱える病理そのものの指摘でもあると理解することができないだろうか。だからこそ、「悲しいオレンジの実る土地」の事件から六〇年あまりが経過しているのにもかかわらず、この小説は私たちが抱える切実な問題をも指摘しているのである。そして、カナファーニーの小説を通じてサイードが論じた「形式」の特性というものは、次に挙げる著名な小説に、残らず反映されているということに、私たちは気がついてしまう。


夕焼けはじめていた。犬の一匹が高く吠えた。

僕らは犬を殺すつもりだったろ、とあいまいな声で僕はいった。ところが殺されるのは僕らの方だ。

女子学生が眉をしかめ、声だけ笑った。僕も疲れきって笑った。

犬は殺されてぶっ倒れ、皮を剝がれる。僕らは殺されても歩きまわる。

しかし、皮が剝がれているというわけね、と女子学生はいった。

全ての犬が吠えはじめた。犬の声は夕暮れた空へひしめきあいながらのぼって行った。これから二時間のあいだ、犬は吠えつづけるはずだった。

（「奇妙な仕事」）


これは大江健三郎が二二歳のときに発表したデビュー作「奇妙な仕事」の最後の場面である。改めてこの箇所を見直せば、「犬を殺すつもりであった」「僕ら」が、「外的な権威のもつ諸見解を内面化」してしまっていたことに気づく過程が、余すところなく書き記されているのがわかるだろう。それがゆえに、「奇妙な仕事」は今でもなお、大作家の習作ではなく完成された短編として、私たちの心をうつ。デイル・ヤーシン事件の日が一二歳の誕生日であったカナファーニーは、虐殺以降、誕生日を祝うことがなくなったという。おそらく彼はその日、小説の語り手と同じように、時間を越えて「何が起きているか」を知ってしまったのだ。そして大江も、同様の見地から出発しているように見える。奇しくもカナファーニーよりも一歳年長である大江は、一九四八年、一三歳であった。彼自身が、「ぼくは子供のころ、勝った軍隊の兵士としての黒人を、初めて見たときの恐怖と嫌悪、それに一種の畏敬の念を忘れることができない」(「戦後世代のイメージ」、一九五九年)と語っている。カナファーニーが、超越的な「他者」により「村」から「追放」された体験を根幹に据えているのに比べ、大江は「閉鎖」した「村」に「他者」が入り込んだ経験を、「作家」としての生活のひとつの原点としている。

ここで重要なのは、こうした「子供のころ」の「恐怖と嫌悪、それに一種の畏敬の念」が、大江においては後の『飼育』(一九五八年)などの作品に結実しているという指摘に留まってはならないということだ。むしろ重要なのは、彼が創作の根幹に据えたであろう「何が起きているか」という問題系を、「作家」という特異な個人が、いかにして引き継いでいるのかに目を向け、考えることではないか。

一九七二年、カナファーニーは、車に仕掛けられた爆弾により、三六歳の若さで還らぬ人となった。一方の大江は、その年、連合赤軍の事件を受けて、ドストエフスキーの『悪霊』(一八七三年)を「三たび読み直しながら」、「百年間の人間社会の構造の複雑化にもかかわらず、むしろ現在が非常に単純」だという「印象」を「ぬぐいきれない」と、『壊れものとしての人間』(講談社文庫版)の「自註と付録」に記していた。

大江は、自らが抱えている主題を、粘り強く変奏を繰り返しエラボレーションを加えることで深めていくタイプの作家であるが、『飼育』や『壊れものとしての人間』を書いたときの姿勢も、当然ながらそのエラボレーションの過程に組み込まれてきたと言ってよいだろう。その集大成たるものが、『取り替え子《チェンジリング》』（二〇〇〇年）、『憂い顔の童子』（二〇〇二年）、『さようなら、私の本よ！』（二〇〇五年）の「おかしな二人組《スウード・カップル》」三部作であるが、興味深いのは、『さようなら、私の本よ！』の最後に、本論で先に引用した「奇妙な仕事」の終末部分がそのまま組み込まれていることだ。こうした方法を前にすると、私たちは、サイードと大江の仕事を強く結ぶ「後期の仕事《レイト・ワーク》」という言葉を想起せざるをえないだろう。

四「後期の仕事」

二〇〇六年、映画『エドワード・サイード OUT OF PLACE』の完成記念上映会での講演が下敷きとなっているエッセイにて、大江はいかにしてサイードと出会い、「後期の仕事」について考えるようになったのかを語った。ここでは、かつて大江が「小説を書くことをやめる」と考え、そこから脱皮した経緯が、赤裸々に明かされている。

> 私が小説を書くのをやめようと考えたのは、自分の小説がしだいに歴史と現実に背を向けて、いわば自己流の神秘主義に入り込んでいるのが、どうもダラシナイという思いがして、我慢できなくなったからでした。
> （「「後期のスタイル」という思想――サイードを全体的に読む」）

ここで大江が出会ったのが、サイードの『文化と帝国主義』（一九九三年）に加え、『音楽のエラボレーション』（一九九一年）という、「作品をみがくことについて」、「独自の意味づけを示している」書物であった。そもそも大江は、自己の作品に徹底した改稿を施し、エラボレートを絶やさない作家であるが、ここでサイードが『後期のスタイル《オン・レイト・スタイル》』（後に刊行された邦訳の題は『晩年のスタイル』、二〇〇六年）で記した「非調和的な、静かでない緊張、そしてなかんずく、一種のあきらかに非生産的な生産性、逆行するもの……それらをふくみこむ後期のスタイルとしての経験を探究」する手順を採用することによって、エラボレーションの方法そのものを発展させ、「自分の困難な時」を乗り越えることに成功したのだと述べる。そうすることが、サイード流の「不確かな足場に立ちながら、困難を克服するためにもう一度試みること」に繋がる。言い換えれば、大江にとって「後期の仕事」は、「作家」という特異な個人が、自身の過去を積極的に引き受けることによって、「歴史と現実」に再度目を向けるための方法であるのだ。それはもはや、『新しい人よ眼ざめよ』（一九八三年）などで繰り返し描かれてきた、「新しい人」＝後の世代の誰かへと希望を仮託するだけの話ではない。カナファーニーの「悲しいオレンジの実る土地」はその「形式」、「君」という明らかに次の世代に、外堀からは見えない内奥の部分を伝播することに、かすかな希望を見出そうという試みであったと要約することができる。しかしながら、もはや「後期の仕事」において、歴史と現実とを体現するのは、いま、ここにしぶとく生きる「作家」本人なのである。その意味で、「後期の仕事」はメッセージやイデオロギーを伝達する試みではない。それは「生き様」と「作品」の相関関係を無化する行為でもなくなる。

こう考えると、『さようなら、私の本よ！』に記された「奇妙な仕事」の読み方もまた変わってくる。ここで「奇妙な仕事」が引用されるのは、「作家」の仕事の循環過程に結末を設けることでその生涯を総括させ、静かに幕を下ろさせるための演出ではない。むしろ、作品を規定する円環としての調和からはみ出すこと、より正確に言えば調和を破砕することによって、生の総体を生き続けること、動き続けることに可能性を見出すための挑戦であると言える。

五「時間」と「暴力」

福嶋亮大は、大江のこうした「後期の仕事」が、「描かれる対象」との「親密さの切断」という「質的変化」をもたらしていると読む（「喜劇と永遠性」、二〇〇五年）。そして、「後期の仕事」の実践である「おかしな二人組」三部作の締め括りに位置する『さようなら、私の本よ！』の最終章で、大江自身をモデルとした長江古義人が、「徴候」の収集に励むさまに着目している。

ところで、先ほど、「後期の」がついたことによる質的変化を問題にした。それは具体的には、すべての計画が頓挫しロバンソン小説も失敗したあとで、古義人が「徴候」の収集に励むようになることに現れている。古義人はもはや小説を読まない。それよりもむしろ新聞のニュースの断片から世界の徴候《サイン》を読み取り、逐一記録し始める。それはしいていえば「全体小説」的であり、「本にするとなれば並外れて厚い本になる」ようなものだ。収集の際、あるいはそれがいつの日にか読まれる際、ひょっとすると長江を「徴候」にしてしまう程度の変換ミスはあるかもしれない。しかし、かといって古義人は徴候を集めることを躊躇しないだろう。そうした誤変換まで一切合切含めて「徴候」を拾い集め、とりあえず未来に投げ出していくこと。

（「喜劇と永遠性」）

「徴候」とは、より大きな暴力によって人々が「棄民」にされ、恢復の兆しがなくなるという事態への兆しのみを意味しない。もはや完全に壊れきったまま、「人間が恢復することを考えなくなる、その分岐点を越えた向こうで発せられている言葉」を指すのである。そして、そうした言葉は、「五十年前」でも今でも、「相変わらず同じものが発せられている」という。

福嶋は、古義人がこうした「徴候」を拾い集め、「とりあえず未来に投げ出していく」ことを、「特定の対象」との対話を軸にした「調和」ではなく、「解放的な世界で身をさらしてゆくこと」と読み替えている。そして、「若い世代の作家がセルフイメージの再生産に入ってしまっている現在からすれば、あるいは団塊の世代が軒並み保守化している現在からすれば、やはり驚くべき膂力であり、また勇気だというしかないだろう」と大江を高く評価する。だが注意すべきことは、そう断ったうえで、福嶋がこうした開放性を、「無時間性」の志向だと理解している点だ。

しかし、同時に指摘すべきなのは、大江が本質的には少しも変わっていないことだ。単なる物理的な死、あるいは主体に限界を告げる作業については、大江はこれまでも、そして本書でも決して書こうとしなかった。思えば「死者の奢り」のときから、大江にとって死は主観によって観察される対象(死体)でしかない。「徴候」のカタログが現代の全体小説となりうるというのならば、大江は相変わらず死を消去し、ある種の「永遠性」に向かおうとしている。実際、仮に古義人が死んでも、集められた「徴候」は不死だろう。柄谷がいったように『懐かしい年への手紙』の静謐な「老年」がヘーゲル的な絶対精神を体現していたのだとすると、本書では「徴候」が貯えられた「全体小説」、東浩紀ふうにいえば「データベース」(『動物化するポストモダン』)が来るべき絶対精神の位置を占めている。大江はその点で、かたちを変えつつも、基本的には一貫して無時間性を志向してきたといってもよい。

したがって、私がこの作品を本質的に「批評」するとすれば、いうべきことは次の一点しかない。この「老作家」のlater work、自らの書法との決別を告げたこの「仕事」には、唯一、時間だけが欠けている。こうした「徴候」には生死の別もないし、時間の前後関係もない。

(「喜劇と永遠性」)

ここで福嶋が指摘する「無時間性」とは、一見すると、私たちがカナファーニーの作品を通じて検証してきた「時間はそこで停まり、もう戻らない」事態と共通しているように見える。しかしながら、両者は決定的に異なっている。私たちが「悲しいオレンジの実る土地」を通じて見てきた「時間の凍結」は主体的に志向されているわけでなく、「暴力」によって強いられているものであるからだ。それはすなわち、積極的に選択できるようなものではない。そして、カナファーニーより長き生を生きている大江は、「国家」による暴力だけではなく「老い」や、それによって訪れる「死」という決定的な暴力までをも、引き受けなければならないわけだ。ならばそれはもはや、「死」を「主観的」に「観察」しているのでも、「死」を眼前から「消去」しようとしているのでもない。反対に、おそらく「死」という決定的な「暴力」を、ぎりぎりの極限においてまで引き受けることで、逆説的に「死」を越えた何かを希求しているのではないか。『壊れものとしての人間』に収められた、次の文章を見てみよう。

われわれは死の刻印を押されているが、日々を正気で生き延びるために、われわれのうちなる死を隠蔽しようとする。しかし、いったん死を見出す眼をそなえた者は、あるいは、望むと望まないとに関わらずいったん死を見出し始めた眼の持主は、遍在する死に正面からむきあわないわけにはゆかない。そしてしかもなおそれを隠蔽しつづけようとするのは、最悪の困難をそなえた状態である。

（「核時代の暴君殺し」）

この散文の発表された一九六九年時点において、すでに大江は「死」に対して極めて自覚的であったことがわかる。彼は、「死」が懐胎する矛盾を心得たうえで「死」という「暴力」に向き合うことについての考察を行なっている。そうして作家は、核爆弾という「暴力」の「根幹」が「絶対的に巨大」に「対置された民衆のひとりひとり」が、「恐怖するもの」あるいは「殲滅されるもの」として「肉体」を意識するのであれば、「暴力そのものの具現」に近づいて行くことは、すなわち「想像力のデッド・エンド」を示す暗く広大な壁面にむかって駆けてゆくことにほかならない」とまでも告げるのだ。それゆえ大江は、笠井潔が『テロルの現象学』（一九八四年）で指摘しているような「観念の肉体憎悪」とは、まるで異なる地平から「死」という「暴力」を理解していると思ってよい。

六「近代」と、「習合」の拒否

「観念の肉体憎悪」とは何か。その典型として、ドストエフスキーの『悪霊』に登場するキリーロフが「意識的自殺によって肉体を超越し、そのことによって観念としての神を葬り去り、死の瞬間に、喪われた体験としての神の回復を企てる」ことを挙げる。キリーロフは、「誰もが免れることのできない死の宿命という世界喪失=自己喪失の現実」への救いとして、「瞬間としての死、状態としての死という〈未知〉を観念的に補填し、現実的喪失を観念において回復するべきものである観念としての神」を求めたのだ。「神」を求めるキリーロフは、ある意味、病理としての「近代」を代表している。それでは、佐藤亜紀がドストエフスキーの「スラブ主義」を正面から論じた「近代の半分とその先の半分」(二〇〇七年)を参照し、「近代」と「神」との関係を考えよう。

> (……)あらゆる事物に容赦なく理性の光による検討を加えて、全ての迷信を叩き潰し、支配する者とされる者の間にあって異議申し立ての仲介と調整を担ってきた古き機構を解体し、属する場所を奪って、全て人間を個に解体する――これが近代の第一段階だ。一見解放に見えるが、その実、個々の人間は「暴力」と「権力」との前に剥き出しで置かれることになる。また、中間にあった機構の解体によって社会は流動化し、人間は止まるところを知らない変化に曝される。
>
> その後に、再統合・再従属・再組織化の段階が来る。解放され、個に還元された人間は、近代の暴力的側面に直接に曝される。もはや同じ場所に生まれて同じ場所で死ぬ安定した生は不可能だ。かつて信仰が与えてきた安心立命さえ存在しない。そこで登場するのが国家の疑似宗教化であり、純然たる地誌的概念を越えて個を漏れなく国家に統合するに至った「民族」のイデオロギーだ。過剰な流動性と暴力の脅威に不安になった個は諸手を挙げてこのイデオロギーを歓迎し、かくて新しい国家は、社会の流動化によって生じたエネルギーを一元的に吸い上げて利用できるようになる。古き国家にとっては不可能だった国民の全人格的な動員が、ここに至って可能になる訳だ。フラン

ス革命から我らが格差社会の右傾化に至るまで、近代は同じ過程を果てしなく、しかもより徹底的になりまさりながら、繰り返している。われらが懐かしき「近代の超克」が不可能だった理由はそこにある――「近代の超克」自体が全く近代的な欲求であり、超克すると主張した当のものへのより徹底した帰順を意味している以上、どれほど真剣な希求に基づいているとしても、最終的には近代国家をより強力に支える動員体制への積極的な加担に帰着する。

ドストエフスキーの所謂スラブ主義は、そうした不可能な試みの例だ。どれほどキリストを求めようと、どれほど信仰による再生を夢見ようと、その信仰が「民族」とイコールで結び付けられている限り、何しろ民族はイコール国家でもある、実際には「この世の君」へのより徹底した従属に至らざるを得ない。最早、地上の王国と天の王国の区別さえ消えうせている――ドストエフスキーのキリストはロシアに再臨する筈なのだ。

（「近代の半分とその先の半分」）

ここでは、ドストエフスキーの登場人物のみならず、ドストエフスキーの「思想」そのものに付随する「近代」の構造が端的にまとめられている。佐藤は『悪霊』について、「母なるロシアに取り憑いた「近代」の悪霊」の正体が、「ドストエフスキーが近代を超克するものとして考えていた民族主義に寄り添うキリスト教より、更に古い層に根差した土俗的な信仰の残存物であり、それは、奇妙な形で、超克されるべき近代と習合される」と説明する。

『テロルの現象学』で笠井潔は、キリーロフの延長線上に三島由紀夫の割腹自殺（一九七〇年）を置く。笠井は、「三島にとっては自殺こそが、観念の肉体憎悪の究極の形」とし、「肉体を観念の支配下におき、肉体を美的に形式性の奴隷たらしめることの極限的完成」として、三島は「死」を「美的に完結したもの」

と措定したのだと言う。それゆえ笠井は、三島の「肉体主義」を「肉体憎悪の逆説的な形式」だと読んだわけだ。笠井によれば、三島は「体験としての神」が、「全的」に「欠如」していたことになるのだ。すなわち、佐藤のドストエフスキー観を援用すれば、三島は最後まで「習合」を拒否した人間だったのである。

『さようなら、私の本よ！』において、ドストエフスキー（特に『悪霊』）と三島＝ミシマは重要な問題系（「ミシマ・フォン・ゾーン計画」）をなしているのだが、そのなかでは、「美的に完結」した「肉体憎悪の逆説的な形式」と、「習合」の拒否とが両立しえないという矛盾を理解したうえで、もしも三島が、「肉体主義」を「美的に完結したもの」としなかったとしたらどうなっていたのかという考察がなされている。それはすなわち、三島が自決するのではなく、「自衛隊にクーデタを挑発する、しかも最初の失敗でそれをあきらめない。むしろ失敗に続く国家の弾圧すら逆手にとる」といった「ポジティヴな構想」である。「ミシマが総監を人質にしてある部屋に引き揚げ、かれを救出しようとする自衛隊員」と争い、逮捕された結果を見て、「それなりにかれの考えと行動力は本気なものだった」と理解する者もいるのではないかと見たのだった。その後、あまりにも「早熟」だった三島が、監獄内での熟考を経て、バブル時代の狂騒に沸く日本に復帰したら何が起こったのか。それとともに、三島の「考えと行動力は本気なもの」と受け止めた者たちはどうなっていたのか。いや、仮に三島が死んだままでいても、その「失敗を教訓」にして、三島と同様の問題意識を抱えたものたちが、彼の自決後の「三十年、もし準備を重ねていた」ならばどうなっていたのか、との問いかけが、『さようなら、私の本よ！』では投げかけられる。

七「散種」された『星座小説』

注目すべきことは、ここでの三島以降についての考察が、デリダの言葉を借りれば、三島を契機とした「散種」として表現されていることである。「ミシマ・フォン・ゾーン計画」に関する箇所を見てみよう。

この国で、ああいう企てに担ぎ出される文化英雄は、ミシマだけだ、というのじゃないでしょう？　長江さんでもないだろうけど……

武とタケチャンが笑い声をあげた。古義人はあえてその挑発に応じることにした。

―いま文化英雄は、小説家じゃない。アニメーション映画の監督か、ポピュラー音楽の作り手か、ＩＴ産業の企業家だ。

―私は当時の市ヶ谷のヘッドクォーターにいた連中より、一世代、二世代下の自衛隊幹部を知っているわけですが、と羽鳥がいった。かれらは将来についてのシミュレーションに文化英雄の介入を必要としませんでした。大体、二・二六のクーデタと北一輝の関係だってそうだったじゃないですか？　第三世代となるとね、終始、自分らの企ては自分らで立ち上げる覚悟ですよ！

―つまり、政治的なミシマ＝フォン・ゾーン計画の必要なしに、かれら自体で動き出す勢いがある、と……

ウラジミールはそういったが、羽鳥は答えなかった。

（『さようなら、私の本よ！』）

さながら三島の芸術的＝政治的な遺伝子を撒き散らされ、種として埋め込まれたがごとき者たちは、もはや三島のような「文化英雄」の介入を一切意識することなく、「自分らの企ては自分らで立ち上げる覚悟」ができる、というわけだ。そこでは、古義人が主張するような、「文化英雄」の意匠が変貌している、という反論は説得力を持ちえなくなってしまう。ただ、誤ってはならないのが、ここでの「散種」を、福嶋の言うように「ヘーゲル的な絶対精神」から「データベース」への移行、という具合に読んではならない、ということだ。古義人はあくまでも「徴候を記す」ことで、「ロバンソン小説」の先にあるものを見出そうとしたのだ。『さようなら、私の本よ!』で語られる「ロバンソン小説」は、セリーヌの『夜の果てへの旅』(一九三二年)を読んだ後に、「ノートに書きつけた」、「自分(のこと)として」構想されたものである。ロバンソンとは、『夜の果てへの旅』に登場する重要人物で、「僕」ことバルダミュといつもと違う特別な場所で風変わりな出会いをし、結果的にバルダミュを先導する役割を果たす人物だ。そして、いつのまにかバルダミュの内面に入り込み、常に意識せざるをえない厄介な存在となるわけだ。『夜の果てへの旅』の最後で、ロバンソンは殺される。その情景に付け加えるものとして、大江は「ロバンソンに導かれた物語をすべて語り終わって、はじめて自分の未来へ向けて夜の果てへの旅へと進み出ようとする……」と書き留める。つまり、「ロバンソン小説」とは、ロバンソン亡き後を語るための小説なのだ。それゆえ古義人の「ロバンソン小説」は、本質的には失敗したとは言えないだろう。

仮に福嶋の言うように、古義人によって書きとめられた「徴候」が「データベース」であるとしよう。だが、『さようなら、私の本よ!』においてはその「データベース」は、あくまで「人間」の手によって分類がなされたものであり、「壊れている人間の言葉」とか、「恢復する気持ちのない言葉」という区分けを経ているのも、「すべての計画が頓挫しロバンソン小説も失敗した」古義人、すなわち少なくとも「夜の果て」とは何かを心得ている人物の手によってなされているものだ。その作業が、機械的な「データベース」の収集と蓄積であるなどと言うことが、果たして可能だろうか?「徴候」の集積体は、「十三、四歳の子供ならば誰でもそこに置かれた箱を開いて、なかのものを読める高さにして」あり、その書かれ方は、

「そこに記述するすべての壊滅のしるし」を、「ひっくり返す思い付きをこそ、かれらに呼び起こそうというもの」となっているという。「逆転のきざし」を懐胎させることで、「徴候」を、情報の羅列以上のものにしようとしているわけだ。そうなると、「徴候」は「データベース」ではなく、あくまでも「散種」によってもたらされた歴史性の継承であると、捉えられなければならないのではないか。福嶋は、「あくまで古義人は世界の徴候を汲み尽くすようなタイムレスな「全体小説」を目指しているのであり、そのとき、主体の能力を淡々とすり減らしていくようなタイプの「時間」は邪魔者でしかないからだ」と語っているが、はたして大江は、「全体小説」などを志向していたのだろうか。むしろ「時間」そのものの有限性を知っているからこそ、あえて「時間」を凍結させ、「徴候」へと封じ込めようとしていたのではないか。それは世界をまるごと包含しようとする試みではなく、あくまでも、「星座小説」の延長線上に留まるものではないのだろうか。

八 「方向性のある探究」

大江自身、「おかしな二人組」の第一部である『取り替え子《チェンジリング》』を書いたときの姿勢として、「全体として一つのかたまりがあるわけではなくて、それらすべてがばらばらにあるんだけれども、その一つひとつの位置づけを読者の方でつないでくだされば、それが星座のようになっている」(「座談会　大江健三郎の文学」、二〇〇一年)と述べているし、「おかしな二人組」の第二部にあたる『憂い顔の童子』では、ベンヤミンの『歴史哲学テーゼ』(一九四〇年)を作中に組み込み、「読み直す《リ・リーディング》」という行為に焦点を当てている。『憂い顔の童子』においてこの「読み直す」行為は、作中に登場する長江古義人の文学を研究するアメリカ人女性ローズさんが、師匠であるノースロップ・フライの言葉を引用することによって説明される。それによれば、「読み直す」こととは、必ずしも「もう一度読む」ことではなく、「本の持つ構造のパースペクティヴのなかで読むこと。それが言葉の迷路をさまよっているような読み方を、方向性のある探究《クエスト》に変える」ことだと解説される。そして、『憂い顔の童子』のなかでは、こうした「探究」が、「自分が生きて来た経験すべての意味を発見して、そのように一切と和解」することに接続されるわけだ。かつて、著者である大江が参加した「若い日本の会」は、『憂い顔の童子』のなかでは「老いたるニホンの会」へと再編成され、かつて、熱い時代での瞑想を、「方向性のある探究」へ転換させたことが語られるわけだ。その転換は、もはや過去への安住ではない。古義人の出発点の一つである『ハックルベリィ・フィンの冒険』(一八八五年)から、ハックルベリィ・フィンが、「地獄」に行くのも辞さず、パートナーの黒人ジムの逃亡を助けるシーンを引用していることからも、その真摯さは明らかである。しかし、こうした真摯さは、『憂い顔の童子』が下敷きとしているセルバンテスの『ドン・キホーテ』(一六〇五年、一五年)と同じように、結局のところ挫折の憂き目を見るのであるが、興味深いのは、こうした「方向性のある探究」の結末が、ベンヤミンの『歴史哲学テーゼ』に顕著なユダヤ的な救世主《メシア》思想へ至る、そのぎりぎりのところで踏みとどまっているということだろう。それを理解するために、「星座」について原理的かつ啓発的な考察がなされている、ベンヤミンの『ドイツ悲哀劇の根源』(一九二八年)を参照してみよう。

ところで、現象はしかし、仮象の入り混じった生《なま》の経験的な現状のまままるごと理念の領域に入ってゆくわけではない。もっぱら現象の要素《エレメント》だけが救い出されて、理念の領域に入るのである。現象は、分割されて真理の真の統一へ参与するために、おのれの偽りの統一を放棄する。現象は、そのように分割されて概念の配下に置かれる。事象を解体して要素にするのが概念である。（……）概念は、媒介者の役割を担うことによって、現象を理念の存在に関与させる。また概念は、まさにこのような媒介者の役割をもつからこそ、もう一つのこれまたやはり根源的な哲学の課題に、つまり理念の描出に役立つ。現象の救出が理念を媒介にして行われることによって、理念の描出が経験を手段にして行われるのである。というのも、理念は、それ自体がそのまま描き出されるのではなく、もっぱら概念によって具象的な諸要素が配列された形で描きだされる以外にないからである。しかも理念は、具象的な諸要素の星座的配置《コンフィグラツィオーン》として描き出される。

（『ドイツ悲哀劇の根源』）

やや晦渋な文章ではあるが、ここにこそ、福嶋の言う「全体小説」と、大江の「星座小説」との違いを考えるための手がかりが含まれている。噛み砕いて見ていこう。はじめに、作家が小説のモデルとした実体験（あるいは実人生）があるとする。当然ながら、それをそのまま小説に組み込むだけでは小説にならない。夾雑物が入り込むことによって、真に重要なものが見えなくなるからだ。それゆえ、実体験と、作家が抱える主題と連関する「要素」——すなわち小説のネタにするだけの意味のある「題材」——が汲み出されることになる。そのとき、実体験と「要素」との線引きを行なうものが「概念」である（難しいが、ここでは作家が掘り下げてきた「主題」と理解して問題ないだろう）。そうした「概念」としての「主題」は、一方で「要素」を抽出し、また一方では「理念」を掬い上げることになる。「要素」が小説の「題材」だとしたら、「理念」は小説の「思想」に該当する。そしてその「思想」は、小説という具体的な形に仕上られる人生経験を活かしたうえで、エラボレートされることになる。大江が、『同時代ゲーム』（一九七九年）で描いた「主題」を『M／Tと森のフシギの物語』（一九八六年）で変奏したことを思い出そう。そのうえで「思想」は、（「概念」

としての）「主題」を深めるため、全体に包括されるのではなく、あくまで「星座」の配置のように、読者へ提示されることになるわけだ。それゆえ『同時代ゲーム』と『M／Tと森のフシギの物語』の関係性だけではなく、『万延元年のフットボール』（一九六七年）や『懐かしい年への手紙』（一九八七年）、『燃えあがる緑の木』三部作（一九九三〜九五年）などが射程に含まれ、一挙にパースペクティヴが押し広げられることになる。そうして、「星座」的な射程は、大江による「最後の小説」宣言の後に書かれた『宙返り』（一九九九年）、ひいては「おかしな二人組」三部作にも確かに引き継がれていると見ることができるだろう。こう考えると、大江の「星座小説」は、モナド的な情報が並列され提示される「データベース」的な方法とは、まるで性質を異にしていることがわかる。だが、それならば、大江の「星座小説」を「真面目《シリアス》」に読むことによって得られる「方向性のある探究」とはいったい、どのようなものであろうか？

九「責任」を口にするための視座

橋本勝也は、「具体的《デジタル》な指触り《キータッチ》」（二〇〇七年）において、現代のような高度情報化の行き届いた世界においては、フーコー的な「言葉」と「物」とが、完全に断絶してしまっているということを前提に、作者が読者を陳腐な「物語」に「洗脳」しているとの糾弾を行なった。そのような現状においてはむしろ、読者は「物語」を無批判に受容するべきではなく、「想像力」を「行使」することによって、「責任」を取るべきであると、橋本は主張する。高度情報化社会において、「思想」や「身体感覚」は、「情報」へと還元されざるをえない。ならば、「歴史認識」や虐げられた者たちへと「想像力」を伸ばし、「想像力」に伴う「責任」すら引き受けさせる必要があると彼は言うわけだ。そのために彼は、「新しいテクストを分析するために必要な、新しい批評言説」の構築が必要だと主張する。それは、「テクストを構成する一語一語を「セル」に、さらにそれらの単語同士を結びつける関係を「関数」と見なし、エクセルの計算式を緻密に設計するような言説」であるという。この言説は、「セル」と「関数」という二つの「構成要素」によってのみ、「図式に論理展開」される。それゆえ、「私たち」「読者」による「問題点の指摘と訂正《バージョン・アップ》」＝「「責任」追及《バージョン・アップ》」が可能になるという。だが、はたして本当にそうだろうか？　「セル」と「関数」によってのみ構成されているから、「読者」が介入可能なのだとしたら、その「「責任」追及」なるものは、非常に単純で、貧しいものになってしまうのではないだろうか？

　橋本が要求する「「責任」追及」への意識を、大江は早くから、ロブ＝グリエの方法に見出していた。『新しい小説のために』（一九六三年）においてロブ＝グリエは、バルザックが「人間喜劇」と呼ばれる一連の作品群によって提示したような、洗練された物語形式としての一九世紀的な小説スタイルは、乗り越えられるべきだと訴えた。世界はもはや圧倒的に不条理であり、いや不条理という観念を通り越し、世界はただそこに在るのみとなってしまっている。人間は自然と決定的に断絶している。こうした人間と自然との間に存在する「差異」を掬い出して「崇高化」し、神話的な意味での悲劇として提示することで、読者の認識を「いま、ここ」へと引き寄せるのが、ロブ＝グリエの戦略だ。「作家が読者に望むのは、もはや完成した、充実した、自己閉鎖的な世界を出来合いのかたちで受けとることではなく、それと反対に、みずから創造に参加すること、自分の手で作品を――そして世界を――生み出すこと、そうすることによって、自分自身の生を生み出すすべを学ぶということなのである」とロブ＝グリエは語ったが、そのために活用された技法が「視線」の導入である。大江はそれを受け、『壊れものとしての人間』に収録された「作家にとって社会とは何か？」において、「ロブ＝グリエ的な視線のかくれた意味あいを、もっと奔放に活用して、ほとんど全世界を覆いつくすほどの巨大さの眼が事物を眺めている、と感じられるような視点を、作家の意識のうちに導きこんだ新世代があらわれることも、文学の技術の論理の自然な展開というほかにないであろう」と語るのだ。その「巨大さの眼」の一例として、大江はル・クレジオの『大洪水』(一九六六年)を挙げる。

(引用者註・『大洪水』の引用の後に)このル・クレジオのいざないによって、われわれはロブ=グリエと共に閉じこもっていた室内から戸外に出ることができる。そして自己閉鎖的な世界を出来合いのかたちで受けとるかわりに、かつてなかった新しい世界を把握することができるようになったと、未練がましく室内にのこっているロブ=グリエの声のコダマのごとくに、かれに叫びかえしてやることができるだろう。しかし、その新しい世界とは、ル・クレジオの最初の作品の、奇妙に明晰な観照にみちた自己幽閉をおこなっている青年の、外部からきた(社会からきた)者への挨拶じみた問いかけが、核戦争はまだおこらないかね、というのであったことが暗示するように、核戦争による黙示録的な光景の展開しうる新世界である。

(「作家にとって社会とは何か?」)

大江によれば、ル・クレジオによって提示された「巨大さの眼」によって、卑小な個人は、「核戦争による黙示録的な光景の展開しうる新世界」に目を向けることができるようになる。つまり「言葉」と「物」との断絶への意識をさらに発展させ、ミクロとマクロの間の断絶を意識することができるようになったというのだ。ミクロとマクロの間の断絶は、橋本の言う「セル」と「関数」とが織り成す「図式」の「論理展開」とは、位相や次元を異にしている。橋本の「論理展開」はあくまで平面の問題にすぎない。仮に「「責任」の追及」が、平面を構成する「セル」と「関数」の操作に介入することであるとしたら、結局のところ私たちは「エクセル」の世界から抜け出すことができないだろう。それは大江の言う「自己閉鎖的な世界を出来合いのかたちで受けとる」姿勢から、遥かに退行してしまっていることにならないだろうか？　自己閉鎖的な世界のなかで記号操作を繰り返すこと。それは「言葉」と「物」との断絶を克服することから、もっともかけ離れた営為にほかならない。橋本の主張はあくまでもコンピュータ言語の世界の話に留まり、そこから外へ出ることはできない。いざコンピュータがダウンした際の対応には、まったく役に立たないのだ。ましてや、アーサー・C・クラークの『２００１年宇宙の旅』（一九六八年）のように、コンピュータそのものが狂ってしまっていたら、どうなるのか？

一〇「暴力」への対抗

『さようなら、私の本よ！』において問われているのは、まさに「壊れものとしての人間」を補填することができなかった「狂ったコンピュータ」が生み出したとも言うべき「暴力」への対抗である。そしてミクロとマクロの断絶を意識し、そこへ介入することは、「世界の巨大暴力」に対する「小さな暴力」による「蜂起」と位置づけられる。「世界を支配している暴力」は、「核の暴力」をも含めて「巨大なもの」であるが、それに「対抗する」形で、「個人的な単位の暴力装置」が提示されるのだ。むろん、こうした「暴力」への対抗は、初期の作品――例えば『芽むしり仔撃ち』（一九五八年）――の主題を引き継いでいるわけであるが、『さようなら、私の本よ！』に登場する「個人的な暴力装置」は、あくまでも「バラバラの個人たち」がその活動を担うといった意味において、セクト的ではない「散種」が目論まれている。しかしながら、その「散種」は、『さようなら、私の本よ！』で唐突に登場した椿繁《つばきしげる》なる人物によって、理論的な裏付けがなされているものでもある。沼野充義によれば、椿繁は「大江ワールドの新顔で、現実のモデルはもちろんあれこれあるのかも知れないが、武満徹が篁《たかむら》に対応する、といったレベルの明確な照応関係を彼の場合現実に持つとは思えない。その意味ではフィクショナルな人物のよう」らしい（「終わりの中の始まりを求めて――「古義人三部作」を読む」、二〇〇五年）が、この椿繁こそが、『さようなら、私の本よ！』において割り当てられた古義人の相棒であるのは言うまでもない。「おかしな二人組」の第一部、『取り替え子《チェンジリング》』において、古義人のパートナーは、自殺した伊丹十三をモデルにした塙吾良にほかならなかった。古義人は「田亀」という録音再生装置を用いて、死んだ吾良が残した過去の声と対話を行なう。そうすることで、作内で「アレ」として示される重大な事件についての記憶を新たにしたのであった。「アレ」と呼ばれる事件を契機として、吾良はまるで、取り替えられたかのように、人が変わってしまった。ならば「アレ」とは何か。『取り替え子《チェンジリング》』では、吾良が残した「アレ」を扱った映画のシナリオを読み直すことで、古義人はその疑問を解決しようとする。しかし、「アレ」に関する問題系は、「おかしな二人組」三部作のなかで執拗に反芻され続けることになる。

小森陽一によれば、「アレ」とは、「古義人の父親に思想的影響を受けた、在郷右翼グループによる、アメリカ合衆国との単独講和条約締結に際しての「蹶起」を準備する段階のもの」（『歴史認識と小説――大江健三郎論』、二〇〇二年）だということだが、『憂い顔の童子』では、現実の評論家である加藤典洋（作中では実名で現れる）の推論による誤読を「アベリャネーダの偽作」と題された章に取り込む。それは、『ドン・キホーテ』の後編が、前編出版後に現れた偽作について、わざわざ作内で否定的な評価を下すことで、偽作をも作内に取り込み、小説空間をさらに巨大なものとさせたことをふまえているのであるが、ここで大江は、加藤典洋の解釈について「反論」するものの、その「反論」は単なる偽作の否定に留まらない。偽作への「反論」を通じて、古義人と吾良とが、「アレ」の舞台となった「錬成道場」で、「体験したことの全体」を語るための口実となっているわけだ。そして、その「全体」を意識することで、古義人は「老いたるニホンの会」の一員として機動隊に突撃していき、頭に深手を負う。そのとき、『憂い顔の童子』における古義人のパートナーであるローズさんが、昏睡状態の古義人の夢に現われ、「「過去」の全体がある歴史的な回帰を遂げて、現代のうちに参入して来るまで」、「個人的」な「過去」から「視角をずらす」ことで、これまでの生の「空しい部分、遅れた、死滅した部分に意味をあたえる」のが「生きなおす」ことだと教えられる。

しかし、『さようなら、私の本よ！』において、その教えは、『憂い顔の童子』の最後の事件によって入院を余儀なくされた古義人に、「確かにぼくではあるんだが老人の輪郭からはみ出たおかしなところのある」「それも若いやつ」が、「夜中にしゃしゃり出て」、「アレ」を「自爆テロの一部始終に仕立てあげるように」、古義人を「けしかけ続けていた」こととして語られる。おそらく古義人を唆した者は、沼野によれば「現実に明確な照応関係を持つとは思えない」椿繁であるとともに、彼によって感化された大江自身の――それこそ、塙吾良やローズさんが請け負っていた――陰部でもある。その陰部とはもちろん、『さようなら、私の本よ！』の最後で出てくる「奇妙な仕事」の引用からもわかるように、大江自身の若さが、歴史として引き継がれてきたがゆえに、その隙間から表出したものである。それゆえ、いざ、「個人的な暴力装置」を発動させようとすると、それはまず古義人自身を内破させることに繋がらざるをえなくなる。椿繁の仕掛けた「破壊する《アンビルド》」の理論が、「世界の巨大暴力」を「破壊する《アンビルド》」ために、「古義人」自身が住む「小さな老人《ダロンチョン》」（の家）を爆破することになるのはそのためだし、予定よりも爆破が早まり、「武」と「タケチャン」というよく似た名前を持つ、ほとんど目立つことのない無垢な若さの純粋な形象とも言うべき二人のうち、片方の「タケチャン」が巻き込まれて死んだのも、若さの半分が葬られたことで、「静かに静かに動きはじめる」ために必要な若さ、古義人が「徴候」を書きとめようという意欲を保つことができるだけの若さを遺すということにほかならない。

それゆえ、『さようなら、私の本よ！』で、デビュー作の「奇妙な仕事」が引用されたからといって、それは若さを締めくくることで円環を完成させることにはまったくならない。「奇妙な仕事」にのみ還元されなかった若さの位置、殺す必要のない若さを、円環からはみ出させることで、活かし続けることに繋がるのであろう。その若さは、もはや文字通りの若さではない。形を変えて「ロバンソン小説」を引き継いだがゆえの若さ、絶望と、絶望から恢復するとは何かを知ったうえでの老獪さを備えた若さ、「読み直す」方向性を見据えたうえで「探究」をなし遂げるための若さなのだ。

一一　真空への貪欲な「宙返り」

ギュンター・グラスは、自伝的な小説『玉ねぎの皮をむきながら』（二〇〇六年）において、自身が若かりし頃、ナチスの武装親衛隊員だったこと、そして戦場勤務まで経ていたことを告白した。グラスは、奇妙な客観性をもって、自身の過去を描写する。その文体を通してみると、若かりし頃のグラスが、無軌道ではあるものの、優柔不断からはほど遠い、ある種の素早さと実直さをもって動いていたということがわかる。こうしたグラスの姿勢を大江は、「ナチスにかかわる少年兵士として生きたことなども、すべてかれが体と精神に担い込んで生きてきたもの、それらの総体が小説家としてのグラス自身であって、それらすべてを含み込んでかれの小説はある、と思います」（『大江健三郎、作家自身を語る』、二〇〇七年）と述べ、「その点を全面的に評価」するとも言っているが、こうした「すべてを含みこんだ」ものというのは、実のところ大江自身についても当て嵌まる。そう考えると、大江に遺された若さとは、こうした、過去の過ちすらをも自分のなかに「星座」として取り込もうとする、貪欲さのことを意味するのではないだろうか。その貪欲さを考えるために、「最後の小説」宣言の後、四年の空白をもって書かれた『宙返り』を見てみよう。

『宙返り』とは、トルコ生まれのユダヤ人、サバタイ・ツェヴィの棄教を「題材」とした小説である。小説の中心的人物として描かれる「師匠《パトロン》」は、「瞑想」によって得た「うわごと」のような終末論的ヴィジョンを、「案内人《ガイド》」を通し「わかりやすい言葉」で教団員へ伝達していた。だが次第に過激化し、無差別テロを企てた教団の一部を押し留めるために、「師匠《パトロン》」はテレビに出演し「すべては冗談でした」と告白した。棄教をすることで、暴走する急進派を押し留めようとしたのである。それが「宙返り」であった。しかし、急進派は「師匠《パトロン》」と「案内人《ガイド》」に恨みを抱き続け、ついには「案内人《ガイド》」を拉致してしまう。その結果、「案内人《ガイド》」は脳動脈瘤を破裂させて死亡する。それでは、「案内人《ガイド》」が伝達した、「世界の終わり、時の終わり」と、それについて「救い主」たる「師匠《パトロン》」が、いかなる「綜合的な認識」を持つに至っていたのかを見てみよう。

救い主と神との繋がりは、個としてのもの。私たちが悔い改めることによって神との間に開く関係も、個としてのもの。しかし私たちが教団の活動を重ねることで、大きい瞑想のヴィジョンに示された世界の終りを社会へと押し出し、悔い改めを徹底して呼びかけるならば、私たちの個としての神との関係を越えたものがそこに現れるだろう。それが救い主の根本の教えです。

（『宙返り』）

神との間に開く関係を、社会に推し進めて行き、それによって個と神との繋がりを超越させること。それがこの思想の骨子なのだが、こうした思想は、ユダヤ教的な一神教を根本に持ちながら、「宙返り」によって、否応なしに覆されざるをえなくなる。加えて、「案内人《ガイド》」の死によって、「宙返り」がいったい何を目指していたのか、その意図そのものが曖昧になってくるわけだ。だが後半、小説の舞台が、過去何度も大江作品の舞台になっていた「テン窪」へ移ると事情は変わる。「最後の小説」に登場した「燃えあがる緑の木」教団を引き継ぐことで、「師匠《パトロン》」の教団は再生を企図する。そのために、『新しい人よ眼ざめよ』などで語られた「新しい人」が、教団の名前となるわけだ。しかしながら、「宙返り」によって「師匠《パトロン》」に信を置けなくなった者たちは、さらなる「宙返り」を求めようとしている。それゆえ「師匠《パトロン》」は、いまだ名もなき土地に、ドストエフスキー的な「スラブ性」を追究し、かつ「数多くの婦人たちの抑え切れないオナラ、ゲリ便の、音と臭い」の「伴奏」によって、その「思想」を「地に根ざしたもの」にすることを期待するということになる。こうして、いまだその全貌を見せない地平に祈りという名の楔を打ち込むことで、佐藤の言う「信仰が「民族」とイコールで結び付けられている限り、何しろ民族はイコール国家」という現状から先に進み出そうという試みが、『宙返り』においては語られることになっていたわけだ。それは、真空の地平に「個」を打ち出そうということにほかならないゆえ、大江健三郎という特異な「個人」の問題へと収斂されてしまう。だからこそ、『宙返り』の後に、「おかしな二人組」三部作が書かれなければならなかったのだ。だが、それは大江にとって、特異な「個人」の問題のみを意味しない。一神教の本質は、選ばれた者によってなされる普遍的な救済にこそあるからだ。それゆえ私たちは、ここでユダヤ教的な一神教について考えなければならない。

一二「アナクロニスム」の圏域、そして未来

レヴィナスは、第二次世界大戦とホロコースト以降、ユダヤ人社会と、ユダヤ人自身のアイデンティティが崩壊した現状において、あらためて「ユダヤ」を考察した『困難な自由――ユダヤ教についての試論』（一九六三年）でユダヤ教の「アナクロニスム」について語っている。

> ユダヤ教とはその時代との不－一致のことである。すなわち、その語の根源的な意味における「アナクロニスム」（反時代＝反時間）anachronisme なのである。それは現実を注視し、それを変革したいと苛立つ若者と、あらゆるものを見てしまい、事物の起源にまで遡った老人が同時に居合わせることである。自分の時代に適合しようとする気遣いは人間性にとって最優先の命令ではない。それはむしろモダニスムそのものの特徴的表現である。モダニスムは内面性と真理を断念し、死に屈し、低劣な魂においては、享楽のうちに満足を見いだす。一神教とその道徳的啓示は、このような神話の一切を超えて、人間性の根源的なアナクロニスムを具体的に成就するのである。
>
> （『困難な自由―ユダヤ教についての試論』）

「変革したいと苛立つ岩者」と、「事物の起源にまで遡った老人」が「同時に居合わせること」が、「おかしな二人組」三部作の性質を的確に言い表しているのはもちろんだが、ここでの「アナクロニスム」とは「反時代＝反時間」であっても、もはや福嶋が指摘していたような「無時間性」ではない。人間性を、「歴史よりも深いところに位置し、歴史からその意味を受け取るわけでもなく、歴史の餌食になることもない」ところにするためのものにほかならない。そうした「アナクロニスム」を転換させることにこそ、大江が一神教的な考え方を採用した意義は存在した。そもそも『困難な自由』は、真空にイスラエルという国家を樹立させるための理論的基礎とも捉えられる書物である。こうした「アナクロニスム」をそのまま受け入れてしまうことが、熾烈で残酷な闘争へと変化することは、冒頭で見たカナファーニーの例を見れば、一目瞭然である。ならば、既にカナファーニー的な見地から出発した大江が、生涯を経てそこへ回帰するわけにはいかないのは理の必然であろう。

『宙返り』において、「師匠《パトロン》」は自らを「反キリスト」であると宣告するが、ここでは「反キリスト」とは、一神教的な選民主義を放棄しつつ、普遍的な救済への「祈り」を投げかけるという営為にほかならない。「師匠《パトロン》」は、人間全体を「自然の総体である神を破壊し、神が恢復不能の病いにおかされるままにした者たち」と言うが、それはあえて、スピノザ的な汎神論を擬人化するという力技を示すことで、神＝自然と、人間との間に聳える壁を、飛び越えようとするものだ。それは、自ら救世主から、普遍的な可能性を背負ったまま、名もなき衆生へと下っていくことを意味する。だから、『宙返り』の最後で「師匠《パトロン》」は、集団自殺をしようとする女たちに代わって、自ら焼身を遂げるのだ。それゆえ大江が、とりわけ『宙返り』以降の著作で試みようとしたことは、一神教的な「アナクロニスム」を、いかに個別的かつ普遍的な可能性の端緒として切り拓いていくかという捨て身の行為をおいてほかにない。

大江は、「カナファーニー集に後記を書く資格のないものとして——《アラブのエクリチュール》」と題された小文（一九七八年）にて、カナファーニーの小説が、多面性のある「絶対的な困難」へ「丹念」にたちむかいつづける「人間」を「凝視」していると評し、「現代文学がさまざまな「先進国」で失っている小説本来の機能」を、「確実に回復している」と告げる。それは、「パレスチナの現実の最前線」に「深く強く根ざしている」がゆえに、「まさに正真正銘の文学の機能のよみがえりを現実化した」と断言するのだ。この評価は、大江自身にも当て嵌まる。大江は、この平坦化した日本という国の最前線において、カナファーニーとまったく同じように、歴史の矛盾を背負い、あくまでも個人という立場を捨てず、誠実であろうと苦闘しているのだ。しかし、ただもがくだけではない。大江は、カナファーニーの「アラブのエクリチュール」をエジプト映画『王家の谷』に見出す。書物の王国の片隅にのみ沈潜するのではなく、映画のシーンそのものの美しさ、カメラが世界を見つめる「凝視」にも、彼はまた「本来の機能の回復」の端緒を見る。『さようなら、私の本よ！』の最後で、「徴候」を集める古義人は、椿繁が、「奇妙な仕事」を書き写すことで、古義人と「入れ替わろう」としていたことを知らされる。だが、そのことを知ることで、古義人はレヴィナス的な「アナクロニスム」の何たるかを、心得ることができたのだろう。

それゆえ、「おかしな二人組」三部作の次に書かれた『﨟《らふ》たしアナベル・リイ　総毛立ちつ身まかりつ』（二〇〇七年）は、限りなく開放的な美しさに満ちている。そこではもはや、古義人という仮面は脱ぎ捨てられ、語り手は「私」へと変貌する。クライストの『ミヒャエル・コールハースの運命』（一八一〇年）やポオの詩編からの引用があっても、それはあくまでも「動き始める」ため、熱い初期衝動を復活させるためのもので、書物の迷宮での彷徨を意図したものではなくなっている。そして、「小説家として生き」、「そのようにして終わるつもり」の「私」を蘇らせるものは、ほかでもない映画なのだ。これは、小説家が文学を捨て去ったということなどではまったくない。「映画」というアナロジーを用いて文学への「視線」を輻輳化させることで、自らの「アナクロニスム」を少しずつ開いていこうとしていることを意味する。それは、無目的な露出ではない。反対に、卑小な個人であっても、歴史の総体を抱えながら、祈りを保持し続けたまま、「責任」を抱えたまま、それらを誠実に伝えていくことができるという謂いではないか。これは、歴史と社会に対して一歩引いた、受動的な姿勢を維持しながら、表象を身体全体で飲み込みながら、「作家」が、私たち、名もなき衆生のもとへ少しずつ能動的に動いていき、両者の境界を解体するということを意味している。

『臈たしアナベル・リイ　総毛立ちつ身まかりつ』には、サクラさんという往年の名女優が登場する。幼い頃、彼女が出演した映画を巡るペドフィリアに関わる小説内の騒動が、大江の「アナクロニスム」、そして、彼がこだわり続けた戦後の日本精神のささやかな寓話として読むことができるのは言うまでもない。しかし、小説の最後に、「小さなアリア」が満ちるなか、「サクラさんの叫び声が起こり、音のないコダマとして、スクリーンに星が輝く」と書きつけられるとき、書かれている言葉は、アレゴリーの領域を遥かに越え、大江の「星座小説」そのものが、さらに進展していく可能性をも示唆することになる。それは、大江の小説のみならず、おそらく、現代において言葉を用いようとする者、何かを表現しようとする者が、「責任」を抱えながら、なおも見上げることの可能な圏域を、静かに、しかしはっきりと照らし出しているのではないだろうか。

かような真空にこそ、未来の文学は根を下ろし、駆動を開始する。

主要参考文献

ガッサーン・カナファーニー「悲しいオレンジの実る土地」（現代アラブ小説全集七『太陽の男たち・ハイファに戻って』所収）、黒田寿郎、奴田原睦明訳、河出書房新社、邦訳一九七八年
ヤスミナ・カドラ『テロル』、橋本優子訳、早川書房、邦訳二〇〇七年
大江健三郎『さようなら、私の本よ！』、講談社、二〇〇五年
エドワード・W・サイード『パレスチナとは何か』、島弘之訳、岩波書店、邦訳一九九五年
大江健三郎「奇妙な仕事」（『見るまえに跳べ』所収）、新潮文庫、一九七四年
大江健三郎「戦後世代のイメージ」（大江健三郎『厳粛な綱渡り』所収）、講談社文芸文庫、一九九一年
大江健三郎『死者の奢り・飼育』、新潮文庫、一九五九年
大江健三郎『壊れものとしての人間』、講談社文芸文庫、一九九三年
大江健三郎『取り替え子《チェンジリング》』、講談社文庫、二〇〇四年
大江健三郎『憂い顔の童子』、講談社文庫、二〇〇五年
大江健三郎「「後期のスタイル」という思想——サイードを全体的に読む」（『すばる』二〇〇六年七月号所収）
エドワード・W・サイード『音楽のエラボレーション』、大橋洋一訳、みすず書房、邦訳一九九五年
エドワード・W・サイード『晩年のスタイル』、大橋洋一訳、岩波書店、邦訳二〇〇七年
大江健三郎『新しい人よ眼ざめよ』、講談社文庫、一九八六年
大江健三郎『宙返り』（上・下）、講談社文庫、二〇〇二年
福嶋亮大「喜劇と永遠性」（『群像』二〇〇五年一一月号所収）
笠井潔『テロルの現象学』、ちくま学芸文庫、一九九三年
佐藤亜紀「近代の半分とその先の半分」（『ユリイカ』二〇〇七年一一月号所収）
ルイ・フェルディナン・セリーヌ『夜の果ての旅』（上・下）、生田耕作訳、中公文庫、邦訳一九七八年
いとうせいこう「平面のサーガ」（『中上健次全集第一二巻』所収）、集英社、一九九六年

室井光広「『ドン・キホーテ』私註」（『群像』二〇〇四年一一月号所収）
今村仁司『ベンヤミン『歴史哲学テーゼ』精読』、岩波現代文庫、二〇〇〇年
大江健三郎・井上ひさし・小森陽一「大江健三郎の文学　作家前夜から最新作『取り替え子《チェンジリング》』まで」（大江健三郎・すばる編集部編『大江健三郎・再発見』所収）、集英社、二〇〇一年
ヴァルター・ベンヤミン『ドイツ悲哀劇の根源』、岡部仁訳、講談社文芸文庫、二〇〇一年
若桑みどり「家族系統樹から宇宙木へ――もしくは象徴としての植物的世界」（『レット・イット・ビー』所収）、主婦の友社、一九八八年
大江健三郎『同時代ゲーム』、新潮文庫、一九八四年
大江健三郎『M／Tと森のフシギの物語』、岩波同時代ライブラリー、一九九〇年
大江健三郎『二百年の子供』、中央公論新社、二〇〇三年
大江健三郎『臈たしアナベル・リイ　総毛立ちつ身まかりつ』、新潮社、二〇〇七年
大江健三郎『燃えあがる緑の木』（一〜三）、新潮文庫、一九九八年
橋本勝也「具体的《デジタル》な指触り《キータッチ》」（『群像』二〇〇七年六月号所収）
アラン・ロブ＝グリエ『新しい小説のために』、平岡篤頼訳、河出書房新社、邦訳一九六七年
アーサー・C・クラーク『２００１年宇宙の旅：決定版』、伊藤典夫訳、ハヤカワ文庫ＳＦ、一九九三年
大江健三郎『芽むしり仔撃ち』、新潮文庫、一九六五年
沼野充義「終わりの中の始まりを求めて――「古義人三部作」を読む」（『群像』二〇〇五年一一月号所収）
小森陽一『歴史認識と小説――大江健三郎論』、講談社、二〇〇二年
ギュンター・グラス『玉ねぎの皮をむきながら』、依岡隆児訳、集英社、邦訳二〇〇八年
大江健三郎、尾崎真理子『大江健三郎、作家自身を語る』、新潮社、二〇〇七年
鶴見俊輔・大江健三郎「「揺すぶり読み」の力――『宙返り』を語る」（『群像』一九九九年七月号所収）

福田和也「大江健三郎氏と魂の問題、あるいは如何にして二十一世紀に小説を読みうるのか」、「何のための敬虔さか　『宙返り』論」、「大江健三郎と死者たち」（『現代文学』所収）、文藝春秋、二〇〇三年
エマニュエル・レヴィナス『困難な自由　ユダヤ教についての試論』、内田樹訳、国文社、邦訳二〇〇八年
大江健三郎「カナファーニー集に後記を書く資格のないものとして――《アラブのエクリチュール》」（前掲『太陽の男たち・ハイファに戻って』所収）
蓮實重彦「去年の暮れ、突然に――大江健三郎『臈たしアナベル・リイ　総毛立ちつ身まかりつ』」（『新潮』二〇〇八年一月号）

（『未来』二〇一五年秋号、冬号、二〇一六年春号、夏号）

本書収録にあたっての付記

本書の巻頭に置いた本稿は、二〇〇八年一〇月に脱稿したが、諸般の事情で〝お蔵入り〟を余儀なくされていたものだ。七年の月日を隔てた後、学術出版社・未來社のPR誌『未来』の二〇一五年秋号から二〇一六年夏号まで（誤字脱字の修正を除き）そのままの形で四回にわたって分割掲載された。

本稿は現代の文学と批評をめぐる閉塞した状況に抗おうとの意志をもって紡がれた作品であり、デッドスポットの位置を雄弁に証言しているテクストにほかならない。ただ、〝お蔵入り〟を余儀なくされたのも、そうした性質のためと言ってよいだろう。

二〇〇八年頃の批評をめぐる状況がどのようなものであったかを知っていただくためには、日本を代表する批評の登竜門である群像新人文学賞の動向について解説するのがわかりやすい。とりわけ柄谷行人が選考委員をつとめていた一九八七年度～九九年度（第三〇～四二回）においては、優秀な批

評家を多数輩出したことで知られている。ざっとこの時期を概観しただけでも、室井光広、石川忠司、青木純一、三輪太郎、風丸良彦、武田信明、山城むつみ、大杉重男、池田雄一、川田宇一郎、高原英理、齋藤礎英、丸川哲史、鎌田哲哉、千葉一幹、日比勝敏、山岡頼弘、水谷真人（受賞順）といった錚々たる顔ぶれが受賞者には揃っており、母体の『群像』は、『批評空間』や第九次『早稲田文学』とともに、狭義のアカデミズム内に留まらず、文芸ジャーナリズムを主戦場に在野での批評は可能だとの期待を読者に与えていた。

ところが二〇〇〇年代の中盤、『批評空間』が終刊し柄谷行人が「近代文学の終り」を宣告するに至った二〇〇三～〇四年頃から、文芸ジャーナリズムにおける批評の衰退が、誰の目にも顕著となった。新自由主義経済体制が大学という制度を速やかに解体していったのと軌を一にするかのように、経済的な効能を最優先することで批評の無効性を謳う言説が猖獗《しょうけつ》をきわめるようになっていったのである。それを反映するかのごとく、二〇〇五年に第九次『早稲田文学』は休刊、群像新人文学賞と並ぶ批評の登竜門であった新潮新人賞の評論部門は二〇〇七年に打ち止めとなった。わずかに残されたのは、二〇〇五年度から二〇一三年度まで続いた日本ＳＦ評論賞だけであった。

一方、一九九〇年代中盤より、〝文学〟に外部性を導入するといった名目で、いわゆる売り上げ文学論が、大手文芸誌にも掲載されるようになった。二〇〇〇年頃からはその変種として、セクシズムを隠蔽させたうえで偽悪的に〝萌え〟を称揚するオタク批評が、文化帝国主義的に世を席捲するようになった。こうした潮流はインターネットの普及と軌を一にしていたが、ブログ文化やＳＮＳ（ソーシャル・ネットワーキング・サービス）が定着してからは、既存の文芸批評の言説を〝上から目線で偉そうなくせに社会的な実効性は何もない〟と嘲笑する風潮が、完全に浸透してしまった。批評的思考が社会と切断されてしまっているというムードが際限なく蔓延しているのが現在の状況であり、残念ながらそれは、３・11を経ていっそう加速化している。

こうしたなか、二〇〇八～〇九年という状況は、まさしく批評にとってデッドスポットであった。このオタク批評へのバックラッシュたる〝文芸批評の素朴化〟が大手をふるっていたからだ。この〝素朴化〟

とは、ポスト構造主義以後の理論的視座を、あたかも存在しないかのように振る舞う物の見方と理解されたい。

そして、実のところそうした〝素朴さ〟こそが、批評の(不)可能性に向き合うことのない態度として、本稿が懸命に迂回しようとしていた道筋であった。だからこそ、大江健三郎の「後期の仕事《レイト・ワーク》」のように、引用と自己言及性が大分を占めるような作品を扱ったわけである。その際、刺激を受けたテクストに、福田和也「大江健三郎氏と魂の問題、あるいは如何にして二十一世紀に小説を読みうるのか」(『現代文学』所収、二〇〇三年)がある。福田は、「かつて文学というものがあったという記念碑」として大江健三郎の小説を論じ、「小説は何を差し出さねばならないのか。その答えは、大江氏の作品のあらゆる相に、つまり読み難さ、引用の頻用、小説世界の再編成、そして小説家としての無自覚さに至るまでに、克明に示されている」と分析した。そして、「もはや小説が、文学が記念碑たりえない時代において、ただただ記念碑であるためだけに大江氏の小説が書かれている」と総括しているが、本稿で思考したのは、まさにその先の問題である。つまり、福田の批評の結語にあった「小説家とは、新しいメディアに乗り越えられ、見捨てられるべき者たちではない。／小説家とは、その、今覇権を握りつつある新しいメディアの発想を、迎撃としてでなく、来るべきものの側から、滅ぼそうと試みる」という挑発を、もう少し具体的に掘り下げようとしたのが本稿の試みだった。

本稿の上梓後、大江は『水死』(二〇〇九年)、『晩年様式集　イン・レイト・スタイル』(二〇一三年)と、新たに二冊の「後期の仕事《レイト・ワーク》」を発表した。『早稲田文学4』(二〇一一年)以降の大江健三郎特集のような〝新しい〟試みも行なわれた。本稿執筆時には絶版だったカナファーニーの著作集は復刻され、岡真理『アラブ、祈りとしての文学』(二〇〇八年)のように本格的な批評の書も江湖に問われた。加えて、ISIL(イスラム国)のテロルのような、紛争地帯の政治状況が平気で日常を侵食するようになっている(岡和田晃「世界の革命家よ！　孤立せよ！」、本書七三頁参照)。また、本稿で具体的に批判した二人の批評家のうち、一人は(私の知る限り)新しい批評を発表することはなくなり、もう一人は著名な賞を受けた。が、そのことで彼らの仕事に対する批判が無効化されるには至っていない、と私は認識している。

なお、二〇一六年度（第五九回）より、群像新人文学賞の評論部門は「群像新人評論賞」として刷新された。また、二〇一七年度より、『すばる』では「すばるクリティーク賞」という評論新人賞が開設された。それぞれの制度や受賞作については、『図書新聞』で連載中の「〈世界内戦〉下の文芸時評」でその都度、評してきた。簡単にまとめると、群像新人評論賞については、受賞作の品質は独立前に比べて向上している反面――「新人」と呼ぶには疑問も残る――実績ある書き手が受賞する傾向があるようだ（詳しくは、『図書新聞』の二〇一五年一一月一四日号、二〇一六年一二月一〇日号、二〇一七年一二月九日号を参照されたい）。「すばるクリティーク賞」は、いわゆる「ロスジェネ世代」にあたる若い選考委員が、表面上は異質な価値観を認めるように振る舞いながらも、世代的な同質性によって選考している感がある点に問題があるように思われてならない（詳しくは、『図書新聞』の二〇一七年二月一一日号、二〇一八年二月一七日号を参照のこと）。

「核時代の想像力」と子どもの「民話」

——『はだしのゲン』への助太刀レポート

私が　十歳になるまで、
国をあげての戦争だった。
子供の　私らは歌った、
大君の辺にこそ死なめ顧みはせじ

「心の炎」としての「想像力」

二〇一二年一二月、松江市教育委員会が市内の全小中学校に対し、学校図書館に配架されている中沢啓治のコミック『はだしのゲン』（以下『ゲン』）を閉架措置とするように要請を行なった。この事件が社会へもたらした衝撃は甚大だった。文字情報が中心となる教科書での歴史叙述とは異なり、『ゲン』の描写は、実感を伴うリアルなもので、「もし、自分がゲンの立場に置かれたら……」と、子どもが戦争について「想像力」を働かせる、またとない機会を提示してくれるものだったからだ。『ゲン』を高く評価していた大江健三郎は『核時代の想像力』（新潮選書、一九七〇年／二〇〇七年増補版刊行）で、原爆のような表象不可能なものに向き合うために必要な「想像力」のあり方を、バルザックの小説を引き合いに出し、説明している。

単にものの外形を認識するだけでない、その内がわにふくまれている隠れた本質までも認識させるところの人間の能力をさして、われわれの想像力と呼ぶならば、それによって想像力の意味の世界は広がっていくだろうと思います。

もうすこし別の側面からも検討してみましょう。（中略）ぼくも想像力を考えるとき、とくに観察力と想像力を並べてみることによって、その意味あいをはっきりさせようとしてきたのです。観察力が力を発揮するのは想像力におぎなわれてだと、ぼくは考えました。（中略）すなわち観察力と想像力をひとまとめにして、われわれの認識の機能を見きわめること、それにむかって論理をすすめてゆきたいのです。

（『核時代の想像力』）

現実社会において観察力を的確に行使するために必要な「想像力」のあり方。そうした認識論的な機能がどのようなものか、大江は、バルザックが用いた「心の炎」という表現のアナロジーで考える。「熱い心の炎が様ざまな事物をよびおこす。様ざまなことどもを事物を、心によびおこす」という考えが、その出発点には置かれている。（註1）そして『ゲン』こそは、原爆という表象不可能な悲劇に立ち向かう人間を克明に描いているという意味で、「心の炎」の発火源となる作品であろう。『ゲン』を経由することで、子どもは戦争状況を「観察」し、そこから「想像力」を膨らませる手段を見出すチャンスを獲得する。

加えて、学校図書館で読める数少ないコミックであるがために、読者である子どもは日常に埋め込まれたものとして、自然に『ゲン』を体験することができる。ところが、閉架措置とされてしまえば、子どもは自由に『ゲン』を読むことが不可能になる。事実上、『ゲン』が子どもから剥奪されてしまうわけだ。

閉架要請から八カ月後、島根県の地元紙である山陰中央新報が、この事実を二〇一三年八月一六日、「『はだしのゲン』描写過激、松江市の全小中学校「閉架」に。一部は貸し出し禁止も」という見出しで報道した。次いで全国紙が松江市の閉架措置をクローズアップし、結果、全国各地からの閉架撤回要請をうける形で、一〇日後の八月二六日に松江市教育委員会は臨時会議を招集し、閉架措置を全面的に撤回、判断は各学校に委ねられるとした。いわゆる『はだしのゲン』閉架騒動である。

「ネトウヨ発」の藁人形論法

閉架措置の撤回を受けて騒動は沈静化したかに見えたが、かわって、『ゲン』へのバッシングがメディアで散見されるようになった。保守系論壇誌『正論』(産経新聞社)の二〇一三年一一月号(創刊四〇周年特別号)では、「総力特集　『はだしのゲン』許すまじ!」と題して、『ゲン』への宣戦布告を行なった。編集部は「問題シーンを一挙公開　これでも子どもたちに読ませますか?」という表題のもと、『ゲン』に対し「かくも醜悪なマンガ」、「松江市だけではなく全国の教育委員会がこのマンガを学校の図書室から放逐すべき」、「子供たちを洗脳する」と、激烈な中傷を行なったのである。悪質なのは、ここでの「問題シーン」が、『ゲン』の一部を、文脈を切断する形で恣意的にピックアップし、そこに「ゲンが伝える「悲惨な戦争」は中国共産党のプロパガンダそのまま」、「朝鮮人に対してはどこまでも寛容」、「「我が国の郷土を愛する」心の育成を阻害している」などと、偏狭にして排外主義的なコメントを加えていくという批判のやり口である。典型的な藁人形《ストローマン》論法だ。

同時期に発売された、もと「産経新聞」記者の後藤寿一が著した『『はだしのゲン』を読んでみた』（コスミック新書、二〇一三年）は、『正論』に比べれば論調こそ穏当であるものの、コミックの「絵」を無視してプロットのみをベタに追い、語られる時代背景に「誤り」があると主張する。その「誤り」とは「朝鮮人は日本に無理やり連行されて過酷な労働に従事させられたのではなく、強制どころか自ら日本にやってきていたのだ」などというもので、そこには土地調査事業と産米増殖計画により、人々は生活の糧を奪われ「本国で食べられないから、日本へ来た」（あるいは強制連行された）歴史的な背景事情が、みごとに閑却されている。証拠とされる一次史料の読解にしても、史料批判の手続きを踏んだ形跡も見られない。この本もまた、歴史修正主義の枠を出るものではないだろう。また、漫画批評のディシプリンがまるで参照されておらず、批評としてもお粗末に尽きる。

現代史家の秦郁彦による「朝日がまた〝つけ火〟した「はだしのゲン」」（『WiLL』二〇一三年一一月号）では、朝日新聞や毎日新聞の社説を検討していき、論説委員が思い描いた「筋書き」とされるものを「推量」していくのであるが、その「推量」には、秦自身が書いているように証拠がない。そこで秦は裏付けを得るべく「ネット情報」にあたるのだが、ここで無防備にも「松江市教育委員会の閉架措置に対する賛否は、明らかなネトウヨを除いても五分五分ないし六分四分で賛成意見が多いことにびっくりした」と書きつけてしまう。秦は「現代史家」としての職能を駆使し『ゲン』の「タネ本」を推測する一方で、自らが典拠とする「ネット情報」がどこまで信頼できるものなのか、吟味を行なった節がないのだ。秦がいかなる基準によって「明らかなネトウヨ」を除外したのかは定かではないが、それで「大新聞の作る空間とは別次元」だと、いくらでもなりすましが可能で、エヴィデンスが明記されることも稀なインターネットの排外主義的言説を過大評価するのでは、メディア・リテラシーの不足を指摘されても仕方がない。加えて秦論文では、松江市議会に『ゲン』閉架措置への陳情を行なった当事者・中島康治の主張を紹介している。中島は二〇一二年五月一日に陳情を行なった際、「在日朝鮮人」へのヘイトスピーチを繰り返しているネット発の排外主義団体「在日特権を許さない市民の会」(以下、在特会)の関係者を同行させている。中島自身、在特会とは「共闘できる部分は共闘する」という立場だというが[註2]、彼の主張も動画サイトにアップロードしているふるまいも、率直に言って在特会と大差ない。概して『正論』に代表される保守論壇での『ゲン』批判を追っていけば、文脈を無視して断片を取り出し、好き勝手なレッテル貼りを行なうそれらの論調が、インターネットを席捲している差別や憎悪の扇動と親和性が高いばかりか、しばしば「元ネタ」として陰に陽に相互参照されていることに、否が応でも気付かされる。それだけではない。実は、中島が『ゲン』を取り上げたそもそものきっかけも、また、「ネット情報」を見たからというものなのだ。つまり『はだしのゲン』閉架騒動は、どこまでも「ネトウヨ発」の問題だったのである。

ヘイトスピーチの拡大、『はだしのゲン』騒動の長期化

弁護士の師岡康子は、『ヘイトスピーチとは何か』(岩波新書、二〇一三年)にて、二〇一二年の一二月、「侵略と植民地主義の責任を否定する発言を繰り返してきた」安倍晋三自民党総裁が首相に返り咲き、「朝鮮

学校の高校無償化からの排除方針を発表」するなど、中国や韓国、北朝鮮への対決姿勢を露わにすると、インターネット上でのヘイトスピーチが頻繁化、過激化したと解説している。師岡は、参議院議員の鈴木寛（当時）が調査会社「ブームリサーチ」に依頼した調査結果を紹介しているが、それによれば、安倍政権発足直後の二〇一二年一二月三一日から、翌一三年四月一日にかけて、ネット上の「在日」という書き込みは七五〇〇余りから二万五〇〇〇近くへ増加したという。二〇一四年一月現在、中国・韓国・北朝鮮との緊張がいや増している事情を鑑みると、ヘイトスピーチが燎原の火のごとくに広がりを見せていることは自明だろう。

『ゲン』の閉架問題にしても、松江市の撤回後、同種の陳情が高知市にも行なわれていたことが明らかになったし、二〇一四年一月には、東京都教育委員会が、都内の公立学校での『はだしのゲン』の自由閲覧維持を求める請願と撤去を求める請願、合計一二件を審議し、いずれの請願にも応じられないとする回答をまとめた。それは、図書館の本を選ぶ権限は校長にあると認めながらも、教育委員会が校長を指導するとの原則をことさらに強調したものであるがゆえ、「愛国心」を掲げる教育委員会側の姿勢が透けて見えるとの報道がなされた。(註3)「総力特集　『はだしのゲン』許すまじ！」では、「これが第二の教科書運動になると確信」と明記されていたことを思い出そう。現に騒動は長期戦の様相を呈している。

保守論壇が問題視するもの

『ゲン』の作者である中沢啓治は、二〇一二年一二月一九日に逝去している。追悼本として出版された大村克己『「はだしのゲン」創作の真実』（中央公論新社、二〇一三年）には、中沢啓治の妻でアシスタントも務めた「人生の伴走者」、中澤ミサヨへのインタビューが収められているが、彼女は閉架騒動について、次のような所感を述べている。

主人は常々、戦争というものはきれいなものじゃない、とっても残酷で悲惨でむごたらしいものだと言って。原爆ももちろん、同じですよね。それでその様子を子どもたちにどのように伝えたらいいかということで、熱心に文献や資料を色々なところから引っ張り出して読み込んだ上で、セーブしてセーブしてこれなら大丈夫だろう、とか、これくらいは描かなければきちんと伝わらないだろう、とか、悩みに悩んだうえで、描いた作品なんです。／旧日本軍の描写の四コマで子ども達から怖くて読めない、とかいった手紙をもらったことは今までに一度もないんですよ。

（『はだしのゲン　創作の真実』）

ここで「旧日本軍の描写の四コマ」と呼ばれた箇所は、保守論壇で決まって槍玉に挙げられる部分であり、汐文社版やほるぷ出版版の『ゲン』では最終巻、一〇巻目に収録されている。この場面ではゲンが通う中学校の卒業式の模様が描かれるのだが、ゲンは断固として君が代の斉唱を拒否する。ゲンはその理由として、旧日本軍の残虐行為を糾弾する、というシーンの一部がこの「四コマ」なのだが、ミサヨが明言するように、保守論壇での非難は、この箇所の描写が「怖くて読めない」ほど残酷だからというものではない。意外なことに、こうした類の難癖は、あったとしても二次的なものに留まっている。(註4)

要するに保守論壇が共通して問題視するのは、この「四コマ」で語られる内容が、彼らが言うところの「自虐史観」に相当することなのだ。『ゲン』は、もともと『週刊少年ジャンプ』に連載されたものだが、その後、無党派の市民運動を扱った『市民』、日本共産党系の論壇誌『文化評論』、そして日本教職員組合（以下、日教組）の機関誌『教育評論』と、掲載誌をいくつも変えている。第一〇巻にまとめられた内容は、『教育評論』に連載されたもので、その事実は「四コマ」に代表される後半部の「自虐史観」が、「日教組の反国家的イデオロギーがより先鋭化されて表出している」ためだ、という非難の根拠として言及されてきた。こうした中傷は、インターネットを通じてわかりやすい「物語」として拡散され、多数の追従者を生み出していく。『はだしのゲン』でGoogle検索を行なえば、「『はだしのゲン』　反日」という予測候補が出現し（二〇一四年一月現在）、その種のブログ記事には事欠かないという現実が、何よりの証左であろう。

「他者」へ向き合う「想像力」

では、はたして『ゲン』は日教組の（あるいは日本共産党でもいいが）プロパガンダであり、「洗脳」のツールなのだろうか。「四コマ」のみを切り貼りするのではなく、その前後を見てみる。ここではゲンたちが卒業式を自主管理する様子が描かれるが、その対応に憤る在郷軍人の県会議員が現われる。彼は卒業生へ「神州不滅の大日本帝国」における「天皇陛下のありがたさ」を祝辞として述べるはずだったと食ってかかる。つまり一〇巻の時点で、戦争終結から八年が経過しているにもかかわらず、戦前の軍国主義が根深く残存していたことがこの箇所では示されていた。単なる「自虐史観」の提示などという批判は言語道断である。そもそも『ゲン』では『週刊少年ジャンプ』連載ぶんをまとめた汐文社版（ほるぷ出版版）一巻の段階で、戦時下の翼賛体制に批判的なゲンが「非国民」として学校で吊るし上げられ、体罰を受けたり【図1】、家族が「非国民」だからと村八分にされたりする光景を繰り返し描いており、過去、このような

【図１】皇民化教育に逆らって教師に体罰を受けるゲン
中沢啓治『はだしのゲン』愛蔵版第1巻、53頁（汐文社、1988年）

苦しみを味わってきたからこそ、中学生になったゲンは人格形成の過程で、無自覚に君が代を斉唱することなく、また天皇を批判するのである。原爆という表象不可能な悲劇を真正面から扱った『ゲン』が、天皇という「空虚な中心」への批判的な視座をあわせ持つことには確固たる批評性があろうし、少なくとも、一〇巻になって、突如イデオロギー性が全面に出てきたと読むのでは、掲載媒体の変化を針小棒大に捉えすぎで、かつ、ストーリーの持続性を無視してしまっていると言わざるをえない。

もう少し続けよう。その後、不良学生たちが「プレゼント」と称し、教師に「お礼参り」のリンチを加える模様が描かれる。この場面も校内暴力を肯定していると問題にされているが、むしろリンチを目の当たりにしたゲンは、木刀で殴られるにもかかわらず、「集団で群れていじめをするやつは大きらいじゃ」と、リンチを止めにかかるのである【図2】。

より広いパースペクティヴで見てみよう。教育学者の四方利明は、学校という場において、いかに『ゲン』が（いかにも日教組的な）「平和教育教材」として受容されてきたのか、その実態を紹介している（「「境界」で出会った「他者」――学校にとっての『はだしのゲン』」〔『はだしのゲン』がいた風景　マンガ・戦争・記憶』所収、梓出版社、二

【図２】教師に「お礼参り」を行なう不良に立ち向かうゲン
中沢啓治『はだしのゲン』愛蔵版第10巻、40頁（汐文社、1988年）

〇〇六年〕）。四方論文では、関西の大学生を対象にしたアンケートの自由記述欄四一一件を分析することで、「マンガとしての魅力やおもしろさが、平和教育教材という当初の位置づけを凌駕」し、多様な読まれ方が導き出されたことを証明している。つまり『ゲン』は幸運にも外部からやってきた「他者」としての姿を保持しながら、学級文庫や図書館という教室と家庭の「境界」において、子どもたちと出会うことができた、希有なテクストだったのだ。

確かに『ゲン』では、さまざまなメッセージが叫ばれるが、メッセージの背後には情念が息づき、それは特定のイデオロギーへ短絡的に回収されるものとはならない。原爆という表象不可能な悲劇に直面しているにもかかわらず、『ゲン』では一貫して希望が模索される。ゆえに『ゲン』は読者の「洗脳」を目指すものではまったくなく、ゲンが余儀なくされる苦境と、そこから脱しようと必死でもがく様子を読者に伝え、その情念を「想像力」をもって捉えさせることで、「他者」に向き合う糧とするところを志向するテクストである。その底には確固たるヒューマニズムが根ざしている。

「想像力」と「民話」の機能

大江健三郎が具体的に『はだしのゲン』をどのように読んだか、そのプロセスに即して考えてみよう。大江は「表現された子供」(『図書』一九七五年九月号)において、『ゲン』に「原爆民話というものにそくした表現がつらぬかれている」ことを見出す。つまり、原爆という「大きい悲惨」は、人間がはじめて体験したことであるがため、既存の概念的な意味付けを凌駕する。ゆえに、直接原爆の被害に遭った人が、内発的にその経験と見聞を語り継ぎ、個人のスケールを超えた「民話」が形成されるわけだが、そのような「語り直し」の経緯を経ることで、「原爆の経験」は更新されていく。

この漫画家は、原爆を概念的にとらえることから出発したのではない。広島で実際に自分の被爆の経験に立ち、それを自分の言葉で語った人びとの民話をもういちど自分の作品で再話しようとしているのです。それがこの作品を、いわゆる原爆漫画・劇画の、あるいは一般に原爆文学すらもおちいりやすい概念的なおとし穴を乗りこえさせ、まことになまなましい現実感をそなえたものとした根底の力です。

(「表現された子供」)

ここで大江は、谷内六郎の絵画を引き合いに出しながら、谷内がその画面に子どもを導入することで、描かれた子どもがいまこのように想像しているのだと、「想像力」の働きを具体的に認識する経験へ観る者を誘うのだとも論じているが、これは『ゲン』にも当てはまる。大江は、『ゲン』が「徹底して広島の言葉で語られている」こと、そして「ほとんどすべての画面にゲンという名の子供が描きこまれていること」に着目する。つまり子どもという「他者」の視点を通して、読者が、自らの「想像力」の動きを意識する機会を『ゲン』は提供している、ということだ。『ゲン』において、「民話」は、子どもの眼によって発見される対象であり、子どもの肉体がそれを悲惨な形で通過する経験でもあり、そして、抵抗のプロセスを第三者へ伝える営為をも意味している。

コミック研究者の吉村和真は、『ゲン』に登場する「被爆者の最たる特徴」として、皮膚がただれ、幽霊のように手の皮を垂らしながら、両目が黒く潰れた被爆者という描かれ方に着目する（「はだしのゲンのインパクト――漫画の残酷描写をめぐる表現史的一考察」〔『はだしのゲン」がいた風景』所収〕）。吉村は、このような「黒い目の被爆者」について、「マンガの目が登場人物の内面を描き出すうえでポイントになることを考慮すれば、その人物がすでに生気を失ったことを、言い換えれば、たとえまだ生きていたとしても、もはや助からないことを、読者に予感させる効果を持つ」と説明している。『ゲン』の読者は、こうした「黒い目の被爆者」を子どもの目線で「他者」として直視し、これらの多層的なフィルターを通すことで、たとえ被爆していない者でも、原爆が人間性をいかに破壊するのか、おぼろげながらも「想像」することが可能になる。(註5)

『ゲン』がプロパガンダのフレームに到底収まりきらないのは、こうして〝「民話」を語る作中の子ども＝ゲン〟という作中の表象が、〝「民話」を継承する現実の子ども＝読者の現実〟の橋渡しとなっているからに違いない。二〇一四年現在、フィクションが体現するシリアスな「想像力」と現実社会との間にポジティヴな関係を取り結ぶことは、きわめて難しい状況となっている。コミックに限らずフィクションは、現実の政治的葛藤や社会的な問題を能う限り消去するように作られることが今や自明の前提となっており、そこから逸脱するような面倒は歓迎されない、というか読者や市場に受け入れられることがない。そこには決定的に「他者」の姿が欠けている。児童文学作家のひこ・田中は、こうした「幼稚さ」の肯定、あるいは「成熟」の否定が、子ども向けのフィクションの現場にも如実に反映されるようになった経緯を、フラットかつ通史的なスタイルで論じている。[註6] 実際、書店へ足を運んでみれば、ひこ・田中の分析がいささか微温的に思われるほどに、児童向けのフィクションとオタク向けサブカルチャーの境界が喪失している光景を、目の当たりにすることとなる。[註7]

筆者はこうした状況を「想像力」の〝脱政治化〟と呼んでいるが、『ゲン』は、その貴重な例外だ。けれども、そのように例外的であることにより、排外主義的な言説の格好の仮想敵にされてしまった。事実、ネットに代表される手軽なメディアでの煽動が重ねられることで、文脈を断片化した藁人形論法が、際限なく反復されている。オルタナティヴを立ち上げるのは、日に日に困難となりつつあり、「ネトウヨ」的な言説は、保守論壇との癒着に飽き足らず、アカデミックな研究成果すら奪用にかかっている。[註8] それは、フクシマ以後の新しい「核の時代」で作品を発表する者が、等しく直面を余儀なくされる状況にほかならない。

註

（1）こうした大江の発想は、ガストン・バシュラールの『空と夢』に記された「想像力」の定義に影響を受けたと思われる。大江のバシュラール理解では、「想像力」とは単にイメージを形成・固定化するものとはならない。むしろ知覚によって提供された既存のイメージから人間を解放し、あるいはイメージそのものをねじ曲げ、変化をもたらすことで現実を異化するというのが、「想像力」の機能なのである。

（2）中島についての情報は、次の記事を典拠とした。「はだしのゲン騒動　松江市教育委員会を縮み上がらせた右翼男と危険な組織」、『週刊文春』二〇一三年九月五日号。

（3）『朝日新聞デジタル』二〇一四年一月一〇日。

(4)とはいえ、この種の難癖は『ゲン』を攻撃するための紋切り型ともなっている。『核時代の想像力』での大江は、「眼のまえに、ある表現が示されるといやこれよりもっとおそろしかったのだ、とつねにいわざるをえない、原爆で攻撃されるとはそういう経験」という分析を行なっているが、ミサヨが説明する中沢啓治の葛藤は、このようなパースペクティヴから読む必要があるだろう。

(5)本稿では紙幅の都合で立ち入らないが、大江健三郎の言説を導きの糸として考えた「想像力」の機能は、日本学者のトマス・ラマールが「「マンガ爆弾」——はだしのゲンの行間」(『世界のコミックスとコミックスの世界——グローバルなマンガ研究の可能性を開くために』、京都精華大学、二〇一〇年)で指摘しているような、「線」としての漫画表現の観点から、改めて分析することも可能だろう。

(6)ひこ・田中『ふしぎなふしぎな子どもの物語 なぜ成長を描かなくなったのか?』、光文社新書、二〇一一年。

(7)現に、筆者が二人の児童文学作家に個別に取材した際、ライトノベル的なものへのオルタナティヴをどのように打ち出し、あるいはいかに共存していくかということが、児童文学が抱えた喫緊の課題として持ち上がっているということを、彼らは共通して述べていた。

(8)具体的にはインターネット百科事典Wikipediaにアカデミックな研究が抜粋されているが、その紹介を恣意的にねじまげる形で奪用が行なわれ、人種差別的・歴史修正主義的な文脈の根拠のように見せかける、というものだ。

(『「はだしのゲン」を読む』、河出書房新社、二〇一四年二月)

世界の革命家よ！　孤立せよ！

二〇一四年一〇月七日のことだった。日経の朝刊を開いたところ、〝イスラム国参加企てか　北大生「戦闘員として」〟なる見出しに目がとまった。どうやら「日本人のイスラム教徒」が、「刑法の私戦予備・陰謀容疑」で、警視庁公安部の事情聴取と家宅捜索を受けた、という内容のようだ。「イスラム国」（ＩＳＩＬ）の捕虜となっていたアメリカ人ジャーナリストが斬首される凄惨な動画。それが強く印象に残っていたこともあり、静かな興奮とともに記事を読み進めていった。すると、「男は東京都千代田区の古書店内に貼られたシリアへの渡航の呼びかけに応募、周辺国からの不法入国を計画していた」との記述にぶつかり、奇妙な既視感をおぼえた。記事内の「今年5月ごろから古書店内にあった」という貼り紙を、なんだか見たことがあったような気がしてならなかったのだ。

ネットを調べてすぐにわかった。このＳという古本屋を、私は客として何度も訪れたことがあった。怪しげなパソコンパーツを扱うテナント密集地帯の奥に立地していたため、決して目立つ店ではなかった。だが、突如として出現した「秋葉の怪しい古書店」（公式サイト）は、思いのほか清新な印象を与え、その存在は口コミで浸透していたようだ。かく言う私も、友人経由で知った。私が昔から古本屋に魅せられているのは、そこが時間を超越した場所だからなのだが、旧きよき古書店の持つアジール性は、年を経るごとに顧みられなくなってきている。学生運動のような美しき昭和の想い出、というわけだ。その種のアングラながらも「心地よく秘密めいた場所」(ピーター・S・ビーグル)は、すでにヴァーチャルなものとして追憶とともに消費される対象になっている。

S古書店はSFの品揃えにこだわりがあったようで、そこが私の波長に合った。バリントン・J・ベイリー『時間帝国の崩壊』のような「キキメ」を見つけたときは心が躍った。これでサンリオSF文庫が揃っていたら完璧だったろう。別の棚には、柳田國男の全集なども置かれており、棚作りには何らかのこだわりがうかがえた。とりわけ嬉しかったのは、片隅にテーブルを広げてアナログゲームを遊ぶことができたことだ。実際、友人と開発しているゲーム作品のテストプレイをさせてもらったこともある。ここは古本屋でありながら、大学サークルの部室のような、コミュニケーション・スペースでもあったのだ。

そんなある日、入り口近くに何気なく貼られていた紙に目を惹かれた。そっけないワープロ文字での、求人広告。なかに「勤務地：シリア 詳細：店番まで」とあった。興味本位で店員に尋ねてみたところ、「うちの店には関係ないんですが、募集はガチみたいですよ(笑)」などと、人を食ったような答えが返ってきたが、とりたてて政治色のない店なので、ブラックジョークなのは自明だった。……その後、仕事が立て込み、すっかり顔を出さなくなっていたところ、寝耳に水、いきなりの新聞報道である。みるみるうちにメディア・スクラムは加熱した。呆れたのは、関係者が暮らしていたシェアハウスがワイドショーで――近隣住民の「なんだか怪しげな人たちが出入りしているようだ」という声とともに――さながら日本赤軍のアジトのような取り上げられ方をしていたことだ。

私は件の北大生とは面識がないし、「アジト」に赴いたこともない。古書店はすでに閉鎖されてしまったので、事件後、関係者と顔を合わせたこともない。けれども、あの店がＩＳＩＬへ兵士を供給する窓口だという仮説は、現実的にありえないものだと確信している。そもそも刑法九三条の「私戦予備及び陰謀の罪」は「私的に外国へ戦闘を仕掛ける」のを防ぐことを目的としているというものの、適用された前例がない。この法律は明治期、薩摩藩がイギリスと交戦を試みたような事態を想定して制定されたらしいが、そもそもＳ古書店は薩摩藩でも日本赤軍でもない。ナンセンスだ。

その後、湯川遥奈・後藤健二の両氏がＩＳＩＬによって斬首されたのは周知のとおりで、それを受けて北大生はマスコミに自分の軽率な行為を反省する旨のコメントを残していた。私は大上段からその是非を問うことはしないし、公安幹部のように「高学歴の社会不適応者が組織されていく過程はまさにオウム真理教に酷似している」（常岡浩介『イスラム国とは何か』）とも考えない。むしろ突然、ヘテロトピアとしての古書店とＩＳＩＬ的なものとが結び付けられてしまう回路。それがでっち上げられてしまった現実を恐れている。

国家権力を媒介し、真空から創造された戦場への窓。それを垣間見た私は、「どこにも存在しない夢想の地」ことフリーランドを連想せずにはいられなかった。山野浩一『レヴォリューション』（ＮＷ−ＳＦ社、一九八三年）の舞台である。同書に収められた九つの連作短編は「六〇年代頃からの全世界的な革命状況の動きを反映しつつ」書かれた小説だが、この国の文脈では、過激化した革命闘争が大衆の支持を得られず内ゲバへと収斂していき、高度資本主義の到来のもとで挫折を余儀なくされるプロセスと文学的に並走していたことになる。

事実、異様な緊張感をたたえた本書は文壇から完全に黙殺され、その後山野自身三〇年もの間、小説を発表しなかった。作品によって「フリーランド」の位置づけも、主要人物である女性ゲリラ兵士ピートの役割も異なるが、〝世界革命の（不）可能性〟を日常と連続したパルチザン闘争という形で多角的に描き出していることは共通している。同書ではマルクス主義もイスラム原理主義も主題化されないが、山野に取材したところ、「無エンジンで走っている」と回想したように――イデオロギーや宗教性を切り離したうえで――なおも残存する変革への意志、その意味するところが模索される。

抑圧や支配とは無縁なユートピアを求めるささやかな願いが、突如テロルへと転化する悲喜劇。山野が反復を重ねていくのは、その瞬間にいかなるメカニズムが機能していたのか、という問いだ。存在しない国のためにスパイとして潜入した女性の困惑を描いた収録作「革命狂詩曲」に私は惹かれたが、その末尾には、「フリーランド。それはここで消えていった一つの世界である。そしてそれはここに、誰かが生み出そうとしている世界でもある。」という文章がある。山野の談によれば、この作品は元日本赤軍メンバーの映画監督・足立正生が獄中で読んで気に入ったそうだが、現在、S古書店とISIL的なものを結びつける権力のあり方を脱臼させていくためには、ここから続く「世界の革命家よ！　孤立せよ！」なる謎めいた逆説を、私たち自身が反時代的に内面化していかなければならないだろう。

（『新潮』二〇一五年五月号）

本書収録にあたっての付記

山野浩一は二〇一七年七月二〇日に逝去したが、二〇一五年四月七日付の「山野浩一WORKS」で、「この作品が書かれてから三〇年以上経過して、初めて作者の意図に近い論調が出た」と書いている。私の誇りとするところだ。

「歴史の偽造」への闘争

――『日本人論争　大西巨人回想』

挑発的な表題と黄一色の装丁が人目を引く本書は、二〇一四年三月に九七歳で世を去った作家・大西巨人が、一九九六年から二〇一三年にかけて各種媒体に発表した批評文や聞き書きを集成したものだ。八〇〇ページに上る大部の書だが、どの言葉もみずみずしく、読みやすい。特に短詩型文学や映画、世界文学についての熱のこもった発言は、強烈な感染力を有している。

口絵には、本人や自筆原稿の写真、巻末には詳細な年譜。資料的価値は高い。けれども、ありがちな追悼出版だと早合点することなかれ。もともと本書は作家の生前に企画されたもの。ひもとくことで見えるのは、同時代の発言者たらんという意志を、作家が保持し続けてきたことの意義だ。

八〇歳、九〇歳の坂を越えてなお、創造力を発揮し続けた作家は、代表作『神聖喜劇』のコミック化、新作長編『深淵』や『縮図・インコ道理教』のウェブ連載など、決して守りに入ることなく、メディア横断的な試みに挑戦。若い書き手の仕事に対しても、積極的な応答を重ねてきた。

特筆すべきは、大西巨人が終生、論争の人だったという事実である。相手を言い負かすことを自己目的化するのではなく、「対象になっている事柄の解明」のためにこそ、あえて行なう「孤独にして至難の歩み」。それこそが、大西巨人が選んだ「論争の道」だった。

とりわけ作家が問題にするのは、「当人の無知または浅知恵」がもたらす〈歴史の偽造〉だ。実際、戦前・戦後を生き抜いた当事者として、身体に刻まれた時代の記憶を語り続ける真摯な姿勢からは、〈歴史の偽造〉に対する闘争こそが論争だという、清冽で垂直的な意志が伝わってくる。

だから本書では、微に入り細をうがった事実の証言と、天皇制全廃・戦争の完全放棄といった、壮大でラジカルな提言が自然に共存している。そうした中でも震災後、原発に対して突然「賛成の立場に転じた」と記した人類史的な警句をどう捉えるべきなのか。本書は飽くなき論争の書として、若い読者の参加＝応答を果敢に呼びかけている。

（左右社・８９６４円）

大西巨人（おおにし・きょじん）

一九一六年福岡県生まれ、二〇一四年没。代表作に『神聖喜劇』『地獄変相奏鳴曲』など。

（「時事通信」書評、二〇一四年八月一六日配信）

文学に政治を持ち込む戦術《タクティクス》の実践
——陣野俊史『テロルの伝説　桐山襲烈伝』

芥川賞や本屋大賞などの発表と連動して、#文学に政治を持ち込むなよ、というハッシュタグを仕掛けたら、ツイッターはあっという間に共感と賛同の声で埋まるに違いない。「政治と文学」なる問題の立て方が根底から否定された状況、それが私たちが生きる現在だと、誰もが認めざるをえない。少なくとも、批評は実効性を喪失している。

だからこそ桐山襲、なのだろう。一九八三年に『パルチザン伝説』でデビューしてから、九二年に亡くなるまで、彼は一〇冊の単著を遺した。けれども、没後四半世紀が経過した現在、いずれも絶版。だが陣野は、矮小化と忘却に全身全霊で抗う。遺された全作品を「書き直す」ことで、作家が見据えていた地平を二一世紀に顕現させてみせるのだ。

東アジア反日武装戦線〝狼〟部隊と三菱重工爆破事件、連合赤軍あさま山荘事件、革マル派と解放派の内ゲバ、コザ闘争、上原安隆の激突死、船本洲治の焼身抗議……。桐山襲の小説は、ラジカルな固有名を次々と呼び寄せる。だが、語りの構造は複雑で、取り込まれた固有名は、アレゴリカルな機能を帯びる。

「政治と文学」という対立項が、より高次の段階で止揚されると言うべきだろう。

論じるテクストが手に入らない状態で、その作家についての批評を世間に流通させることが、いかに大変な所業か。私も生涯反骨を貫いた向井豊昭という作家について批評を書いてきたので、陣野の苦闘が身に沁みてわかる。だが、埋もれ木を発見したから素晴らしい、と言いたいのではない。文芸ジャーナリズムの現場を知悉した者のみが獲得できる作家的身体（と呼ぶほかないもの）をもって、複数のテクストを貫く主軸を抽出する膂力を買いたい。なにせ、『パルチザン伝説』と古川日出男『聖家族』（二〇〇八年）を接続させてしまうのだ！　陣野は安全地帯に逃げない。その胆力に、桐山のみならず批評そのものを再生させんとする、不退転の決意を感じる。

現に、本書を読み終えた後で私は、黒古一夫『祝祭と修羅』（一九八五年）、磯田光一『左翼がサヨクになるとき』（一九八六年）、島弘之「聖暗所の陰画」（一九八六年）、竹田青嗣『夢の外部』（一九八九年）等、高度資本主義《ポストモダン》下の軽薄さに抗する批評――いずれも桐山襲を扱っており、当時ですら時代遅れとされた批評――が、新たな相貌を帯びていることに気づいた。桐山と陣野は高らかに告げている。「プレセンテ！《ここにいる》　プレセンテ！《我々と共にある》」と。

（河出書房新社・３１３２円）

陣野俊史（じんの・としふみ）
一九六一年長崎県生まれ。著書に『戦争へ、文学へ「その後」の戦争小説論』、訳書に『ダフト・パンク』など。

（『すばる』二〇一六年九月号）

本書収録にあたっての付記

陣野はその後、桐山襲の語りを取り入れ、「イスラム国」の問題を扱った力作小説「泥海」（『文藝』二〇一八年夏号）を発表した。私は『図書新聞』二〇一八年五月一九日号で論じている。

高橋和巳、自己破壊的インターフェイス

回帰する『邪宗門』のリアリティ

かつての文学青年たちによって高橋和巳は熱狂的に読まれ、批評されてきた。ところが、今の日本文学研究においては微温的な研究が目立つ。要するにアクチュアルなものとして読まなければ、活きてこない作家なのだろう。小説作品としては『邪宗門』から見える地平を軸としながら、ともすれば断簡零墨《だんかんれいぼく》とみなされるテクストを渉猟することで、少しでも高橋和巳のアナクロなイメージを更新すること。これが、本稿の目指すところである。

二〇一六年の文学状況から始める。陣野俊史は、「二〇一六年に読んだ少なくない小説のうちで最も印象深い作品」として、木村友祐の問題作『野良ビトたちの燃え上がる肖像』を挙げている（「動物に感応すること」、二〇一七年）。多摩川と思われる河川敷で暮らす野良ビト（＝ホームレス）たちが、東京オリンピック

を思わせるイベントの狂騒のもとで、じりじりと居場所を奪われ、追い詰められていく様子を描いているのだ。その『野良ビトたちの燃え上がる肖像』の特筆すべき点として、陣野は、「憎悪に憎悪で応じていない」ことを指摘する。クライマックス、野良ビトの暮らす河川敷に火が放たれるのだが、それを目の当たりにした語り手は、ゲーテッド・コミュニティ化した武蔵小杉のタワーマンションを思い出し、それらが「物言わぬ不屈の植物たちに覆われて朽ち果てていく」未来像を幻視する。ここからブライアン・オールディスの思弁小説《スペキュレイティブ・フィクション》『地球の長い午後』（一九六二年）への道のりは、そう遠くないだろう。

陣野の言葉を借りれば、少なくとも「人間中心の様々な営みや負の感情は、きれいに相対化されている」。なぜ憎悪をもって応酬せずにいられるのか。猫という存在が重要な役割を果たすためだ。そもそも木村は「猫の香箱を死守する党」（二〇一三年）という作品も書いているほどの作家。近年の批評的動向であるアニマル・スタディーズにも通じる視点をもっている。陣野はこれこそが、「近未来のことを描きながら、まったく絵空事ではないという意味で、これはリアリズム小説」なのだと告げるのである。そしておもむろに、この手の「リアリスティックな小説」の「クラシックな例」として、高橋和巳の『邪宗門』（一九六五～六六年連載）の名を挙げる。

なぜ、『邪宗門』なのか。陣野は詳しい説明をしていないため、文学史をにらんだ微細な注釈にすぎないともみなされよう。ただ、ささやかな佇まいをも含め、捨て置くにはもったいない指摘かと思うのだ。およそ高橋和巳ほど、反時代的で大仰な暑苦しさをたたえた作家もそうはなく、試しに『思想の科学』一九八二年六月号をひもといてみれば、多根井高志（二三歳）と署名された「ＳＦわが解体」という短編小説が掲載されているのに気づく。もちろん、高橋和巳の『わが解体』（一九六九年連載）への揶揄である。「大学解体」の第一歩として、学園祭の最終日に徹夜で乱交パーティを行なうという告知文が拡散するも、誰も彼も煽るだけ煽って乱交は実行されないという内容で、学生運動的な生真面目さを茶化す〝シラケ〟の気分をよく伝えてくれる。タイトルからして自明だが、高橋和巳が懸念する「日本人全体が痴漢になった」状況をそのまま描いたわけで、SFを名乗っているものの構築された世界の因果律をきちんと考えた痕跡などない。どこまでもシニシズムの域を出ないが、少なくとも、一九八〇年代〜九〇年代を貫くポストモダンな空虚を経由した二一世紀の日本社会はこの種の安っぽさに席捲された。高橋和巳の夢想とは正反対の方向へ向かってしまったのだ。

『邪宗門』は、しばしばオウム真理教事件に準えられたし、その影響もあってか一九九六〜九七年には河出文庫から「高橋和巳コレクション」が出たものの、時代精神の体現ではなく時代に遅れたオルタナティヴとして読まれた。それは今も続いている。二〇一五年にSEALDs（二〇一六年八月に解散）がなした選書「〝今〟を生き抜くための102冊」に、高橋和巳の書物はなかった。ちょうど大江健三郎や鶴見俊輔の著作が選ばれていないのと同様、〝一九六八年〟やら〝学生運動〟やらの臭いがするものは、意図して遠ざけられたような節すらあるが、そもそも私自身、大学時代に初めて高橋和巳の著作に出逢ったのは、ブックオフの一〇〇円コーナーであるのだから、まあこの点を批判する資格はあるまい。

ただ、遠からず大きな揺り戻しが来よう。兆候があちこちにある。すでに来ているのかもしれない。自閉した観念としての「世界の終り」から、唯物論的な破滅《カタストロフィー》としての「世界の終り」へ。『憂鬱なる党派』の主人公が広島の被爆者だったことからも自明であるが、高橋の生きた時代に〈核〉という表徴で表現された危険はそのままに、虚無《アニヒレーション》を求める暴力がリゾーム状に多様化している。暴力を突き動かすダイナミックな情念じたいは、作家やそのテクストが秘めたものに酷似しているような気がするのだ。どこまで躍動を「管理／統治」することができるのか。「内ゲバの論理はこえられるか」（一九七〇年）という問いもまた、執拗に回帰してくるものと思われる。

「内ゲバ」の論理と「管理／統治」

絓秀実は『革命的な、あまりに革命的な「1968年の革命」史論』（二〇〇三年）で、高橋和巳の「内ゲバの論理をこえられるか」等に見られる「オプティミスティックな弱点」として、「あらゆるテロリズムをいっしょくたにして思考する非論理性」があると批判している。埴谷雄高が称揚するようなテロリズムの成立は、かつて二〇世紀初頭のロシアで社会革命党員がなしたように、強大な国家権力を相手にする場合を前提としていた。ところが内ゲバは対立党派（革共同から分裂した、革マルと中核の両派）に対する近親憎悪に由来する「見せかけの論理」に基いている。そこでは直截的に相手方を殺戮するのではなく、屍のごとく相手を無力化し、そのことをもって、「管理／統治」することこそが目指されていたという。

絓秀実はこれを、プリーモ・レーヴィやジョルジョ・アガンベン等が語った「回教徒」のイメージ——強制収容所のなかで、人間としてのあらゆる主体的な尊厳を奪われた存在——で説明する。つまり「内ゲバ」に見られるテロルの本質は、相手を「回教徒」とすることで意のままに操るところにこそあり、そのまま殺すことが目指されていたわけではない、というのだ。ここから絓秀実は、近年のネオリベラリズムにもつながる（「管理／統治」の先にある）「監視／管理」の萌芽をも見出していくのである。絓は「ナルシスティック」な埴谷よりも、高橋が「誠実であることだけは疑えない」と書いている。ただ、『孤立無援の思想』（一九六六年）で高橋和巳がマルクスの理論の要旨を次のようにまとめるとき、そこには「誠実さ」ではとても捉えきることのできない、煮え立つようにデモーニッシュな情念がたぎっている。

プロレタリアートは社会の爾余のいっさいの階級を解放せずしては、自己を解放しえない階級である。それゆえに自己のおかれている状態のままであれば、完全な人間の喪失であるより他なく、自己の人間性を恢復しようとする以上は、同時に他のいっさいの非人間的状態をも変革せねばならないのである（……）問題は、マルクス主義が原始キリスト教的メシヤ観をもつことを悪宣伝に利用することにあるのではなく、すべて思想はその思想のそだった精神的風土との連関をもつことを認めることによって、みずからの精神領域により適合した思想をみずから作り上げることにある。

ここで高橋和巳が「完全な人間の喪失」という「回教徒」めいたヴィジョンを語る際、それは「党」や「党派人」のあり方、あるいは『マチウ書試論』（一九五四年）の吉本隆明であれば「関係の絶対性」と呼んだであろうものが、「自己の人間性」への飽くなき問いかけという形で、顕現しているとわかるのである。つまり、「いっさいの非人間的状態を変革」することを、あくまでも「自己」の圏域に閉じ込めている。興味深いのは、そこにあるのはフリードリヒ・シュレーゲルやヴァルター・ベンヤミンならば「反省」と呼んだであろう、合わせ鏡のように無限に「自己」が高められていくプロセスとは真逆のもので、そこにロマン主義的イロニーは介在せず、イロニーを拒否することで自己そのものを解体に追い込んでいく、そうした動力を垣間見ることができよう。

こうした動力こそが、実のところ安倍政権を支える日本会議的なネトウヨ言説にしろ、それに抗する市民主義的な公共性からのカウンターにせよ、もっとも警戒するポイントなのではないか（生活保守をネトウヨへと転化させない点においてカウンターは絶対に擁護せねばならぬ一点ではあるが）。他者との「関係」ではなく、あくまでも問題を自己のものとして捉えながら、その暴力性は敵対者を屍とするためではなく、他者を「管理／統治」の対象とするのを退けるためのものとして用いられる。まさしく社会革命党員であったロープシン（＝ボリス・ザヴィンコフ）について論じたテクストが、「革命の中の死――ロープシンの「漆黒の馬」」（一九六八年）として遺されており、まことに雄弁だ。

歴史的必然を、徹底した自己犠牲による確信的殺人によって自由へと転化するテロリストの苦悩と、そしていかなる意図があるにせよ、一たび手を血にそめてよりのちは、はてしなくくずれてゆくテロリストの内面を、かつてロープシンは『蒼ざめた馬』として書いた。そしていまこの『漆黒の馬』によって、革命期の内戦と、来たるべき権力への供物として抹殺されてゆくおびただしい兵士や民衆の死を、すでに目標を喪失し、いずれは抹殺されてゆくべきものの側から描く。（……）革命に魂をささげ、しかも革命から拒絶されたという作者の思い込みが、おそらく、いかなる死も無駄であり、死の象徴である「蒼ざめた馬」のつぎには、「漆黒の馬」すなわち権力がおとずれるだけだという、もっとも絶望的な観念をかれにあたえたのだろうか。

この批評では十月革命期におけるロシアや、無政府主義者ネストル・マフノ率いるウクライナのパルチザンについても紙幅が割かれている。その解説は、まさしくこの時代を正面から扱った佐藤亜紀『ミノタウロス』（二〇〇七年）のような現代小説（詳細は拙稿「言葉が紡いだ「死」の舞踏」〔二〇一〇年〕、『「世界内戦」とわずかな希望　伊藤計劃・SF・現代文学』所収を参照）への注釈として読むこともできようが、テロルのモチーフを介して、死と権力が分けて捉えられていることは重要だろう。この時期について高橋和巳は「テロにはテロが応じ、反抗には弾圧、弾圧には反抗、昨日一地方を支配した者が今日殺され、罪なき者が巻きぞえをくい、ユダヤ人は殺され、義に殉じた者は殺され、裏切り者は殺され、目標を失った者は強盗と化し、強盗同士が殺しあい、収奪し、略奪し、略奪に歯向かった者はまた殺された。いかなる助命嘆願も無意味となった。敗北は政治的根絶であり、逃げ損えば死だった」と書いているが、それは「あらゆるテロリズムをいっしょくたにして考える非論理性」とは別個の次元の論理を模索、受け止めてしかるべきだろう。少なくとも高橋は、ロープシンの『蒼ざめた馬』（一九〇九年）と『漆黒の馬』（一九二三年）の「論理」を階層的な構造をなすものとして捉えている。

また、高橋は「ナロードニキの系譜をつぐゆえに、ロシアにおいては西欧資本主義の悪に染まることなく、旧来の農村共同体ミールを基盤に、一挙に土地共有の革命が可能であるという考え方を受けついでいた」と社会革命党《エス・エル》を解説しつつ、一方でそれを「日本の明治維新における平田篤胤派の神学に水戸派の過激尊王攘夷派、中国の辛亥革命における光復会の地域独立、直接行動と中華思想につらぬかれて過激排満興漢に相当すると言ってよい」と言ってのけるのだ。こうしたスケール感あふれる想像力の展開が、実のところは『邪宗門』を形作っており、陣野が言うようにそれを現代のアニマル・スタディーズと接続する姿勢さえも許容する大きな器なのではないかと思われる。

想像力により消尽される「生命の哲学」

想像力と言えば、大江健三郎の追悼文「想像力の枷——高橋和巳の想像力、その一面」（一九七一年）が想起されよう。ここでは高橋和巳『悲の器』（一九六二年）の再読を通じ、「あまりにも多くの、高橋和巳の全体、ひいてはその死、かれをその死へとむかわしめたところのもの」から感銘と苦痛を味わったと語られる。そのうえで大江は、「想像力を発揮する人間」として、あるいは「われわれの発揮する想像力のなか」で「自由」であるとはどういうことかと、問いかけるのである。周知の通り、『悲の器』は、五五歳の法学博士が主要人物となっている。大江によれば、作者である三〇歳時点の高橋和巳が「老けづくりの化粧」をしたかのような、設定上・考証上の瑕疵は『悲の器』にはない。にもかかわらず、その文体からは「自分の想像力の世界に、ひとりの初老の法学者を構築しようとしている若い作家の肉体、現実のかれの、かれ自身がまことにくっきりと透視されてくる」（傍点ママ）。これは作品が予見した地平を事後的に作家が人間として追体験し、その身体を滅ぼすに至ったという見立てである。まこと奇妙なことに、高橋和巳へ共感を示した大江健三郎と同様の直観を、高橋和巳に対する攻撃者として悪名高い柄谷行人も抱いていた。

「たんに概念的比喩が多すぎるせいではない。概念としても非常に不明確」であるがゆえに「もはや文学的表現ともいえない」。これは『捨子物語』（一九五八年自費出版）から『日本の悪霊』（一九六六〜六八年連載）までを貫く問題点であり、『悲の器』のみがその弊を免れていると柄谷行人は総括するのだ（「高橋和巳の文体」、一九七一年）。他方、柄谷は「氏の評論は二十代半ばに書かれたものを読んでも、その透徹さに驚かされる」と、批評を小説とは切り離して評価するようなコメントも残している。「高橋和巳の死にはいくつか不審な点がある。たんなる病死ということのできない要素が多分にあるからだ。（……）高橋和巳は妙に死にいそいだなという感じがぬぐいきれないのである」、「生活の累積が導きだす観念のかわりに、観念の累積が導きだす生活をもったことだ」と要約するのであるが、柄谷が追究する抽象的原理もまた、高橋和巳のように「観念の累積」たる隘路を免れないと感じていたのだろう。ただ、この点は掘り下げない。むしろ注目したいのは、この高橋和巳観が不思議と大江健三郎の理解に一致することだ。
こうした指摘に対し、高橋和巳はどれほど自覚的であっただろうか。高橋は「想像力」をキーワードにした大江健三郎『壊れものとしての人間』（一九七〇年）について、「人間が精神の中で経験する経験というものと、実際の、いわゆる現実との対応関係で出てくる経験いかん、あるいは人間の想像作用とそういう生活の関係とは、いったい何なのか」という問いを立てている。もとは「状況と文学」と題した講演（一九七〇年）を改題したエッセイ「現代における想像力の問題」（一九七一年）でのことだ。大江の「想像力の枷」は、そうした問いへの応答とも捉えることができるだろう。「六九年の学生運動の高揚」から、「非常な沈滞期」としての「七〇年代」の課題を、キェルケゴールやニーチェを発火源とする「生命の哲学」（生の哲学）の観点からサルトルが「想像力」を発揮して「この現実」を超越するという視点までを概説する。こうしたサルトル理解において、高橋と大江に共鳴するポイントはあるのだろうが、高橋は内ゲバの論理そのものも「生の哲学」として説明する。

あの六九年の学園闘争の中で、これが、使い方によると変なことになるのですけれど、出てきた一つの新しい態度は、内ゲバにおいて、自分が相手を棍棒でスパッとたたくときに、自分は全存在をかけてなぐっているんだという、そういう言い方が出てきました。これは、聞きようによると非常に小児的なことであって、その言葉自体が一般の商業ジャーナリズムなどには逆用されて、「あいつらは全存在をかけてむちゃくちゃやっておる」というふうに言われたわけでありますが、（笑）そうではないのです。いままでのそういう政治のほうに重点をおいた形での乱闘状態の自己弁明の仕方とはまったく違う一つの態度が現れたということなのです。それは自分がやっていることを、自分が全責任をとるということを証明する、そういう言い方だったわけです。

（「現代における想像力の問題」）

　こうした責任を引き受ける態度というのは、他者へ向けられた暴力を自己が引き受ける、という受苦の姿勢へと読み替えるものだ。それが「全存在をかけて相手をなぐる」という言葉に象徴されるわけだが、いまの状況でこれを肯定するには、相当の無理をしなければならない。言うまでもなく、高橋和巳没後の凄絶なる内ゲバ、現在も世を席捲する「世界内戦」（カール・シュミット）的テロルをそのままで肯定はできないからだ。少なくとも、肯定するには、自己と他者とを分かつ境界線が曖昧化してはならない。他者を殺すことは自己を殺すことだと思ってはならない。ゆえに唯一許されるのは、他者を殺す前に自己が消尽するケースでしかなくなる。もちろん、「六八年」以前にも、「生の哲学」により自己を消尽し尽くして斃れた作家はいた。ここでは、原田康子や鳥井省三の盟友で、長編『死の誕生』を未完にしたまま一九五六年に二六歳で自死した知られざる作家・宇多治見の名を挙げておきたい（今や稀覯書だが『宇多治見全集』全三巻、宇多治見全集刊行委員会、一九五六〜五七年が出ている。地方文壇初の個人全集という）。

高橋和巳と小松左京、不純なインターフェイスとしてのSF

　ここで疑問が生じる。「内ゲバの論理」が「管理／統治」の原理に直結するものだとすれば、自己の消尽とは何に結びつくのだろうか。自己の消尽でさえ、必ずしも望ましい結果を産まない、というのが今のところの私の結論である。エスペランティストの由比忠之進や「黙って野垂れ死ぬな」と書いた船本洲治ら、焼身して果てた活動家たちを軽視しているわけではない。それとは別個に、自己の消尽こそを動力とする――タコが自分の足を食うような――「管理／統治」の原理が発生してきたように思えてならない、ということだ。トランプ政権の誕生を支えたオルタナ右翼（alt-right）の理論的支柱ニック・ランドが *The Thirst for Anihilation: Georges Bataille and Virulent Nihilism*（一九九二年）で示した虚無《アニヒレーション》への渇望がこれをよく説明している。

カントの偉大な発見とは――彼が決して認めなかったことではあるが――その確実な動機が知識と相容れないものだということである。まさしく「超越論的」という名の動機のことだ。この超越論的という術語は熱情をもって伝播されてきたが、その熱情はカントが同時に誤読の手段を提供したということでもあった。超越論的であることは、現実から「自由」だという誤読である。これは確かに、西洋哲学史において最もエレガントな婉曲表現である。

（*The Thirst for Anihilation*、拙訳）

おそらく、カントの批判哲学における「超越論的」概念を誤読とする嘲笑は、「生命の哲学」を経由し、大江が言う「想像力のなか」で「自由」であるという状態への批判に置き換えることも可能だろう。ランドはカントの「地球の歴史でもっとも」洗練された批判哲学を資本主義の歴史に重ね合わせ、その理論を資本主義（のヴァーチャル性）とコインの裏表に準えることは、必要な作業でありながら愚かしいとも告げる。「生命の哲学」と「管理／統治」原理は不可分だとでも言いたげである。「生命の哲学」を新自由主義が吸い上げたというところだろうか。仮にランドが高橋和巳の「内ゲバの論理をこえられるか」を知ったら、いかにもカント的に無力で「左翼」の「神殿」に奉られそうな理想主義だと冷笑するものの、そのダイナミズムには興味をもつかもしれない。だとしたら、「想像力」に高橋和巳が寄せた期待について、これまでにはない観点から分析を加えていくのが有効ではないか。「想像力というものが本来もっている〈現実否定性〉というものを〈現実忘却〉と峻別する」作業である。このような言葉が出てくるのは、「見捨てられる現在――文芸時評・一九六三年十月号」の一節だ。

この文芸時評が特異なのは、文芸誌の収録作とSFが、ほぼ等価に扱われているということだ。「すべてがなし崩しに風化しそうな泰平ムードの中で何らかの観念による衝撃をめざす若い作家たちが、疑似科学的な未来設定に自己の形而上学をはめこもうとする姿勢」が、文芸誌掲載作にまま見られる「過去の動乱の世への自己移入と、じつは表裏する」という姿勢のためである。それは〈現在〉の欠落であると、高橋は告げるのだ。

> 「ソロモン一九四二年」（SFマガジン）と題される光瀬竜《ママ》のSFはその〈現在〉の欠落をもっとも象徴的に示している。この作品は太平洋戦争中のソロモン海上空のグラマンとゼロ戦の戦闘と、はるかなる未来、テレパシイによって人間が意思疎通しうるようになった空想社会で、突如、人間同士が言葉も忘れはてたまま憎悪にもえて殺戮しあう情景を、二重うつしに叙述したものである。一つの情景を他の情景におきかえることは、いわば、SFの存在のための最低の条件であるけれども、散文は暗示のためのものではなく、むしろ無限に多様な現実を自己の思念によって限定してゆくものであるという現実は、この場合にも変るわけではない。
>
> （「見捨てられる現在」）

取り上げられた光瀬龍「ソロモン一九四二年」は、後に「宇宙年代記シリーズ」としてまとめられるサーガの一端を構成するもの。シリーズは光瀬の代表作『百億の昼と千億の夜』（一九六五〜六六年連載）を準備した部分も大きい。「ソロモン一九四二年」は、今で言うジャンル化した架空戦記とは面持ちが異なり、観念的な思考実験という色彩が強い。自覚をもって書かれた戦後日本初の長編ＳＦ、今日泊亜蘭『光の塔』（一九六二年）にも見られた「バベルの塔」のイメージが取り込まれている。昭和二〇年代の日本ＳＦは、稲垣足穂や川端康成、埴谷雄高や安部公房に連なる高度な思弁性と芸術性の融合が目指され、少なくとも光瀬はそのことに自覚的だった（生前の光瀬と交流があり、数々の光瀬論を発表している宮野由梨香の証言による）。実際、ここで高橋が語った「二重うつし」の構造、さらには「過去の動乱の世への自己移入」という発想はそのまま『邪宗門』を説明しているかのようだ。

小松左京はデビュー直後の新聞記事からして、京大在学中からの高橋和巳の盟友だということが強調されてきた。小松左京と高橋和巳と言えば、編集を担った『高橋和巳の青春とその時代』（一九七八年）や、そこに収められた「「内部の友」とその死」（一九七一年）が知られている。川西政明『評伝高橋和巳』（一九八一年）をはじめ、参照される小松の言説の大半はこれらである。金子邦彦が指摘しているように（小松左京『継ぐのは誰か？』〔ハルキ文庫版〕解説）、両者を本格的に比較対照させた論考は無きに等しい。例外は、二〇〇五年の『小松左京マガジン』に掲載された（一七〜一八巻）澤田芳郎と新間策雄によるインタビュー「小松左京　高橋和巳を語る」くらいだろうか。このインタビューで小松は、『邪宗門』が自身の『日本アパッチ族』（一九六四年）の方法論を下敷きにしている（訊いたら高橋も認めた）との旨を繰り返し語ってきた。それはアナーキズムの問題として共通するのだという。『日本アパッチ族』は、アパッチと呼ばれた在日朝鮮人の屑鉄回収屋が、字義どおりに鉄を食らう新人類となり、日本中へ広がって征服してしまうという話である。この点、『邪宗門』に出てくる「ひのもと救霊会」も日本各地に広がり、武装蜂起して鎮圧される。小松は、高橋はこんなものではなく、もっと大きな破滅《カタストロフィー》を描くべきだったというのだ。

小松　みんなあんまり言わないんだけど、『日本アパッチ族』や『邪宗門』が出た時の社会的環境をもう少しちゃんと見てくれよってことだね。高橋も『邪宗門』の後で、今度は人類の絶滅を考えてみたいと言ってたんだよ。『復活の日』を読んだらしいんだけどね。

（「小松左京　高橋和巳を語る」）

これらは小松側からの証言であるが、高橋は生前から、「歴史的な激動」を前に、「放り出された者だけがなしうる自立」を意識的になしうる「新しい態度」として、小松左京の『地には平和を』（一九六三年）を評価するコメントを残している（『文学思想史』、一九六四年）。高橋は「小松左京の『地には平和を』という小説、これは、昭和二〇年八月一五日に敗戦にならないで、日本が文字通り焦土と化す中を、一人の少年が教えこまれた愛国精神どおりに、飢え疲れながら山野をさまよう物語ですが、これはＳＦ小説で、その戦う少年を神にあたる宇宙人がみている、という想定になっています」と説明する。アーサー・Ｃ・クラーク『幼年期の終り』（一九五三年）を彷彿させる「監視者」の発想に、歴史改変という形で敗戦の記憶が重ね合わされる。つまりは決定論の否定、ということであるが、ここから何を読みとるべきだろうか。ジャンルとしての歴史改変的な架空戦記は、いま現在、日本会議的なものが進行させている戦前回帰の幼児的願望との差別化が難しくなっている。とするならば、むしろ高橋が小松に読み取った当のものを掘り下げなければならない。高橋和巳は「自己主張の荒蕪と自己放棄の抒情――文芸時評・一九六三年十一月号」で、書簡体で記されたＳＦ宣言「拝啓、イワン・エフレーモフ様」を取り上げている。いかにも権威主義的な大文字の「文学」にすべてを回収させる教条主義的なリアリズムを軸にしたエフレーモフの「社会主義的SF論」（一九六二年）への反駁なのであるが、高橋は「人間や社会の改造について空想をはせる科学と空想の弁証法」ではない「不純なSF（破局小説や怪奇小説、あるいは宗教的神秘的テーマに科学のヴェールをかぶせたもの）」を称揚する小松の言説へ大いに賛同を見せている。この「宗教的神秘的テーマ」はまさに『邪宗門』そのものだ。

思うに、リアリズムというものは、その不純志向の近代的表現だったのであり、リアリズムの動脈硬化は、みずから産みだした戒律にしばられて、その貴重な不純志向を失ったことにある。問題はリアリズムかロマンティズムかという選言にはなく、文学ならば等しく分かちもつ想像の貪欲さと批評精神とを、ともに見失うこと、そして何故そうなるのかという点にある。

（「自己主張の荒蕪と自己放棄の抒情」）

ここで高橋が言う「想像の貪欲さと批評精神」は、そのまま「生命の哲学」がもつ「想像力の枷」を問い直すことである。あらゆる場所へ接続されながら、それを自己破壊的に断ち切る「想像力の枷」としての不純なるインターフェイス。それが高橋和巳なのではないかというのが、本稿での探究によって析出された結論である。

（『高橋和巳、世界とたたかった文学』所収、河出書房新社、二〇一七年二月）

破滅《カタストロフィー》の先に立つ批評

――神山睦美『希望のエートス　3・11以後』

「未生への回帰――吉本隆明の死」と題された序章に始まり、「不死の迷宮――小林秀雄の最後の思想」と題された跋文で締められる『希望のエートス　3・11以後』（思潮社、二〇一三年）という特異な書物は、二人の巨人的な思想家の死を足がかりとすることで、私たちが直面する未曾有の危機に立ち向かうというものだが、その議論の射程は、世間一般で吉本隆明や小林秀雄という固有名が連想させる射程を、遥かに飛び越えている。論理が飛躍しているという意味ではまったくない。本書のように着実なテクストクリティークに基づく批評の書は、このご時勢、むしろ稀少だ。心ない読者から時代錯誤との嘲笑を浴びるのではないかと、余計な心配をしたくもなる。しかし、腰を据えて本書を繙き、思考の軌跡を追いかければ、今や私たちの日常に顕現して恥じることのない死という現実に対峙しうる言説を、著者が徒手空拳で模索しているということが、理解できるはずだ。

死とは常に、生の不在という形でしか認識されえない。死とは、あらゆる言葉を呑み込む真空である。発せられるはずだった言葉は、いざ、死を前にすれば、具体的な意味を結ぶに至らず、真空のなかで雲散霧消してしまう。本書の姉妹編たる『大審問官の政治学』（二〇一一年）の言葉を借りるならば、文芸批評とは、真空に掻き消える前の言葉を懸命に追いつつ、文学や思想の根本に根ざした「どこからか不意にやってきて人間を揺さぶるような発想」を把捉し、あらゆるカテゴライズの暴力を拒むその不定形なダイナミズムを、生《き》のままに語り伝えようとするものだ。ゆえに批評とは、常に死との対話であり、終わりのない格闘でもある。『希望のエートス』の冒頭を飾る、「思想家の実力は、人間の死について普遍的に語ることができるかどうかで決まる」という印象深い一節が、その根深い部分で私たちの心を揺さぶるのは、まさしくこの理由を措いてほかにない。

破滅《カタストロフィー》がもたらすカタルシス、その絶対的な快楽に溺れず、先に立とうとする批評実践——それこそが、『希望のエートス』の著者・神山睦美を特徴づける姿勢だろう。とりわけ言葉と歴史を切り結び、スペクタクル化した日常によって覆い隠される生活と戦争の持続性を暴き立てる仕事を、著者は果敢にも継続してきた。

『二十一世紀の戦争』（二〇〇九年）なる挑発的な表題が付された批評集においては、ブレヒトの『ガリレイの生涯』を援用しつつ、地球が自転しながら太陽の周りを公転している真理に準えて、「内面を生きることがそのまま世界の普遍性につながること」の可能性が問われた。時評を基体とした同書では、同時代の小説をミクロに逍遥する過程と、二一世紀を彩るマクロな死の様相を考えることが、本質的に矛盾しないと、強固なまでに主張する。かような確信を軸に、続く『小林秀雄の昭和』（二〇一〇年）では、小林秀雄という個を通し、近代日本が積み重ねてきた累々たる戦争の惨禍の内在的論理が、白日の下に曝される。そして『大審問官の歴史学』では、世界帝国たる一六世紀スペインの政治姿勢を、「統治権力」における「死への欲動《タナトス》」の影にすぎないと喝破することで、近代社会と人間を表象する文学というものが、いかなる矛盾を内包してきたのか、そのことが総体的に問い直されたのである。

もとは『大審問官の政治学　詩と思想篇』というワーキングタイトルで紡がれた『希望のエートス』は、著者の一連の批評の集大成ともいうべきスケールを備え、一行一句が緊迫感に満ちている。『大審問官の歴史学』で語られた世界史的な視座は、『希望のエートス』で、文字通りに宇宙論的な規模にまで推し進められる。そもそも、私たちの未来を完膚なきまでに粉砕した3・11は、地震や津波からなる自然災害の側面と、福島第一原発事故のような科学技術への過信に根ざした人的災害の側面を併せ持っている。この点を考えるため、著者は、一七五五年のリスボン大地震の衝撃から生まれたヴォルテールの『カンディード』やクライストの『チリの地震』を参照しつつ、災害を「自然史過程」（マルクス）と捉え、いかなる認識論的な成立過程を経てきたものかを明らかにする。と同時に、原子核エネルギーを死の類比とみなすことで、人間が他者としての自然世界を認識するための客観性、つまり「アルキメデスの点＝絶対的な無の地点」を模索する。

著者が採用するのは、自然科学に即した処方箋でもなければ、ジャーナリスティックな政策提言でもない。アーレント、ゲーテ、ベンヤミン、フロイト、アドルノ、そしてカント……。これらのテクストを読む「私」の姿勢を、単独者の立場から遊離させず、汲み取られた死への思念を、能う限り横断的なものとして普遍化させること。それはまた、死をもたらす暴力に対して、あるいは真空に呑み込まれた死者たちに対して、対話をしようと懸命に試みることでもある。その襞から不意に、瀬尾育生、稲川方人、安川奈緒といった詩人の名前が登場するのを、私たちは見逃してはならない。彼らの言葉に死へ《タナトス》の欲動を読み込む著者の姿勢は、ともすれば自らが虚無へ、奈落へと落ち込んでしまいかねない危うさを秘めたもので、触れる者に強烈な「失語」を強いる。著者は本書とほぼ同時期に刊行された詩集・吉田広行の『Chaos／遺作』（二〇一三年）の跋文で、自身の体験を軸にしながら、詩人に「失語」の痕跡を読み込んでいる。『希望のエートス』で、その意図が明確になった。この「失語」を経なければ、3・11が生んだ巻き添え被害《コラテラル・ダメージ》を回避しえないと、著者は直観しているのだろう。

文芸批評のアクチュアリティを現代に再生させるために、著者は死のあらゆる側面に向き合い、その重圧を受け止める。この重圧に共同体《エートス》としての倫理を見出し、そこから、私たちにとっての出発点《エートス》としての倫理を模索しようとすること。それこそが、本書の伝える「希望」にほかならないだろう。小林秀雄をはじめ、日本で育まれた批評が、世界では通用しないと嘲笑《わら》われて久しいが、本書は「国難」を経た後の日本だからこそ——いわば、世界史への応答として——生み出し得た批評であると強く感じる。英語圏の読者に、本書がどのように読まれるのか、是非とも見てみたいと思う。

断言しよう。『希望のエートス』によって、文芸批評は新たなステージに達した。3・11以後の希望を紡ぐため、私たちは本書を、繰り返し参照することになるだろう。

（思潮社・4104円）

神山睦美（かみやま・むつみ）
一九四七年岩手県生まれ。著書に『二十一世紀の戦争』『大審問官の政治学』『サクリファイス』など。
二〇一一年、『小林秀雄の昭和』で鮎川信夫賞。

（『季報　唯物論研究』一二五号、二〇一三年一二月）

「近代文学の終り」と樺山三英「セヴンティ」

――3・11以後の〈不敬文学〉

二〇〇四年に柄谷行人は、講演録「近代文学の終り」（『早稲田文学』二〇〇四年九月号）を発表した。その内容をのちにインタビューで振り返って、彼は文学と批評が「特殊な意味を与えられたもの」[註1]として社会に政治的なインパクトを与えることのできる時代はすでに終焉を迎えており、残されたのは「商品＝エンターテインメント」のみであると、明確に結論づけている。このような閉塞感に正面から向き合った代表的な存在として、筆者が『向井豊昭の闘争――異種混交性（ハイブリディティ）の世界文学』（二〇一四年、未來社）で論じた向井豊昭（一九三三～二〇〇八年）のほか、伊藤計劃（一九七四～二〇〇九年）の名前を挙げることができる。三島由紀夫や中上健次の活躍が、それぞれ文芸状況の抜本的変容を示すメルクマールとして語られてきたのと同様に、伊藤計劃の仕事もまた――その作品が示す社会的なインパクトによって――フィクションの臨界点《クリティカル・ポイント》を示す時代区分（「伊藤計劃以後」[註2]）として語られるようになっている。そこで本稿では「伊藤計劃以後」の可能性を示す書き手として、伊藤計劃とほぼ同世代で、同じ二〇〇七年にデビューした作家・樺山三英（一九七七年～）の小説としての最新作「セヴンティ」（二〇一三年）

の射程を論じていく。

樺山は、ジャック・デリダのルソー論を媒介に、近代文学的な自意識の問題に「一九六八年革命」を接続させた長編小説『ジャン＝ジャックの自意識の場合』で第八回日本SF新人賞を受賞し、デビューした（徳間書店から刊行）。そのほか、古今東西のユートピア文学を網羅的に本歌取りした連作短編集『ゴースト・オブ・ユートピア』（二〇一二年、早川書房、第三三回日本SF大賞候補）や、関東大震災直後に大杉栄が虐殺されず当局のスパイになっていたというｉｆの設定から、都市計画や現代建築の文脈、「満蒙開拓」についてのイメージまでをも織り込んだ中編「無政府主義者の帰還」（『SFマガジン』二〇一三年二月号、三月号、四月号に分載）といった作品が知られている。このように、先行作品の「本歌取り」や再解釈によって、既存の文芸批評の枠組みを超えた自由で野心的なテクストを生み出すというのが、樺山がデビュー当初から一貫して採用する方法だ。そして樺山は、その出自がジャンルSFの賞であるにもかかわらず、作品の内実において「Science Ficiton ＝科学小説」という枠には収まりきらない、「Speculative Fiction ＝思弁小説」の作家として活動してきた。けれども、それは、ちょうどジャンル間のデッドスポットに嵌まるということをも意味していた。ジャンル・フィクションの賞で出た作家が、他の媒体にまで越境するのは容易なことではない。「純文学」と「エンターテインメント」の定義は曖昧だが、両者を分かつセクショナリズムは画然と存在しているからだ。

その雑誌の新人賞出身ではない作家が主要文芸誌へ進出しようとするさい、挨拶代わりに短いエッセイを寄稿することは、一種の慣例となっている。『ゴースト・オブ・ユートピア』の刊行からおよそ半年後、樺山は『群像』二〇一二年一一月号にエッセイ「三十五歳、問題」を寄せ、いよいよ「純文学」への進出を果たそうとする……かのように見えた。だが、その後、樺山の小説が主要文芸誌の紙面を飾ることはなく、沈黙のあと、『季刊メタポゾン』第一〇号（二〇一三年一一月）に掲載されたのが、「セヴンティ」だった。『季刊メタポゾン』は、作家の大西赤人が責任編集をつとめ、二〇一一年の一月に創刊された商業文芸誌である（発行・メタポゾン／発売・寿郎社）。福島第一原発事故へ持続的に紙面を割くなど、他のいかなる文芸誌にもまして社会派志向の強い紙面構成で知られている。その第一〇号の編集後記（鈴木康之のもの）には、「樺山三英さんの『セヴンティ』は、某大手文芸誌に掲載が予定されていながら、寸前に中止となった問題作。その理由については、御一読の上お考えになってみてください」とのみ記されていた。

今日はおれの誕生日だった。おれは七十歳になった。セヴンティだ。家族のものは父も母も兄もみな、おれの誕生日に気がつかないか、気がつかないふりをしていた。それで、おれも黙っていた。だが黙っているうちに気がついた、おれにはそもそも家族なんていない。父も母も兄も、みんなとっくに死んでしまった。おれはいま天涯孤独の身の上だ。まったくの独りぼっちだ。独りぼっちのセヴンティだ。なぜそんな勘違いをしてしまったのかわからない。そういえば昔、そんな本を読んだことがあった。ずいぶんと昔だからそういう書き出しだった。おれはきっと本のなかから、そんな言葉を盗んできたのだ。

（「セヴンティ」）

樺山が初めてSF雑誌以外の場で発表した小説作品「セヴンティ」の書き出しである。ここで明示されているように、本作は大江健三郎の「セヴンティーン」（一九六一年）を本歌取りした作品となっている。「セヴンティーン」は自他ともに認める大江健三郎の代表作の一つだが、同作は一九六〇年一〇月一二日、日比谷公会堂で演説中の日本社会党党首・浅沼稲次郎を刺殺し、逮捕後に少年鑑別所で首吊り自殺を遂げた一七歳の少年・山口二矢がモデルとなっている。小林康夫は、「セヴンティーン」を、「戦後」という狂暴ながら「無垢《イノセンス》」というべき「なめらかな皮膚」を隠しもった一個の肉体が、「言葉を覚え、詩に目覚め」、肉体の原理のままに思想へと至る過程を描いたものとして捉えている。(註3) 小林は「セヴンティーン」と、その続編(第二部)でいまだ明示されない事情により単行本に未収録のままの「政治少年死す」とが、事件の翌年、『文學界』の一九六一年一月号と二月号に立て続けに発表されたことを受けて、「大江のエクリチュールは、政治的なテロリズムを行為した一七歳の少年の『肉体』に、みずからの想像世界を一挙に投射し移入するものであった。それはほとんど――もちろん強烈なアイロニーなしにではないのだが――想像的同一化、あるいは想像的転移とでも呼ぶべき作業であったように思われる」との推測を行なっている。

ここで鍵となるのは、山口二矢の肉体に大江が一種の憑依を行なったことは現実の山口二矢の肉体を想像的な別の肉体へと「取り替え」ようという試みでもあったのだと、小林が分析している点だろう。つまり「セヴンティーン」というテクストとは「たんに政治的とみなされるかもしれない事件に、必然的に性的なものとならざるをえない『肉体』の次元を与え返そうと試みる。それは政治的なものの根底に隠されてある性的なもの、つまり実存的な『肉体』を補完しようとする」営為を表しているのだと仮定するのだ。このとき、「『戦後』という『肉体』を内側から解釈し変装する」エクリチュールのあり方は、象徴化した「法」としての「天皇」という媒介者を通して定位されることになる。小林は「セヴンティーン」の冒頭部で、「風呂場で石鹸を体じゅうにぬりたくっているおれ」に対し、「自衛隊の病院」で「看護婦」をしている「おれ」の「姉」によって「一七歳ね、自分の肉をつかんで見たくない?」と語りかけられる「謎めいた挑発の言葉」が、「作品全体にライトモチーフとして響き渡って」いると述べている。

一方、樺山の「セヴンティ」では、老齢に達し「施設」に入った語り手に語りかけるのは姉ではなく、「齢四十そこそこ」の「入浴係りの肥った豚」なのだ。この入浴係は洗いの途中で語り手の肛門に指を差し入れ、「かれこれもう二十年近く反応することのなかったおれの陰茎」を自在に勃起させ、「以後おれは、あの豚の奴隷だ。おれの尻の穴はあの豚の指を欲しがり、いやらしくめくれあがってひくひくと痙攣している」との告白をさせる。つまり「十七歳」を「七十歳」として「読み替え」、自意識を通してはコントロールが覚束ない性的なものとしての肉体から決定的に若さや自由が失われた地点で語りを開始する「セヴンティ」というテクストからは、媒介者としての「天皇」が、すっぽりと抜け落ちてしまっている。その意味で「セヴンティ」は〈不敬文学〉（渡部直己）[註4]ではない。それでは〈不敬〉というタブーを犯したわけでもない「セヴンティ」が、文壇から拒絶され、事実上の抹殺を受けた原因は奈辺にあるのか。それは現在の〈不敬〉が何に相当するのかを探ることにも繋がる。「セヴンティーン」で表現された国家的なものへの情念は、「セヴンティ」では「素朴な排外主義」へと置き換えられている。ここで言う「素朴な排外主義」とは、安田浩一が『ネットと愛国――在特会の「闇」を追いかけて』（二〇一二年、講談社）で主題的に語ったような「ネット右翼」（ネトウヨ）の精神性にほかならない。事実、「セヴンティ」は、在特会のようなネトウヨが、そのまま高齢化した未来像を描いた小説となっている。

> ごく若い、まだ二十代のころから、おれはこの身を国に捧げてきた。様々な愛国の活動に携わり、多くの危機を叫んできた。この国を蝕む敵は、ありとあらゆる場所にいた。外国人、障害者、教師、公務員、マスコミ、大企業―奴らは特権を傘に着てこの国を牛耳り、国民の生活をどん底に落とし

込んだ張本人だ。ほんとうは加害者のくせに、被害者ヅラをして居直るクズども。弱者の味方のふりをして、耳触りのいいことばかりのたまう偽善者ども。金儲けのためなら手段を選ばない、死肉に群がるハイエナども、こういう連中が国を蝕み、寄ってたかって駄目にしたのだ。おれはそれが許せなかった。

おれも最初から気づいていたのではなかった。新聞やテレビはもちろん、自分たちに都合の悪い真実を隠していた。おれはなにかおかしいと感じつつ、日々をただ漫然と過ごしていた。だがあるときネットの動画で、奴らに容赦ない罵声を浴びせ、勇敢に闘う人びとを見た。彼らは街頭に立ち、真実を訴えていた。ほんとうの加害者が誰なのかを、ほんとうの敵が誰なのかを訴えていた。（……）

おれは彼らの勉強会に加わり、敵の正体とその悪辣な戦略を学んだ。敵を罵倒する鍛錬を積み、街頭でそれを実践に移した。可能な限り相手を口汚く罵ること、それがおれたちのやり方だった。そうしなければ、人びとを振り向かせることはできない。在日を殺せ、身障を踏みにじれ、澄ました顔の教師に官僚、勝ち組どもの家に火を点けてやるぞ。女房娘を輪姦してやれ。刺し貫け、皆殺しにしろ──。

（「セヴンティ」）

こうした「覚醒」から「行動」へ至る過程は、在特会をはじめとした「行動する保守」の振る舞いを、忠実に活写しているといえるだろう。事実、ネトウヨへのカウンター活動を精力的に行なっている読者が「セヴンティ」を読み、「ネット発のレイシストを語り手にした史上初の小説では」、「実際、小説とやや似通った中年レイシストも実在していて、預言性に驚きました（註5）」と述べたこともあるくらいだ。「セヴンティ」はその後、語り手が「施設」に入ることに至った経緯を回想とともに伝えてくれる。「もっとも熱心な活動家」として、「この国の危機を訴え」続けても、治安は悪化し活動家相互のつながりは薄れ、やがて「周囲には誰もおらず、おれと国だけが残された」。やがて、「若年層の雇用対策」として「高齢者の首切り」を行ない年金の支給年齢引き上げを決めた政策の煽りを受けた語り手は、夜警の職を失い、住居のアパートを追われて路頭に迷う。そこで彼は、かつての自分のような活動家たちが「高齢者の特権の廃止」を掲げ、一人の老人を糾弾しているのに出くわした。老人を罵倒し暴力を振るう若者たちから逃れ、語り手は「施設」へと逃げこむ……。ここでヒントになるのは、椎山が先の読者との対話で、「『セヴンティ』では、主人公を強迫的に動かす思念について、一種の妄想、こう言ってよければ〈病〉として書かれているように読みました」という読者の見解を受けて、「『セヴンティ』の主人公はたしかに〈病〉を抱えていますが、それは大江的な自意識の病ではありません。むしろ構造的に準備された〈病〉だと思います」、「主人公はおそらく自分が『施設』のモルモットにされていることがわかっている。にも関わらず、それを認めることができない。だから『愛国心』による自発的な協力だと言って自分を騙す。彼の〈病〉は、そうやって固定されていく。〈病〉がどんどん構造化されていく」と述べていることだ。つまり、語り手は、彼を取り巻く「構造」に向き合うことを拒否し、そのための免罪符として「愛国心」にすがっているというのだ。このような「愛国心」への没入には、明確なロマンティック・イロニー（フリードリヒ・シュレーゲル）が根づいている。このイロニーの構造を明晰に分析しているのは、ほかでもない「近代文学の終り」から八年の沈黙を経て、柄谷行人が発表した文芸批評「秋幸または幸徳秋水」というテクストである。

「秋幸または幸徳秋水」は、盟友・中上健次の没後二〇年にあたる二〇一二年に行なった講演で、その原稿は『文學界』二〇一二年の一〇月号に収録された。この講演で重要なのは、柄谷行人が「一九九〇年以後に強まった新自由主義」を、むしろ自由主義とは異質な帝国主義的なもの（「新帝国主義」）だと捉えていることだ。両者に共通するイデオロギー的傾向は、ダーウィンの自然淘汰論（適者生存の原理）を社会科学的に応用したスペンサー流の社会進化論だと、柄谷は喝破する。こうして彼は、ウォーラーステインの世界システム論を援用しつつ、明治一〇年代の自由民権運動をグローバルな文脈のうちに再評価していく。興味深いのは、このようなソーシャル・ダーウィニズムを軸とした帝国主義の文脈に、「明治一〇年代まで自由民権運動の理論的支柱であった中江兆民」を引きつつ、現代的な新自由主義が嵌め込まれることだ。

兆民がいうのは、つぎのようなことです。自由民権は古い理論かも知れないが、まだ実行されていない以上、新鮮だ。それは実行されて古くなったものではない。それが古いものと見えるのは、その実行を妨害した連中に責任がある。

（……）とにかく、自由民権などは古い陳腐な観念だ、という見方が広がった。というと、昔の話でしかないのですが、ここで、帝国主義というかわりに、新自由主義と置き換えてみて下さい。社会主義などは古い観念にすぎない。それは物語だ。すべて歴史の理念は幻想だ。そのようなことを、人々がいっせいにいった時期があります。それがポストモダニズムです。（「秋幸または幸徳秋水」）

こうして柄谷行人は、独歩に始まる「日本近代文学」をディコンストラクトするものとして中上の文学を捉え、「近代文学の終り」のイロニー性を自ら解き放つ議論を提示したものとして読み替える。柄谷は中上作品に登場する主人公である〝秋幸〟という名が、中江の弟子であった幸徳秋水から採られていることを重視し、「大逆事件」（一九一〇～一一年）をポストモダニズム時代につなぎあわせ、「近代文学の終り」のオルタナティヴを模索する。柄谷のこのような方向転換は、3・11の原発事故を経由したことが、直接の契機となっている。柄谷は3・11の原発事故を足尾銅山鉱毒事件に準えているが、田中正造が明治天皇に鉱毒事件を直訴したとき、その訴状の文面を書いたのが「大逆事件」の結果、処刑された幸徳秋水だった。幸徳が天皇への直訴文の執筆を引き受けたのは、中江の考えに従ったからだったという。

中江の思想と戦後日本の精神状況をポストモダニズム批判の文脈で接続し、「天皇」と「核」を並行的に論じた批評として、ここで加藤典洋の「戦後再見——天皇・原爆・無条件降伏」(『アメリカの影』所収、一九八四年、河出書房新社)を挙げることは有用だろう。中江が自覚的に述べる「理論」と「実行」の隔たりを、二〇一二年の柄谷は「それが古いものと見えるのは、その実行を妨害した連中に責任がある」と総括しているが、一九八四年の加藤は「時間的なへだたりの意味をダイナミックに摑んだもの」だとしてポジティヴな姿勢を見出している。加藤はこうした「中江に見られるような把握」が、「どのような経緯をへてかいつのまにかぼく達のまわりから、消えたこと」を「一九七八年の論争」が教えるとも述べているが、この「一九七八年の論争」とは、江藤淳と本多秋五のあいだで交わされた「無条件降伏」論争のことを指している。加藤は、この「無条件降伏」論争に参加した批評家たちは、「『小括弧に括られる』無条件降伏の解釈を争いながら、『大括弧にくくられる』無条件降伏という政策ないし思想を何の疑いもなく受け入れていた点」において大差ないのだと糾弾を行なっている。そこから加藤は、「無条件降伏」を政策面・思想面の双方で検討していくのであるが、それは柄谷が言う「帝国主義」の内実がいかなるものか、実体論的に踏み込もうとした分析だったと、再評価できるだろう。

こうした観点から、加藤は「天皇」と「原爆」という虚焦点を「肉体＝表象」から引き離し、「法」と制度のもとで再考していくのであるが、「セヴンティ」は小説を通じてそのような「法」と制度を捉え返した作品となっている――「天皇」だった箇所に、「原爆」ならぬ「原発」を組み込むことによって。つまり「素朴な排外主義」と「原発」の相互依存関係を、「セヴンティ」ははっきりと浮き彫りにしているのだ。「セヴンティ」の掲載拒否を、マッチポンプとしての文壇ゴシップに終わらせないためには、「素朴な排外主義」と「原発」が結びつく地平こそを、現代における〈不敬文学〉が撃つべき焦点として設定し直す視座が必要とされる。実際、「セヴンティ」では施設から脱出し、一人ではデモもままならず、意識を失った語り手を救ったのは、「原発」にほかならなかった。その「原発」の意義を、施設に連れ戻されて寝込んでいたベッドで見た端末で語り手に伝えたのは、一七歳の「アイドル」だった。AKBの「総選挙」や、そこに何らかの可能性を見出す批評家たちの例を挙げるまでもなく、およそ民主主義と新自由主義の頽落したブロックバスター的融合として、アイドルほど的確な表象はないだろう。彼女を介し、語り手は自らのなかの「核」を知ることになる。

おれは驚いていた。おれと彼女は瓜二つだった。精神的な双生児と言ってもいい。彼女もまた、この国の未来を憂う人間なのだ。彼女は十七歳。セヴンティーンのアイドルだった。(……)指示された動画を再生すると、そこには発電所が映っていた。豆腐がすくりと立ち上がったような、巨大な建屋が聳え立っている。カメラは静かにその威容を捉えていた。そこにナレーションが被さった。「まもなくこの発電所は運転を停止してしまいます」やや上擦って掠れた声は、彼女自身のものだったろう。「しかし何十年にもわたり、この国のエネルギーを支えてきた、この火を絶やしてよいものでしょうか。わたしたちの国の繁栄は、この火によって守られてきたのではないでしょうか。太陽の似姿であるこの火によって。そこには約束された輝かしい未来があったはずです。わたしたちはいま、その未来まで手放そうとしているのです。三十六年前のあの日、たしかに過酷な事故がありました。わたしたちはその恐怖に囚われ、うちひしがれて生きてきました。でもその結果、あまりにも多くのものを失ってしまいました。わたしたちはいま、辛く苦しい冬の時代にいます」

気がつくとおれは泣いていた。とめどなく涙が溢れ止まらなかった。おれはこの国が失くしたもののために泣き、自分が失くしたもののために泣いていた。そうだ、おれは敵を糾弾することにばかり気を取られ、おれ自身のなかにゆるぎない核を持つことができなかった。おれの肉体が滅びた後でも、残り続ける永遠の力。

（「セヴンティ」）

ここから「核」を通じて結末部は予想外の飛躍を遂げるが、それをどう捉えるべきだろうか。二〇一四年に九七歳で亡くなる直前まで、日本の排外主義的な心性へ敏感に応答を続けた大西巨人の言説がヒントとなるだろう。「無条件降伏」論争について大西巨人は、柄谷行人との対談「畏怖あるいは倫理の普遍性」（『すばる』一九九一年四月号）にて、柄谷が東京新聞の文芸時評で「自分としては本多さんに味方する、しかしながら法律論から言ったら、江藤淳が勝ちだ、正しいと書かれたと記憶する」と指摘したうえで、「そのとおりであって、それを認めなければいけないと思う」と意見を述べている。ここの江藤淳の立場をより原理的に問うた部分は、加藤が「戦後再見」で考察した内容と照応する。だが、そのような慧眼を保持した大西巨人は、最晩年、３・11を受けて著した「原子力発電に思うこと」（『季刊メタポゾン』第三号、二〇一一年八月）という謎めいたテクストを残している。

これまで私は、原子力発電に反対するものであったが、このたびの天災を経験することによって、賛成の立場に転じた。(……)

原子力発電が人類にもたらす災厄は、いっそ不可避な結実である。その現実的な発生を目の当たりにしない限りは、人類は原子力発電の実相を知り得なかったであろう。人類は、原発事故という不可避的な事態を経ることによって、新たなる次元へと進み得るかもしれぬと私は考える。

言うまでもなく、それは多くの人にとって現象的・物理的には極めて悲惨な状況となるであろう。しかしながら、その望ましからぬ未来のありようもまた、人類にとって必然の一局面たらざるを得ないと私は考えるのである。

(「原子力発電に思うこと」)

この小文を、著者の没後に出版された『日本人論争　大西巨人回想』(左右社、二〇一四年)へ収めるにあたって、編者代表の大西赤人は「巨人の論理は意を尽くし得なかったと思われる」、「以前であれば、紙数を費やして徹底的に趣旨を敷衍したであろう」といった註釈を添えている。従軍経験者の大西巨人にとって、福島第一原発事故は、広島・長崎への原爆のアナロジーで捉えられていた。「セヴンティ」が収められた『季刊メタポゾン』第一〇号では、生前発表された大西巨人への最後の聞き書きである「夏冬の草」(第二回)が掲載され、大西赤人の問いかけに応える形で、広島・長崎に原爆が落ちたとき、「一瞬」だけ、日本に「革命」が成立するという予感を感じたことがあるという巨人の発言が記録されている。また、昭和二〇年代、米ソが「核・原子力」利用のヘゲモニーをめぐって「綱引き」をしていた時期、大西巨人自身が、「正しい、人類のためとなる原子力利用の可能性を考えて」いたかを問われたさいには、「新しい時代の開拓の第一歩である」とも答えている。この返答からは、「原子力利用の平和利用」の是非といったイデオロギー的な枠組みを大きく踏み越えた、善悪の彼岸、人類史的な視座が垣間見える。

さらに、大西赤人は「以前から巨人は、ある意味――あくまでもある意味――極論すれば、〝当時の日本は原爆を落とされても仕方がない状況にあった。逆に日本が先に原爆を開発していたら、そこら中に落としていたに違いない。アメリカが原爆を使ったことの絶対的評価は悪にせよ、歴史的状況――戦争の推移の中で、もっと悲惨な結果を避けるためには、必要悪・必然の判断だっただろう〟という言い方をしていたと記憶しますが、違いますか」という踏み込んだ質問を行なっているが、これに対して大西巨人は、「それについてどう考えているかと言えば、違わない」と、明確にYESを返している。その「耐えるべき長命」（鎌田哲哉）[註6]の最後、アイロニーの枠を超えた、「判断」を語るに至った大西巨人の姿勢からは、加藤典洋が中江兆民に見たダイナミズムを読み込まなければならないだろう。

柄谷行人は先のインタビューで「近代文学の終り」を総括した折、「これは文学に限らないので、他の芸術領域でも同じことが起こっています。近代には、芸術に特別の価値づけがなされた。これは国民国家にとって不可欠だったからですね。今後も必要だから、国家が保護するのでしょうね」と告げていた。それは紛れもない事実で、制度として日々強化されてもいる。そもそもネトウヨ的な「素朴な排外主義」は、〝表面的な言葉さえ是正すれば、あらゆる問題が解決するような謬説を振りまく〟ものとしてのポリティカル・コレクトネス（PC）に対する鬱積した不満を一つの源流とし、PCを破壊することこそが制度の是正につながるとみなして、日々「行動」している。敵を新自由主義や帝国主義といった構造に見ることなく、わかりやすい身近な他者に代入し、彼らを攻撃することで一時の安寧を得ている。

樺山三英の「セヴンティ」は小品であるが、こうした「国民国家にとって不可欠」の装置として、「近代文学の終り」という議論そのものすらうやむやにするネトウヨ的制度に対するオルタナティヴの端緒を確実に示している。のみならず、そこからさらに突き抜け、大西巨人が最晩年に達したような深淵へと、一歩、足を踏み入れてしまってもいる。「秋幸あるいは幸徳秋水」の末尾に、柄谷行人は「〈編注：文学を可能にする場所としての〉路地は消える。しかし、彼は、路地が世界中にあること、また、それがあらたに産出されることを予感しています」と語っているが、ここでの路地は空間的な拡散を経るに留まらず、単線的な時間軸を超えるものとして幻視されている。「近代文学の終り」を経たあとの文学は大政翼賛的な「動員」の言葉を迂回することが喫緊の課題となっているが、文芸ジャーナリズムのデッドスポットに嵌まり闇に葬られる寸前で公開に至った「セヴンティ」こそが、逆説的に3・11以後の路地の場所を示しているのではなかろうか。少なくとも「セヴンティ」が、二〇一三年に発表されたあらゆる小説のなかで、もっとも「危険」な作品であることは間違いなく、そこから私たちは、3・11以後に可能な〈不敬〉のあり方を学ばなければならない。

註

（1）柄谷行人『柄谷行人　政治と思想　1960-2011』平凡社ライブラリー、二〇一二年。

（2）「伊藤計劃以後」については、『「世界内戦」とわずかな希望——伊藤計劃・SF・現代文学』アトリエサード／書苑新社、二〇一三年を参照。同書の議論を受けた論考に、柳瀬善治「現代小説を題材に「核」と「内戦」について考える——三・一一以後の原爆文学と原発表象をめぐる理論的覚書その3」『原爆文学研究』第一三号、花書院がある。

（3）小林康夫「肉体の暗き運命（1945-1970）——戦後文化論をオペラ的に8」『未来』二〇一四年四月号。

（4）渡部直己『不敬文学論序説』太田出版、一九九九年。

（5）Togetterまとめ「ネット発レイシストを語り手にした小説『セヴンティ』の自作解題」。http://togetter.com/li/596284（現在一部リンク切れ）

（6）鎌田哲哉「耐えるべき「長命」――大西巨人さんのこと」『京都新聞』二〇一四年三月一八日朝刊。

（『未来』二〇一五年冬号）

本書収録にあたっての付記

樺山三英は「セヴンティ」の掲載拒否から五年近い時を経て、ようやく別の大手文芸誌での新作発表に漕ぎ着けた。フローベール『ボヴァリー夫人』を下敷きにした「団地妻B」（『すばる』二〇一八年四月号）がそれである。私は『図書新聞』二〇一八年四月二一日号で論じている。

選び取り進むこと

——山城むつみインタビュー

ロシア語とマルクスとの出会い

岡和田　私は、二〇〇〇年代の後半から批評というものを自覚的に執筆するようになりました。その頃は、スタイルとして参照すべき批評文のロールモデル、時代の並走者としての批評家がもはや存在していないという状況認識が、同時代の書き手の間で共有されていたように思うんです。もう少し具体的な例をお話しすると、二〇〇二年に『批評空間』が終刊、二〇〇五年には批評を中心とした誌面構成をとっていた第九次『早稲田文学』が休刊し、〇七年を最後に新潮新人賞の評論部門が廃止されました。このような「制度」の崩壊と並行し——二〇〇〇年代前半にはかろうじて残存していた——アカデミズムの外部でも自律的な批評の展開は可能だという期待は雲散霧消してしまい、一種の理論的な真空状態が続いていたように思います。一方、カルチュラル・スタディーズに本来備わっていた政治性を脱臼し微温化させた「カルスタ」、それをさらに世俗化させた類のサブカルチャー批評が大政翼賛的に浸透してきました。このような状況下、シリアスな文芸批評のスタイルというものは商業性に寄与しないがために無力であると抑圧され、ほとんど絶滅の危機に瀕していました。そうしたなか、圧倒的な知的強度をもって迫ってきたのが、山城さんの孤軍奮闘と言うべきお仕事だったのではないかと強く思います。

二〇〇〇年代の山城さんのお仕事は『連続する問題』(幻戯書房)にある程度、まとめられています。そこで、あまり旧稿を掘り下げられるのはお嫌かもしれませんが、今日は山城さんのお仕事、とりわけ、これまであまり語られてこなかった、デビュー前から一九九〇年代のお仕事を中心にお話し頂ければと思います。デビュー作である「小林批評のクリティカル・ポイント」(『文学のプログラム』(講談社文芸文庫)所収)や、最新の著書である『小林秀雄とその戦争の時　『ドストエフスキイの文学』の空白』(新潮社)で、小林秀雄のドストエフスキー論を扱っておられますね。山城さんには『ドストエフスキー』(講談社)という大著もありますが、ドストエフスキーへの関心に絡めつつ、そもそも大学時代にロシア語を専攻したのはなぜだったかを、お聞かせ願えますでしょうか。二〇一二年に刊行された『カーニヴァル』という文芸同人誌でのインタビュー(三号)によれば、そもそも、大阪外国語大学ロシア語学科に在学なさっていたときには、文学ではなく政治経済を勉強しておられたということですが……。

山城　ロシア語をやったのは、ソ連への関心からです。七〇年代の終わり、高校生の頃、ソ連がアフガニスタンに侵攻したり、またラーゲリなど様々な問題を抱えている国であると盛んに喧伝されていた。〝ソビエト帝国の崩壊〟みたいな本もそろそろ出る頃です。ただ、それを日本の側で見ているだけだとちょっと違うのではないかと思った。それで、ロシア語を勉強して、当時は、僕が先鞭をつけて、ソ連の実態を明らかにしてやるんだくらいの野心的な気持ちでいました。

岡和田　『可能なるコミュニズム』（太田出版）に収められた「生産協同組合と価値形態」で、『資本論』や『ゴータ綱領批判』について論じられていますが、マルクスもその頃にお読みになっていたんですか。

山城　ソ連の経済を勉強する上で『資本論』は読んどかなきゃいけないので、大学一年生の時には、もう読み始めていました。九分冊あるのを一年ぐらいかけて。

岡和田　『資本論』は原書で？

山城　翻訳です。経済学の専門でも何でもないですから、ソ連経済を批判的に分析する準備作業として読んだのです。

笑われるかもしれませんけれども、『資本論』を読んでいると、「何でそんなもの読んでいるんだ」と言う先輩もいて、「おまえ、柄谷行人知っているのか」とか、「廣松渉知っているのか」と言われたりした。それで「名前は聞いたことあるけど読んでいません」と答えると「それじゃあだめだよ」と言われましたね。そう言われても、僕はまだ『資本論』も読んでいないわけですから。廣松渉みたいな「難しい」ものを読む前にまず『資本論』を読み通さねばだめだと思ってずっと読んでいたという感じです。

岡和田　マルクスとの邂逅はそれこそ、柄谷さんのように〝可能性の中心〟としてのマルクス、通俗化された左翼イデオロギーに対する批判として読んでいたというわけではなく、もっと〝素朴〟に出会っていたというわけですね。

山城　そうです。それこそ素朴な図式だけど、僕らは資本主義社会の中におり、他方には社会主義というものがある。でも、それは、こちら側（資本主義の側）から見えない向こう側（社会主義の側）の内部があり、どうやら矛盾を抱えているらしい。そうすると、社会主義は駄目で資本主義のほうがやっぱりいいではないかという方向に議論が進んでしまう。げんにそういう風潮でしたね。しかし、それはちょっと違うと思った。社会主義もおかしいが、僕らがいる資本主義もおかしい。おかしな両方をちゃんと見ていったときに何が見えて来るのかに興味を持ってマルクスを読んでいました。

ただ、これは、柄谷さんも同じことを言っているのをずっと後に読んで大いに納得したことですが、『資本論』は、経済学の本であるにもかかわらず、その文章は文学として読んで十分、読める。逆説的な思考そのものが一つの文体を持っているので、面白くて、ねちねち、ねちねちと、ゆっくり読んでいたんですよ。他方、ソ連研究の方は、資本主義よりも社会主義がどんなにすぐれているのかとか、失業者の数が資本主義の国とソ連ではこんなに違いますとか——政治的プロパガンダのようなものばかりしか、僕の語学力では読めなかった。そうすると、うんざりしてくるわけですよね。こんなことやりたいわけではないのにと思った。

もともと文学は好きなんですが、にもかかわらず政治経済のことを勉強しようと思ったのは、文学というのは「学問」として勉強するものなのかねという気持ちが非常に強くあったからです。たとえば、中学時代から太宰治とか好きでよく読んでいましたが、研究の対象になるようなものだとは思えなかった。もっと言うと、小説としてさえ読んでいなかった。何か覗いてはいけない真実が描かれた秘密の記録をこっそり読む感じ。ドストエフスキーも同じで、好きでよく読み、友達とドストエフスキーの話をしているととても楽しいわけですが、「学問」の対象という感じでは全くなかった。しかし、たんに「小説」として娯楽的に消費するというのでもない。現実と格闘した言葉のなまなましい痕跡のようなものです。その点で通じるものがあるので、ソ連研究に限界を感じると、『資本論』からドストエフスキーへと横滑りして行ったという感じですね。

小林秀雄のドストエフスキー論の衝撃

岡和田　でもその後、トルストイや小熊秀雄の研究で知られる法橋和彦さんのゼミにて、卒論をドストエフスキーの『未成年』で書かれていますね。

山城　ええ、マルクスは面白い、レーニンなんかも、『哲学ノート』なんかを面白く読んでという政治経済の乱読の延長でやっていることと、ドストエフスキーのことについて文学を勉強している連中と話をしていることとは、そんなに離れていることでもないと思った。僕としては別にこれは政治、これは文学という切り分けがなかった。しかし、最終的には卒業論文を書かなくてはいけないから、文学のゼミにするか政治経済のゼミにするかを選ぶ。迷った結果、ドストエフスキーをやろうと決めただけです。この作家なら、文学も政治も宗教も哲学も何もかもがあるだろうと。

岡和田　ドストエフスキー作品のなかでも、なぜ『未成年』を取り上げたんですか。

山城　『作家の日記』的な作品だからです。全集を通して読んでいると、小説作品の面白さとは違った意味で、『作家の日記』という雑文のスタイルが面白いと思えました。政治的な情況に関して過激なことを煽動しているかと思うと荒唐無稽な創作が間にポッと入る。街歩きコラムのような文章が入る。これはすごく面白いなと思いましたね。

岡和田　一人でまるまる雑誌を作っている面白さがある、と。

山城　ドストエフスキーが、小説家、評論家、コラムニストと、一人で何役もやって刊行した個人雑誌ですね。『悪霊』と『未成年』は文学作品で、『作家の日記』というのは、一般的には彼が余技で書いた雑文なんだという扱いをされています。でも、そうではないんじゃないかな。むしろ混沌としたロシアの社会の中、試行錯誤で、どうしても流動する現在にくちばしを突っ込まざるを得なくなって、政治のことであれ、社会問題のことであれ、素人の糞度胸で発言していることと、彼が創作していることは切り離せない。『悪霊』は小説作品ですよ、『作家の日記』は時事的雑文ですよとそう簡単には言えないような気がしたので、その連続性を卒論で扱いたかった。

岡和田　『ドストエフスキー』のなかにも「逆遠近法的切り返し――『未成年』論」が収められていますが、卒論で書かれたものと何かしら繋がっているということはありますか？

山城　それはないですね。『悪霊』にスタヴローギンの黄金時代の夢が出てくる。『未成年』ではヴェルシーロフがその夢について語るシーンがある。全く同じ文章を、ドストエフスキーは転用しながら使っている。同じことが『作家の日記』にもあるんです。「おかしな男の夢」という短編です。その中で同じようなビジョンが出て来る。つまり、小説作品にも、時事論文的で雑文的な『作家の日記』の中にも同じイメージが出て来るわけです。はっきりと二つの間の境界線が引けないここのところでドストエフスキーをつかまえたいと思った。だから、『未成年』全体を論じたというよりは、『未成年』におけるヴェルシーロフの夢が重層的になっているのだということを切り口にドストエフスキーを論じました。一つは黄金時代の夢、もう一つはそれとは違う人類愛的な夢。二つの夢想のズレにドストエフスキー自身の初期と後期の重層性を確認していくという感じです。

岡和田　卒論を書き上げた後、院に進学して研究者になろうとは思わなかったのですか。

山城　その辺は漠然としています。今思えばだけど、評論を書く仕事をやりたかったんだと思う。ただ、それは、たとえば大学を卒業したら、今から評論家になりますというわけにはいかないわけですよね。

差し当たり大学院に行って、それに似たようなことをしていればいいのかなぐらいの漠然とした気持ちはありましたけど。それを完全にぶち壊したのが、小林秀雄のドストエフスキー論です。そんな生半可なものじゃないんだと気づかされました。

岡和田　小林のドストエフスキー論には、卒論を書かれるときに出会ったんですね。

山城　そうです。だから、卒論はもうぼろぼろです。僕の卒論は情けないものです。先行研究に実際に自分が何をつけ加えたのかさっぱりわからないので、僕はここまでは調べた、でも、これがどれくらいの深さに達しているのかはわからない、だから、違う角度から始めて、ここまでは確かに読めた、でも、そこから先はわからない、と同じ隘路に追い込まれて……その試行錯誤をそのまま記録したノートですね。総体としてドストエフスキーを捉えるというところまで全然いかない。

岡和田　中野重治の『斎藤茂吉ノート』みたいなものでしょうか。

山城　そう言うと格好いいですけど、もっと情けないです。もっともっと情けない。そのとき、論文は書けないと思った。ドストエフスキーを論じたいと思ったときに、ドストエフスキーについて新しい読み方を提示するという大変な野心があったにもかかわらず……。完全に敗北したという気持ちの強い卒業論文でした。

岡和田　でも、その卒論を書いたときの試行錯誤が、後に批評を書いていくためのトレーニングとして役立ったということはありませんか。

山城　こういう形でやれば論文として体をなすよねという形にすることは、正直、できないわけではなかった。でも、小林のドストエフスキー論を読んで、そういうことをやるのは嘘だよと、そんなのいんちきだぞということを思わされた。体裁のよい論文を書くという逃げ場がなくなっていたので、やむ方なく、困難にぶつかって、解決できないものは解決できませんでした、という書き方です。確かにネガティブな意味でクリティカルだったかもしれない。危機的でしたね。

岡和田　山城さんの大学時代は一九八〇年から八四年までということですが、いわゆる「ニューアカデミズム」というものが興隆してくる頃ですね。それまでアカデミックとされたものをわかりやすくパッケージ化して――さながらチャート式の参考書のように――猫も杓子も「知」で遊ぶことができるんだよと、ニューアカが流行った時期には盛んに喧伝されました。今のお話を聞くと、山城さんの方法とは真逆であるように思えてなりませんが、ニューアカ的なものに対してはどのように思われていましたか。

山城　ネガティブでした。

岡和田　ある意味での対抗意識のようなものをお持ちだったということでしょうか。

山城　対抗意識とまではいかないですが、違和感は強く持っていました。というのは、僕は自分にその力がなかったから偉そうに言えないけど、学問としての文学というのは、ものすごく地道なものだと思っていた。何百人という学者が共同で時間を超えて公共空間に確実な建築物を創っていくようなものだ、と。その巨大な建築物の一つのレンガを積んだだけでも、それが確実なもので、その上に後から来た他人が揺るぎなく新たなレンガを次々と積み上げてゆけるなら、たった一つのそのレンガが立派な業績なんだ、と。たとえば、『カラマーゾフの兄弟』に関してこういう小さな断片が見つかりましたという発見でもいいわけですよ。全体にどう繋がるのかはわからず、現時点では「だからどうしたの?」というような、重箱の隅をつつくような発見であっても、それが確実でさえあれば、未来の誰かがそこを足場に何かを築くかもしれない。そういうレンガ積みが学問としての文学なんだという、ある意味では、非常に古風な学問概念を持っていた。ポストモダンやニューアカデミズムという看板を掲げて、景気よくアカデミズムを批判して、それこそ批評みたいなことをやってもそんなものは、学問でもないし、批評でもないんじゃないかぐらいに思っていた。どちらも、そんな簡単なものじゃないし、そんな中途半端なものじゃない、と。

英語で書かれた評論

岡和田　大学卒業後は、講談社文芸文庫版『文学のプログラム』での自筆年譜によると、二四歳のときに就職されますね。蝶理株式会社という商社で貿易実務をされていたということですが、なぜ貿易実務の職に就かれたのですか。

山城　僕はぐずぐずしていたので、何となく今やっている評論みたいなものが書きたかったけれども、書けないでしょ。でも、大学院に行って学者になる力もないしと……。ぐずぐずしていて、卒業間近になって慌てて就職活動をしました。そこでたまたま、卒業の二カ月ぐらい前に追加募集していたのが、その会社だったんです。ロシア語をやっていたので採用されたのでしょう。全くの偶然です。最初から貿易実務をしたいという明確な意識を持ってこの会社に入ったのではなかった。だから、就職すると、読んだり、書いたりのための時間がないのがものすごく苦痛でしたね。

岡和田　そのあと株式会社ユーテクノサービスという技術翻訳の会社に転職されたんですね。ここではマニュアルか何かの翻訳をなさっていたのですか。

山城　そうです。翻訳の仕事というのは、僕はフリーではなく会社員としてやっていたんですけど、季節労働というか、土曜日も日曜日も会社に来たり、家に持って帰ったりしないと納期に間に合わないこともあれば、今日はもう仕事がない、しょうがないから技術翻訳の本でも読んでいるかというような、暇な時間もあった。それで、この時間を利用して書けるかなと思った。ワープロソフトを使って翻訳をしてましたから。ただ、ディスプレイを見られたら、「おまえ何書いているんだ。保田與重郎？　それ、仕事に関係ないでしょう」となる（笑）。しかし、英文を書く仕事が多かったので、下手くそだけど、「文学のプログラム」（『文学のプログラム』所収）のプロトタイプになる文章を英文で書いたりしていたんですよ。空いている時間に、ばーっとキーボードを叩いて。英文だから、誰かがディスプレイを覗いてもわからないじゃないですか。最初は下手くそな英文で書いて、そのデータを家に持って帰って、それを見ながら、日本語に翻訳するというか、もう一回日本語の文章をつくるみたいな作業をしていました。

〝ある一点〟を抉り出す

岡和田　三二歳の年（一九九二年）に群像新人文学賞を受賞してデビューされますが、デビュー評論である「小林批評のクリティカル・ポイント」についてお尋ねします。このとき『群像』に応募なさったのは、ずばり選考委員に柄谷行人さんがいたからですか？

山城　そうですね。

岡和田　面白いなと思ったのが、柄谷さんの選評での「小林秀雄の「クリティカル・ポイント」はやはり一九三〇年代半ばと敗戦期にある」という言葉に対する実質的な応答が、『小林秀雄とその戦争の時』でなされていることです。

山城　そうですか。選評のことはすっかり忘れていました。ただ、「小林批評のクリティカル・ポイント」は、応募作なので、受賞するには小林秀雄論という体裁を取らねば受賞できないだろうという思いがあったのをよく覚えています。それで初期の小林の批評から追い、敗戦後のドストエフスキー論で頂点に達して、晩年の『本居宣長』で「小林批評は以上のような放物状の軌跡を描いて去った」とわりと単純な図式に収まるように書いたのです。でも、この図式は論を書くためのいわば体裁であって、僕にとって一番切実なものは、やはり小林秀雄のドストエフスキー作品論だけだった。本当はそこだけ書きたかったんです。単行本としてまとめた、『小林秀雄とその戦争の時』で、それをやったのです。

岡和田　「小林批評のクリティカル・ポイント」と『小林秀雄とその戦争の時』の対比が——この例えは適切ではないかもしれませんけど——前者がマクロ経済学的なアプローチで後者がミクロ経済学的と、対になっているようです。こういう形で、デビュー論文での課題に〝けり〟をつけるのかと、はっとさせられました。現代における批評では、サブカルチャーを論じるにしろ〝アーキテクチャ〟を扱うにせよ、総合的な全体性を論じることへの羨望が強い。『小林秀雄とその戦争の時』を読むと、全体性を偽装することによって見えなくなるものがあると強く思いました。

山城　『転形期と思考』（講談社）でもそうなんだけども、批評を書くときに枠組みに依存してしまうということがある。そうすると、おっしゃるように全体性を偽装してしまうことになる。「小林批評のクリティカル・ポイント」でもその認識はあって、さっきの放物状の枠組みに関し「すでに「死」という終わりを打たれてしまっている人間について語ることばが物語化や歴史化を免れえない以上、この軌跡そのものは一つの物語や歴史にすぎないだろう」と最後に書いていますね。だから、『小林秀雄とその戦争の時』では、全体を偽装せずに枠を取っ払った上で、小林秀雄と一緒に戦争を通過していくつもりで書きました。それは小林という人の全貌ではない。でもある一点はちゃんと抉り出すことはできるだろうと思いました。僕としては、間違いなく、小林の〝その一点〟に切実な経験をさせられましたからね。

〝アラン的〟なもの

岡和田　自分に引きつけて恐縮ですが、山城さんにとっての小林秀雄との出会いは、私にとってはセルバンテスとの出会いに近いかもしれないと感じました。実際、私が最初に意識して読み感銘を受けた批評文の一つは、カルロス・フエンテスの『セルバンテスまたは読みの批判』（水声社）です。これはヨーロッパの近代小説の創始者たる『ドン・キホーテ』を歴史的あるいは空間的なスケールから捉え返し、著者セルバンテスとテクストとのディレンマをそれぞれ掘り下げることで、そこから生み出される〝万人の読み〟の位相を素描する、といった批評ですが、山城さんの「小林批評のクリティカル・ポイント」は、フエンテスの視座とも響き合いを見せるように思います。個を突き詰めることで、〝万人の読み〟が再帰的に炙りだされるということですね。また、セルバンテスとまったく同じテクストを創出しようとするボルヘスの「『ドン・キホーテ』の著者、ピエール・メナール」が、小林の「『白痴』について」に準えられてもいます。

山城　ポール・ド・マンもボルヘスの「『ドン・キホーテ』の著者、ピエール・メナール」について書いていましたね（「現代の文豪――ホルヘ・ルイス・ボルヘス」橋本安央訳、『すばる』一九九九年九月号）。

岡和田　ド・マンは私も好きですが、先に触れた柄谷さんの選評では、「ド・マン自身がナチズムとの関係という問題から読み直されるべきである。」という言葉もありました。そのことを意識して書かれたのか、単行本未収録の「書くことと転向」（『群像』一九九四年九月号）という中野重治論があります。ここでは、ド・マンの「ハイポグラムと記銘」(『理論への抵抗』所収、国文社)が援用されています。

山城　「書くことと転向」は、ド・マンがヘーゲルの『精神の現象学』について書いたその論文から、中野重治の「村の家」を論じてゆくという……少し無理があったなと思っています。かけようとしている技が大き過ぎるというか。それで本に入れていない。

岡和田　この「書くことと転向」という論でもそうですが、山城さんには「書くことの原理的な内在性を問う」という問題意識が常に宿っていますね。「戦争について」(『文学のプログラム』所収)の中では、「すくなくとも、文学においては、文学は文学だ、政治は政治として文学とはべつに参加するのだとはいえない。なぜなら、書くことには、政治的現実にコミットする力があるからであり、その力を信じることが文学を支えているからである。」と力強く断言されています。

山城　ポール・ド・マンに関して興味を持ったのは、「読むこと」と「書くこと」の間に戦争の痕跡が亀裂のように入ってくるからです。これが重要な問題であって、テクストを歴史から切り離すのはちょっと違うだろうと思っていました。

岡和田　ド・マンでもう一つ、こちらも単行本未収録の「ジルベルトという名の女」(『群像』一九九六年一一月号)というプルースト論もありますが、ここでもド・マンの『盲目と明視』に触れられていますね。後に日本語訳が『盲目と洞察』(月曜社)として出たとき、山城さんは『週刊読書人』(二〇一二年一一月九日号)に書評も書かれています。インタビュー前の雑談にて、山城さんは「ヌーヴォー・ロマン」には親しまれていなかったということをお聞きしていたので、山城さんがその源流たるプルーストを論じるというのは、なんだか意外な気もしました。

山城　妻が育児ノイローゼ的な状況になったときがあって会社を長期休職していた時期があったんです。

その時にほぼ育児にかかり切りだったんですが、なかなか寝てくれない子供を寝かせつけた後、次に目覚めるまでの間に、『失われた時を求めて』をきれぎれに読んでいました。ド・マンが『盲目と洞察』のエピグラフにプルーストを引いていたからです。それは「この永続的な間違い、それこそまさに人生だと言えるが」という意味深長な言葉なんですが、室井光広さんに問い合わせたら『逃げ去る女』に出てくることがわかりました。それで、何度も挫折した『失われた時を求めて』を、よし、この機会に通して読んでやろうと思った。エピグラフの言葉の置かれている前後の文脈を押さえながら読むと、ド・マンは「間違い」(error)という引用で戦争期の自分のことを暗示しているんじゃないかと直感的に思ったからです。じっさい、『失われた時を求めて』を読んでみると、反ユダヤ主義が台頭してくる時代の転換がプルーストのあの文体でしっかり捉まえられているんですね。それで、当時は「ドストエフスキーのほう」にではなく「プルーストのほう」に行ったという感じです。

岡和田　そのようにプルーストを読むというのは、『転形期と思考』で扱われる、戦時中の渡辺一夫の仕事を読むという姿勢に近いのかなと思ったりしたのですが……。

山城　それは違うかな。僕は『転形期と思考』は、ルネッサンスという枠組みを設定して、それで福本和夫や花田清輝を論じる。そういう枠組みに渡辺一夫も組み込もうとしたようなところがあるので。しかし、そういう書き方をすると、最初に枠組みありきという、それこそさっきの小林の論文を読んだときのあの「いんちきじゃないか」という思いに陥っていって、だから途中で連載もやめたし、本ももう出さないつもりです。

岡和田　でも、あえて食い下がりますと……渡辺一夫が一九四二年のエッセイで、ラブレーの『ガルガンチュワとパンタグリュエル』の翻訳を通じて自らの「いやしさ」を甘受しつつ、小さな「思想」に還元されない「ユマニスム」を追究する姿勢を山城さんは論じておられました。それは、ド・マンがプルーストを読もうとする姿勢に似通っているようにも読めたのです。

山城　なるほど。渡辺一夫で今、気になっているのは、アランの『わが思索のあと』のことです。森有正訳が敗戦の前年に筑摩書房から出ているのですが、その装釘を渡辺一夫がやってるんですね。小林秀雄は上海でそれを読んでいた。小林自身、一九三五年にアランの『精神と情熱とに関する八十一章』を訳して翌年、創元社から出していますね。日本へのアランの翻訳紹介としては非常に早い。二番目です。僕は、小林はどうしてこの時期にアランを訳したのかなとずっと疑問に思っているんです。

僕がもっと本腰を入れて論じておかなくてはいけないなと思いながら、今も論じられずにいるのがアランです。アランは、僕は好きで学生時代からずっと読んでます。フランス語ができないので翻訳を古本で集めてね。アランを、通して読んできて、「これがアランの心臓だ」と直観的に思ったのが『ラニョーの思い出』です。ラニョーというのはアランの高校時代の先生です。恐ろしく晦渋な本で、僕には今もって不明点だらけですが、にもかかわらず、当時から、ここにアランの原点があると直覚して、評論が書けるかなと思ったぐらいです。さっき話した、就職したばかりの、全然、読む時間がなかった頃ですが、アランの『ラニョーの思い出』をこれだけでいいんだと思って一年以上、この一冊だけを読んでいた時期がある。アランは、「もしこの小冊子を読むのに最低一年間の余裕がないなら、読まない方がいい」と未刊の本の序に書いていたような人ですからね（『考えるために』仲沢紀雄訳）。抽象的に言えば、ルネッサンスとか「ユマニスム」という言い方になるけれど、僕にとっては〝アラン的〟なものなんです。これは枠組みじゃない。

〝アラン的〟なものがあって、それは、僕が今まで書いてきたものにはあまり出て来てないかもしれません。小林秀雄のことは自分の一番切実な点でやってきた。二〇代のときに彼からは圧倒的な影響も受けたし、傷も負わされた。けれど、その偉大さを承知しているからこそ突き放さずにはいられないという時に重要になってくるのが、僕の場合、〝アラン的〟なものなんです。小林は次第にアランから離れていくんですよ。むしろ、ベルクソンのほうへ行く。『精神と情熱とに関する八十一章』を訳しているわけだから、小林の中に当初〝アラン的〟なものはあった。しかし、小林は、戦争の進行につれてそこから逸れていく。僕は違うんじゃないかと思った。本当はあの時期〝アラン的〟なものの方向へ行かなくちゃいけなかったんじゃないのか、と。小林は、日中戦争開戦前後から、文学者として戦争に協力するなどというのはナンセンスで、協力する以上、自分は一兵卒として銃を持って戦争に参加するのだという言い方をしますね。そのとき彼が念頭に置いていたのは、間違いなくアランだと思います。反戦と平和の側で論陣を張っていたアランは、第一次世界大戦が開戦するとすぐ、自ら志願して戦争に行ったんですね。兵役義務はないのにです。日中戦争開戦当時、小林はまだ三五歳ですが、アランが志願したのは四六歳ですよ。ほとんど老兵です。アランはこの煉獄をくぐり抜けてアランになる。『精神と情熱とに関する八十一章』も『芸術の体系』も戦争の中から書いた。アランは、『幸福論』で一般にイメージされているようなアランとはちょっと違った人なんです。

さっきも言ったように、二〇代半ば頃に、アランのことを書きたいなと思って、結局書けなかったんですけれど、一番書きたかったのがこのアランにとっての戦争の問題です。彼はなんで戦争に行ったのか。そこで何を経験し何を考えたからアランになったのか。その秘密のすべてが『ラニョーの思い出』にあると僕は思ってるんですよ。

岡和田　私は『世界の名著』(中央公論社)で、ヴァレリーと一緒に読みましたので、ついセットで考えてしまうのですが……世間ではアランというと、人生論として読まれる、それこそヒューマニズムの哲学者のようなイメージがありますね。そうではない、〝アラン的〟なるものがあると。

山城　日本の批評の系譜にも〝アラン的〟なものはあると思いますよ。

岡和田　それはどういった系譜ですか？

山城　たとえば、小林はアランから逸れていきますが、坂口安吾には〝アラン的〟なものがある。戦後にアランを積極的に評価したのは吉本隆明です。アランは、『幸福論』のイメージとして捉えられているけど、こいつには、アナーキストと言ってもいいラディカルなものがあって、彼の反戦主義は、いわゆる平和主義者が唱える平和や反戦とは違うのだとどこかで言っていた。その言い方には、戦争期に切実な小林の読者だったということが窺える。吉本さんが甦らせようとしたシモーヌ・ヴェイユはアランの教え子です。吉本隆明の後にアランのことを評価したのは、柄谷行人と中上健次です。

岡和田　ああなるほど、柄谷、中上も、おそらく小林経由でアランを読んでいるということでしょうか。

山城　そうですね。今でこそアランを研究している人は日本にもいますが、三〇年前は違ったと思う。アランを否定したサルトルですら古いと言われ、サルトルを乗り越えて出てきたドゥルーズだとかデリダだとかが先端の哲学者だった頃ですから、今更なんでアランですかという感じでしょう。でも、今、重要なのは〝アラン的〟なものじゃないかな。小林が『精神と情熱とに関する八十一章』を訳した背景には、戦争の時代の中でアランに何かを直覚していたからに違いない。

　話を『転形期と思考』に戻すと、福本和夫の『日本ルネッサンス史論』を一つの理論的な枠組みにして、そこに渡辺一夫、野間宏、中野重治、椎名麟三、石原吉郎、小熊秀雄、花田清輝、林達夫らを配置してみればと考えた。僕にとって本当は〝アラン的〟なもののほうがはるかに重要だったにもかかわらず、そういう枠組みありきで書き進めていったら、なんだか嫌になってきたんです。

NAMについて

岡和田　福本和夫は柄谷さんの影響で読んでおられたのですか。

山城　『季刊思潮』で、柄谷さん、浅田彰さん、蓮實重彦さん、三浦雅士さんの四人が日本の近代批評を再検討するという座談会をやってましたね（「近代日本の批評」）。その中で、福本のことが語られていました。それで気になって可能な限り古本を集めて読んでみた。福本はいわゆる「二七年テーゼ」の問題に絡めて一般に批判されているんだけれども、その後の『日本ルネッサンス史論』は生産者協同組合という、それこそ、NAM（New Associationist Movement）にも関連する運動と連動しているのを面白く読みました。

岡和田　NAMの話が出ましたのでお伺いしたいのですが、『可能なるコミュニズム』に収められた共同討議「世界資本主義からコミュニズムへ」にて、山城さんは、『終わりなき世界』（柄谷行人・岩井克人、太田出版）における柄谷さんの「世界資本主義が即ちコミュニズムなのだ」というような発言に、世界資本主義に関する抵抗や闘争の視点がないと疑義を呈していますね。それに対して、柄谷さんはソ連崩壊の影響が大きかった時期だったため、アイロニーとしてそんな言い方をしたと応答しています。

山城　そうでしたね。世界資本主義に関してもそうですが、その時期の、柄谷さんのマルクスの読み方に少し違和感がありました。『探求Ⅰ』を読んで、ウィトゲンシュタインとか、キルケゴールの文脈から『資本論』の価値形態論を読んでいくのは確かに刺激的でしたが、同時に、柄谷行人も廣松渉も知らずに、学生時代にねちねち『資本論』を読んでいた経験からすると、ちょっと違うんじゃないかと。ある断面だけを拡大して論じているように思えた。たとえば、柄谷さんは「売る立場」の重要性を強調してたでしょう？

岡和田　「教える・学ぶ」と「売る・買う」が相似的であると。

山城　買う立場ではなくて、売る立場が重要なんだと。それは僕にとってすごく切実な問題でした。その頃、商社で働いていましたからね。サラリーマンは、たんにモノを売ることに苦しんでいるだけでなく、労働力を売って給料をもらわねば生きていけないという現実に苦しんでいるわけですから。要は、「売る立場」とか「命懸けの飛躍」と言って、労働力を売ることまで肯定するんですかということです。「売る立場」というのは、『資本論』の価値形態論のある断面を鮮やかに炙り出したけど、『資本論』全体の文脈に押し戻すと、やっぱり整合しないのではないか。マルクスは労働力を売るということ自体が成立しなくなる状況が現実の中からいかに生み出されてくるかを考えながら『資本論』を書いていたわけですからね。

ただ、その後、柄谷さん自身が大きく転回する。連載されていた「トランスクリティーク」の最終章でアソシエーションのことを明確に打ち出してきた。それは、従来の柄谷愛読者たちからするとかなり違和感のある変化だったと思います。しかし、僕はむしろポジティブに受け止めた。柄谷さんは、そんな、かっこ悪いことはしない人だと思っていましたからね。

岡和田　それで山城さんもＮＡＭに関わり、「生産協同組合と価値形態」という論文を書かれた。

山城　その論文では、商品交換の揚棄ということを書いたはずです。商品交換をどう揚棄するかまでは、さすがのマルクスでもわからなかっただろうけれど、商品生産社会の解析を通じてこれを揚棄するというスタンスでマルクスは『資本論』を書いている。そういう形で、マルクスを読んでいくと、たとえば、「プロレタリア独裁」は、今では時代錯誤で、粛清という恐ろしいイメージのつきまとう言葉ですが、たとえば『ゴータ綱領批判』を読むと、いわゆる政治的に反共産主義的なものを弾圧する、というニュアンスのものではなく、商品交換を揚棄するような状況を作っていくという文脈で出てくる。
マルクスは一八六〇年代に『資本論』の第一巻を出して、その時点で、現在、第二巻、第三巻と流通している草稿も出来上がっていたのに、マルクスはそれを仕上げることなく、一八七〇年代にはロシア研究に着手する。ロシア語を勉強して、ヨーロッパとは違うロシアの土地所有形態の状態を研究してゆく中で、『資本論』の制約、限界を感じ取っていた可能性もある。

岡和田　それは示唆的ですね。NAMを総括するに当たって、柄谷さんは『柄谷行人　政治を語る』（図書新聞）で、個々のアソシエーションをつなぐオーガナイザーが不足していたからという話をしていました。傍目にも、それはその通りだと思えます。一方で大澤信亮さんは、柄谷さんはNAMに限らず、「私」的なものの総括、すなわち内省が欠けている批評家だと批判なさっていました（『神的批評』、新潮社）。

山城　NAMの場合でもそうですが、理論を立てて実践するのと、本を読んで内省するのとは違う、嫌でも強烈な内省を強いられる瞬間がある。現実問題として、いまおっしゃったオーガナイザーがいなかったということは実際そうだと思う。でも、だから、運動をしていく過程で到底ふさわしいとは思えない僕のような人間が何かをやろうとするわけで、そこにはすごい違和感というか疎外感があって、そこで否応なく内省を強いられるということはあった。それはNAMの理論を読んでも見えないことです。
僕個人の問題として、理論に対する根本的姿勢において間違っていたと思うことがあります。システムの外には立てないのはわかっているのに、まるでシステムエンジニアが外側からコンピュータのOSに働きかけるように、オブザーバー的な位置からシステムを客観的に分析して問題を特定し、その後でそこにアクションを起こせばシステムは変わってゆくだろうというような姿勢です。NAMには経済学の専門家もいたので、システムを解明できさえすれば、そこから時間をかけてシステムを変えてゆくことができるのではと僕はどこか楽観視していた。でも理論におけるそういう姿勢そのものが間違っている。実際には自分自身がシステムの中に組み込まれており、システムを対象化して見ることなどできない。また、実際にはアクションは、決心してこれから起こすべき何かなどではなく、すでにつねにシステムの内部で始まっている。重要なのは、そこですでにつねに始まっている行動の線を、システム内で自分が占めている持ち場でこの先、どう引き受け、どう伸ばし、それにどんなカーブをつけることでシステムを打ち開いていくかなのに、システムを変える新たな行動をオブザーバー的な位置からいかに振り出すかみたいな考え方をしていた。対象化できないものを対象化できるかのように考えて行動を起こしたときに生じるひずみに対する感性の欠如は致命的だと思います。実際には、対象化しているつもりでも対象化できていない部分が必ずあって、それが思いもかけない結果をもたらす。たとえば、僕が動けば、僕自身には対象化できない部分が僕の周囲で何かを引き起こし、僕を思いもかけない方向へ巻き込んでゆくということがある。歴史の中で僕らはつねにそういうところで動いている。対象化できない部分があるということの恐ろしさですね。

選び取り進む

岡和田　今、お話しされたＮＡＭのことや、商品交換の揚棄に関しては、私自身、現在進行形の切実な問題として感じています。大学を出てから各種肉体労働を経験し、今の形でライターになってからはいっそう、社会における底辺を生きているという感覚は強まるばかりだからです。ＮＡＭが目指したことの一部は、技術の進展、SNS等の〝アーキテクチャ〟によって実現してしまったと見ることもできるでしょうが、そこにアソシエーショニズムとしての可能性はあっても、資本主義の揚棄にまで至るとは、とても考えられない。コンセプトとして資本主義のオルタナティヴが目指されているわけではないし、何より〝アーキテクチャ〟は世界資本主義から生まれてきたものにほかなりません。さらに言えば、そのようなシステムも人間によって作られ、参加するのも人間であれば、動かすのもまた人間です。だから実践と批評を問うに当たっては、人間の営為の原点としての交換のあり方というものから問い直す必要があるものと受け止めています。山城さんは、それをテクストを読む、という普遍性のある方法で原理的に提示するわけですが、このような「読むこと」で生まれるダイナミズムは、現在の批評では不当に軽視されている、という違和感を私は強く抱いてきました。〝理論〟と〝アンガージュマン〟の安直な二項対立が暗黙の前提とされたうえで、後者とパフォーマティヴな「動員」の言葉が結びつけられ、過剰にもてはやされていると実感しています。

その実感とも関係しますが、私は批評のアクチュアリティということを、NAMなども崩壊した後に批評を書くことになった、それこそ〝遅れてきた青年〟として、否応なく意識せざるをえません。アクチュアリティという点では、いわゆる〝ゼロ年代〟に最も影響力があった批評家が東浩紀さんであったという意見があります（佐々木敦『ニッポンの思想』、講談社現代新書）。山城さんは、『波』の一九九八年一〇月号で東さんの『存在論的、郵便的』の書評をされています。同書に「フレーム・メッセージ」としての新しさを感じると評価されていました。そこでは東さんのデビュー論文「ソルジェニーツィン試論」に「若木の切り口のような新しさ」を感じたという印象も語られていますが、「ソルジェニーツィン試論」では、確率論の問題が扱われています。ある意味で、それに対する応答という側面もあるのでしょうか、『連続する問題』に収められた「宝くじ的あまりに宝くじ的な」で、確率論の話をされていますね。

山城　そうですね。サイコロを振って、一の目が出るのは六分の一の確率だという、言われてみればきわめてシンプルな理論で、こんなことはアリストテレスが言っていても不思議ではないことなのに、一七世紀になるまで言われなかった。一七世紀になってはじめて言われ出したのは、確率論は、実は、資本制の成立と切り離せない形で発想されているのかもしれない。確率性という問題と、偶然性という問題は別なんじゃないか。たとえば、ルーレットの場合、確率論で考えるとゼロの出るのは三七分の一であるとしても、ドストエフスキーの作中人物のようにゼロに賭ける本人にしてみれば次はゼロが出るという偶然性を信じて賭け続けるので確率論はナンセンスでしかない。

もう一つ、確率論的な議論の一つの落とし穴として責任回避の問題がある。何かをやったこと（やらなかったこと）を確率の問題に帰するまさにそのことで責任を避けてしまうことです。これについては『ラニョーの思い出』に興味深い話があります。それは、アランはなぜ戦争に行ったのかという問題にも繋がる。戦争に志願すべきかどうか、アランは死んだラニョーの亡霊と論争してたんですね。最終的には、亡霊に説得されて、四六歳で戦争に行ったわけですが。そこで鍵になるのが、プラトンの『国家』の最後に出てくるエルの物語です。一旦、死んだ兵士エルが蘇生して死後の世界を語る。それによると、大平原に袋が積まれてあって、死後の魂はそこで来世の運命を自分で選ぶのだという神話ですね。たとえば、前世に貧乏で苦しんだ人は、その後悔から、金持ちになる袋を選ぶ。それを担いで忘却の河を渡って生まれ変わる。しかし、望みどおり金持ちに生まれてみると、誰もが富を目当てに自分に接近して来て、ありのままの自分と付き合ってはくれない、とか、追従に過敏になって人生にあれこれ不平を言うようになる。しかし、忘却の河の水を飲んですっかり忘れているけれど、実は全部自分で選んでいたという話です。同様に、別にこんな親、こんな家に生まれたくて生まれてきたわけではないよとか、僕らはしばしば愚痴るけど、それを選んだのはすべてあなた自身だったんだよという神話です。それが、アランが戦争に行くときにラニョーの亡霊との対話の中で根源的に問われた問題にある。僕らの生きている感覚では全くの偶然としか思えなくても自分の選択として引き受けて前に進まなければならないことがある。

岡和田　それをカール・シュミットが『政治神学』で示したような、「決断」の問題に還元しても駄目なんですね。

山城　そう、この議論は下手をすると宿命論に陥ってしまいますが、アランは宿命論に譲歩しない点では滑稽に見えることも辞さなかった人です。亡きラニョーの亡霊との論争においても宿命論との差異の襞を執拗に追求し続けたはずです。戦争であれ何であれ、未来のことを不可避だなどと諦めてしまわずに、つねに現在の縁に立って、少しでも未来を変えていきたいと本当に思うのであれば、後ろを向いて「ああもありえたかもしれないのに」、「こうもありえたかもしれないのに」と歴史修正的に過去を動かそうとしてはいけない、現に起こって今あることを、かりにそれが不本意で偶然のように見える場合でも、自分が選んだものとして引き受け、これを決して動かぬ足場として踏まえてこそ未来を開いていけるのだ、と。こういう一歩に求められるのはある種の勇気です。そして、それこそが考えるというそのことであり、自由であるというそのことなのだということを、戦争の坩堝を潜り抜けていく中で、身をもって経験したことがアランをアランにしたんじゃないかなと考えています。

岡和田　その微妙な襞を記述するのが、批評的アプローチに与えられた可能性なのかなと、お話をお聞ききしていて思いました。私は現場でゲームの仕事もしているため、確率論の問題は日頃から考えざるをえないのですが、責任の重みを軽視したうえで、すべてを確率に還元させてしまっては、結局のところ選択の意味は失われてしまいます。起源をどこまでも遡行できてしまいますから、どこかで単独性《シンギュラリティ》としての特異点《シンギュラリティ》を措定する必要があるのでしょう。その一点を指し示すのも、また批評に求められている役割なのだと感じました。柄谷さんの評言を借りれば「一見して穏やかで地味だが、つねに最も困難な問題に取り組む」山城さんのお仕事が、私たちに切実なものとしてアクチュアルに響く理由がよくわかりました。

(二〇一四年一一月一二日 神保町にて
構成:『すばる』編集部)

山城むつみ(やましろ・むつみ)
一九六〇年大阪府生まれ。一九九二年、「小林批評のクリティカル・ポイント」で群像新人文学賞。二〇一〇年、『ドストエフスキー』で毎日出版文化賞。

(『すばる』二〇一五年二月号)

本書収録にあたっての付記
本インタビューに関連した対談「歴史の声に動かされ、テクストを掘り下げるということ」(二〇一四年九月二四日、於:ジュンク堂書店池袋本店)が、書評SNS「シミルボン」に採録されている(https://shimirubon.jp/series/410)。

II

ネオリベラリズムを超克する思弁的文学《スペキュレイティブ・フィクション》

青木淳悟

——ネオリベ時代の新しい小説《ヌーヴォー・ロマン》

霊が彼に訊く、
「世界について教えてくれまいか」
「世界は、実は、中の中まで不毛なのだ」
うめきが出る、
「世界は盲いだ」

（ハリーム・バラカート『海に帰る鳥』）

ニコライ先生のいう「新しい小説」とは、新たに書き出せという意味に過ぎないのか。不敵にも時代が見出していない作品を要求しているのか。後者を信じることは到底できない。それならば前者は？——以来なぜかわたしは日記をつけることしかできないでいる。

（青木淳悟「四十日と四十夜のメルヘン」（『新潮』版）

はじめに――「セカイ系」とは何か

本稿はもともと、「セカイ系」なる用語をテーマにした評論集（二〇〇九年刊）の収録原稿として書かれた。「セカイ系」とは、二〇〇〇年代の文化評論、とりわけサブカルチャー批評の文脈で注目を集めた問題であり、現在では『文化と社会を読む　批評キーワード辞典』（大貫隆史・河野真太郎・川端康雄編、研究社、二〇一三年）にも「世界（セカイ）」として収められるほどに定着を見せている。

では「セカイ系」とは具体的にどのようなものかと言えば、物語の主人公である「ぼく」と「ぼく」が想いを寄せる「きみ」との関係を中心とした二者の織りなす〝「きみ」と「ぼく」との小さな世界〟と、「世界の終わり」のような抽象的な大問題（〝セカイ〟）とが、一切の社会的な中間領域を抜きに接続されてしまうという、フィクションをめぐる特異な想像力のあり方を意味している。もともと「セカイ系」とは、一九九〇年代後半から、社会現象ともなったアニメ『新世紀エヴァンゲリオン』の影響を受けた自閉的なナルシシズムを揶揄する言葉としてインターネット上で生まれたものであるが、転じて二〇〇〇年代からは肯定的に読み替えられるようになり、二〇〇〇年代後半には、社会批評や純文学の評論においても説明抜きで主題的に扱われるようにすらなっていた。宇野常寛『ゼロ年代の想像力』（早川書房、二〇〇八年）が前者、橋本勝也「具体的《デジタル》な指触り《キータッチ》」（『群像』二〇〇七年六月号）が後者の典型である。

「セカイ系」の代表作としては、ライトノベル『イリヤの空、ＵＦＯの夏』（秋山瑞人著、電撃文庫、二〇〇一年）や『NHKへようこそ！』（滝本竜彦著、角川書店、二〇〇二年）、アニメ『ほしのこえ』（新海誠監督、二〇〇二年）が知られているが、一部ミステリや「エロゲー」を中心に、「セカイ系」の影響を受けた作品は少なくない。当時は文芸誌に掲載される作品よりも、こうした「セカイ系」的なサブカルチャーを論じることこそが批評のフロントラインなのだと――それこそ東浩紀や宇野常寛といった論客が旗振り役となることで――盛んに喧伝されていた。背景には、一九九五年の阪神・淡路大震災とオウム真理教事件を一つの契機として、現代日本の社会環境が激変したという事情がある。構築された既存の世界像が、情報と資本のグローバル化によって融解し、先の見えない不安が日常を覆い隠してしまうからこそ、「セカイ系」にリアリティを感じる世代が出現してきたのである。

本稿は「セカイ系」的な想像力を徹底批判する論で、「セカイ系」を肯定する論考が集まった初出本のなかでは異色であったからか、案の定、現在に至るまで商業的な書評では黙殺され続けている。唯一の例外と言える『新潮』二〇〇九年一〇月号掲載の書評「セカイ系評論と決断主義」にて福嶋亮大は、本稿について「要は物語や意味の縛りを捨てて、美やアイロニーと一体化しようとするロマン主義」、「物語性や思想性を放棄し、崇高のイメージで一発キメている作家を評価するという単純な評論」と述べている。また、本稿で批判された東浩紀は、ブログ「東浩紀の渦状言論　はてな避難版」において、本稿について具体的な中身にまるで触れることなく、揶揄と印象操作に終始して「炎上」させるべく煽動した。詳しくは東條慎生のブログ「Close to the Wall」の「東浩紀氏の印象操作的「批判」について」を参照（http://d.hatena.ne.jp/CloseToTheWall/20090719/p1）。ただ、ネット上では、本稿が横断的なセカイ批判を可能にするものであるとしたうえで、「どうやらセカイ系的な状況をある意味で受け入れながらも、「ボク」と「セカイ」をつなげてしまうような想像力を挫折させるあり方のようです」（ブログ「永結無情遊」）という評が出たことも付記しておきたい。

なお、本書収録にあたり、注で参照した拙稿について、入手や閲覧が困難なものについてはアクセスできる版に改めた。

一　内側からだけでは見えないもの

本稿では、いわゆる「セカイ系」なるタームからは最もかけ離れたところにあると認識されているに違いない、あるいは少なくとも何ら連関性のあるものとして理解されてはいないであろう、青木淳悟という作家の特性を論じていく。(註1)しかしながらあらかじめ断りを入れておくが、いわゆる「純文学」の領域において活躍している青木を「セカイ系」の一員として登録することにより、アニメやライトノベル・美少女ゲームなどのいわゆるオタク系カルチャーを中心として理解されてきた「セカイ系」の領土拡大に手を貸そうというあさはかな試みではまったくない。かといって、いわゆる「純文学」の文芸誌を土壌に活躍している青木のテクストと、サブカルチャーを主体として浸透を見せてきた「セカイ系」の作品群との間に何らかの連関性を見出すことで、いまや包括的に時代精神の全体性を語ることが適わず、ジル・ドゥルーズとフェリックス・ガタリが描いたような、(註2)政治的（あるいは社会的）マイノリティの言語を中心として二〇世紀的な中心の不在を描いた「マイナー」文学たらざるをえない「純文学」なるジャンル、そしてそうした「純文学」の自閉的特性を最もわかりやすく表象しているかに見える青木作品へ、新しい血を導きいれようとするつもりもない。

それでは、なぜ青木淳悟と「セカイ系」との関わりを論じなければならないのか。それは「セカイ系」

なるタームが、サブカルチャーを基体として発生したがゆえか、過剰に記号的であり、本来の文脈を離れやすやすと流通していくという特性を持っているためだ。そもそも「セカイ系」なるカテゴリータームは、社会的な要因よりも個人の関係性を重視した作品へ、好き勝手に被せられるテンプレートとして機能しているように見える。それゆえインターネット的なネタ消費や好きもの語りのコミュニケーションと相性がよいし、「感動」の衣をまとって広まりやすいのだが、その過程で私たちを共感させているのは、血肉を備えた人間によって語られた生の言葉ではなく、ジャン・ボードリヤールが指摘したような[註3]消費社会の模造たるシミュラークルが織り成す、「萌え」記号の順列組み合わせに限りなく近いだろう。私たちはそのことを半ば悟りつつも、シニカルに唇の端を歪めながら、半笑いでフィクションの消費に興じ、シミュラークルの運動を加速化させてしまっている。あたかも物語消費の流動性を向上させることこそが、私たちの内面を豊かにする唯一の手段であるかのように。そして、記号の組み合わせによって引き起こされる「動物」的な条件反射のなかで時折、否が応にも垣間見ざるをえない深淵こそが、「セカイ」と呼ばれる何かなのであろう。それゆえ、「セカイ系」が体現している問題系とは、過剰に記号化した社会において、いかに「主体」が実存を恢復することができるのかということにほかならない。そして、青木作品は、「セカイ系」が投げかける問いに対し、既存の「セカイ系」がアプローチすることのできない地平において、思考の契機を提示している。青木淳悟の小説は、いわば「セカイ」への抵抗文学なのだ。

渡邉大輔は、「セカイ系」の実存主義的な性格を分析するにあたり、「セカイ系」というタームが「アニメ」や「ライトノベル」や「美少女ゲーム」から、「SF」や「純文学」へと進出していったという伝播の過程を説明しつつ、「退行性を揶揄的に表現する目的で使用され始めた」タームが、「著名な批評家やクリエイターたちによって積極的に参照され、批評的に洗練されていった」という倒錯的な形成の過程をま

ず指摘している。(註4)

しかしながら、渡邉の指摘を受けて思いを凝らさざるをえないのは、こうした倒錯的な形成の過程のなかで、従来は人間性の成熟とともに「卒業」するべきとされていた思春期の過剰な自意識――現代的なウェブ・ジャーゴンでは「中(「厨」)二病」とまま呼ばれるもの――が、むしろ文学的、あるいは詩的な故郷喪失にも通じる可能性を秘めたものとして評価の軸へ上らされることになっている点だ。その過程においては、「主体」の成長に伴い克服すべきであるはずの思春期の過剰な自意識は、時代精神そのものの未熟さにすり替えられ、時代精神の病理を端的に表象しているがゆえ、議論の価値があるとみなされるようになった。病理とは、言うまでもなく高度化した資本主義の謂いである。しかしながら私たちは、安易に資本主義を否定して、それで済ませることはできない。私たちは、アレクサンドル・ソルジェニーツィンが執拗に描き出したような、畸形化された管理機構としての社会主義体制(註5)が、いかに陰惨であるかを心得ている。(註6)加えて言えば、仮にオルタナティヴを模索するにしても、資本主義のくびきから完全に逃れることは不可能だ。なぜならば、グローバリゼーションを否定して、無垢なる生を回復しようとすることはそのまま、私たちが普段享受しているテクノロジーに依拠した安寧なる飽食の生活を捨てることができるのかという問いかけに繋がるからだ。経済的に豊かとされる国が反グローバリズムを謳う際に産まれる欺瞞のひとつは、まさしくこの点にこそ宿る。

一方で、反グローバリズムという立場を、自らの土地や生の圏域を護るために選択せざるをえなかった者たち(註7)もまた存在する。彼らは、「そうせざるをえなかった」がゆえに、時として極端から極端へと走らざるをえなくなる。笠井潔は、「セカイ系」の嚆矢とされる『イリヤの空、UFOの夏』のヒロイン・イリヤと、「親や兄弟や友人や恋人のために、懐かしい故郷を回復するために、爆弾を抱いて出撃」する「エルサレムで、通行人を殺害するため自爆し続けるパレスチナ人の少年少女」との類似性を嗅ぎ取っているが、(註8)それは彼が、資本主義とグローバリズムに対する内在的な抵抗という意味での共通項を見出しているからにほかならないだろう。

現に笠井は、自身が一九九五年の『国家民営化論』でアウトラインを描いたような「「ラディカルな自由主義」の社会批判や社会構想に、空隙や限界が目立ちはじめた」ことを認め、「九〇年代以降、この国でも急速に影響力を拡大」した「一九七〇年代のサッチャーリズム、八〇年代のレーガノミックスを起点とするネオリベ（引用者註：ネオリベラリズムの略称。グローバル資本主義を主軸とした市場原理主義のこと）的「改革」の理念は、冷戦の終結と経済のグローバル化に後押しされ」た結果、明確な形を取ることなしに、高度資本主義が「主体」へ抑圧的に働くこととなった点に危機感を覚えている。(註9)

また一方、ネオリベ的な社会モデルを抜本的に批判した巨大な「おんたこ」三部作をものした作家、笙野頼子は、その第二作「だいにっほん、ろんちくおげれつ記」内で、「個人と市場原理」との関係について「一番不気味なのは個人と市場原理を対立させると個人が小さすぎて、手がかりが見つからないことだ」と書いている。(註10)笙野と笠井の文学観は必ずしも一致しないが、「個人」を蹂躙するこうした「市場原理」への違和感は、図らずしも笠井と共通したものがあると言ってよいだろう。

小泉政権のネオリベ的「改革」に、筆者は奇妙な苛立ちと不全感を覚えてきた。完全雇用と「豊かな社会」を達成した二〇世紀の体制イデオロギーは、労働権の主張など一九世紀社会主義の言葉と理念を裏側から密輸入していた。同じことが二一世紀の体制イデオロギーである新自由主義とアナキズムにもいえるのではないか。たとえばリバタリアンとは、歴史的にはバクーニン主義者を意味した。「自由」の理念をめぐるラディカルな自由主義と新自由主義の、簡単に言えば「自業自得の潔さ」を格率とするラディカルな自由主義と、ネオリベ的な「自己責任」論の原理的相違を明確にしなければならない。[註11]

ここでの「ラディカルな自由主義」と「新自由主義」の落差を考えていくために、笠井は「セカイ」の問題と対峙する。『探偵小説は「セカイ」と遭遇した』において笠井は、探偵小説ジャンルが純粋な論理パズルの領域に自閉して縮小再生産を繰り返さざるをえない状況を危惧して、アニメ・マンガ・ゲーム[註12]に代表されるオタク系カルチャーを「ジャンルX」と名づけ、佐藤友哉、西尾維新などの「ジャンルX」を創作の基盤とした作家たち——笠井言うところの脱格（脱本格）——が、いったいどのような問題意識を作品へ表象させようとしているのかを読み解こうとする。

脱格系の作家たちは高度化された資本主義社会に身を浸しつつも、その内側から静かに違和を表明する。しかしながら、市場経済に個人が完全に囲い込まれてしまっていることを前提とした内側の言葉に過ぎないがゆえに、その言葉は個人の実存というよりも、市場経済というさらに大きな流れの性質そのものを体現しているように見えるのもまた確かであろう。彼らが表明する違和は、言うならば奴隷根性に近いものがある。そして「セカイ系」が醸しだす気持ち悪さは、まさにこの点にこそ宿る。すなわち彼らは「セカイ」と戦っているつもりでありながら、「セカイ」の構成要素である資本主義経済の構造そのものを、逆に強化してしまっているのである。彼らが直面している「セカイ」は、あくまでも彼ら自身の内面を模したシミュラークルでしかないからだ。そして、その模造を外部から規定しているのは、資本主義が形成する社会システムにほかならない。言うまでもなく、「ジャンルX」は資本主義に過剰適応したジャンルである。マックス・ヴェーバーが指摘したような、禁欲的であることが資本主義の発展を促がしたような逆説(註13)さえ、もはや介在していない。かような露悪的でありながらもどこかねじれた特性から鑑みるに、資本主義が産み出した「セカイ」とは確固とした時代精神ではなく、いわゆる「島国根性」が織り成す欲望の形象を半ば受け入れ、そのなかで居場所を模索するという閉鎖的な「空気」に近い。「セカイ系」を論じる多くの者らは、この点に対し圧倒的に無自覚である。(註14)

笙野頼子は「おんたこ」三部作において、オタクカルチャーとネオリベ社会との過剰なまでの親和性を浮き彫りにした。「おんたこ」とはオタクの謂いだが、笙野はこの三部作を通じ、日本文化の根底にある中心を欠いた視座、すなわち自分は中心から関係ないようなそぶりを見せて実は逆説的に体制翼賛的な状況に荷担しているものそのものが「おんたこ」であって、被害者意識を装って本当の弱者を抑圧しており、そうした状況が顕在化したのがネオリベ社会であるとの糾弾を行なう。教科書的にまっとうなルートで作り上げられた共同幻想としての「近代」や「国民国家」そのもののひずみとして「おんたこ」が位置づけられているわけだ。仮に笙野の言うように「おんたこ」が「近代」や「国民国家」のひずみであるとしたならば、ネオリベ社会の構造そのものを批判する必要がある。そのためには、脱格系の作家らが発する内側の言葉だけでは不充分だろう。むしろ、内側からだけでは見えないものこそが、重要なのだ。

二 真空の性質とメタレベル

加えて、脱格系の言葉は消費社会における記号的なシミュラークルを前提としているがゆえに、既存の政治思想、あるいは宗教性を有した言説とは性質が異なる。先に笠井は、パレスチナの少年の例を示した。ならば実際に、シリア生まれのレバノン人ハリーム・バラカートが著した『海に帰る鳥』（一九六九年）というパレスチナ抵抗文学の傑作を参照してみよう。(註15) そこでは、一見、平穏無事に見えた生活が、第三次中東戦争の勃発によって打ち砕かれるさまが描かれている。作品ではユダヤとパレスチナという二つの政治的な立場が、それぞれの奉じる宗教の最も原理的な、名状しがたき情念の闘争へ置き換えられ、その原理が人々の心性に投影される様子が描き出される。ここでは、一見「セカイ系」に似通った構造を見出すことができるが、その実体は「キミとボク」しか世のなかには存在せず、他は真空であるという「セカイ系」が描き出す空虚さとはほど遠く、情念と憎悪が渦巻く灼熱の地獄に近いものがある。私たちはバラカートの小説を介して、こうした宗教性の原理とも言うべきものに直面する。そこでは、もはや「人間」の姿は雲散霧消している。素朴なヒューマニズムが介入する場所はどこにもない。それゆえ、読み手は政治的な対立や利害関係の分析を超えた、イデオロギーの原理的な部分のせめぎ合いに目を凝らさざるをえなくなる。こうした地平において、工学的な分析などはさほど意味をなさず、読み手は否応なしに、自分の「いま、ここ」に安住するのではなく、イデオロギーの原理とその構造を――ユダヤであれイスラムであれ――併置して見ることが要求される。かようなバラカートの試みが問いかける問題を、私たちが直面している現状へ置換すれば、ネオリベ化した資本主義社会の像を描き出すためには、出口のない内面に対峙し言葉を失うことよりもむしろ、内面を規定している構造全体を俯瞰する視座そのものが必要となると言うことができるだろう。

小説の読解にさほど注意を払わない（あるいは堪え性のない）読者にとって、青木淳悟の小説は、まるで人畜無害な実験のための実験のように見える。(註16) 笠井の言う「ジャンルX」の影響などはほとんど窺えないし、佐藤友哉の小説のように高度資本主義社会の底辺を生きる者の憎悪の言葉は紡がれていない。あるいは笙野のような闘争的姿勢も見られない。それゆえネオリベ化する社会に対して、青木作品は何ら批判的な視座を孕まないとみなす向きもあるだろう。だがそうした批判はナンセンスだ。青木ほど「セカイ系」が浮き彫りにしたとされる高度資本主義の実体を、「セカイ系」には不可能な観点から照射している作家はいない。池田雄一は、近代文学が孕んだ内面という幻想を放棄したかに見える青木作品を、「主体」が社会システムに統御させられながらも、自身がそこに従属させられている様子を構造として浮き彫りにしていると指摘した。(註17)しかしながらここで注意すべきことは、池田の言う青木作品が提示する構造への視座を、資本主義に対し「メタレベル」へ立つことを読者へ要請しているところにあると読んではならない点だ。青木作品は、近代小説が有していた「内面」を完全に排し、「内面」に伴う「メタレベル」を小説へ取り込むことをも否定している。その特性を理解するための補助線として、青木の第三五回新潮新人賞受賞作「四十日と四十夜のメルヘン」(『新潮』二〇〇三年一一月号)に対し「ピンチョンが現れた!」と選考委員のなかでただ一人異例の賛辞を送った保坂和志(註18)が青木の受賞第一作「クレーターのほとりで」に触れ、その特徴について「メタレベルのない小説」との分析を行なっている箇所を引いてみよう。

「あの人はどうなったのか」「この人はそのあいだ何をしていたのか」という具体的なことは、作者(引用者註:青木のこと)に直接問い合わせればきっとすべて明快に答えてくれるだろう。しかし、ここで起こったことの全体がどうなっていて、それを「全体として何と呼べばいいのか」という質問にはきっと答えられないだろう。つまり、この小説にはメタレベルがないのだ。

「悲しい恋愛の話」とか「人間の内面に潜む狂気が熟すプロセス」とか「救世主がこの世界でかぶった無理解」というように全体を言い表せる言葉が小説のメタレベルで、メタレベルを発見することを通常は「読解」「解釈」と呼んでいて、だからカフカの『城』の「城」が何であるかと考えたりする人が後を絶たないのだし、事前にメタレベルを知っていればその線に沿って読んでいけるから読書という行為が楽になるのだが、この小説はそれを許さない。(註19)

それでは、なぜメタレベルの欠落が重要となるのか。その点を検討していくのに最良のテクストは、アラン・ロブ＝グリエが一九六三年に書いた評論『新しい小説のために』(註20)である。ロブ＝グリエはこの評論を通して、小説概念が不断に進化することの必要性を説いたが、その背景には、二度の大戦と世界戦争、その後の大量死を経てその無力さを浮き彫りにした伝統的な価値観は、音もなく崩れ落ちてしまっていたという経緯があった。否応なく人々は、非情さを剥き出しにした社会に対し、核たるものを失った「主体」がどのように関わって行くべきなのかを、存在そのものに関わる深刻な問題として考えざるをえなかったのである。世界はもはや、無機質に、ただそこに在るのみとなってしまっている。世界を変革するに足りる思想は存在することができない。こうした世界と「主体」との乖離を、ギリシア神話的な意味での悲劇として提示し、その「差異を崇高化」することにこそ、ロブ＝グリエは意義を見出すのだ。ロブ＝グリエが小説において、俗に「カメラ・アイ」と呼ばれるイデオロギーを排した透徹たる「視線」をもって即物的な描写を行なう(註21)のはそのためである。

対象と私との距離、対象それ自身のもつ距離(その外面の距離、つまり寸法)対象同士の距離を記録し、さらにそれが、たんなる距離(断絶ではなくて)であることを強調することは、ものがそこにあること、ものがそれぞれ、自己だけに限定されたもの以外のなにものでもないことを明確にすることに帰着する。課題はもはや、幸福な和合と不幸な連帯とのいずれを選ぶかではなくなる。そのときを境に、あらゆる共犯関係の拒否が存在するのである。

それ故にまず、類推的な語彙と伝統的ヒューマニズムとの拒否、悲劇の観念と同時にまた、人間とかものとかの(そして双方にともに通じる)深層の、高次の、本性の信仰にみちびくあらゆる他の観念の拒否、要するにあらゆる予定された秩序の拒否が存在する。(註22)

秩序を否定する「視線」によって「主体」は世界の微細な部分を感知し、そこから目を逸らさずにいることを要請される。徹底して表層を見据えることで、表層に現われる世界の病理を、病理のままに理解することを求められるのだ。資本主義の実体そのものに目を向けながら、見ている「主体」の位相を変化させ、世界の構造を多角的に把捉しようとすることで、やすやすとメタレベルを提示してしまう近代的なヒューマニズムを、その根底から変革させること。それこそがロブ＝グリエの方法が目指すところであり、言うまでもなく、それは「セカイ系」の方法と、出発点は似通ったものでありながらも、完全に位相を異にしている。

三 「世界視線」をジャックする

仮に青木の書く「メタレベルのない」小説が、ちょうどロブ＝グリエが企図していたようにヒューマニズムの根本的な変革を促がすためのものだったとしたら、それは「セカイ系」が下敷きにしたような俗流ロマン主義的心性(註23)がもたらす超越的な暴力を、徹底して忌避するためのものにほかならない。そのために青木が選択した方法は、非常にアクロバティックなものだった。彼は「世界視線」をジャックしたのである。ここで言う「世界視線」とは、吉本隆明の『ハイ・イメージ論Ⅰ』に登場する概念である。[註24]『ハイ・イメージ論Ⅰ』の冒頭で、臨死体験をした人の視点から説明することからも明らかなように、「世界視線」とは、個人が抱える限定された視座をメタレベルへと開放し、そこから世界の全体性を観測する視座へと変革させるものとして語られる。その意味で「世界視線」とは、ロブ＝グリエ的な「視線」の現代的な拡張であるとの理解が浮上してくる。

ここで注目すべきことは、『ハイ・イメージ論Ⅰ』における吉本が、「世界視線」を保有することができる「主体」のありかを、宗教や思想ではなくテクノロジーにこそ観ているということだ。吉本は「世界視線」のあり方を、コンピュータ・グラフィックスがその形式において顕著に示す線形のマトリックス的な格子の重ね合わせに見出している。「世界視線」が映し出す対象は、世界の全体性を、デジタルなシミュレーションによって再解釈したものへと変化していくというわけだ。その過程で「世界視線」は、メタレベルから個人を監視する装置に成り代わってしまった。仲俣暁生は、「世界視線」を逆に「見上げる」ことで、アメリカを中心とした商業主義的な重圧のなかを生き延びていく方法を模索した。[註25]「セカイ系」の多くのフィクションはこうした「見上げる」姿勢を問題意識として引き継ぎ、より商業主義的な「ジャンルX」の内部から、その強みを生かした形で抽出しようとした試みであると理解することができるだろう。[註26]だが、「見上げる」というささやかな抵抗では、加速の度合いを増す資本主義に対し、もはや有効な対応策として機能しえないのではなかろうか。ジル・ドゥルーズは一九九〇年に発表した「管理社会について」[註27]において、監獄、工場、病院、学校、会社、家族など、監禁の論理によって秩序を維持してきた機構が、第二次世界大戦以降に解体し、「何ひとつ終えることができない」」、「企業も教育も奉仕活動も、すべて同じひとつの変動が示す準安定の共存状態であり、変動そのものは普遍的な歪曲装置としてはたらく」管理社会、数字と金銭とシステムで構成された、流動的でありながらもその内部は徹底して固定化された社会へと変貌しているということを指摘した。管理社会においては、社会を「変動」させない限り、個人はまったく問題とならない。そして、ジョージ・オーウェルが描いたように(註28)、仮に反社会分子が、「(監視機構を象徴する)偉大な兄弟を打倒せよ」と書きつけたとしても、そうした「変動」を、社会そのものの新陳代謝のひとつとして日常化させてしまうのが管理社会なのだ。『ハイ・イメージ論I』に収録された「映像都市論」内において、吉本は、「世界視線」からみられた都市像を引き合いに出して、こうした管理社会の新陳代謝を説明する。

> いうまでもなくはっきりしているが、世界視線から俯瞰された都市像は、その都市のビル、住宅、高架と高速路、街路、緑地と空地、河川などの表面の皮膜で、その都市のビルや住居や街路でうごめいている人々の生活行動を遮覆していることになる。ここでは都市の外装の俯瞰図が「実在」の像であり、そこで生活行動をしている人々の姿は、想像力によってしか像(イメージ)をつくれない虚像なのだ。まして都市のなかで生活行動している人々が、心のなかでどんな思いをもち、どんな絶望や希望をいだいて行動し、労働し、恋愛し、遊び、嘆き、喜んでいるかというようなことは、虚像のまた虚像で、じつはかんがえてみることもできない、またどう考えようとまったく自由で、まったく無意味なのだ。世界視線から見られた都市像は、自身の死を代償として自身の瞬間ごとの死につつある姿を上方から俯瞰している像に相当している。この俯瞰図にかかわりがあるのは、この都市像の細部を、その瞬間に壊しつつあるか、改修しつつあるか、それとも加えつつあるかぎりにお

いてだ。恋愛し、喰べ、働き、遊んで、等々の都市人は、いわば「世界視線」からの都市像からは、遮覆され、あちら側の彼岸に生活しているものとみなされる。(註29)

吉本によれば、かような特性を有する「世界視線」と対比されるものは「普遍視線」である。「普遍視線」とは、「世界視線」では把捉することがかなわない都市の内部から見た都市像(具体的に言えば、「人間の座高視線地面から数十センチ、直立視線一メートル数十センチの地面に並行した視線」)を指す。吉本によれば「「世界視線」が加担した映像の次元は一次元だけ逓減し、「世界視線」を遮断した映像の次元は一次元だけ逓増する」というから、都市という巨大な総体をいわばグローバルな観点から平面として理解してしまう「世界視線」に対し、「普遍視線」がもたらす視座はミニマリスティックでありながらも三次元としての奥行きを有すると、吉本は説明する。それゆえ、「世界視線」と「普遍視線」は原理的にすれ違いの構造を見せる。逆に言えば、両者は本質的に異なるがゆえにこそ、その狭間から第三の位相が生まれる可能性はあるのだと言うことができる。

吉本は、「世界視線」と「普遍視線」の区分によって織り成されたマトリックスを介し、都市という空間のなかでも特徴的な場所を読み解いてゆくのだが、(註30)こうした「世界視線」と「普遍視線」の相克をそのまま小説の文法としたのが、『新潮』二〇〇八年九月号に発表された青木の中編「このあいだ東京でね」である。「ある程度人生に見通しを立てた複数の人間が東京都内に新たな住居を探し求めていた。都心部だとか、またそれに近接した地域に住まいを持ちたいと希望している」との書き出しでスタートするこの小説であるが、奇妙なことに「新たな住居」を捜し求める者たちの姿は、近代文学的な「人間」描写とはまったくかけ離れたやり方で、あくまでも輪郭をなぞるように描写される。彼らは都市の一部として平面的に描かれる。不動産屋に物件を相談する彼らの姿は、人間というよりもアイコンのような半ば紋切り型の情報の一部に過ぎず、決して三次元的な像を結ばない。彼らが駅のホームで電車を待つ姿が言及されたかと思えば、すぐさま話題は「人口過密な沿線のまち」の事情、路線の構成、乗客の身なりの描写などへ移り変わってゆく。「平均的な勤労者世帯」が確保可能な住宅地を探していったのも束の間、首都圏の地図、行政区画、建築上の高さ制限、土地の逸話、不動産をめぐる区分、江戸時代の城下町などへと話は移り変わってゆく。

こうして、小説内で描かれる「東京」という街の様子、そして「東京」をめぐる情報が、同一の地平において執拗に描写されるのが、この小説の特徴である。しかしながら、小説内の「世界視線」が移動するとともに、小説の記述もゆっくりと進行していき、情報は不動産についてのマニュアル的な書き割りから、「世界視線」によって都市を捉える様子へと変貌していく。こうした展開が起きる速度は極めてゆっくりとしたものであり、読み手は描写の変化を、さながらスライドショーを眺めるがごとくに享受していくことになる。そうして、冒頭の人間の姿はいつの間にか消失していることに、読み手は否応なく気がついてしまう。「世界視線」は人間を追跡できるが、この小説の描写はあくまでも「世界視線」をトレースしたものなので、人間の側からの説明を介在させることはできないのだ。このような経緯を通じ、小説内においては、流動的に動く都市という怪物そのものがクローズアップされる。「セカイ系」とされる作品では、どこまでも高く広がる無尽蔵の青空というモティーフが頻繁に登場する。それは作中人物(すなわち「キミとボク」)の荒涼とした内面を投影しているのだが、もはや人間の姿が描かれない青木の小説においては、都市の姿は無機質でありながらも、確たる存在感を有するに至る。

道路沿いに建物が連担する商業地のまち並みである。近代的な中高層の建築物。各棟のボリュームを頭上に仰ぐ。それら雑多なビルの合間に、挟まりや囲みのなかに空が見える。一定の範囲に空が広がる。こんなとき、空が遮蔽物に隠されるにしろ、切り取られるにしろ、縁取られるにしろ、どちらを図と見るかによって残りはただちに地に退く。そして全体はただ一枚の絵柄模様に。ここで仰角を限りなく九〇度に近づければ、あたかも天地が逆転して、なにか地図でこの狭いエリアを眺めているかのようなのである。(註31)

ここで、近代文学の多くが、都市を舞台にしてきたことを思い出そう。近代文学の主題となるのは、言わば「世界視線」と「普遍視線」の相克が引き起こす暴力であった。補助線として、都市小説の嚆矢と言われるアルフレート・デーブリーンの『ベルリン・アレクサンダー広場』(註32)を参照してみる。この小説の主人公は、冴えない労働者フランツ・ビーバーコップ(「ビーバー頭」の意)であるが、底辺労働で生計を立てている彼は、仕事に失敗するたびに心を入れ替えて真人間になろうとするものの絶えず翻弄され、見えない「ハンマー」で「打ちのめされ」てしまう。だが彼を「ハンマーで打ちのめす」ものは本人の弱さではなく、実はヴァイマル共和政期のベルリンという都市の有する暴力性なのだ。その意味でデーブリーンはフランツ・ビーバーコップを描いていながらも、実は彼を蹂躙する都市のシステムそのものを暴き出しているのである。

フランツ・ビーバーコップは肉体労働者であり、単純作業に従事することしかできないため、知識や技能によって現状を打開するすべを持たない。それゆえ当然ながら、自らが置かれている社会を俯瞰する眼差しをも持つことができないでいる。彼の内面は真空であり、真空に直面するほかないがゆえに、フランツ・ビーバーコップはベルリンを攻撃することができず、その代わりに最も身近で愛すべき恋人のミーツェ(「仔猫ちゃん」の意)を殺害せざるをえなくなってしまう。デーブリーンはこうした閉塞的な状況下から、ひょっとすると何か超越的な働きかけによって人間が解放されることもありうるのではないかという期待を隠さないが、一方で軽々しくそうした形而上学に逃げないだけの強靭さをも併せ持ち、虐げられた者たちが生きる都市の様子を狂騒とともに執拗に描写していくことで、「主体」の居場所を確保しようと努めるのである。

「このあいだ東京でね」の人間の不在は、こうしたデーブリーンの方法を、さらに押し進めたように見える。小説は続いて、タクシーで移動しながら、都市周辺の開発状況と、ゴルフ場や客の姿を描写していく。こうして、街の様子とその周辺の事情が一通り説明されると、ふたたび人間が前景化される。勤務地の事情と、不動産に関する金融機関の審査がどのようなものであるかという説明が行なわれた後に、クレジットカードが残高不足で引き落とされないというミスを犯した過去があることで、住居を買うだけの融資を受けられないのではないかという恐怖が巻き起こる。都市という総体において住居が確保できないということは、内面に代表される奥行き、ひいては逃避の場所を持たない「主体」にとって死活問題である。「主体」が能動的に生存の圏域が確保できないということは、「主体」が去勢されることを意味するからだ。それゆえ急遽、「個人信用情報いわゆる個信を調べて」みるべく、「東京は千代田区丸の内の一角を訪れる」、「主体」としての「私」が小説内に登場する。それまで、都市の相貌を描く「世界視線」の内実に、「私」は覆い隠されていたのであるが、「世界視線」によってすべてが平面として描き尽くされ、平面化された情報の海に埋没されそうになってはじめて、「私」は登場する次第なのだ。こうして「このあいだ東京でね」は、「世界視線」のなかで、「普遍視線」が占める位置が、いかに小さなものであるかを浮き彫りにする。むろん、「私」が現われてからは、小説の描写は「普遍視線」が占める度合いも増すのだが、それでも、「普遍視線」が「世界視線」を凌駕するのは、購入予定の住まいのグレードを下げていき、ついにはモデルルームの抽選に賭けるしかないのではないかという半ば諦めの入ったため息をついた瞬間くらいのものなのだ。

四 Google Earth Eye

さて、現実社会において、監視機構としての「世界視線」を代表するものは通信衛星である。管理社会の象徴としての通信衛星を、最も明快に可視化したものが、Google Earth の登場であろう。ヴァーチャル化された地球儀を回していくことで、世界各地の衛星写真を誰でもどこでも見物することができるこのサービスの登場は、衛星による通信網がいかに広範囲に行き渡っているのかを提示して見せた。そして、「世界視線」としての通信衛星が、すでに「普遍視線」の領域にまで浸透していることを明らかにしたのが、Google Map、そして Google Street View の登場である。言うまでもなく、Google Map とは、検索エンジンで知られる Google 社が提供している、ズームを調整しつつ、地図、航空写真、地形の三つで全世界を見ることのできるサービスであり、Google Steet View とは、世界各地の大都市圏で撮影した道路沿いの風景が、Google Map および Google Earth 上でほぼあらゆる角度から、等身大の高さのパノラマ写真の形で表示されるサービスを意味する。

Google Earth や Google Street View を見てまず驚くことは、それまで地図上の記号としてしか理解されていなかった光景が、具体的な像としてパソコンに映し出されるということである。かつて「世界視線」はあくまでも、都市のような総体を「上方から」俯瞰するものだった。それゆえ「普遍視線」は「世界視線」に統御されず、いわばプライバシーを確保されていた。だが、Google Street View を見た者は、ミニマムな「普遍視線」が衛星の有する俯瞰的な通信網によって全世界に配信されているという事実に気がつき、慄然とする。ここでは、「世界視線」と「普遍視線」の差異は消滅し、「普遍視線」は「世界視線」の変奏にすぎなくなっている。もはや「このあいだ東京でね」で描かれたような、「普遍視線」が存在可能な(ごく僅かな)位相は成立しえないのだ。こうした脅威をそのまま小説という形で形象化したのが、青木の小説「TOKYO SMART DRIVER」(『新潮』二〇〇八年一一月号)である。この短編が面白いのは、通信衛星的な「世界視線」をジャックしながら、同時に、「普遍視線」そのものをも、記述の運動のなかへ取り込んでしまっているということだ。言うならばこの短編は、「普遍視線」が「世界視線」に統御されつつある状況を、Google Earth Eye とでも名づけられる記述によって浮き彫りにしているのだと言えよう。

Google Street View が提示する写真は、GPSを装填した走行中の「車」で撮影されたものだ。それゆえ小説も、当然ながら「車」による移動を模した形で状況の描写がなされていく。「現住まいであり、現にいまもちゃんとそこに居るにもかかわらず、とにかく外部の視点から自宅を眺めてみたくなる」との書き出しで小説は始まる。「これまでのように衛星写真を拡大して探しものをすることにはそろそろ飽きがきていた」がゆえに、「人の目線の高さで実際の街並みを眺めることができる」Google Street View がピックアップされるわけだ。「当然ながら足もとにはアスファルトの路面が広がっている。地図でもページをまたいで道がつづいているように、それをたどればどこまでも進んでいけることだろう」といった具合の、「世界視線」が有する俯瞰性めいた楽観的な意識が、この小説に不思議なドライヴ感を与えている。

そこで段落が変わり、「（中野や杉並や世田谷、練馬にさえ）」というカッコが差し挟まれる。このカッコは、作品を支配しているGoogle Earth Eyeの位相を、微妙に逸脱させるための「声」として機能する。この小説の描写は、Google Street Viewの仮想風景と、実際に「車」から見えるはずの妄想的情景が入り混じっているため、それらの区分けをする必要があるのだ。しかしながら、「声」と、Google Street Viewの説明の多くは重複し、前者は後者を補完するために機能したり、反対に後者は前者を予告するために用いられたりもするから厄介だ。「声」が拾った「ドラマの撮影」という地元民の言葉に対し、Google Earth Eyeは、そんなはずはないだろうと突っ込みを入れつつひた走る。こうして車は走りながら、「声」とGoogle Earth Eyeは相補的にこの小説の描写を進めていく。

女子高生が近づいてきたということを「声」が感知すると、Google Earth Eyeはそれを前景化する。女子高生を追いかけていって「ちかん注意」の看板を発見してしまったGoogle Earth Eyeは、やがて道に迷ってしまったことに気がつく。交通事情は劣悪で、ガード下の高さ制限は二メートルしかなく、クランクや蛇行、一方通行路ばかりが現われる。カーナビに頼っても「細街路検索」でどうにか表示される程度のもの。やっと線路の向こう側へと踏み出して線路脇の通りを行くと「高架化絶対反対！」の看板が見え隠れする。反対派の自宅の周辺には、ポスターと機関紙の広告があるが、プライバシーを守るため、Google Street Viewの画像においては、表札にはボカシを入れなければならない。だがGoogle Earth Eyeにとってはそれが誰の家かということよりも、走行中に見られない沿道の風景を、Google Street Viewによって確認することができることへの素朴な驚きのほうが大きいようだ。実際、Google Earth Eyeは「車」の運転に自信があるようで、道路上では、通称「パンダ」と呼ばれるパトカーのツートンカラーを見分けることに長けていたり、「自動速度取締機設置路線」の警告看板を知っているので、路上の取締りに遭わずに済む。しかしながら用心深い Google Earth Eye は、警察車輌を見分ける「ネズミ捕りレーダー」の導入をも検討する。

だが、さすがに路肩に停めてある東京電力の白い緊急車両バンの陰に隠れていた追跡用のパトカーまでは発見できず、捕まってしまい、スピード違反の切符を切られるために「サイン会場」へと誘導されたGoogle Earth Eye は少し懲りる。「(「一般道を安全に飛ばすということは可能なのか?」)」と自問自答した結果、渋滞のなかを時速二〇、三〇キロで走っていても、いつまでも東京都内を出られないので、さりげなく高速道路にもぐりこむことに決めたのだった。「(法定最高速度一〇〇キロメートル毎時)」の世界では、指示や案内を表す青色と、警戒を呼びかける黄色とが並んでいる。それらの色が混ざりあって緑色に見えるなど、普段は気がつかない光景に色めき立ち、「車」は高速を悠々時速一二〇キロ前後で走る。高架の橋脚や橋桁や防音壁、また巨大な換気塔など、歩行者を圧倒するような建造物や「曲線と勾配つづきの道路線形」に感心しながら、加速レーン付近の路面の状態に目を落とし、その設計の合理性や凶悪さを観察する。「車」が首都高の本線入り口ランプを進んで都心部へと向かう途中、Google Earth Eye は、この画期的な都市高速の建設当時、すなわち東京オリンピックの前夜に思いを馳せてもみる。だが、首都高の構造は複雑で、「「代々木入り口」から新宿線下り方面へは進めない」し、「オペラシティ前、初台交差点上に新設された「西新宿ＪＣＴ」に車を向かわせたい」と思いつつもうまくいかない。仕方なく、最近開通した中央環状線山手トンネルを走ってみることにする。トンネルを下っていきながら、「(湾岸線で東京港トンネルにもぐってみたい。台場線でレインボーブリッジの最上段も走ってみたい。「いつでもスイスイ」という神奈川線で行けるトコまで行ってみたい)」と、Google Earth Eye は欲望を新たにする。やがて、都心から環状道路へと「車」は抜ける。

　このあたりから、少しずつ小説は俯瞰の度合いを増していく。記述は、都市の道路の細かな描写から、「このあいだ東京でね」における「世界視線」のように射程の広がりを見せる。小説で記述される情景描写は、Google Map の切り替え機能とまったく同じように、Google Street View から、「二十万分の一の地図」へと切り替わってしまうのである。当初、画面を切り替えたのは、都内を脱出するための効率的な経路を探すことを意図したためだった。ところが、なぜか「声」は、佐渡が島を地図で検索してしまい、その勢いでどんどん縮尺は上がっていく。


　どこか見おぼえのある大きさの地図だ。縮尺をたしかめてみると「1:10,000,000」とある。そこに見える日本列島と広々とした太平洋南海上。台湾とフィリピン・ルソン島の一部。オリンピック開催中の中国本土と朝鮮半島。北はサハリンやオホーツク海沖合いまで。これらが一枚に収まっている。

　気象衛星「ひまわり」の中継映像から、実際の雲の様子をこの目で見て、今日これからの天気を判断しているところだ。(註33)

　こう書かれたとき、もはや Google Earth Eye は、単なる「世界視線」ではない。「世界視線」と「普遍視線」とが交錯した地平から、「普遍視線」を切り離してしまっているのだ。引用箇所以降、この小説は、飛行機や電車を駆使した一種の仮想旅行の体裁を取る。Google Earth Eye は、羽田発の航空機に憑依して東京湾上空を左右に旋回しつつ、京浜エリアを過ぎ、太平洋側の平坦地には静岡市から浜松あたりまでの中小都市を横切る。姫路城、安芸の宮島、瀬戸内海や山陽地方の山と海とを見下ろしながら、九州北端部へと渡るのだ。そこからは、飛行機ではなく新幹線を使って九州を回ることになる。しかしながら、「まったく忘れられていたのだが、マイカー組はいまどうしていることだろう」という思いがよぎったところで、仮想旅行は中断され、Google Earth Eye の意識は、「普遍視線」へと引き戻される。

五　システムの外に飛び出す「利己的な遺伝子」

それでは、「TOKYO　SMART　DRIVER」の最終部において、Google Earth Eyeを「普遍視線」へと引き戻したものとは何だろうか。それは、何か実存の深みに接触する危機が訪れたからではまったくなく、単にマイカーを使ったほうが経済的に得をするからという、拍子抜けするほど散文的な要因にほかならない。「TOKYO　SMART　DRIVER」で青木が提示したGoogle Earth Eyeは、「世界視線」と「普遍視線」を交錯させながら、弁証法的に止揚させようとする試みであると読むことができる。しかしながら、弁証法を完成させず、反対に弁証法を駆動させようとする要因をひどくつまらないものとしてしまうことで、ロマン主義的な心性がもたらす超越的な暴力に加えて、弁証法の暴力を揚棄しようと青木は企てているのではなかろうか。ある意味で、二度の大戦を始めとした二〇世紀的な悲劇の数々は、対立する二項を単一のイデオロギーへと回収しようとする通俗化された弁証法にその原因を認めることができる。青木は、過去の轍を踏まないために、自意識と「世界視線」の同一化をぎりぎりの一線で拒否するのだ。短編「さようなら、またいつか」(『文藝』二〇〇六年夏号)では、主人公のけい子が「短くも幸福なOL時代」を回想するのだが、そうした追想に、「このあいだ東京でね」の描写にも通じる街並みの変化が重ね合わされる。しかしながらそれはあくまでも「過去の話」であり、「ホームを挟んだ反対側の銀座側では、駅前に丸井が建とうとしていた」[註34]と言うけい子にとって、不測の事態が現在として差し挟まれることで自意識と「世界視線」が統合され、一種の全能感へと昇華されないようにずらしが加えられている。言うならば青木は、Google Earth Eye が（「キミ」もいないというのに！）「セカイ」の深淵へ近づこうとすることを、徹底して遠ざけようとしていると言ってよい。

デビュー作「四十日と四十夜のメルヘン」において青木は、「世界視線」と「普遍視線」を構成する諸々の要素を記号として小説内のあちこちに散らばせるという方法を採用した。それらのある部分に照応関係が見出されたとしても、別な箇所は怪しく乱反射を繰り返し、結果として立ち現れる像はひどく茫漠としたものに化すという仕組みになっている。山之口洋は、この「チラシ配りで生計を立てながら文学への憧れを抱いている主人公が、チラシの裏にその題も『チラシ』という小説を「書こうとしている」」奇妙な小説の特徴を、動物行動学者のR・ドーキンスの提唱した、「利己的な遺伝子」に準える。[註35]山之口によれば、ドーキンスの説は「進化というゲームの主役はわれわれ生物個体ではなく『遺伝記号』そのものである」というものだが、遺伝記号のごとく断片化された「記号」は小説内で「複製されて増殖し、流通し、合成され、改変され、劣化コピーされ、時に「意味」を失いかけるほど断片化され、火中で滅びたりする」ことになる。実際、「四十日と四十夜のメルヘン」では、数字や記号に、過剰な意味性が付与されている。現実に存在した、日常と非日常との間の陥没地帯を示すような事件――例えば、二〇〇一年一月に起きた、JR新大久保駅乗客転落事故――を暗示したり、錬金術的な地・水・火・風の四大要素など、マニエリスム絵画に散りばめられているような象徴性を汲み取ることはあまりにもたやすい。そこでは明らかに、読者の「読み」を介在させることでシンボリックな象徴性を浮かび上がらせ、分割された世界を再構成させようとする形にテクストは構築されていた。[註36]かつて蓮實重彦が『大江健三郎論』（青土社、一九八〇年）で、戦後世代の「声」を代弁しているとの理解がなされがちであった大江作品を、「色」や「数字」という切り口で横断的に論じたように「四十日と四十夜のメルヘン」を読み解くことは充分可能だろう。

しかしながら、おそらく山之口は気がついていないが、新潮新人賞受賞作として雑誌『新潮』の二〇〇三年一一月号に掲載された「四十日と四十夜のメルヘン」と、単行本『四十日と四十夜のメルヘン』（新潮社、二〇〇五年）に収録された表題作とは、かなりの異同が存在する。青木は、処女作が新人賞を受賞した後の半年間、「「デビューはしたけれど次作が未発表」の段階で、何をどう思ったか、個人的にデビュー作を改稿し続ける、という毎日」を送ったと述べている。[註37]実際「四十日と四十夜のメルヘン」が『新潮』の二〇〇三年一一月号に掲載された際、その分量は新潮新人賞の規定枚数である、四〇〇字詰め原稿用紙換算にして二五〇枚のほぼぎりぎりに近かった。しかしながら単行本版では、それがなんと原稿用紙五〇枚近くも削られている。

改稿によって浮かび上がってきたのは、「四十日と四十夜のメルヘン」のテクスト外部に隠された真相である。その真相とは、一種のラヴロマンスだ。語り手は女性で、文芸創作教室に通っており、そこで講師を務めていたニコライ先生こと「はいじま　みのる」という作家と恋仲になる。しかし、彼らの関係は無惨にも破綻する。彼女は前へ進むため、日記の記述を記そうとするが、破局から先へと記述を進めることができない。仕方がないので語り手は、自らの経緯を物語に書こう、それも「いま、ここ」とはかけ離れた舞台（一八～一九世紀のフランスを模した世界[註38]）を舞台としたメルヘンにしようと思い立つ。はいじまのデビュー作『裸足の僧侶たち』[註39]が、「京大式カード」に記された「護符」なる七つの束に記された出来事を圧縮することで書かれたものであると知っていた語り手は、チラシの束を盗んでその裏にメルヘンを記していく。だがメルヘンを書いていても、現実に経験した破局が尾を引いているため、仮構された話のなかに現実が形を変えて入り込み、[註40]幸福な展開を迎えるはずだったメルヘンも予想外の展開を見せていく。語り手はメルヘンで描かれた愛が、運命の手による必然であることを示そうと活版印刷の活字を組み替えながら、メルヘンに投影される自らが経験した物語をも正常な状態へ修正しようとする。[註41]やがて、同じアパートに住んでいた上井草[註42]という「老けた高校生」のような男性と恋仲に落ちることで、メルヘン内にも少しずつ光明が差し込むことになる。

こうした一連の、傍から見れば何でもないメロドラマこそが、「四十日と四十夜のメルヘン」という小説の記述を稼動させる要因[註43]である。しかしながら、改稿によってそうした「テクストを書かせた」要因にスポットが当たることで、(「ピンチョンが現れた!」と絶賛した保坂和志を除けば)困惑し、かつ冷ややかな態度をもって受け止められた「四十日と四十夜のメルヘン」の評価は飛躍的に上昇し、結果として第二七回野間文芸新人賞を受賞するに至ったのであった。[註44]しかしながら、青木の選択によって、「四十日と四十夜のメルヘン」という小説が、完全に変容を遂げたのもまた事実である。改稿によって削られた部分は、先に述べたような記号の乱反射や象徴性を示すもの、加えて数字相互の照応関係を示した箇所がほとんどであった。それと同時に、地の文そのものに関しても大幅な情報の削減が行なわれた。『新潮』に発表された版では、「記号の乱反射や象徴性」、「照応関係」と、テクスト外部を稼動させる要因は等価なものとして描かれていた。その意味では、「四十日と四十夜のメルヘン」は、紛うことなきマニエリスム小説であったのだが、改稿を経て、そうしたマニエリスティックな要素は、「真相」としての「メロドラマ」へと奉仕する形になってしまった。言うならば、「情報小説」から「私小説」へ、あるいは「ピンチョン」から「メタ・ミステリ」へと小説の仕組みが変わってしまったのだ。[註45]

意地の悪い見方をすれば、これは青木が「空気を読んで」、現状の文壇において支配的なコードに作品を合わせたのだと取ることもできる。だがより正確なところとしては、青木は記号の総体を作品内に遍在させるという方法を断念したのだろう。ゆえにその後、彼はそれぞれの記号が結びうる像を主題にして個々に短編あるいは中編を書いていくという方法を取らざるをえなかったわけだ。むろん、それらの短編と中編を駆動させる要因が腰砕けなものとなっていることは共通しているし、そうした特性が、ロブ＝グリエの方法にも通じるヒューマニズムの抜本的な変革への意識を下敷きとしているのもまた確かである。先に笙野が指摘したように、資本主義社会とは捉えどころのないものであるが、青木は全体小説を志向しオルタナティヴなシステムそのものを構築して済ませるのではなく、いったん構築したシステムを解体させ、遍在させながら、「ミーム」のごとく多角的に、流転する高度資本主義社会と変革された人間性の位相を描き出そうとするわけだ。

六　切り捨てられた記号を再度拾うこと

さらには、切り捨てられた記号に対しても、青木は再度注意を向ける。短編「ワンス・アポン・ア・タイム」（『群像』二〇〇八年一二月号）では、「さして意味はない」と断り書きを入れながらも、青木はGoogle Earth Eye によく似た冷徹な眼差しで、都市の相貌だけではなく一九九九年九月の日付けがついた、（名指しはされないが、朝日新聞と思われる）新聞の縮刷版を検討していく。

縮刷版に東京地方は快晴という情報を発見すれば、その後の暑さを連想の材料として、台風一六号と一八号の気象学的説明へと小説の記述はずれる。「見出しがどうにも気にかかり、電話帳ほどもある冊子のページをたぐり、記事を探す」小説の語りは、九月の二五日に行ったかと思うと九月一日に舞い戻り、そこで防災の日に発表された小渕首相の言葉を目にすると、連想ゲーム的に当時の政治的状況へと記述は移行する。「自自公連立政権」発足を目指した総裁選、野中広務官房長官の話、人事問題、一〇日の首相の動静、開票日の翌日二二日の夜の動向、野中官房長官の後任人事、党役員や閣僚ポストをめぐる争奪戦へと日を追って政治の変化を記述していき、融和に乗り出した小渕首相や、小渕派の最高幹部竹下元首相が入院先から電話をかけるなどして「手打ち」になった顛末をも補足的に記していく。

ただし、「無党派層の市民にとって、党内人事はなんともわかりにくいものだ」と、政治の経緯にいささか呆れたのか、記述の手は「政争」にかまけているわりには「鼻クソの処理」を怠りがちな政治家から離れ、隣国台湾で起きた大規模な地震などの災害報道と、信じられないような分量の死者を示した「数字」へと関心を移す。月末三〇日には国内初の「臨界事故」という聞き慣れない言葉が出る。天災としての災害と人災としての「臨界事故」を引き金として、記述は「まずなにが起きたのか、あるいは起こりつつあるのかがわからない。もしや大惨事に発展するのでは、と誰もが一度は予感した」と、社会不安を痛切に感じ取る。これを契機として、記述は社会不安を端的に噴出させた、犯罪の情報へと焦点を変える。殺人事件や凶悪な事件が羅列されていき、九月に集中的に報じられた代表的な六つの事件が紹介された後、地下鉄サリン事件の実行犯に下された死刑判決（三〇日）と、過去の犯罪への「清算」によって犯罪の記述は一段落する。ここで記述は、およそ一〇年前の新聞を精読することの意味へと思いをめぐらせる。

ニュースはどんどん古くなる。紙面は「縮刷」され、あるいはCD-ROM化され、記録は日ごとに増え続けている。この膨大な文書の山。過去の新聞をそこまで丹念に読めるものではないし、かといって『イミダス』とか『知恵蔵』とか『現代用語の基礎知識』とかの情報年鑑も枕になるほど大型で分厚い――眠くなるのはしかたがない。一九九九年というとつい最近のことのように思われて、それがこの退屈さの原因なのだろうか。

しかしなにより問題なのは、毎日届けられるその日の新聞を読むことの意味だ。せっかく毎日ちゃんと新聞を読んでいても、衆院の解散時期さえなかなか見極めがつかないのだから。やっとここで政権交代かと思われたのに。また最近では少し経済の勉強をしたくなってきている。「『ツー・ビッグ・ツー・フェイル（大きすぎてつぶせない）』とは……」(註46)

こうして記述は、二〇〇八年九月の米国発の金融危機の問題と、一九九九年の九月の日本の金融政策との比較へと移っていき、過去の情報を再度記述していくことで、歴史と過去を再整理していくことになる。こうした一〇年の経済状況を概観するうえでのクリティカルポイントが、ITバブルと携帯電話についてのイノベーションであるのだが、何気なく始まった新聞の再読によって、細部を細かな記述と、経済の流れを決めた大きな要因が併置されるのは興味深い。ある意味において、青木は、加速化する資本主義社会のクリティカルポイントを、再度、イデオロギーではなく情報を記述するという行為を通じて提示しようとしているところがあるからだ。

青木自身、読みを攪乱させる記号を切り捨てていくことで作品の主題を先鋭化させたということは前節で述べた通りだが、省みられなくなった情報を、できるだけ総体としての形を残したまま提示したということで、この短編は異様な迫力を有しているとともに、青木がいかに巧妙な作家であるのかを明らかにしている。冒頭で「さして意味はない」と断りを入れて語られた記述は、換喩的に物語を駆動させながら、金融危機に代表される壮大なカタストロフを予兆していたはずの徴候を収集していく。こうした徴候の収集を考えるにあたって、再度ロブ＝グリエへ舞い戻ろう。

ロブ＝グリエは『新しい小説のために』で記した姿勢を教条的には実践せず、さながらドイツ・ロマン主義文学の書き手たちが自らの理論を実作によって綜合していったように、巧妙かつ技術的に実作で理論を超克していこうとしたのだが、そのロブ＝グリエは、晩年に著した評論とインタビューの集大成である *Le voyageur, essais et entretiens* (Christian Bourgois、二〇〇一年)に収められた「生成装置の選択について」(『早稲田文学1』、太田出版、二〇〇八年)において自身の記述を進行させる要因を「生成装置」として語っている。

> 私にとって重要になるのは、私自身の生成装置を、自然や無垢に差し向けかねないすべてのものから救い出すことなのです。こうした理由から、私が生成装置として採用するのは、「赤」rouge という語ではなく赤い色であって、それはいくつかの現代の神話的なオブジェのなかから選んだものです。「流れた血」とか「火事のあかり」とか「革命旗」がそうで、これらはとりわけ(引用者註：ロブ＝グリエの小説の)『ニューヨーク革命計画』を形づくっています。(……)
>
> ご覧のとおり、こうしたテーマ(それらは私にとって生成装置としての役割を果たしてくれるのですが)を取り上げたからといって、私が現行の社会的コードに―価値のコードばかりか語りのコードにも―隷属しているわけではまったくありません。むしろ反対に、そうしたコードのなかにいくつかの要素を切り取り、それらが神話的で、日付と場所を持ち、非＝自然的なものだと名指し、それらを起源の血漿《プラズマ》、すなわち既成秩序のうちに曖昧なままどっぷりと浸してなどおかずに白日のもとに晒

すことで、脱構築する作業にほかなりません。(註47)

既成秩序を果敢に脱構築するということ。そのためロブ＝グリエは自分が恣意的に選択したオブジェを「生成装置」として神話化することになる。その神話は個々のオブジェからなるため、当然ながら体系化を拒否せざるをえない。それゆえロブ＝グリエは自身の「身体」をもってオブジェを包含し、絶えず自作のうちにオブジェを組み込み、オブジェへの言及を続けていくことで、オブジェが構成するオルタナティヴな神話の強度を上げようと試みる。実際、後期のロブ＝グリエ作品では、旧作への言及が頻繁に行なわれるとともに、過去に取り扱ったモティーフが意図的に再演されることになる。こうしたロブ＝グリエの姿勢は、二〇〇一年にはその名も『反復』(平岡篤頼訳、白水社、二〇〇四年)という作品を完成させるほどに徹底したものであったし、二〇〇六年に公開された映画『グラディーヴァ　マラケシュの裸婦』(日本では未公開、DVDは二〇〇八年発売)においては、小説のみならず過去の映像作品のイメージをも貪欲に取り入れていくことで、「生成装置」を駆動させるフロイト式の精神分析の作法をさえも乗り越えてしまう離れ業を見せていた。(註48)

一方の青木はロブ＝グリエ的な愚直さを奥底に秘めつつも、「生成装置」を作家の「身体」にのみ従属させるのではなく、オブジェの自律的な運動のもとへ解放する。この自律性こそが、青木作品を理解するための鍵となる。つまり各々のオブジェには、オブジェを動かしていくための換喩的な「生成装置」が存在し、それら「生成装置」はオブジェごとに異なる性格を有しているのだ。

本稿では「セカイ系」の問題点を、その記号的な流通性にあると断じ、「セカイ系」が提示する問題をより巧妙に扱うために、「世界視線」と「普遍視線」が交錯する地平を記号として作品内に遍在させてきた作品として、青木作品を解読してきた。そうした記号の遍在が示すある種の志向性を研ぎ澄まし、単一のテクスト内から解放して多様な様相を有した種々の中・短編群へと散らばらせていくこと。すなわち、ジャック・デリダの言葉を借りれば、青木の作品は、ヒューマニズムを変革させるための要因を「散種」しているところにこそ、その特徴があると言うことができるだろう。(註49)この「散種」を介することで、私たちが見過ごしてきた過去の歴史、そして社会の変動そのものを、イデオロギーを経由することなく見つめなおすことを青木のテクストは要求するわけだ。そしてさらに青木は、「散種」された記号同士が出くわした際にどうなるのかというところにまで考えを進めていく。

七「モナド」の断絶

小森健太朗は、『探偵小説の論理学』(南雲堂、二〇〇七年)において、西尾維新の小説や竜騎士07のノベルゲームに代表される脱格系ミステリの世界観が、旧来の本格ミステリ(例えば、エラリイ・クイーンの作品)とは異なる現実的な認識基盤(「ロゴスコード」)を有しているとしたうえで、その特性をライプニッツの「モナド」(単子)理論を援用して解説する。個々人の世界はそれ自体が完結した「モナド」である。「モナド」は「孤独の島」として自閉し、対外的な橋渡しとなる窓はない。にもかかわらず、あらゆる「モナド」が同じ宇宙に存在でき、現実認識を共有することができるのは、神の奇蹟に依拠しているからである。しかしながら、神なき時代おいて、「モナド」と「モナド」を共有させる原理は既に瓦解してしまっている。かような現実認識を「ロゴスコード」としているところにこそ、小森は脱格系の特性を見ている。

そして小森は「モナド」をこうした心理学的なタームとして捉えるだけではなく、論理学的な観点をも導入することによって「モナド」同士が交錯する一種のパラレルワールドとしての可能世界論を提示しているが、青木淳悟の小説において、個々の「モナド」は徹底してすれ違いを見せる。それゆえ各々の「モナド」に、脱格系の作品にまま見られるような差異を孕んだ生の代替可能性[註50]は介在しない。青木の小説は「散種」される「モナド」を描きつつも、「モナド」同士は可能世界として並存することさえできず、同一の地平へ窮屈に押し留められ、互いに拭いがたい差異を抱きつつ、意味を完成させる手前で居心地悪く同居しているだけなのだ。小森は「モナド」理論と、一見矛盾する属性が同じ位相に存在することを許容すること、すなわち様相論理の共存を説明するが[註51]、青木の作風は、どちらかと言えば、スタニスワフ・レムがフィリップ・K・ディックの作品を評して言った「テキスト全体としての意味を小説中の色々な出来事自体の領域にではなく、それらの構成原理の領域に求めざるを得なくなる」事態が、かえって「焦点の欠如」をもたらすという断絶の構造に近いものがある。[註52]旧約聖書的な世界観とダーウィン主義的な進化論の世界が差異を捨象することなく共存する「クレーターのほとりで」(『新潮』二〇〇四年一〇月号、後に単行本『四十日と四十夜のメルヘン』に所収)や、家族というそれ自体が「モナド」的な空間を描き出しつつも、「モナド」同士の桎梏によって突然思いもかけずにカタストロフの予兆とも言うべき事態が噴出する『いい子は家で』(二〇〇七年、新潮社)の収録作に、かような姿勢は顕著であるが、こうした「モナド」と「モナド」の徹底した断絶への考えをさらに進めていくために、青木の近作「障壁」(『群像』二〇〇九年一月号)を参照してみよう。

「障壁」が主題としているのは徹底したディスコミュニケーションである。「それは短期留学なのか、それとも長めの海外旅行か、いってみれば「文化を学びに」、遠い国から女子学生が単身ふらりとやってくる」という書き出しで始まるこの短編は、「日本」と「フランス」という二つの文化圏が、「ホームステイ」

というモティーフをもとに共存しようとするのだが、同一の記述に圧縮させる両者は絶えず内在的に切り分けられ、融合することなく不気味に軋み続ける。その特性を理解するため、またもやロブ＝グリエにお出まし願おう。

ロブ＝グリエの小説に『ジン――ずれた舗石のあいだの赤い穴』（平岡篤頼訳、『集英社ギャラリー世界の文学（9）フランスⅣ』、集英社、一九九〇年、原著は一九八一年）というものがある。この小説は、フランス語を勉強するアメリカの学生向けの教科書の体裁を取っており、全八章の小説がアメリカの大学の三カ月学期の八週分に相当し、学生が文法事項に習熟していくうちに長い文章を読むことができるようになっていくように、章は進むにつれて長さを増し、構文は複雑なものとなっていく。しかしながら、そうした「フランス語学習」を通じて浮かび上がってくるものは、テクストに埋め込まれたポルノグラフィックな意味性なのだ。むろんロブ＝グリエはそうした意味性を、冷徹な美を湛えた文体と文法構造によって際立たせているがゆえに、ある種の支配性を帯びた普遍的言語としての「フランス語」の懐胎しているイデオロギー（註53）を撹乱しようと試みているということは間違いないだろう。

『ジン』では、主人公シモン・ルクールと、その背後に存在しているとおぼしき「組織」が記述の中心として描かれるが、青木の「障壁」においては、『ジン』のような「主体」と「超越」の二項対立は端から放棄される。家族の自己紹介、カフェでのサンドウィッチの注文、時間の四時と間食としての「おやつ」の違いなど、日本とフランスの文化の違いといった語学教科書で扱われるような紋切り型の会話が交わされながら、何の前触れもなく「日本」と「フランス」の差異は解体されている。特にフランスの描写は紋切り型の度合いが激しく、『ジン』があくまでも語学の習得の過程という形式面に着目していたとすれば、「障壁」においては、教科書的なコミュニケーションのいかがわしさの次元にまで考察を進めているように見える。そして小説にじっと向き合えば、日本人の女の子ナオミがパリに留学しているのか、フランス人の女の子ナンシーが東京に留学しているのかという問題でさえ定かとは言えないことがわかるのだ。語学教科書においては、日本とフランスの家庭が、互いの子供を交換留学させることで交流を促進させるというシチュエーションがまま見られるが、「障壁」においては、交換留学させられているはずの二つの家庭、二つのトポスがそのまま合体させられてしまっている。そこでは時間の差異と空間の差異は捨象されているが、そうすることで小説は畸形の度合いをいや増している。そこでは時間の差異と空間の差異は捨象されているが、ますます進展していき、ナオミはナンシーの会話を「趣味」で盗聴し（むろんこれは正面切ってはコミュニケーションが成立しない人間という役割を、それぞれの登場人物があてがわれているからにほかならない）、整理しないコミュニケーションの残滓が「絵葉書」として残されることになる。

南仏に遊ぶ――地中海の沿岸をあちらこちら。彼女はその居所と今後の旅程を彼に知らせるため、何枚もの絵葉書を現地から送るのだったが、肝心の宛先がパリの下宿先の住所なのである。――主人一家もバカンスに出かけた、無人のアパルトマンのポスト。彼宛の郵便がそこに溜まっていくとともに、彼女のフランス語は確実に上達していくのだった。
送り手本人か、受取人か、主人一家か、アパルトマンの管理人か、郵便配達か――、早く誰かがこれに気づくべきだったし、事情を心得た者なら転送手続きさえとってくれたかもしれなかった。（註54）

柄谷行人は「主体」が自然を対象化し「風景」という形で「発見」したところに近代の特性を見出しているが、（註55）「障壁」を読むことで読者が「発見」する「主体」はもはや誰なのかもわからず、見出したパリの

「風景」は、あくまで東京に仮託されたものとなってしまっている。それゆえ「障壁」で描かれる光景は既に近代ではなく、近代の先にある何かだと見なしてよいだろう。青木がここで示した「モナド」同士のコミュニケーションを阻む「障壁」は、ジャン・ポール・サルトルが示したような実存の疎外要因としての「壁」[註56]を経たうえでの、より大きな構造そのものであると考えてよいだろう。

そして青木は「日付の数だけ言葉が」(『早稲田文学0』、太田出版、二〇〇七年)においては「日付」という客観性を有した記録を示すことが、そして「夜の目撃談」(『早稲田文学2』、太田出版、二〇〇八年)では「妊娠」という生の根幹に根付く身体論的な事例までもが巨大なシステムに統御されているという事実を、作品内に何ら政治的なイデオロギーを籠めることなくして明るみに出す。それにより、例えばパミラ・ゾリーンが、「宇宙の熱死」[註57]で示したような、可能世界論と(特に、ジェンダー的な)身体性が、形を変えて問われることになる。ここで足を停めて私たちが考え直すべきことがあるとしたらそれは、「障壁」として私たちを断絶する社会構造のシステムを理解しながらも、「障壁」を単なる島宇宙の連関として理解し棲み分けを徹底させることではなく、ましてや宇野常寛のように人生論的な矯正を高らかに叫ぶのではなく、ひいては中原昌也のように自閉した空間に自涜するのでもなく、作品の内実そのものへまずは目を向けながら、広義の文学を進展させるための肯定的な契機としてシステムを活用する必要があるということだろう。

作品そのものに目を向けるにあたり、マーケティングに終始した文芸ジャーナリズムの制度や文壇政治的な棲み分けにのみ縛られていては何ら得るものがないのは言うまでもないが[註58]、さりとて芥川賞を始めとしたいわゆる「文学賞」的あるいは同人雑誌的な保守性に安眠していても、新しいものが出てこないのもまた確かだろう[註59]。むろん青木作品としても、こうした文壇政治や芥川賞的な保守性に擁護されている点があるのは否めないが、そうした状況を逆手にとって「散種」の契機としている巧妙さをも有しているのは、今まで見てきた通りである。

総じて「セカイ系」は、いわば近代文学的な実存を記号化して、流通の速度を増そうとしたと言ってよいが、それには限界がある。いくら「萌え」記号を伝播させていっても、それはシミュラークルの連鎖の果てに自閉していくだけで、資本主義のシステムに飼い馴らされた「おんたこ」あるいは奴隷を量産していくに過ぎない。その過程で実存のありかは確実に失われる。そして資本主義システムに対し、面従腹背の姿勢をとり続けていたつもりの「主体」は、いつの間にか資本主義システムの(イデオロギーなき)拡大を手助けしてしまっているというわけだ。(註60)

「セカイ系」が端的に表象するこうした事態に対し、いかにして生存の領域を確保していくことができるのか。「世界視線」のジャックに代表される青木の方法論は、私たちを「セカイ」の安寧から揺り起こし、限りなく散文的なざらざらした地平へ直面させながら、見落としてきた歴史の重みへ直面させ、「空気を読まずに」生きるすべを伝えてくれる。「セカイ系」の深淵を経験した後の時代を生きのびるにあたり、形而上的な逃げ道を用意しない青木の作品群は、ネオリベ時代に流されないためのこのうえない示唆を与えてくれることだろう。まさしく「新しい小説」としてポスト・ヒューマニズムの端緒を示した青木の小説は、今後も連綿と書かれ続けていくことだろうが、私たちは鵺のごとく変貌する彼の作品を追いかけながら、「普遍視線」はいかなる場所に宿るのか、絶えず考えを新たにしていかなければならないだろう。

むろんその過程においては、青木の作品がコンスタティヴに示すような「モナド」相互の絶対的な断絶を念頭に置かなければならないだろう。しかしながらそこにもまた希望が宿りうるということは、ほかならぬ青木の作品が示している。それゆえ私たちは青木の作品に最後の希望を託して救済を求めるのではなく、青木の作品が示すような、旧来の既得権益の谷間と過去の伝統が交錯する地点こそを探り、閉塞した現状を打破するための手がかりを掘り起こさなければならない。そしてそれは、アジテートとシミュラークル、人生論の世界を超えて一九九〇年代――さらに言えば二〇〇〇年代――を問い直すために、必要不可欠な作業だろう。

註

（1）あらかじめ断りをいれておけば、本稿では青木の作品を満遍なく概観していくという方法を取らない。論考の焦点をはっきりさせるために、青木の作品のうちの一部を優先して解読せざるをえないからだ。あっさりとした言及に留まり細かく論じ切れなかった作品については、また別の機会を待つことになるだろう。読者の寛容を請いたい。また、本稿を校正している際にも青木は精力的に作品を発表しているものの、純粋に締め切りの都合上、本稿にて取り上げる作品群は二〇〇八年一二月までに発表されたものに限定している。

（2）ジル・ドゥルーズ&フェリックス・ガタリ『カフカ――マイナー文学のために』宇波彰訳、法政大学出版局、一九七八年。

（3）ジャン・ボードリヤール『シミュラークルとシミュレーション』竹原あき子訳、法政大学出版局、一九八四年。

（4）渡邉大輔「セカイ系小説の臨界点――戦後〈セカイ系〉文学史批判序説」、前島賢・更科修一郎編「Natural Color Majestic-12」、同人誌、二〇〇五年、三八頁。

（5）アレクサンドル・ソルジェニーツィン『収容所群島1〜6』木村浩訳、新潮文庫、一九七五〜七八年。

（6）周知の通り、日本という国は、スターリン時代のソ連のような激烈な粛清と投獄の時代を経験してはいない（むろん、戦前の大逆事件や特高警察の犯したような事例も、重要であり、無視することはできないが）。しかしながら、旧ソ連と北朝鮮に挟まれた日本は、社会主義の病理を最も側で感じてきた国のひとつであろう。文学的にも、石原吉郎のようにシベリアのラーゲリ（収容所）経験を経た作家が日本文学に重要な一路を切り拓いてきたことは疑いようがないし、佐藤哲也のように、「東京にラーゲリが誕生したら」という思考実験を行なう作家もいる（佐藤哲也『妻の帝国』、早川書房、二〇〇二年）。彼らの仕事は、先鋭化したイデオロギーが、いかに個としての人間を蹂躙するのかを余すところなく示している。

（7）カール・シュミットは『パルチザンの理論――政治的なものの概念に関する中間所見』（一九六三年）において、自身が組み立てた「友―敵」理論では割り切ることのできない領域を考えるにあたり、ナポレオン戦争からヴェトナム戦争に至るまでのパルチザンの系譜を描き出しつつ、彼らは単に「友―敵」という二分法ではなく、自らの生きる圏域（ラウム）を護るために戦っているという仮説を提示している。この「圏域」概念の提示は、「友―敵」理論の基礎として提示されていた一種のスポーツマンシップが、第二次世界大戦以降の国際情勢においてもはや成り立っていないことを明らかにした。

（8）「戦闘美少女とilya」『探偵小説は「セカイ」と遭遇した』、南雲堂、二〇〇八年、六三頁。

（9）「環境管理社会の小説的模型」前掲『探偵小説は「セカイ」と遭遇した』、一五一頁。

（10）「だいにっほん、ろんちくおげれつ記」『群像』二〇〇六年八月号、七三頁。なお、本作は翌年に大幅な加筆修正のもとで単行本化されているが、ここでは笙野の先見性に敬意を表して、初出から引用する。

（11）「環境管理社会の小説的模型」前掲『探偵小説は「セカイ」と遭遇した』、一五六頁。

（12）念のため付言しておくが、例えばゲームというジャンルに限っても、それは多様化の極みを見せており、また、ゲーム性の原理を考察した「ルドロジー」なる学問が成立するほどで、必ずしもオタク的な精神性と一括りに結ぶことができなくなっている。一方で、旧来の「自然主義的リアリズム」は、ヌーヴォー・ロマンや「マジック・リアリズム」、さらには「アヴァン・ポップ」などといった各種の達成を経ることで豊穣かつ豊かなものとなってもいる。それゆえ「ルドロジー」への目配せが乏しく、「アニメ・マンガ的リアリズム」を作家性を軸にするのではなく商業主義と添い寝したものとして理解し、その延長線上においてオタク的な精神性を中心に「自然主義的リアリズム」の変容を示唆する東浩紀の『ゲーム的リアリズムの誕生――動物化するポストモダン2』(講談社現代新書、二〇〇七年)の言説は、端的に貧しいと言ってよいだろう。なお筆者自身も、主に海外のRPG(会話型RPG、テーブルトークRPG)を研究することで、東が擁護するようなオタク的精神性へ過剰に拘泥するよりも、むしろ物語論や神話学、民俗学、歴史人類学、国際情勢、コミュニケーション理論などとの関わりから可能性を探るほうが、結果として得られるものが大きいのではないかという確信を得ている。物語論とテーブルトークRPGとの関わりについては、筆者は『世界にあけられた弾痕と、黄昏の原郷　SF・幻想文学・ゲーム論集』(アトリエサード、二〇一七年)において考察を行なっている。

(13) マックス・ヴェーバー『プロテスタンティズムの倫理と資本主義の精神』大塚久雄訳、岩波文庫、一九八九年。

(14) 例えば宇野常寛は、「セカイ系」を織り成すフィクションを「レイプ・ファンタジー」と批判し、サブカルチャーが前提とする時代精神が「決断主義」へと変遷を告げたとの旨を高らかに宣言するが(『ゼロ年代の想像力』)、ここでの宇野の言説には歴史性が完全に欠落している。カール・シュミットは一九二二年に発表した『政治神学』(田中浩・原田武雄訳、未來社、邦訳は一九七一年)において、史上最も民主的な政治体制とも呼ばれたヴァイマル共和制における政治的な規範主義を批判し、そこでの議論が空虚な神学論争に堕していると喝破した。シュミットの議論は犀利なものであったが、彼の「決断主義」がナチズム的な全体主義を擁護する結果になったことを見落としてはならないだろう。宇野の理論はシュミットの「決断主義」をめぐるディレンマに対し何ら批判的な視座を盛り込んでいないうえ、論そのものの質も低く、シュミットの反復の域にも及んでいない。彼は社会情勢を俯瞰する思想的なパラダイムシフトを論じているつもりでありながら、その実は「セカイ系」の内部へ完全に取り込まれてしまっている。宇野の言う「決断主義」なるタームは、「セカイ系」の批判どころかその変奏にすぎない。加えて言えば、彼の作業は「セカイ系」が「レイプ」しようとしている「主体」の問題を、素朴なヒューマニズムへと還元しようとするものである。彼は「セカイ」の記号的な特性について絶望的に無知であり、2ちゃんねる的な「釣り」の域を出ていない。

(15)ハリーム・バラカート『海に帰る鳥』高井清仁・関根謙司訳、河出書房新社「現代アラブ小説全集6」、一九八〇年。

(16)こうした可読性の低さが青木作品の弱みだということは間違いない。しかしながら、逆に言えば妥協のない真摯さを読み取ることも可能であるし、そもそも文学がプロパガンダである時代はとうに終わった。これからは、あくまで読み手の内側にいかなる認識の変革をもたらすかが重要となるのではないかと主張したい。それゆえ、安易に読み飛ばすことができない仕様になっている青木作品は、むしろ作品の強度を保ちながら中身に対する信頼を上げることこそを志向していると言ってよいだろう。

(17)池田雄一「メガ・クリティック(第二回)――ゾンビのいないゾンビ小説(後編)」『文學界』二〇〇九年二月号。

(18)『新潮』二〇〇三年一一月号、一七二頁。

(19)保坂和志『小説の自由』、新潮社、二〇〇五年、二三八頁。

(20)アラン・ロブ=グリエ『新しい小説のために』平岡篤頼訳、新潮社、邦訳は一九六七年。

(21)ロブ=グリエの「カメラ・アイ」を体感するためには、フランスでは一九五九年に発表された『迷路のなかで』(平岡篤頼訳、講談社文芸文庫、一九九八年)を読むのがよいだろう。

(22)アラン・ロブ=グリエ「自然・ヒューマニズム・悲劇」前掲『新しい小説のために』、一九五八年、八二頁。

(23)むろん「セカイ系」と一八世紀のドイツ・ロマン主義の文学・思想は、仮に構造が似通って見えてもその本質はまったく異なるものだ。ロマン主義文学の多くは、民俗学的な土壌や原始カトリック的な心性によって、アリストテレスからスコラ哲学を経てドイツ観念論に至る、近代の体系的な哲学では、矛盾があるとして描き出すことのできない領域を開拓しようとするものだった。そこでは、思想の体系化と、体系化を経たうえでのさらなる超越性への希求が同居したが、ネオリベ化した資本主義社会がもたらす思想的な真空は、文学的あるいは哲学的な言葉によって直接的に開拓されることを徹底して拒む。資本主義社会を構成するシステムはあくまで数字から成り、それゆえに言葉によって変革可能な可塑性とは縁遠いからだ。

(24)吉本隆明『ハイ・イメージ論Ⅰ』福武文庫、一九九四年。なお、単行本での初出は一九八九年。

(25)仲俣暁生『極西文学論——West way to the world』、晶文社、二〇〇五年。

(26)仲俣の方法も、そして「セカイ系」のアプローチも、ひどくナイーヴであることは共通している。渡邉が前掲論文において「セカイ系」の系譜をまとめ、仲俣が『ポスト・ムラカミの日本文学』(朝日出版社、二〇〇四年)でWムラカミ以前と以降の橋渡しをしようとしたにも関わらず、こうしたナイーヴさと、例えば大江健三郎や大岡昇平、武田泰淳や野間宏などの戦後文学が有する圧倒的な強度には本質的に隔たりがあるように思われてならない。むしろ、戦後文学の強度をいかにして引き継ぐべきかを考えるほうが重要ではないか。現に笠井潔は、『探偵小説論〈3〉 昭和の死』(東京創元社、二〇〇八年)において、日本の文脈ではほとんど語られてこなかった、観念としての「戦争」の問題を、カール・シュミットやクリスティアン・グラーフ・フォン・クロコウなどの公法学の文脈を挿入することで、ポストモダン思想にありがちなうわついた歴史認識に与することなく分析していたが、笠井が提示した両大戦と時代精神との関わりへの問いかけは、アクチュアリティを有するものとして、検証に値する問題だろう。

(27)ジル・ドゥルーズ「管理社会について」『記号と事件——1972—1990年の対話』宮林寛訳、河出文庫、二〇〇七年。

(28)ジョージ・オーウェル『1984年』新庄哲夫訳、早川文庫、一九七二年。

(29)吉本隆明「映像都市論」前掲『ハイ・イメージ論I』所収、一一二頁。

(30)例えば、「広場（もしくは原っぱ）・公園・緑地域」や「街路」は、「世界視線と人間の眼の高さの普遍視線が出会い、とどまり、交錯する場所」とされている。

(31)青木淳悟「このあいだ東京でね」『新潮』二〇〇八年九月号、五二頁。なお、本稿の校正中に、青木の最新単行本『このあいだ東京でね』が、新潮社から出版された。同書には本稿で取り上げた青木作品のうち、「さようなら、またいつか」、「このあいだ東京でね」、「TOKYO　SMART　DRIVER」、「障壁」、「夜の目撃談」、「ワンス・アポン・ア・タイム」、「日付の数だけ言葉が」が収録されている。これらの作品群には、単行本に収められるにあたって、多かれ少なかれ加筆修正が加えられている。本稿でも取り上げたように、雑誌の初出と単行本に収録された版での異同は青木作品において大きな意味性を有しているのだが、紙幅と締め切りの都合により、本稿における考察はあくまでも雑誌媒体における初出を対象とする。読者各位には了解を願いたい。ただし、単行本版『このあいだ東京でね』に収録された作品群は、初出時よりもそれぞれの作品が有する独特の位相やコンセプトが強調され、「単行本」という括りの内にあることが、ことさら意識された構成へと書き換えられたものになっている。このことは、特筆に値するだろう。

(32)アルフレート・デーブリーン『ベルリン・アレクサンダー広場〈上〉〈下〉』早崎守俊訳、河出書房新社、一九七一年。なお、原著は一九二九年に発表された。

(33)青木淳悟「TOKYO　SMART　DRIVER」『新潮』二〇〇八年一一月号、一三八頁。

(34)この小説が発表された翌年の二〇〇七年一〇月に、有楽町の丸井はオープンしている。

(35)山之口洋「利己的な「チラシの裏の日記」——青木淳悟『四十日と四十夜のメルヘン』」『波』二〇〇五年三月号。なお、ここでの山之口の仮説が突拍子もないものだと思われる向きのために補足しておく。実験的なテクストを根底の部分で成立させる要素として「遺伝記号」を持ち出しているのは、山之口だけではない。青木のテクストへミステリ的に接していくとしたら、若島正が『ロリータ、ロリータ、ロリータ』(作品社、二〇〇七年)で示したような徹底したクローズリーディングは避けられないのだが、Peter Wrightは、ナボコフの『ロリータ』(若島正訳、新潮文庫、二〇〇六年)にも相通ずるものがある言語遊戯と象徴性、さらなる円環要素に満ちた作品を書く作家、ジーン・ウルフについて徹底的に研究した*Attending Daudelus* (Liverpool University Press、二〇〇三年)において、ジーン・ウルフ(GeneWolfe)の小説に奥にはドーキンス的な「利己的な遺伝子」すなわちSelfish Geneが含まれているということを証し立てている。

(36) こうした読者の参加によって断片化した物語を再構築させる方法論は、「四十日と四十夜のメルヘン」を、ひとつの仮構されたシステムとして理解しているという点においてゲーム的だ。とりわけゲームのなかでも、J・R・R・トールキンが『指輪物語』(瀬田貞二・田中明子訳、評論社、一九九二年。なお原著は一九五四―五五年)で示したような架空の世界を統御する物語システムとしての性格が強いジャンルであるテーブルトークRPGに親和性が高いだろう。Gary Alan Fineは、*Shared Fantasy* (The Univercity of Chicago Press、一九八四年)においてE・ゴフマンのフレーム分析を活用し、『ダンジョンズ&ドラゴンズ』などのテーブルトークRPGの特性を検証している。彼の方法論などは、小説のゲーム性を考えるにあたり極めて有効に違いない。

(37) 第二七回野間文芸新人賞発表「受賞して」『群像』二〇〇六年一月号、三四九頁。

(38) とは言いつつも、メルヘンの時代考証はまるで正確ではない。一四世紀に実在したとされる異端審問官ベルナール・ギーが登場したりする。ただし、このベルナール・ギーの唐突とも思われる登場は、間テクスト性を示すため、巧みに仕掛けられた構成要素であるともみなすことが可能だ。ベルナール・ギーが重要な役割を果たすフィクションとしてまず筆頭に挙げられるのはウンベルト・エーコの『薔薇の名前』(河島英昭訳、東京創元社、一九九〇年。本国での出版は一九八〇年)であろうが、ベルナール・ギーという固有名の登場によって、『薔薇の名前』にも相通じる「四十日と四十夜のメルヘン」の記号論ミステリ的な特徴がより強調されることとなる。だが同時に、ベルナール・ギーという固有名のみを頼りに『薔薇の名前』と「四十日と四十夜のメルヘン」を結びつけるのは、牽強付会に過ぎるとの疑念が読み手に生じるのもまた事実だ。こうした「半ば途切れたアリアドネの糸」とも言うべき仕掛けが、「四十日と四十夜のメルヘン」には多数、組み込まれている。いや、そもそも、この小説はタイトルからして、フーゴー・フォン・ホフマンスタールの「六七二夜のメルヘン」（川村二郎訳、『チャンドス卿の手紙／アンドレアス』所収、講談社文芸文庫、一九九七年。原著は一九〇五年）が「断片化」されていると見ることもできるではないか……。

(39)『裸足の僧侶たち』は、ジャンニ・ロダーリが『ファンタジーの文法』（窪田富男訳、ちくま文庫、一九九〇年）の一三〇頁でウラジミール・プロップを援用して紹介したような、カード式の機能分解で書かれたものだということから、小説の位相に極めて重要な影響を及ぼす作中作であるが、単行本版では『裸足の僧侶たち』を独立した作品として成立させるための周辺情報がほとんど削り取られており、結局のところ作中作としての「機能」を超える地位を示すものではなくなった。

(40)一例を出せば、作中に登場する「ブーテンベルク」氏は、「わたし」の勤務先である「グーテンベルク事務所」が形を変えたものであろう。

(41)ここでの活字の組み替え作業は、ウィリアム・バロウズが『ノヴァ急報』（山形浩生訳、ペヨトル工房、一九九五年、原著は一九六四年）で示したような「カットアップ」技法を思わせる。青木作品は、こうしたモダニズム以降の二〇世紀文学の達成を巧妙に組み込んでいる部分が少なくないが、二〇世紀文学と二一世紀文学との間の連続性を考えるにあたり、改めて二〇世紀文学的な技巧について再考するのは有用だろう。日本においては、二〇世紀文学的な技巧はいわゆる「ニューアカ・ブーム」の終焉とともに過去のものとして語られるか、過度に矮小化し既存のフレームへと押し込められる場合が多いようだ。例えば、ポストモダン社会の主体の位置と労働とディスコミュニケーションの問題について真摯に考察した「（世界記録）」にて二〇〇〇年の第四三回群像新人文学賞を受賞しデビューした作家、横田創は二〇世紀文学の技巧を極めて自覚的に取り入れた作風で知られるが、バロウズの『裸のランチ』を取り入れた『裸のカフェ』（講談社、二〇〇二年)が第一五回三島由紀夫賞に落選して以来、批評的な問題意識を少しずつテクストの裏面へと組み込む老獪さを持つようになってきた。「セカイ」への抵抗を考えるに、横田もまた重要な作家ではあるが、紙幅の都合もあってここでは踏み込まず、別な機会を待ちたい。しかしながら、横田などいわゆる「ポストモダン小説」の書き手が、一つの制約として自らに課した「中上健次以降、小説を書くとはどういうことか」という問題すらが、二〇〇〇年代も終わりに近づいた現在では、過去の遺物として忘却されようとしていることは、この場でも警告されてよいだろう。その顕著な例としては、『ユリイカ』の中上健次特集(二〇〇八年一〇月号)における東浩紀と前田塁の対談「父殺しの喪失、母萌えの過剰　フラットな世界で中上健次を読み直す」が該当する。この対談では、後期の中上健次が体現したような、世界の真空に屈することなく、圧倒的な重力に耐えながら書くべき圏域を模索する姿勢が、「萌え」を基体とした記号の戯れからなる図式に後づけで嵌め込まれ、さながらフェティシズムや症例の一種がごとく矮小なものとされるのだ。ここでの東や前田の中上観が貧しく幼稚であるのは言うまでもないが、筆者が懸念するのは近代文学、ひいては「ポストモダン小説」を読み直す際に、今後も同様の事例が続きかねないのではないかということだ。幸い、当の対談で言及された中上の『異族』については、いとうせいこうが、三島由紀夫の突き当たったような「壁」の延長線上の問題系として考察している(「平面のサーガ」『中上健次全集　第一二巻』、集英社、一九九六年、月報解説)がゆえにまだ救いはあるが、私たちは中上に限らず、「ポストモダン小説」が何と戦っていたのかを、今一度、考え直す必要があるだろう。

(42)恋人の名前が実在の地名と同じことは偶然ではなく、西武池袋線沿線をはじめ、トポス間の移動が激しいこの小説の記述と連関している。

(43)こうした「小説の記述を稼動させる要因」に着目しながら青木淳悟の初期作品(単行本『四十日と四十夜のメルヘン』、『いい子は家で』に収録作)の詳細な分析を行なった論考としては、古谷利裕の「書かれたことと書かせたもの――青木淳悟論」(『新潮』二〇〇八年二月号)が存在する。

(44)この回の野間文芸新人賞選考委員のうち、川上弘美と町田康は、(青木が受賞した回の)新潮新人賞の選考委員でもあった。両者ともに、かつて『新潮』版の評価には難色を示していたが、打って変わって、単行本版は絶賛している。特に町田は、『新潮』版を「思わせぶりばかりが目立つ意味不明の悪戯書き」（『新潮』二〇〇三年一一月号、一七五頁）と酷評していたが、野間文芸新人賞の選評では「ただの雑音がなぜか壮大なシンフォニーに変っていくさまを聴くような、感動的かつ快楽的な読書体験」（『群像』二〇〇六年一月号、三五三頁）と単行本版へ異例とも取れる賛辞を送っている。

(45) 小説の仕組みが変わった証左は至るところに見られるが、一例を挙げれば単行本版の冒頭部では、チラシのなかに紛れていた「プライベート」「日本人専門」「メルヘンチック」といった、後のメルヘンとの照応関係を示す箇所や、「日付を記入」する際にメルヘン『チラシ』に「下井草」（後に「わたし」の恋人になる上井草のこと）が登場する削られた箇所などがわかりやすいだろう。青木は改稿を加えることで、小説の全体へ等価に記号をばらまくのではなく、記述の運動に合わせて少しずつ「真相」が浮かび上がってくるように、小説の構造自体を変化させたのだ。

(46) 青木淳悟「ワンス・アポン・ア・タイム」『群像』二〇〇八年一二月号、二三六頁。

(47) アラン・ロブ＝グリエ「生成装置の選択について」『早稲田文学1』、芳川泰久訳、太田出版、二〇〇八年、二一三頁。

(48) 『グラディーヴァ　マラケシュの裸婦』の考察に関しては、筆者が発表した「夢からさえも見放され――アラン・ロブ＝グリエ『グラディーヴァ　マラケシュの裸婦』」（『季報　唯物論研究』一二九号、季報「唯物論研究」刊行会、二〇一四年）も併せて参照されたい。

(49) 「散種」を中心に扱った著作は二〇〇九年一月時点では邦訳がなされていなかった。英訳版が名訳として知られるので、そちらを参照するのもよいだろう。Jacques Derrida *Dissemination* Barbara Johnson (Translator)、University Of Chicago Press、一九八一年。

(50) 小森は、本論文集に収録された論考「モナドロギーからみた舞城王太郎」において、ウスペンスキーを援用して「ピタゴラス派」に代表される「回帰的な人間が死んだときには誕生の瞬間にまた戻ってくることになる」世界観と、近年流行しているノベルゲーム的な世界観との間に連関性を見取っている。小森の提示する可能世界は、個人の実存の深奥をある種の代替可能性として提示しているのものだが、一方でノベルゲームが産業として大成する遥か以前、一九七二年に書かれたトマス・ディッシュ『３３４』（増田まもる訳、サンリオSF文庫、邦訳は一九七九年）を参照してみると、原理的には「モナド」としての個が入り乱れる可能世界的な論理モデルを推し進めることで、「モナド」同士が入り混じらず相互の反発作用によってより巨大な構造体（拙稿の流れで言えば、「主体」を抑圧する高度資本主義的な社会システム）の相貌を示すこともできるということが明らかになる。『３３４』の詳しい分析については筆者が発表した「『蟹工船』の次は、トマス・ディッシュの『３３４』を読もう」を参照されたい（https://shimirubon.jp/columns/1673118）。

以上の流れで付言すべきことがあるとしたら、『３３４』の試みをさらに発展・拡張させた*Amnesia*（一九八六年）というノベルゲーム（コンピュータ・アドベンチャーゲーム）が存在することだろう。そこでは、「モナド」的な個の総体が、隠喩ではなく実際に情報の集積体としての「街」を形成している。安田均は『神話製作機械論』（ビー・エヌ・エヌ、一九八七年）において、*Amnesia*を含め、初期のコンピュータ・アドベンチャーゲームがいかに物語論的に先鋭的な試みをしていたのかということを、SF文学やテーブルトークRPGとの関わりにおいて紹介している。筆者は「モナド」としての個の棲み分けは、それらの「モナド」を抱え込む「主体」としての作品がいかに巨大化しようとも、やがてシミュラークルの底へ沈潜していかざるをえないのではないかと危惧しているが、そうした事態を避けるためのひとつの処方箋として、ディッシュらの試みを再度検討し直すことは有用だろう。

(51) 小森健太朗「モナドロギーからみた〈涼宮ハルヒの消失〉」『探偵小説のクリティカルターン』、南雲堂、二〇〇八年。

(52) スタニスワフ・レム「フィリップ・K・ディック——にせ者たちに取り巻かれた幻視者」『高い城・文学エッセイ』、沼野充義訳、国書刊行会、二〇〇四年、原著は一九七五年、四〇五頁。

(53)水村美苗が『日本語が滅びるとき――英語の世紀の中で』(新潮社、二〇〇八年)で示したような、「普遍語―国語―現地語」という区分が大きな議論を巻き起こしたのは記憶に新しいが、ロブ=グリエは水村の言う「普遍語」や「国語」を攻撃しながらも、「普遍語」や「国語」に潜む「美」(「萌え」ではない)をなんとか生き延びさせようとしているようにも見える。

(54)青木淳悟「障壁」『群像』二〇〇九年一月号、一一四頁。

(55)柄谷行人『日本近代文学の起源』、講談社文芸文庫、一九八八年。

(56)ジャン・ポール・サルトル「壁」『サルトル全集五巻　壁』伊吹武彦訳、人文書院、一九六〇年。

(57)パミラ・ゾリーン「宇宙の熱死」『SFマガジン』一九六九年一〇月号、浅倉久志訳。本国での初出は一九六七年。

(58)二〇〇八年一〇月に早稲田大学で開催された一〇時間連続シンポジウム「小説・批評・メディアの現在と未来をめぐって」(『早稲田文学2』、太田出版、二〇〇八年)は、批評のあり方をこうした制度と文壇政治という側面に特化した形で考察した試みだった。しかしながら、「業界」の事情や批評家の態度表明を理解するためには有用であったかもしれないものの、そこで実際に語られた「作品」についての意見は、総じてお粗末であったと言わざるをえない。同シンポジウムで言及された大江健三郎『臈たしアナベル・リィ　総毛立ち身まかりつ』(新潮社、二〇〇七年)にしろ、新城カズマ『サマー/タイム/トラベラー〈上〉〈下〉』(早川文庫、二〇〇六年)にせよ、とても内実を捉えた批評になっていたとは思えない。

(59)芥川賞を始めとした各種文学賞の保守性の問題に関しては、もはやこの場で指摘を行なうまでもないだろう。文学賞の保守化と年功序列的な性格は、多少の例外こそあれ、主流文学のみならず、近年では日本SF大賞のような既存の文壇とは性質を異にする賞にすら波及しているように見える。同人雑誌の保守性については、『文學界』の同人雑誌評の終了に伴って開催された対談「同人雑誌よ永遠に」(『文學界』二〇〇八年一二月号)において、松本道介が発した「ただ、一般論としていえば、特にぼく自身は文学観の古い人間ですから、新人賞的なものを見いだす力はまったくない。そのせいか同人雑誌評には古いタイプのものをひろうことはできても、新しいものを発見する力はないと思っています」という言葉に集約されてしまうのではなかろうか。もちろん、その前後の文脈で言われているように、ごく稀に同人誌ならではの個性も出ることは否めないし、文学フリマなど新しい場も設けられているのは確かである。筆者もそうした運動には共鳴し、積極的に特異な個性を応援したいと考えている。だが筆者が実際に文学フリマに参加してきた経験から言えば、同人雑誌という場で限りなくフラットな地平にすべてが置かれた場合、価値判断の基準が散逸してしまうため、結果的にある種の保守性に回帰してしまうか、過剰にいわゆる「コミケ的」なスタイルへとすり寄ってしまう場合が少なくないと感じてしまう。

（60）筆者がニューウェーヴSF／スペキュレイティヴ・フィクション集団「Speculative Japan」のサイトに発表した「イデオロギーなき欲望への対峙――笙野頼子『だいにっほん、ろんちくおげれつ記』」も併せて参照されたい（http://speculativejapan.net/?p=67）。同サイトは悪質なハッキングに遭ったために閲覧できなくなっているが、「シミルボン」の岡和田晃ページ（https://shimirubon.jp/users/45）で再掲予定である。

（『社会は存在しない』、南雲堂、二〇〇九年七月）

「饒舌なスフィンクス」からの挑戦状

――青木淳悟『匿名芸術家』

装幀から美しい仕掛けの施されている本書には、表題作「匿名芸術家」のほか、青木淳悟のデビュー作「四十日と四十夜のメルヘン」が併載されている。同作はもともと、同名の単行本に収められた際、初出の版が大幅に縮減されてしまったという逸話がある。この過程で描写の圧倒的な重層性が失われてしまったと、私は批評で繰り返し指摘してきたが、あたかもそこへ応答がなされたかのごとくに、『匿名芸術家』へ収録された「四十日と四十夜のメルヘン」では、めでたくオリジナル版が復活を遂げている。けれども一方で、「四十日と四十夜のメルヘン」の著者名は青木淳悟から「田中南」に変更され、前日譚たる「匿名芸術家」の作中作として、メタ的な位置づけが明確化された。加えて、語り手たちが断片的に執筆を続ける小説に出てくるという自己言及的な「杉並区在住の女性」の年齢が「(36)」から「(26)」に書き換えられ、「作中の小説は完成するのか、「下井草」とか「上井草」とは誰のことなのか――」なる赤裸々な文が挿入されたかと思えば、「先生」の講義の回数や「わたし」や創作に関係した描写が修正される、といった具合に、「匿名芸術家」との連関性で「四十日と四十夜のメルヘン」を再読《リ・リーディング》させるための調整が、密やかに施されている。
　こうした著者《オーサー》による方向操作を経由して見えてくるのは、旧作と連続させつつ、作品世界を織りなす記号から、それらを統御する青木淳悟という権威《オーソリティ》を放逐してしまいたいという、欲望の両義的な構造だ。矛盾する欲望は螺旋を描き、「貼り付けられた紙《パピエ・コレ》」のごとくに過去作を「直接挿入」することで、再帰的に円環を完成させたわけである。実在するエッセイ『スーパーマーケットまでの旅』のいかにもバブリーな唯物論的描写が、要約を通して「匿名芸術家」へ取り込まれるくだりにも、それは顕著だろう。〈未完〉として締められる「四十日と四十夜のメルヘン」が、「匿名芸術家」では「本名なし」として新人賞に応募されたものだとする〝真相〟によって本書は、初出版が目指した〝小説を通して現実世界を異化すること〟とは、別種の自律性を獲得する。かつて、ある批評家は、「新しい小説《ヌーヴォー・ロマン》」の旗手アラン・ロブ＝グリエを、謎をかけながら解答をも発して読者を惑わせる「饒舌なスフィンクス」と呼んだ。作中で「先生」が「書いて下さい」と告げる「新しい小説」のあるべき形とは？　ロブ＝グリエ亡きいま、二一世紀の「饒舌なスフィンクス」がアップデートさせた輻輳する仕掛けには、考究を続けるに足る蠱惑性がある。

（講談社・1728円）

青木淳悟（あおき・じゅんご）
一九七九年埼玉県生まれ。二〇〇三年、「四十日と四十夜のメルヘン」で新潮新人賞。二〇〇五年、同単行本で野間文芸新人賞。二〇一二年、『私のいない高校』で三島賞。

（『すばる』二〇一五年九月号）

『北の想像力』という巨大な〈弾〉

「日本のSF厳しい現実　海外でウケても本が売れない」。二〇一四年五月二一日、かような見出しが朝日新聞の朝刊を飾り、ウェブを駆け巡った。だが、それはくしくも、筆者が編集を担当した八〇〇ページにも及ぶ大著『北の想像力　《北海道文学》と《北海道SF》をめぐる思索の旅』(寿郎社)が完成した日と重なっていた。札幌駅前の版元を訪ねると、出迎えた土肥寿郎社長は、徹夜作業の連続に足をふらつかせながらも、不敵な笑みをたたえていた。そして「朝刊で日本のSF界が〝読者不在の内紛〟によって停滞していると揶揄《やゆ》されていましたね。そこに『北の想像力』という巨大な弾《タマ》を撃ち込むのです」と告げ、記念すべき最初の一冊を渡してくれた。

完成した『北の想像力』を眺めて確信した。この本は日本のSFが内輪に自閉し停滞感を醸し出しているという非難に対し、またとないカウンターになると。なぜなら『北の想像力』は、読者に思考の糧をもたらすために、売り上げ至上主義とは別の理念で、文学とSFのあいだに横たわるさまざまな障壁を壊して編まれた評論集だからだ。執筆者は二〇人に及び、それぞれスタンスは異なるが、筆者が本当に面白いと思う書き手へ声をかけて参加してもらった。

そこには、空間表象、ＳＦの歴史、自然科学、怪奇幻想、リアリズム、映画やコミック、それに音楽……と、多様な切り口の論考が収録されている。安部公房や荒巻義雄、円城塔に石黒達昌と、文学とＳＦをまたいで活躍してきた書き手が、最新の理論で分析される。さらには清水博子や吉田一穂、鶴田知也に向井豊昭といった、今は忘れられた書き手が読み直される。加えてワカルパらアイヌ口承文学の語り部や、フィリップ・Ｋ・ディックなど海外の作家まで取り上げられる。一六五作に及ぶ膨大なブックガイドが、読者を思考の深みへ誘う。

これらを取り結ぶ共通のテーマは、「北海道」という場所《トポス》である。「内地」とは気候風土を異にし、また「アイヌ」の土地を収奪して開拓を進めた過去を有する北海道とは、日本という国家の内側に登録されながらも、そこからの逸脱を余儀なくされてきた「辺境」だ。辺境とは、近代国家が発展を遂げる際に、民族差別や「棄民」の発生など、切り捨てられた矛盾が露呈する場所。『北の想像力』が目指すのは、その矛盾から目をそらさず、できるだけ精緻《せいち》に思考をめぐらせていくことだ。執筆者には道外出身者も少なくないが、問題意識の共有は容易だった。北海道とは縁遠い人にも本書をひもといていただきたい。

では辺境の問題を考えるに、なぜＳＦが重要となるのか。ここで言うＳＦは、狭苦しいジャンルの枠組みとは別個のもの。現代哲学や前衛芸術の方法論を導入してＳＦと文学の境界を解体する、新しい方法論を意味する。「サイエンス・フィクション（科学小説）」としてのＳＦを「スペキュレイティヴ・フィクション（思弁小説）」という科学批判の文学に読み替えるものだ。そもそも一八九三年、函館で刊行された北海道初の文芸誌『北海文学』の巻頭言の時点から、北海道文学は世界に開かれた文学を目指していた。人間と骨がらみで結びついた辺境の矛盾を相対化し、私たちの視点を「外部」へと開いていくことを『北の想像力』は目指している。本書で試みた冒険は、現代日本に鬱積《うっせき》する排外主義からの脱出口を模索するためにも有効で、普遍的な意義をもつと信じ、あえて北海道なる辺境を出発点に、世界へ殴り込みをかけてみたい。

（『朝日新聞』北海道版、二〇一四年七月一二日）

『北の想像力』の試み

──「仮説の文学」でネオリベに対峙

二〇一三年に早逝した作家・清水博子をご存知だろうか。清水が紡ぐ言葉は織物のように繊細で、行間には巧妙に、現代の病理が落とし込まれている。言葉の記号性に居直らず、世界というテクストを能う限り犀利に書き換えていくこと。彼女の小説の言葉（エクリチュール）は、世代も作風もまるで異なる、安部公房の文学的ルーツと実は呼応していた……。

これが『北の想像力』（岡和田晃編、寿郎社、二〇一四年）の巻頭論文「迷宮としての北海道──安部公房『榎本武揚』から清水博子『ぐずぐり』へ」（田中里尚）の要諦である。本稿は清水の生前に書かれたものだが、田中は二人の作家がそれぞれ、北海道という「風景の力」に「存在の深奥まで感応」することで、世界を記述していくための新しい方法＝文体を開発した、と論じている。つまり両者が結ばれるのは、北海道という場所（トポス）においてなのである。

北海道は「アイヌ」を排撃しながら打ち立てられた帝国主義の前哨基地であり、同時に「内地」から見捨てられた「棄民」の集う辺境でもある。田中はこうした二重性を、テクストの迷宮という比喩を通して考える。「テクスト＝世界」が迷宮ならば、北海道という土地性を分析すれば、そこから脱出し、まだ見ぬ「外部」へ到達することが可能になるかもしれない。

ここで田中は新作が途絶えていた清水を忘却の淵から救い上げ、彼女は迷宮そのものを「別の時間」から辿り直そうと試みたのだと喝破してみせる。「別な時間」から土地を見る視点。それは、奇しくも安部公房が「仮説の文学」と定義した、SFのあり方にも通じる革新的なものだった。つまり清水を論じることは、安部に、そしてSFに、新たな光を当てることでもあったのだ。

グローバリズムの浸透とともに、「私」の固有性を信じて掘り下げられるべきトポスは、高度資本主義の波に呑み込まれてしまった。ネオリベラルに画一化された各々の土地性は、「ゆるキャラ」のような記号化を経なければ、今や固有のものとして認識されることすら覚束ない。

そのような時代に一石を投じるためには、これまで文壇が一顧だにしなかったものから、「私」を再生させるヒントを掘り出す必要がある。『北の想像力』では、それを北海道に関係した文学、そしてSFのなかに求めた。田中をはじめ二〇名の論客が、各々の立場からこの問題に向き合い、アクチュアルな「仮説」を提示しえている。巻末に添えた一六五作品にも及ぶブックガイドでは、ジャンルを超えて問題作を紹介した。『北の想像力』の圧倒的物量と、込められた思考の熱量と密度は、必ずや刺激を与えてやまないはずだ。

（『週刊読書人』二〇一四年七月二五日号）

『北の想像力』という「惑星思考《プラネタリティ》」

——山林に自由存せず、から始まる〈北海道文学〉史の再考

〈北海道文学〉という「ルービンの壺」

〈北海道文学〉について、安部公房が述べた有名な言葉(一九七九年)から始めよう。「特殊性の中にほうがい、がんされない普遍性はない。同時に、普遍性につらぬかれない特殊性は存在しない。……私は、地方という言葉を風土的にとらえることは反対だ。あくまで、社会的に、地方的なものを否定するための強い批判の場所としての地方でありたい」というものだ(谷口孝男の紹介による)。敷衍すれば、〈北海道文学〉という具合に文学のなかの〈北海道〉という特殊性を強調してしまえば、陰に陽に〈中央〉が象徴する一般性との対比が前提となってしまう、という謂いだろう。

ところが〈北海道〉と〈中央〉は、実のところ心理学で言うだまし絵「ルービンの壺」のごとき間柄にある。国木田独歩「空知川の岸辺」(一九〇二年)や有島武郎「カインの末裔」(一九一七年)の例を出すまでもなく、

日本近代文学の歴史は、内国植民地として情緒的《エキゾチック》に表象される〈北海道〉抜きには成り立たない。長く『北方文芸』編集長を務めた小笠原克らが取りまとめた小説アンソロジー『日本文学の中の〈北海道〉』（一九八三年）が、それを雄弁に物語っている。

他方、北海道文学史と銘打った著作のなかには、〝この作品は「中央文壇」でも認められた〟云々との記述が頻出する。また、〈北海道〉と何ら関係がない作品であっても、芥川賞・直木賞のような著名文学賞を受けたり、ベストセラーを叩き出したりした作家によるものなら、〈北海道文学〉に登録される例は珍しくない。

中央は地方を収奪し、地方は中央の権威で自らを飾り立てようとする。その構造は文学も変わらないというわけだ。こうした共依存的な関係を、一挙に脱構築《デコンストラクト》する批評性こそを安部公房は求めたのではないか。現に、〈北海道文学〉をめぐる議論は、ここで示されたような論点を、しばしば堂々巡りしてしまう。笠井嗣夫のように、そうした矛盾を鋭く突いた論客もあったが。

後景化された階層性

〈北海道〉と〈中央〉のねじれた関係。それを解体したかに見える要因は、批評的な議論の蓄積というよりも、むしろ経済的なものに由来する。とりわけ一九九〇年代以降、グローバル化した高度資本主義が浸透し、〈北海道〉も〈中央〉も、文化的にはひとしなみに平準化されてしまった。郊外のショッピングモールに赴けば、〈北海道〉でも〈中央〉でも、同じような店で似たような商品を購入することができる。高速化されたインターネットが地方にまで行き届き、どこにいても不便を感じることなく即座にコミュニケーションを交わすこともできる。ある種のいじけた感受性をベースに記号化を施されたアニメが、一〇代の若者から団塊ジュニア世代の中心的な文化となり、盛況を見せるのは二次創作を集めた〝キャラもの〟の同人誌即売会だ。

〈北海道〉という固有性がギリギリまで脱色させられること。それが現在の文化状況だ。思い返せば、〈北海道文学〉研究書の嚆矢として知られる和田謹吾『風土のなかの文学』（一九六五年）では、〈北海道〉の自然的環境ないし歴史的環境に育まれた作品こそが本質的な〈北海道文学〉だと論じられていた。しかし、自然や歴史を基軸にアイデンティティを問う従来の〝泥臭い〟問題意識は、いかにも窮屈で時代遅れとみなされてしまっている。実際には、〈北海道〉と〈中央〉の階層性《ヒエラルキー》は、可視化されづらくなっただけで、いっこうに解消されていないのだが。

状況への抵抗としての〈北海道文学〉

渡辺一史（一九六八年〜）の大作ノンフィクション『北の無人駅から』（二〇一四年）では、秘境駅ブーム、タンチョウ保護とエゾシカの駆除、ガット・ウルグアイ・ラウンドからＴＰＰへ至る農業と米、「ディスカバー・ジャパン」の夢の残骸、映画による町おこしから平成の大合併に至るまで、主として一九九〇年代から現在に至る〈北海道〉の抱えた諸問題が、全方位的に論じられている。付言すれば、渡辺はデビュー作が地方出版として初めて講談社ノンフィクション賞を受けた書き手として著名である。

マイノリティへの差別や歴史修正主義も、大手を振って台頭するようになった。特に深刻なのが、アイヌ民族に対する苛烈なヘイトスピーチ（差別煽動表現）である。「アイヌが在日朝鮮人になりすまして不当に利権を貪っている」というデマが広く流布されているのだ。二〇一七年六月には、東京・水道橋で、「ヘイトスピーチ規制法施行1年〜その現状と課題」という会合が開催されたが、そこでは「アイヌ」の当事者から、「アイヌ」に関する政策が報道されるたびに公人がTwitterやFacebookといったSNS（ソーシャル・ネットワーキング・サービス）で差別を煽り、ネット右翼がそれに追随してアイヌ文化を学ぶ人たちへ執拗な中傷を行なうという構図が詳細に報告された。

こうした現状に対し、概ね文学は無力であったが、明確なカウンターとして書かれた作品に、津島佑子（一九四七〜二〇一六年）の『ジャッカ・ドフニ　海の記憶の物語』（二〇一六年）があったことを忘れてはならない。「和人」に乱暴された「アイヌ」を母に持つ少女・チカらが虐殺を逃れ津軽から長崎、さらにはマカオへと移動するエピソードと、作家自身が投影された語り手による亡き息子の記憶、3・11以後の文学のあり方を並行して語ることで、「アイヌ」や「ウィルタ」といった先住民族を、「衰退」ではなく「生存」の歴史を軸にして語り直す。〈北海道文学〉がそのまま、差別への抵抗を体現した稀有な実例だ。

〝ゆるキャラ〟的なデフォルメの背景

いずれにせよ、従来の〈北海道文学〉がアクチュアリティを喪失した現状があり、しばしば現実の諸問題とは異なる領域に追いやられ、無力化させられている……。かような状況認識から出発せねばならない。そうした言説だけが、アナクロニズム抜きに参照されることだろう。一九八一年に上富良野町で生まれ、旭川の高校を卒業するまで〈北海道〉で暮らしてきた私自身の体験を鑑みても、〈北海道文学〉の伝統が身体化された経験と完全に切断されているという実感が拭い難い。ただ、こうした切断の意識は、

〈北海道文学〉として蓄積されてきた先達の仕事を、まったく新しい観点から読み直す契機にもなるのではないか。同時代の文化環境からすると、〈北海道文学〉の問題設定の仕方は新鮮に思えるのだ。

文化が平準化してしまっているならば、いずれは、そこに飽き足らない固有性を求める動きも要請されるはずだ。だが、素朴な地域ナショナリズムに回帰するわけにはいかないし、今ならば地方自治体が主導する〝ゆるキャラ〟こそが、そうした役割を担っているだろう。〝ゆるキャラ〟はたいてい、老若男女が親しめる可愛らしいキャラクターとしてデザインされている。そこでは、地方の観光名所や特産品が表象されても、土地にからんだ抜き差しならない愛憎は棚上げされる。あくまでも、消費の対象となる商品化された土地性《トポス》、という思想がデフォルメの背景にあるのだ。

円城塔の方法が示した数学的構造

一方で、先鋭的な現代文学は、素朴なリアリズムとはまるで異なる、独自のスタイルを追究し続けている。世界が複雑になりゆくのであれば、その様相を表現する方法も、込み入ったものにならざるをえないからだ。代表的なのが、札幌生まれの芥川賞作家・円城塔(一九七二年〜)の諸作である。円城塔は「小説製造機械になるのが夢」と公言し、物語のプロットや登場人物の内面や心理ではなく、エンジニアリング的な意味における構造そのものに焦点を当てた作品を書き続けている。札幌が主たる舞台の短編「四角い円」(二〇〇九年)では、現代数学における「複素数平面」や「位相的構造」が前景化されながら、そうしたリアリティとは異質な存在をもあたたかく許容する他者性の感覚が持ち合わされていた(渡邊利道の指摘による)。

円城塔が、本格的な「私小説」に挑んだとされる長編『プロローグ』（二〇一五年）では、語り手は、そのままAI（人工知能）のような存在になっている。白紙の状態《タブラ・ラサ》からスタート、『千字文』や『古今和歌集』等の文章がプログラミングされることで、文学のパターンを学習する。そのプロセスは、執筆を支援するソフトウェアを介し、インターネット上で随時公開されていく。ネット版と雑誌掲載版、単行本版はそれぞれ異なり、読み方を工夫することで、作品が生成されるプロセスを疑似体験できるようになっている。すなわち、通常は物故作家の草稿研究を通じてテクストの成立プロセスを明らかにする「生成論」という文学研究アプローチが批評的に再演されているわけだ。その過程で、主体を育んだ〈北海道〉の〝正史〟そのものが解体されていく。語り手は「大和」の歴史よりも「アイヌ」の歴史に親近感をもつと述べるが、同時に「アメリカ人がアメリカ州の先住民族の歴史を自分の歴史と感じるようなものでどこかが奇妙に捩じれている」とも自嘲している。この箇所では、続けて幸田露伴の「雪紛々」（一八八九年連載）が言及されている。『雪紛々』は〈北海道文学〉の嚆矢ということを鑑みれば、その批評性は明らかだろう。

向井豊昭の「魔術的リアリズム」とその原点

円城塔が解体しようとしたのは、どのような歴史なのか。この観点から重要な作家が、向井豊昭（一九三三～二〇〇八年）だろう。四半世紀にわたって、道南の日高地方で小学校の教師をつとめた向井は、一九八七年に拠点を東京へ移したが、以後、作風は「フィクション化によって日常的現実世界を通常と異なる形で提示して『異化』し、同時に、現実世界に起こる、フィクションと見まがうばかりの異常な事件を『平板化』して受容可能にする、一見矛盾するように見える二つのプロセスを同時に達成」（寺尾隆吉）する「魔術的リアリズム」と呼ぶほかない、奔放な形式を取るようになった。〈北海道文学〉を成立させた歴史そのものをそれによって問い直すのだ。ちなみに、似通った方法意識を読み取ることのできる作品に、多言語《ポリグロット》使用者のアナーキスト作家・今日泊亜蘭《きょうどまりあらん》（一九一〇〜二〇〇八年）の「深森譚《しむしむたむ》――流山霧太郎の妖しき伝説」（一九七七年）が挙げられる。この作品ではなんと、クライマックスの直前で当時はまだ広く知られていなかった富良野市の「北海へそ祭り」が大胆に変奏されるのだ。

向井豊昭が晩年に発表した「南無エコロジー」（二〇〇六年）には、「山林に／自　由／存せず」という一節が出てくるが、これは国木田独歩の詩のもじりである。初の北海道文学展（一九六六年）に先駆けた北海道新聞夕刊の連載を集成した『物語・北海道文学盛衰史』（一九六七年）は、もっとも人口に膾炙した〈北海道文学〉関連書籍の一つであるが、末尾に付された年表の最後には、渡辺淳一と並んで向井豊昭の名前が挙げられている。『物語・北海道文学盛衰史』では、独歩が一八九五年に一一日間、〈北海道〉に滞在した感興を謳った詩「山林に自由存す」が「近代の詩人の魂をゆさぶり、北方の抒情の母胎となった」と評されていた。向井の祖父・永太郎は、同書では石川啄木の就職斡旋を手伝った人物としてのみ言及されているが、向井夷希微《いきび》名義で『胡馬の嘶き　北海道風物詩』（一九一七年）という詩集を出している。一説によると、〈北海道〉生まれの者による〈北海道〉を主題とした初の詩集という。

『胡馬の嘶き』に収められた「盗伐」という詩では、明治維新で民有林が官有林とされてしまい、地元の漁師が生活のために木を斬る行為が盗伐だと取り締まりの対象となってしまったと詠われている。こうした光景は〈北海道〉のみならず、詩人のルーツである下北半島でも見られた。さらに言えば、向井永太郎は長らく林務官として生計を立ててきた。つまり「胸の吹雪と荒浪は／林務官吏の魔の姿」と締められる「盗伐」の詩句は、そのまま自身を戯画化したものだった。

「御料牧場」と「アイヌ」からの逃走

こうした自己への批判的な視座を、孫の豊昭は受け継いだ。長らく、「アイヌ」の子どもたちを教えた向井豊昭は、そこで差別と貧困の現状を目の当たりにしてきた。一九六〇年代から七〇年代にかけて、「アイヌ」の教育環境を改善するためのパイオニアの一人として精力的に活動するが、運動にのめり込めばのめり込むほどに、「アイヌ」と「和人」の間の非対称性が、〈北海道〉のみならず〈中央〉という共同体の構造そのものに、密接な関わりを見せていることを意識せざるをえなくなる。こうしたジレンマを私小説風に描いたのが、事実上のデビュー作である「御料牧場」(一九六五年)。もともと住んでいた「アイヌ」を強制移住させて成立した、新冠御料牧場(天皇のための牧場)と、その近隣に位置する「アイヌ」の小さな「部落《コタン》」の模様が、つぶさに活写されている。被差別者としての「アイヌ」と在日朝鮮人が肩を寄せ合って暮らすと語られ、ダブルの女子生徒が自らのマイノリティたる来歴を告白する場面もあり、今読むと、現代のヘイトスピーチが、この時代の差別意識をそのまま引きずっていることを意識せざるをえない。

「御料牧場」の登場人物にはそれぞれモデルがあり、その意味でヒストリオグラフィー(小説による歴史叙述)としての価値もあるが、何より征服者としての「和人」たる痛みを背負うという桎梏を作家にもたらした。「アイヌ」を代弁すると称した新左翼による爆弾闘争が激化した一九七〇年代半ば、向井は「アイヌ」と教育をめぐる運動の現場から「逃走」し(文学的同志であった、鳩沢佐美夫との関係を描く「脱殻《カイセイエ》」(一九七二年)にその模様は詳しい)、エスペラント語に可能性を見出す。「アイヌ」のユーカラをエスペラント語に訳し、エスペラント語で書かれたサーミ(北欧の先住民族)の現状を日本語に訳したのだ。だが、やがてはエスペラントにも疑問を感じるようになり、一九八〇年代からは、フランス文学者の平岡篤頼が翻訳・紹介した「ヌーヴォー・ロマン」に学んで、モダニズム批判という観点より、自分にしかできない表現形式を模索するようになる。

「脱領土化」から見えた「惑星思考《プラネタリティ》」

自らの歴史的な加害性に向き合い、「山林に自由存す」という美学的なイデオロギーから「逃走」し続けること。こうした向井豊昭の姿勢は、ジル・ドゥルーズ&フェリックス・ガタリが『アンチ・オイディプス』(一九七二年)で提唱した「脱領土化」の運動、そのものだ。向井豊昭と同年に生まれた荒巻義雄(一九三三年〜)は、まさしく「脱領土化」のキーワードで論じられる書き手である(藤元登四郎の指摘による)。荒巻義雄は小樽に生まれ、二〇代は東京で過ごし、六〇年安保に関わったが政治に挫折し札幌に戻って家業の建築会社を継いだ。北海道初のSF同人誌『コア(CORE)』(一九六五〜六七年)を中心に頭角を表し、一九六八年には『北方文芸』に「エッセンス・オブ・SF」という連載をもち、北海道におけるSF紹介のパイオニアとなった。プロの小説家としてのデビュー作「大いなる正午」(一九七〇年)は、四次元空間での土木工事をテーマにした奇想天外な中編で、筒井康隆らに高く評価された。「〈河〉はくだるにつれて麻のごとくちりぢりに乱れるが、その数億を数える分流の一つ――〈秘〉は、今や、急を告げる〈海〉に短絡する唯一の水路なのであった。/――行け!/〈二〉は一瞬の迷いより覚める。それは――至上なるものの命令というよりは、〈二〉の存在それ自身をその内より律する自然なるものの声、いわば超越的本能ともいうべき何かであった」という冒頭部分からしても、その特殊性は伝わるだろう。当然ながら、

〈北海道〉の地名はまったく出てこないが、その原型の一つで著名なSF同人誌『宇宙塵』に発表された「時の波堤」(一九七〇年)は、定山渓の瀑布をイメージして書かれた(巽孝之、荒巻義雄の証言による)。

ドゥルーズ&ガタリの『アンチ・オイディプス』と同年に出版された荒巻の長編『白き日旅立てば不死』(一九七二年)は、主にヨーロッパが舞台となっているが、その描写に〈北海道〉を重ね合わせるのは難しくない。荒巻義雄は、『コア』に参加した頃から、安部公房への私淑を隠さなかったが、安部公房は一九六五年に、山野浩一(一九三九年〜)のデビュー短編集『X電車で行こう』(一九六五年)の帯文を書いている。山野浩一は、科学批判を軸に「SF=サイエンス・フィクション(科学小説)」を「SF=スペキュレイティヴ・フィクション(思弁小説)」と読み替える英語圏のニューウェーヴSF運動を日本に紹介した、いわば第一人者だが、反精神医学とアナーキズム的な自主統治を主題とする山野唯一の長編『花と機械とゲシタルト』(一九八一年)は――これまた〈北海道〉の地名は出てこないものの――原田康子が『挽歌』(一九五六年)で描いたヨーロッパ的なイメージとしての釧路の情景に多くを負っている(山野浩一の証言による)。

架空の土地や外国へと重ね書きされた〈北海道〉という表象は、川又千秋(一九四八年〜)のSF短編集『人形都市』(一九八三年)から、松本寛大(一九七一年〜)の長編本格ミステリ『玻璃の家』(二〇〇九年)に至って、既存のジャンルをまたぎながら、いっそうの重層化を見せていく。戦前の〈北海道文学〉が、しばしばイメージの拠り所とした開拓時代のアメリカが、自然に溶け込まされている。少なくとも、〈北海道〉か〈中央〉か、という二項対立とは異なる〈北海道文学〉がここでは追究されている。振り返れば、伊藤整(一九〇五〜六九年)「幽鬼の街」(一九三七年)のような戦前の作品すらも、ジェイムズ・ジョイスやH・P・ラヴクラフトの仕事に準えて読むことができ、モダニズムの系譜に連なる「北の想像力」の淵源と捉えられよう。

あるいは〈北海道文学〉の系譜で抑圧されてきた「アイヌ」文学そのものも、丹菊逸治の監修で二〇一四年に映像化された鍋沢モナウンロク筆録『ニタイパカイェ』（一九六九年）など、評価されるべき作品は多い。

プロレタリア文学の流れに連なる書き手では、笠井清（一九一一～九〇年）が重要だ。転向することなく札幌のプロ文運動を主導し、戦後もむつ市の原子力船母港建設反対運動を描く「神がみの下北半島祭」（一九八二年）を残している（東條慎生の指摘による）。

閉塞を打破する様々な「惑星思考」

こうした方法を理論と実践、双方で体現したのが、向井豊昭や荒巻義雄と同年生まれの中野美代子（一九三三年～）だ。『アンチ・オイディプス』や『白き日旅立てば不死』と同年に発表した『北方論　北緯四十度圏の思想』（一九七二年）では、土地性が芸術を規定するという通説へ投げかけた、痛烈なる批判の実践と解釈することもできよう。中野自身、翌年に著した長編小説『海燕』（一九七三年）で、北半球の大雪山系と南半球のオーストラリアとを、中心を挟んで折り重なるような対称性をもって描くことで、はからずも比較文学者ガヤトリ・C・スピヴァクが『ある学問の死　惑星的思考と新しい比較文学』（二〇〇三年）で提示した「惑星思考《プラネタリティ》」の発想を先取りしてみせた。高度資本主義によってヴァーチャルな画一化の対象となる「地球《グローブ》」ではなく、人類文明以前から連綿と続く他者性を前提にした「惑星《プラネット》」へ風土性を重ね書きしようとするのだ。近年、注目を集める思弁的実在論《スペキュレイティヴ・リアリズム》という新しい哲学潮流を代表する一人、『有限性の後で』（二〇〇六年）のクァンタン・メイヤスーに倣えば〈北海道文学〉を惑星的な観点から読み直すことは、文明の成立前から存在する他者性としての「祖先以前性」を追究する鋭意となるだろう。

戦後の〈北海道〉における文学運動では、リトルマガジン『ろーとるれん　詩と雑文』（一九七二～七七年）を発行した放浪詩人・江原光太（一九二三年～二〇一二年）らによる朗読運動「詩の〈隊商《キャラバン》〉北へ！」が、旺盛な移動を通して旧来の風土性を上書きするという意味で、現代の「惑星思考」を先取りしていたと言うことができる。江原光太は、「アイヌ」の彫刻家、砂澤ビッキ（一九三一～一九八九年）が遺した唯一の詩集『青い砂丘にて』（一九七三年）を編集している。ジョルジュ・バタイユや澁澤龍彦を彷彿させるエロティックなユーモアに満ちた、技巧豊かな散文詩が展開されている。〈隊商〉のメンバーでもあった林美脉子《みおこ》（一九四二年～）は、宇宙論的なスケールで、ジェンダーを核とした贖罪のモチーフを問い続け、最新作『タエ・恩寵の道行』（二〇一七年）では、現代詩とSFを習合させる独特の神話体系を披露した。

あるいはバルガス＝リョサらのラテンアメリカ文学から貪欲に学び、雄大なスケールの構想力をもって北海道の自然的・歴史的環境を掘り下げ、動物のような他者を人間の「犠牲」として恥じない構造を断ち切ろうとするのが、河﨑秋子（一九七九年～）の『颶風《ぐふう》の王』（二〇一五年）だ。この作品は、〝農民文学・開拓文学〟としての〈北海道文学〉を正面から引き受けた作品であり、伝統的な〈北海道文学〉を再帰的に復活させようという意気込みに満ちている。「惑星思考」を軸に〈北海道文学〉を再解釈することは、〈北海道〉に内在する限界を、様々な角度から突破する「北の想像力」という可能性の提示にほかならないのだ。

（『北方文芸２０１７』、北海道文学館、二〇一七年七月）

「私」と〈怪物〉との距離

――藤野可織の〈リアリズム〉

二〇〇八年五月一〇日、京都大学で「「リアリズム小説」への挑戦状」と題された座談会が執り行なわれた。赤染晶子（一九七四年生まれ、二〇〇四年デビュー）、円城塔（一九七二年生まれ、二〇〇七年デビュー）、谷崎由依（一九七八年生まれ、二〇〇七年デビュー）、藤野可織（一九八〇年生まれ、二〇〇六年デビュー）の四名が、各々の小説観や創作手法について語ったのだが、その後、赤染・円城・藤野は芥川賞を受賞し、大いに活躍の場を広げた。谷崎はインドラ・シンハやジェニファー・イーガンの小説を翻訳し、アイオワ大学の国際創作プログラムに招かれるなど、国境をまたいだ活動を精力的に展開している。控えめに見ても、将来性の高い新世代の作家を集めた、先見の明ある企画だったということは間違いない。

座談会の参加者が共有していたのは、現代日本における一般的な現実からの〝ずれ〟を自分なりの方法で丹念に描くことこそが、〈リアリズム〉なのだという一風変わった視点だった。この視点は、ここ四半世紀の日本語文学におけるスリップストリームを支えてきた、酒見賢一（一九六三年生まれ、一九八九年デビュー）、佐藤亜紀（一九六二年生まれ、一九九一年デビュー）、佐藤哲也（一九六〇年生まれ、一九九三年デビュー）、宇月原晴明（一九六三年生まれ、一九九九年デビュー）といった、日本ファンタジーノベル大賞（二〇一三年度で終了）の受賞者たちにも共有されていた。

けれども、世界文学的と評されるこれらの書き手に比べ、赤染・円城・谷崎・藤野ら、文學界新人賞受賞者たちにとっての〈リアリズム〉は、よりミクロで、日常に則したものであるようにも思われる。それによって、星野智幸の言葉を借りれば「精緻なリアリズムの氾濫」とも言うべきものがテクストに生じる。このルーツを辿っていけば、自他ともに認める私小説の書き手であった藤枝静男の問題意識と方法を、見過ごすことはできないだろう。語り手がグイ呑みや井鉢に転生して飛翔、果てはシルクロードにまで旅し、あるいは弥勒菩薩の化身《アヴァター》となるさまを描いた「田紳有楽」（一九七六年）ですら、充溢する奇想にもかかわらず、藤枝は、紛うことなき私小説だと任じていた。その背景には、先輩にあたる瀧井孝作が奉じた「自分の考えや生活を一分一厘も歪めることなく写していく」方法では、自分にとっての〈リアル〉を描いたことにはならない、という確信があった。

藤枝静男の私小説は、彼が敬愛した志賀直哉のような確固たる自我への信頼に基づくものではまったくなく、むしろ「私」についての違和感を、作品毎に趣向を変えながら、繰り返し、語り続けるものだった。「田紳有楽」の出発点にも、「私」が寄せ集めの「イカモノ（贋物）」にすぎない、という諦念が根ざしている。こう考えたとき、座談会の終わりで「私」の扱いについて問われた際に、藤野可織が、「私は私に対して、すごく不信感がある」、「自分なんて、読んだ本や、好きになったものの寄せ集めにすぎないんじゃないかと、よく思う」と告白したことは、意外と大事なのかもしれない。それは、芥川賞受賞作ともなった「爪と目」（二〇一三年）を読み解く鍵にもなっているからだ。

「爪と目」では、語りの全般にわたって、「あなた」なる二人称が採用されている。小説で二人称が用いられるとき、そこでは呼びかける「わたし」と呼びかけられる「あなた」の隔たりが、描写を通じて必然的に立ち現れる。二人称小説の傑作として名高いミシェル・ビュトールの『心変わり』（一九五二年）は、この隔たりに、「パリ－ローマ」という物理的な距離感を、したたかに重ね合わせるものだった。一方、「私」への不信に基づく『爪と目』の二人称は、心理的な距離感を思弁的に深めるために採用された。タイトルの含意を種明かしする、不穏極まりないラストの場面を見てみよう。ここで「わたし」は、眠っている「あなた」の瞼をこじ開け、「爪」から剥がし取った「マニキュアの薄片」を押し当てることで、「あなた」の「（黒）目」を覆い尽くしてしまうのだ。

「これでよく見えるようになった？」

あなたは答えなかった。（……）あなたの体から、あなたの過去と未来が同じ平明さをもって水平にぐんぐん伸びていくような気がした。あなたは未来のことはもちろん、過去の具体的なできごとをなにひとつ思い出してはいなかった。ただ、あなたが過ごしてきた時間とこれからあなたが過ごすであろう時間が、一枚のガラス板となってあなたの体を腰からまっぷたつに切断しようとしていた。

今、その同じガラス板が、わたしのすぐ近くにやってきているのが見えている。わたしは目がいいから、もっとずっと遠くにあるときからその輝きが見えていた。わたしとあなたがちがうのは、そこだけだ。あとはだいたい、おなじ。

（「爪と目」）

そもそも「爪と目」は、三歳の女児である「わたし」と、その母親役となった「あなた」の微妙な関係を主軸にした小説であり、「わたし」が観察する「あなた」の何気ないふるまいが、最終的な破滅《カタストロフィー》を引き起こす伏線として設定されている。一方で、なぜ三歳の女児が、全知者として「あなた」のことを語りえたのか、その理由は最後まで詳らかにされない。代わって「爪と目」は――ジョン・バンヴィル『無限』(二〇〇九年)で描かれる、ギリシア神話の神々がごとき――仮構された全知者の視点をもって、「見ること」の暴力をグロテスクに強調するのだ。このような〈非リアリズム〉の手法は、心理的な距離を表しながら、「一枚のガラス板」の性質と、分かち難く結びついている。

ガラス板は「あなた」という存在そのものを、すっぱりと二つに切り分けようとする。そのガラス板は、「あなたが過ごしてきた時間＝過去」と「これからあなたが過ごすであろう時間＝未来」が分け隔てなく融合したものであるものの、透明なので裏表がない。つまり、ガラス板とは、主体を切断し過去と未来を混濁させる、無時間性の象徴として立ち現れてくるものだ。この無時間性は、いわば圧倒的な悪意として、「あなた」と「わたし」の間に立ちはだかる障壁となっている。

「わたし」と暮らし始めたとき、「あなた」は、「ほとんど時間の感覚を失うくらい」安穏としており、「一日、また一日と時が経つのではなくて、引き延ばされたたった一日のなかに引き留められているよう」だった。そして「あなた」の内的な世界は、「わたし」という他者を排除することによって成り立っていた。他者性の最たるものである災害ですら、何の痕跡も残さなかった。

国内で、長く記憶されることになる天災が起こった。あなたはそのことをテレビの速報で知った。被害の甚大さに動揺し、悲しむ同僚たちに混じって、あなたもまた動揺し、悲しみに暮れたが、ひとりになるたびきれいに忘れた。

(「爪と目」)

けれども、「悲しむ同僚」に同調するのとまったく同じように、「あなた」は「わたし」という他者を、その視界から、〝完全には〟除外してしまえない。それは実のところ、ガラス板を通して、自らの存在を暴力の痕跡として刻み込もうとする「わたし」にとっても同様だ。だから、「わたし」は、「あなた」を静かに憎悪する。

「爪と目」では、作中作として「架空の独裁国家を舞台にした幻想小説」が登場する。その幻想小説に登場する独裁者は、「見ないことにかけては超一流の腕前を誇って」おり、「自分に起きたひどいことも、まったく見ないようにすることができ」る存在で、ひとたび目をつぶれば肉体や精神の痛みを感じずにすむと解説される。注目したいのは、その独裁者に比べれば、自分も「か弱い半端者」にすぎないと「わたし」が告白してしまう点だ。

つまり「わたし」は全知者であっても「独裁者＝独我論者」になることはできない。だから「わたし」は、語りの随所に、「見ること」についての表徴を、伏線のごとく散りばめる。読者はその表徴を独自に集め、それらを解釈することで——ガラス板が象徴している——人から歴史を切り離す、無時間的な悪意のありかを考えることになる。ゆえに、「爪と目」は、「表象＝痕跡」としての暴力を、絶えず読者に惹起させるテクストとなっている。

「わたし」は独裁者のようにイノセントにはなりきれない。でも、だからこそ、障壁としてのガラス板の向こうへと、一歩踏み出す選択をとることができる。このとき「わたし」は、異形の存在、〈怪物〉と化している。〈怪物〉の問題を、藤枝静男にまで遡って考えよう。

藤枝は「半僧坊」（一九七八年）において——権力闘争に敗北し、時間と歴史の狭間へ埋没を余儀なくされてきた――天狗という〈怪物〉への共感を表明し、〈怪物〉を意味する「魑魅魍魎」という言葉、つまり「痕跡＝表象」との邂逅を示すことで、人間と〈怪物〉を隔てる障壁の存在を証し出した。一方、藤野の語りは、悪意に満ちた〈怪物〉の視点をそのまま借り受ける形で、まったく正反対の側から、ガラス板の位置を浮かび上がらせるものである。「私」への不信に端を発しながら、ガラス板の向こうへ、そうっと足を踏み出すのだ。

「爪と目」が全知者たる〈怪物〉の視点を借りた作品だとすれば、藤野の「おはなしして子ちゃん」（二〇一二年）は、彼岸から到来する〈怪物〉に、声を与えた作品となっている。「私」による小学生時代の回想、といった体裁で紡がれるこの小説では、「小川さん」という「少し太っていて、足が遅く、地味な色の服ばかり着て、漫画やアニメや流行歌手の知識がいっさい」ない同級生を、「私」たちが執拗にいじめる模様が描かれている。小川さんは身近な他者でありながら、消しゴムを盗まれたり、上履きを隠されたり、縦笛の先を便器の水に漬られたりしても、仕返しをしてこない。だから、いじめは、徐々にエスカレートしていく。

ある日、小川さんが理科準備室にあるホルマリン漬けの「子猿」を怖がっていることを知った「私」たちは、彼女を騙して理科準備室に閉じ込める。深夜まで発見されなかった小川さんは、ホルマリン漬けになった子猿と言葉を交わしていたと告白する。曰く、子猿はホルマリン漬けの瓶から出られず、泣いていた。他の動物とは会話ができず、「ずっとひとりぼっち」で「殺されてもひとりぼっち」。小川さんはせがまれるがまま、「ひとりぼっち」の子猿へ物語を聞かせていたのだという。

数時間後、彼女の話が本当なのかを確かめようとした語り手は、理科準備室に閉じ込められてしまう。犯人は、小川さんだった。小川さんは子猿を「おはなしして子ちゃん」と名付けていた。語り手は「変な名前」と答えるが、そのとき、死んでホルマリン漬けになっていた当の子猿が、「そんなことないよ、気に入っている」と割り込んでくるのだ。語り手はせがまれるまま、読んだ小説の話からクラスの様子まで、知りうる限りの物語を話して聞かせる。続けるうちに語り手は、子猿の身体がガラス瓶から這い出してくるのに気づく。思わず「なにしてるの」と尋ねた語り手に、おはなしして子ちゃんが言葉を返す。

「なにって、自由になったの。私はお話をしてもらうと元気になるの。ずっとさみしかったから、お話をしてもらわなくちゃならなかったの。そうでないと動けなかったの。小川さんじゃ足りなかった。全然足りなかった。おまえのことを聞いて、おまえなら私を満足させてくれると思った。私はこれから故郷に帰る。私はずいぶんなにも食べていないから、なにか食べなくてはならないけれど、それならおまえを食べればいいと小川さんは言った。空いた瓶にはわたしの食べ残しを入れて保存すればいいと小川さんは言った。私もそう思う」（「おはなしして子ちゃん」）

孤独を癒やすため、物語を聞かせてくれるようにせがむ子猿。ところが、子猿は聞かせてもらった物語を原動力として〈怪物〉と化し、語り手の悪意と小川さんの悪意をともに吸い上げながら、語り手へ襲撃を仕掛けるのである。けれども、「長い長い間薬液に浸かって劣化した皮膚は、もはやこの世界では役に立たない」ものとなっていた。悪意の隠喩である「薬液」によって皮膚や筋肉が骨から崩れ落ちていく子猿を、語り手は抱きしめ、その名を呼ぶ。

〈怪物〉という——「私」をとって食おうとすらした——まったき他者、無名の悪意で自ら崩れ落ちてしまった異形への歩み寄り。思い返せば、かような〈怪物〉は、藤野の小説が繰り返し描いた対象でもあった。藤野の初期作品「胡蝶蘭」(二〇〇八年)では、洋菓子店の戸口に置かれた「三本立ての、立派な胡蝶蘭」が、密かに猫の首を切り落としていたことが示唆される。むろん、〈リアリズム〉をベースに考えれば、胡蝶蘭が猫を襲うことはない。後半部、胡蝶蘭を引き取った語り手の「私」は、胡蝶蘭に語りかけるが、胡蝶蘭は「声」がないので答えない。けれども胡蝶蘭は、確かに自分の意志をもって動いている。作中ではそのことが、「痕跡=表象」として、読者へ事後的に示されるのだ。この小説のクライマックスは、洋菓子店に勤める「彼」が泊まりに来たとき、胡蝶蘭が「彼」の手首に触れるのを見とがめた「私」が、「これは、だめ」、「分け前はないの。クッキーやチョコレートじゃないんだから」と、胡蝶蘭に通じる言葉で、叱咤するところだろう。「私」は「彼」のことが気に入っているから、「胡蝶蘭」の餌にはしない。だが、その愛着は、「彼」と意思疎通が行き届いているからではまったくなく、フェティッシュなこだわりにすぎないものでもある。

> 彼の目が節穴でも、話しが通じなくても、私は別にかまわない。私だって、彼の話なんかろくろく聞いていない。(……)見比べると彼の小指の爪は、私の親指の爪とほぼ同じ大きさで、そういうところこそが、私にとって彼のすべてなのだ。(「胡蝶蘭」)

「爪と目」を彷彿させる、「爪」への偏愛。この偏愛があるから、他者としての〈怪物〉との境界線上に、辛うじて「私」は踏み留まるのを選べている。「胡蝶蘭」は、「おはなしして子ちゃん」のように、〈怪物〉が言葉を発する話ではない。だが一方で、叙述トリックめいた仕掛けが施されているわけでもないので、読み手は胡蝶蘭が〈怪物〉である、という以外の読み方を選択できない。では、この〈怪物〉とは何なのか。

「いけにえ」(二〇〇九年)では、脂肪の増加で「身体が、明らかに崩落しつつある」五六歳の主婦である「久子」が、ボランティアで勤務する美術館で「悪魔」を見てしまう。悪魔といっても、「ゆるキャラ」のような、不気味ながらも愛嬌を感じさせる筆致で描出されるもので、久子はそんな「悪魔たちのためだけに」美術館へ通っている。「いけにえ」では、久子が悪魔を捕まえて家に連れて帰り、花鋏で八本の足を切り落としてコンロで焼き殺すが、そこで現れたのは一輪咲きのバラだった……という人を喰った話だ。この〈怪物〉とは、フロイトの言う「無意識の意識化」の産物であると言われるが、では、はたしてここに、どのような無意識が介在しよう。読者へ伝えられるのは、ただ、静謐な孤独のみだ。

その孤独とは、時間と歴史に見放されたことによる孤独である。おはなしして子ちゃんが閉じ込められていた理科準備室は——リップ・ヴァン・ウィンクルが一夜を過ごしたキャッツキル山地のように——時間と歴史から、切り離された空間になっていた。戦後日本における先駆的なスリップ・ストリーム雑誌の一つ「NW‐SF」で商業デビューを果たした川又千秋は「魚」(一九七〇年)で、これとよく似た標本陳列室を主題的に小説化している。「魚」には、おはなしして子ちゃんのような言葉を与えられた〈怪物〉こそ現れないものの、「幾段にも区切られた、うねうねと続く陳列棚に並べられたそれら無数の標本達は、どういう訳か、どれもがその漂白された頭を下へ向けてホルマリンに浸けられていた」と書き付けられ、その標本に退治する「わたし」の視点が、にわかにクローズアップされる。瓶に入れられて陳列棚に安置されたクジラの胎児が、「わたし」へ「にっと笑」いかける緊張感に満ちた〈非リアリズム〉的な描写が、この小説の最高潮をなしているが、それを享けて語り手は逃げ出し、戻ったときには「その胎児は完全な無表情の内に、死んでいた」と、記述は〈リアリズム〉の方法に回帰する。

川又は「魚」を「私小説」として描いたという。「魚」でのクジラの胎児の微笑みは、「私」が〈怪物〉の側に立ちうる存在にほかならない、ということを暗示している。そして、「おはなしして子ちゃん」もまた、著者の経験に取材した話だった。藤野はインタビューで、小学校時代、小川さんが受けたようないじめを受けていたと告白しており、また中学時代に見た、「人間の子どもぐらいの大きさで、顔面が縦にスライスされているのに、眼球はそのまま残っている、ものすごい形相」をしている「サルの標本」への偏愛を語っている。けれども、藤野は、悪意が有する多様な形を表現するため、素材と作品の間に、慎重に距離を担保する。逆に言えば、藤野は、「私」と〈怪物〉の距離感を――能う限り、正確な形で――新たな〈リアリズム〉として刻印しようとしているのだ。

「「リアリズム小説」への挑戦状」に参加した作家たち、および、その後に続く書き手の活躍が如実に示すように、旧来的な〈リアリズム〉を担保する地盤は、すでに溶解してしまっている。それはまた、〈リアリズム〉を駆動させた近代知の原点たる、ルネサンス的なヒューマニズムのあり方が、静かに変容していることをも意味している。自分のことを子宮だと認識している、自我を有した宇宙船を描く――アン・マキャフリイ『歌う船』（一九六九年）の書き直しがごとき――「美人は気合い」（二〇一三年）を鑑みれば、こうしたヒューマニズムの変容が、人間を情報の観点から再解釈するポストヒューマニズムにも通じることがわかるだろう。既存のヒューマニズムが潰えようとする最中、自意識と悪意の彼岸から異形の〈怪物〉が立ち上がる、その瞬間を見過ごしてはならない。藤野可織が提供する〈リアリズム〉の新しさは、「私」が〈怪物〉へ寄り添う過程、そして両者の距離を、既存のいかなる文学よりも、正確に活写しているところにあるのだから。

主要参考文献

藤野可織「いやしい鳥」（『胡蝶蘭』所収、文藝春秋、二〇〇八年）
藤野可織「パトロネ」（『いけにえ』「解説――氾濫する現在」所収、集英社文庫、二〇一三年（単行本、二〇一二年））
藤野可織「爪と目」（『爪と目』所収、文藝春秋、二〇一三年）
藤野可織「おはなしして子ちゃん」（『おはなしして子ちゃん』、「美人は気合い」所収、講談社、二〇一三年）
「「リアリズム小説」への挑戦状」（『文學界』二〇〇八年七月号）
「世界は恐ろしい、でも素晴らしいこともある」（『文藝春秋』二〇一三年九月号）
※ほか、藤野可織のインタビュー・対談各種、藤枝静男や川又千秋についての資料や取材成果を参考にした。

（『早稲田文学7』、早稲田文学会、二〇一四年二月）

日常の裏に潜む別世界

——小山田浩子『穴』

針のむしろに座らされるような現実への違和感を、できるだけ事細かに描くことで、日常の裏に潜むもう一つの世界を顕現させる書き手が増えている。表題作の「穴」は、そのような趣向こそが新時代のリアリズムであると身をもって示した、まさに技巧的な小説だ。

語り手「あさひ」は不安定な非正規雇用の立場ながらも、正社員並みの業務を押しつけられていた。ある日、夫の転勤に伴い、仕事を辞め、姑が提供してくれた二階建てのある地方都市へと移り住む。家賃を支払わなくてよいというからだ。しかし、引っ越した先は、日常と異界の境目が、静かに溶解した場所だった。

なし崩し的に専業主婦となったはいいが、あさひはかえって、自由な時間を持て余す。連日深夜まで残業を続ける夫への疚《やま》しさを抱えているにもかかわらず、本腰入れて仕事を探す気にもなれない。そんなある日、近くの川の土手で、あさひは謎めいた、筋肉質な中型犬を思わせる黒い獣に遭遇する。その獣を追ううちに、「不思議の国のアリス」のごとく、獣が掘った穴へと落ちてしまう。それは、見慣れた日常の外へ一歩、足を踏み出すことでもあったのだ。

　この現実と地続きながらも、いつの間にか変容している世界の相《かたち》。語りは、その模様を、終始抑制のきかせた筆致で活写する。他者に対して心を許しきれず、宙ぶらりんであり続けるあさひは、はまりこんだ土俗的な異界に強く惹かれながらも、そこの住人には収まりきれない。中盤、庭のプレハブ小屋に二〇年も住んでいるという義兄の登場で、語り手の位置が否応なしに浮き彫りにされる。清潔そうな白い開襟シャツに身を包んだ義兄だが、言うならば彼は、黒い獣と同じ怪物だ。怪物であるからこそ、彼女が落ち込んだ穴が何であるのか、説いて聞かせることができる。

　この疎外感は、はたして「自己責任」によるものなのか。同時収録の「いたちなく」、「雪の宿」の連作では、この問いが、角度を変えて掘り下げられる。安直な結論こそ提示されないものの、登場する二組の夫婦の葛藤の先には、静かな希望が垣間見える。

（新潮社・1260円）

小山田浩子（おやまだ・ひろこ）
一九八三年広島県生まれ。二〇一〇年、「工場」で新潮新人賞。二〇一四年、本書所収の「穴」で芥川賞。

（「時事通信」書評、二〇一四年二月一一日配信）

林美脉子という内宇宙《ドキュメント》

「瞼の中に幻映してくる陰画の姿影《すがたかげ》　その崩れ続ける妖しみが乱舞する内宇宙は　外部と繋がる窓を持たない想の牢獄だ　想する想の眩暈が　想する想の関数を激しく爆破して　想の実相をどこまでも裏切っていく　しかし　奈落に向かって飛び散る想の花びらに　血は流れない」（「想牢夢」）。合間に二回、挟まれた「りーる　りーる」という擬音のリフレインに続く、かような一節を収めた林美脉子《みおこ》の詩集『エフェメラの夜陰』（二〇一五年）が、いま筆者の手元に置かれている。銀の題字が煌めく藍色の表紙を開けば、暗青色の紙に漆黒の筆字で「岡和田晃様／この詩集をシェパード、ミァハ、トァンに捧げます／二〇一五、一、一〇／林美脉子／札幌にて、」と書き込まれている。この署名を目にした時の驚きから、稿を起こしたい。シェパード、ミァハ、トァンらは、SF作家の故・伊藤計劃が生前に遺した二冊の長編小説、『虐殺器官』（二〇〇七年）と『ハーモニー』（二〇〇八年）の登場人物を意味している。一〇年余りも癌による闘病生活を続けていた伊藤計劃は二〇〇九年、デビューから二年足らずで夭折した。しかしその作品は、現代日本における想像力のあり方を根本から変容させた。伊藤は自らの生命を賭して、敵と味方の区別すらままならない「世界内戦」（カール・シュミット）下における構造的暴力と、蹂躙された者らの〝痛み〟を、時代精神《ツァイトガイスト》として露呈させたからだ。

孤高の詩人・林美脉子は、伊藤計劃が産声を上げたのと同じ一九七四年、三二歳の年に処女詩集『撃つ夏』を——前年に刊行されたアンソロジー『狼火』に続く形で——江湖に問い、詩人として新たな生を享けることになった。林美脉子と伊藤計劃が同年に〝生まれ〟、林が最新詩集に彼の名前を刻印するに至ったこと。ささやかな逸話ではあるが、従来、この国の文芸ジャーナリズムにおいて、完全に別個のものとみなされてきた詩とSFが、詩人の内宇宙において自覚的に結びついたことの証しだとも読める。

〝日本SF育ての父〟こと柴野拓美は、テクノロジーの自走性を意味する「集団理性」を内包したポストヒューマニズムとして、SFを定義づけた（「「集団理性」の提唱」、一九九二年）。この「集団理性」は、ユングの「集合的無意識」がひとつの発想源となっている。柴野の定義からすると、二〇一四年に全訳が出たハリー・マーティンソンの叙事詩『アニアーラ』（一九五六年）は、正嫡のSFということになる。放射能で汚染された地球を離れ、琴座へ向けて宇宙を漂う宇宙船《ゴルドンデール》アニアーラ号。そのなかでは「この空虚で不毛な宇宙は恐ろしい」という想いから「すべてを軽減して慰めてくれるような」言葉を求め、「星という言葉は卑猥な言葉とされ、／品のよい陰部の名前や女性の胸部という言葉が、とって代わった」（児玉千晶訳）と歌われる。宇宙はもはや逃避場所《アジール》とはならず、反対に人間を蹂躙する。だから、「僕らは次第に圧迫されて、粉々に砕け散り／呪われた宇宙の魔手から／もう僕らの魂が解放されることはない」。その恐怖を折衷するために人間の身体イメージが召喚され、テクノロジーはユング的な神話学と異種混交《ハイブリッド》される形で上書きされていく。『アニアーラ』がオペラ化されて「世界的成功」を収めたのと同じ一九五九年、スタニスワフ・レムが『ソラリス』を執筆していたことは無視できない。惑星ソラリスの大海は人間の憧憬を読み取り、望まれた者の姿に擬態して当人の前に現れるものの、理解の糸口すらもつかませない永遠の他者として描かれる。テクノロジーを介し、自然の究極たる宇宙をまったき他者として捉えること。それは「外宇宙ではなく〝内〟宇宙」を探検しなければならないと告げてSFの変革を訴えた〝新しい波《ニューウェーヴ》〟の騎手J・G・バラードの姿勢でもあった。

『虐殺器官』でシェパードは、〝虐殺の言語〟を撒き散らした男を追う。伊藤計劃は、男の内宇宙をバラードに擬して語った。柴野の雑誌『宇宙塵』でデビュー後、ニューウェーヴをこの国へ導入した山野浩一は、バラードの著名な「真の意味での最初のSFは、健忘症をわずらう男が浜辺に寝ころび、錆びた自転車の車輪をながめながら両者の関係の究極にある本質をつきとめようとする、そんな物語になるはずだ」（伊藤典夫訳）というマニフェストの理論的背景に、シュルレアリスムの存在を察知していた。シュルレアリスムとSFの連関から萩原朔太郎を想起し、モダニズムの観点からSF詩を考えることもできよう。その流れを直観していた山野はバラードが核を扱う姿勢を「現実の科学文明を否定するだけでなく、それを乗り越えるための「思弁的《スペキュレイティヴ》」小説を生み出そうとしている」と論じ、「単に風刺小説としてではなく、そうした現実から解放されようとする人間の内的な、迷宮を展開していく」ものだと読んだ（「外宇宙ではなく〝内〟宇宙を」、一九七一年）。この「内的な、迷宮」とは、「想牢夢」で歌われた内宇宙にほかならない。

ニューウェーヴの牙城『ニュー・ワールズ』誌の編集長マイクル・ムアコックは〝ニューウェーヴに殉じた〟ラングドン・ジョーンズの編纂する『新しいSF』（一九六九年）序文にて、一〇年前にコヴェント・ガーデンで『アニアーラ』が上演されたことに言及した。つまり、『アニアーラ』とニューウェーヴは連続していたというわけだ。そして『新しいSF』内の対談「新しいサイエンス・フィクション」で、バラードは小説の「コンヴェンショナルな線型の物語叙述」に不満を感じていると挑発的に語った。ここで彼は、執筆を続けるうちに行為や出来事が解体され「キャラクターの特性や一連の出来事が結晶化してますます短いイメージやシチュエーションの連なりになりはじめて」いると告白した（野口幸夫訳）。この「結晶化」を基軸にした作品は濃縮小説《コンデンスドノベル》と呼ばれ、『残虐行為展覧会』（一九六六年）で読むことができる。この方法論は、小説というよりもむしろ、SF詩のあり方を説明するものなのではないか。筆者がそう確信するに至ったのは、詩集『宙音』（二〇一一年）で、初めて林美脉子の詩「星牢夢」を目にした時のことだった。

タルス・タルカスが嗤う　緑色をふくむあらゆる色の皮膚をした六本脚の家畜　頭なしの火星人も　辺縁部に　凍結した炭酸ガスからなる大きな極冠を作って　火の星牢の夜明けである
引力は地球の三分の一　明暗界線の虹をかすめて　暗色地域が吹きあれる砂嵐に　ロータスの花がゆれる　いつからここにいるのだろう　手に火縄銃を持って　二百億光年のかなたに銃口をあわせながら　いつまでここにいるのだろう　星牢の胎内にきなくさい狼煙があがり　タルス・タルカスが嗤う　己の背中が見えるまでだと　タルス・タルカスが　くりかえし　嗤う
（「星牢夢」）

コンデンスドノベルのごとき凝集性に満ちた抽象的な文言で提示された、宇宙の悪意。哄笑するのは、タルス・タルカスなる存在だ。E・R・バロウズが宇宙冒険活劇《スペースオペラ》の代表作『火星のプリンセス』（一九一二年）に登場させた火星人の「原住民」である。『SF英雄群像』（一九六九年）で野田昌宏は、バロウズの火星人を「これが緑色人といわれるやつで、身長三メートル半、腕は左右ともに二本ずつ！　高さが三メートルもある八本足の馬にうち乗ってブンまわす槍の長さは十二メートル」と講談調で描写している。かように、スペースオペラはしばしば、「コンヴェンショナルな線型の物語叙述」と自覚して紹介されてきた。しかし、だからこそ、タルス・タルカスという固有名は読者に衝撃を与える。

二〇一四年七月三一日付の筆者宛の手紙（以下、私信はすべて筆者宛、引用許可を得たもの）で、林は「正直に申し上げますと、私はいまだにこの「タルス・タルカス」なるものがどういうものかを知りません。ただ私の造語でないので調べましたら、「エドガー・ライズ・バローズが名付けた火星人の名前」とありましたので、そのまま注釈に書きました」と告白している。それは詩人が、「バローズを熟知したら彼が私の詩の文脈に入り込んできてしまうからです。そうすると、私の詩に発生した内宇宙がバローズをアースとして無化されてしまい、私自身のコトバが私の詩として落雷してこなくな」ると自覚していたためだった。では、「なぜ私の脳細胞から熟知していない「タルス・タルカス」が零れ出てきた」（二〇一四年七月一日のメール）のか。

実は『宙音』を発表するまで、林は実時間で二〇余年もの長きにわたって、沈黙を余儀なくされていた。『宙音』所収の詩に関しても、すべて断筆前に書かれたものだった。当時、高校の家庭科教師だった林は、ちょうど伊藤計劃の世代を教えていたそうだが、五〇代になってから突然、「詩は現実の先取りである」という確信が「砕け散」り、「物言えぬ闇を抱えて苦しむ生徒たちと老いた母と共に生きることを決意」（前掲七月三一日の手紙）せざるをえなくなった。その後、退職して母を看取った後、自身の「終活」を行なうにあたり、「まず詩関係のものが入っている段ボール箱を丸ごと捨てようと納戸の奥から引きずり出した」。けれども、箱から出てきた十数枚の詩は――筆者も現物を見せてもらったが――感熱紙に印字された文字が消えかかっていたにもかかわらず、「生み捨てたまま逃げてきた我が子が、栄養失調となりやせ細りよろよろといきなり目の前に現れ」、「責任を取りなさい」と呼びかけてきたという思いを詩人に抱かせた（北海道新聞二〇一二年一月六日夕刊）。この意味を厳密に考えるには、さらなる迂回が必要だ。

『宙音』に続く『黄泉幻記』（二〇一三年）は、母が重要なモチーフとなっている。なまなかなものではない。「臍部に一つだけ目のある怪物が　口から原始の森を吐いてこちらを睨んでいる　母は全身を銀河に預け　立ったまま滝のように汚穢を放出している」（「惛森」）と、「星牢夢」でのタルス・タルカスと見紛うような一節があれば、「立体意識の系譜が溶解して　神は裸の特異点を嫌い給う　から　見えることも見えないことも　見ることも見ないことも　認知する事象の一切からずれ始めていく母の領域」（「夕焼ける三〇一号室」）と、理論物理学者スティーヴン・ホーキング博士の講義が埋め込まれた形で「非在」へ旅立つ母の姿が活写される。この詩集について筆者は、「ドイツ・ロマン主義が確立した批評的フレームの延長線上にSFの理念型を考えてみた場合、それは小説よりもむしろ詩の形ではっきりと顕現する類のものではないか。歴史を振り返ってみても、ラングドン・ジョーンズ『レンズの眼』のように、アンリ・ミショーの詩篇を思わせる光芒を見せた作品も書かれている。（……）前作で描かれたヴィジョンはいっそう深められ、宇宙論的なスケールと宗教的な贖罪のモチーフが相俟った、死と性の根幹を抉る鮮烈な作品となっている。昨年日本語で書かれたSF作品のなかで、もっともジェンダーSFの本義にかなう」（「第三四回日本SF大賞エントリー」、二〇一三年）との短評を書いたことがある。

ジョーンズは『レンズの眼』（一九七二年）で内宇宙の構造を「非線型的叙述」で描写した。「時間が私の脳髄に井戸を掘る――電気回路とともに唸る頭蓋の縫合線」、「神話の樹状突起の狭間でからから鳴り響く人生の幻想――老人が己の死の器官を手淫して太陽に吐きかける白い栄光」、「私の頭は蓄音機のホーン、星々の音楽会場の歌を響かせている」（「地獄の出来事」、増田まもる訳）という鮮烈なイメージの奔流。一方の林は、同じ問題をジェンダーの観点から逆照射した。ジェンダーSFとは主として一九七〇年前後から積極的に論じられるようになった、性差に関する鋭敏な考察を孕んだ作品を指すタームだが、この評言が偶然、文芸評論家の神山睦美の目に留まり、林のもとにまで届けられた。「SFというものに全く縁のない状態で来た」林は、一面識もなかった筆者の評を読み、「腰が抜けるほど驚いた」という。そのことを書いたメール(二〇一四年五月一八日)で、林は自分の詩業は「ジェンダーSF(Science Fiction)」ではなく「ジェンダーSD(Science Document)」だと、筆者にはっきり表明した。

林の言うDocumentとは「実体験」を意味している。「私の詩の発生する場所は私の生の現場、私的に体験した現実の場である」とも林は書いたが(二〇一四年九月一五日の手紙)、その「実体験」の位相を考えるに、山野浩一が師にあたる寺山修司との対談で述べた内容は見逃せない。山野は、「最終的に犯人がわかってしまえばそれですべてが完結して終わる」ミステリに比して、SFは「完結するときにその謎みたいなものが完全に広がっていて、それが最初にあった謎と全然異質のものになって終わる」と前提したうえで、トマス・ピンチョンの『エントロピー』(一九六〇年)を引きつつ「複雑な迷宮」を描くため、「結局は自分自身の意識内世界をとらえなきゃならないところに現代のSFが接近しており、それを突き詰めていったら、最終的にたとえば志賀直哉の作品みたいな完全な私小説のようになっちゃう」と語っている(「至福千年・迷宮・地獄の思想」、一九八三年)。山野が言う「つまり本質的にわれわれ自身の心境には、宇宙のエントロピーの問題まで含まれているということなんです。体験を超えられないと言えるかもしれない代わりに存在そのものはまだまだいくらでも突き詰めていける」というのは、そのままDocumentの内在的論理を明晰に説明したものと読めるだろう。

けれども、これに対して寺山修司は「ただ、日本の近代は、「私」の呪縛と一緒に発展してきたということがあるわけだ。――それはまったく自己肯定の歴史だったということができる」と切り返しており、山野は「それはまったくおっしゃる通りです」と応じるしかなくなってもいる。ここは見逃せない。というのも山野の同意は、そのまま林の苦闘に置き換えることができるからだ。その苦闘とは「呪縛」としての「自己肯定の歴史」を「超えられない」現状に関する認識を徹底させつついかに「体験」を介してそれを突き詰めるかという謂いである。むろん出口も答えもない。

「どこへもいかなかった自分自身への、思いかえしてみたくもない無意味な墓場」として書かれた『撃つ夏』の頃から、Document の〝痛み〟は、あからさまな形で林美脉子の詩に刻まれてきた。「クレゾール臭のしみた白壁に／殺せなかった意志がわらう／とびちり／ひび割れていく精液の乾いた恐怖よ／聞いてしまった耳おくの／へんに忘れていく海に向って／だから　わたし／黙ったままひえていくんだ／撃つ夏の愛に／まひるを長くたれさがりながら」（「撃つ夏」）、「郵便局へいって切手を買った／（燃えあがる精液をみた）と書いておくらなければならないと思った／送るあてはなかった／けれど／それを知らせずにゆるすわけにはいかないと思った」（「でんわ」）と、「精液」なるイメージの露骨さが、言葉が凶器と化すギリギリの境界を活写している。その手紙の返事を記した「現存の貌」では、「万／光年の／距離の／うず巻く銀河系の／その向うにある／暗黒星雲へび使い座の／愛などが突然わたしの胸に落ちてきて」と歌われる。つまり、「宇宙論的なスケールと宗教的な贖罪のモチーフ」の萌芽が、すでに詩人としての初期段階で書き込まれていたわけだ。

この「宇宙論的スケールと宗教的な贖罪のモチーフ」にもっとも近いのは、フリードリヒ・シュレーゲル――ドイツ・ロマン主義でもっとも秘教的な観念論哲学者――の私講義「世界生成論」（一八〇四～〇五年）だろう。この頃の彼は、〝「自然は生成する神性である」とする汎神論的原理〟と〝「神が世界を無から創造した」とする有神論的原理〟に引き裂かれていた。だが、「最高の形式において哲学は世界生成論以外の何ものでもないだろう」とシュレーゲルは信じ、宇宙を講じたその理論の出発点に「私は生成する神性として世界であり、世界は生成する神性として私である」という「世界自我」を制定した……超越的主体としてのカトリック的な人格神と「世界自我」は相容れないと気づきながら（酒田健一「法衣のデミウルゴス」、二〇〇五年）。「世界生成論」の前年、インド神話を研究・講義していたシュレーゲルは、カトリック・キリスト教的な原啓示に心惹かれつつ、「一切は、一切例外なくインドに由来している」（ティークへの手紙、一八〇三年）と書き残している（酒田健一「インドとヘブライの狭間で」、二〇〇四年）。シュレーゲルにとってのカトリックは、林美脉子にとっては郷里として何度も言及される「空知野」（滝川）というトポスに相当する。それは同時に、林が自らを「遊郭」に閉じ込めた過去と切り離せない。

『撃つ夏』の翌年（一九七五年）から、林美脉子は手書き・ガリ版刷りの個人誌『遊郭』の刊行を開始した（一九八四年、第一九号まで）。各巻には一編から数編の詩が収められているが、それらを書き留める筆致は失語寸前であるかのように震え、「出血多量の隠花植物」がごときエロティシズムに満ちている。「息の根をとめるのだ！／さもなくばテロルと惑乱」という「世界内戦」を見越したように凄絶な文句と、「それからあとは／おちるところまでおちていこう／花びらの暗い銀河の／ひとすじとなって――」（「遊郭抄　その壱――挽歌」）なる「宇宙論的スケール宗教的な贖罪のモチーフ」が、「肉体とは痛んではじめてその存在を明らかにするものらしい」との認識のもとで、居心地悪く同居している。

『遊郭』収録作の多くは『約束の地』（一九七七年）と『緋のシャンバラへ』（一九八五年）に収められたが、「御霊屋《おたまや》が運勢を梱包する／シュルシュルうなる爬虫類の酩酊／あたしは／産れる前から女郎だった」（「遊郭抄　その期《ご》――酩酊」）、「凍原に／死児が泣いた」、「胸いっぱい／乳があふれた　ああ」、「乳の中の星々よ／のど奥の砂の慟哭よ」、「焼身自殺した花の意志がゆれ／音立てて燃えたつオーロラ」、「このからだ／銀河のかなたにくだけ散れ！」（「遊郭抄　その充――約束の地」）と、観念の地獄巡りを経ていくことで、「世界のはじめには愛と憎悪が必ずあった」こと、「自分というものは自分であって自分でない、自分以外のもっと深い超絶的な存在である」こと、そして「真に解放にむけてイタムものは、詩（死）のように盲目なのだ」という境地に達する（「たとえばはなれ瞽女の唄のように」、一九七九年）。こうして林は、「五体の形のあるべき姿をすっかり大地に溶かし崩して、膿の濃度で広がる闇に、インド大陸が突然そうして姿をあらわにしてきた」（「緋のシャンバラへ」）との境地へ行き着くことになる。シュレーゲル風に言えば「一切は、一切例外なくインドに由来している」からだ。

　インド体験を経た林美脉子は「遊郭」を抜け出し、一九八四年から個人誌『緋境』の刊行を開始した（一九八六年、第四号まで）。ここには後に『新シルル紀・考』（一九八八年）へ入る連作が収められている。『新シルル紀・考』において、昇華された宗教性は「宇宙の外側は今　吹雪いているに違いない」（「新シルル紀・記」）という幻視を獲得した。「質量の限界を瞬時に超えて／事象の地平へ／吹きぬけて／いく」（「風の声」）、「どこかで宇宙卵が孵化するらしい」、「そのビッグバンの直前の　この熱さが欠如の沸点だ」、「――欠如は愛の／そのことだ」（「日没」）……と、ここまで辿り直せばもはや贅言は不要だろう。

　断筆を経たあとの『宙音』で、「われ（ら）　三千世界の宇宙卵をびっしりのどまでかかえて　いまだ遺伝子の記憶せぬ億光年を　吐ききってなお吐き続けて　いく」（「視座の海」）と歌われたことを想起してみれば、二〇年に及ぶ詩人の沈黙は、「語らぬ部分のいったいどこから言葉を発せようか」（「撃つ夏」）なる問いへ改めて向き合うことだったとわかる。一にして無限なる宇宙卵を孵化させて、「我はそなたの迷妄である　宇宙はそなたなしに始まり　そなたなしに終わるのだから　そなたは魂で星を殺し　肉体は地にとどまって宇宙視座の軋みとな」（「ナソリ」、『エフェメラの夜陰』所収）ることを悟りつつ、「沈黙の裡に

自分自身を　みずに　ほどいた」(「秋の河口」)との悦びをもって、途切れた循環の体系を埋めていこう。

(『現代詩手帖』二〇一五年五月号)

「作者の死」、パンドラゲートのその先へ

――林美脉子『タエ・恩寵の道行』栞文

お前はシジンでもないくせに、なぜ詩を読むのかと問われれば、お約束のパターンの順列組み合わせ、高度資本主義下のモノガタリに顕著な窮屈さから自由になりたいからだ、と答えてきた。言葉の隙間から獲得される、ある種の複数的な原‐啓示のようなもの――本詩集『タエ・恩寵の道行』の巻頭を飾る「喪幕の村」の言葉を借りれば――「世界認識の位相を断つ」決定的な瞬間の到来は、誰の前にも開かれている。

けれども、現代詩をめぐる言説の多くは、書かれた詩編と「作者」を無頓着に紐付ける前提で書かれており、ともすれば読み手を窒息させてしまう。対して、林美脉子と署名された詩の数々が、世間から解放された衝迫力をもつのは、属人性とは別個の力で、壮大な「内宇宙」と呼ぶほかない〈詩作されてあるもの〉独自の圏域〈ベンヤミン〉を立ち上げてしまうからだろう。

現代詩は、何を書いてもよい自由な分野とされる。それはタテマエだ。版元との協働の仕方、様式《コード》としての書法を体得しなければ、そもそも書かれたものは詩と認められない。ところが、林美脉子の作品を

詩壇的な人物評の水準で片付けようとしても、到底語り切ることはかなわない。四半世紀の沈黙を経て発表された『宙音』（二〇一一年）以後、いっそう鮮烈さを増した宇宙論的ヴィジョン。なるほどその核に、第六詩集『黄泉幻記』（二〇一三年）で示された、母を介護し看取るまでの苦闘が根ざしているのは間違いない。実際、本詩集の「臨終」には……。

物理に解体する母
と
血尿ドレンの垂れ流しに
補塡が次々と死されて

深夜には
馬頭観音を叫んだ

と書かれており、壮絶の一言に尽きる。ただ、この「叫んだ」声が、「馬頭観音」という土着的な形象を一気に超越し、「時間の頑な瘡蓋《かさぶた》をいっきに剥がす」（「欺きの隙」）ものとして、「宇宙の闇に　神の血涙が溢れる」場所（「深潭のぐ音」）、自律しながらも「アメーバーのように伸びていく」融通無碍な圏域を創造するのはどう理解したらよいのか。

つまり、母の死は、ロラン・バルトの言う「作者の死」をも導いた。ゆえに、たびたび語られる「神」はヤーヴェでもなければ、はたまたゼウスでもない。その「神」が治めるのは、無限の統一と、無限の充溢が同居する、独自の因果律を有した異世界だ。「凍るぐ音の呪い溜まりで」響く「えへいうきたいときもへ」(「匪賊」)という不気味な宙域は、むしろラヴクラフトによる一四行詩の連作「ユゴス星より」が幻視したセクシズムの暴力を露呈させる託宣に近い。

かような情景は、「くぐりのぐ音の地下茎を吐く」ことで(「発熱」)、それこそドゥルーズ&ガタリが『千のプラトー』で告げた地下茎《リゾーム》状に拡がりを見せてゆく。「――唱えよ友、そうして入れ」という謎めいた呼びかけは、トールキン『指輪物語』では、あれこれ悩まずエルフ語で「友」とだけ答えれば、モリアの坑道へ続く岩扉が開くという仕掛けだった。しかし、本詩集の「鬼胎の月」では、「マゴ族の巫女集団」がラグランジュポイントに創ったコロニーが間に挟まれることで、素朴さが時間・空間の両側面からアイロニカルに解体される。そもそもヴィリエ・ド・リラダンが夢見た「未来のイヴ」がもたらすのは……。

夜に向かって
地球を神に売りに行く
おまえが時計を壊したのだという
密告が垂れ下がってくる

という光景だった。原体験としての密告は、宇宙の構成原理に介入する他者としての言葉、「吐くばかりのくぐりのぐぐぐ」、「巨大な「うつろ」」を連れてくる(「函・吐く」)。ゆえに、「おまえの甘えを」赦す、安易な救済は与えられない(「燔祭」)。真空の果て、ワームホールたるパンドラゲート(トランスヒューマンRPG『エクリプス・フェイズ』)を介した先にも出口はないが、わずかな希望はあった。

そこから本詩集の表題にある「タエ」を見返せば、自意識を無機物へと換える「砂」に仮託して、極小と極大が同一する空間を描き続けた画家・松尾多英の連作を指しながら、一方で、絶える言葉、耐える身体、逆説的に生まれた妙なる浄化の宙音《おんがく》をも意味するとわかる。

（『タエ・恩寵の道行』、書肆山田、二〇一七年五月）

文学による「報道」

——笙野頼子『さあ、文学で戦争を止めよう　猫キッチン荒神』

一発パンチの利いたタイトル、勇気ある反骨精神。これでこそ「文学」である。だが、あからさまに戦前へ回帰せんとする現行の体制側、例えば日本会議的な勢力が反発した様子はない。影響力などないと、タカをくくっているのだ。芥川賞作家でさえも、沖縄の新基地建設に反対すれば逮捕され、ろくに報道すらされない時代なのだから。

しかし、少なくとも、来るはずの戦争は止められるはず。市民社会には選挙をはじめ、意思表示の制度があるのだから。シニシズムを吹き飛ばすため本書が試みるのは、文学による「報道」だ。

それは、私的な実感を軽視しないことから始まる。著者の家に暮らす猫神、「若宮にに」の語りを借りて、難病の膠原病《こうげんびょう》、大学特任教授としての創作指導、老いた飼い猫に対する全身全霊での介護といった経験が綴《つづ》られる。根底にあるのは、戦争は一律にやって来ず、「弱いものの上にまず不幸が落ちる」という認識だ。

この危機感は信頼していい。なにせ著者は一〇年も前に、与党と野党第一党がともに極右になりかねない現在の状況を、見事に小説で予期していたからだ。だからこそ、病苦のため、自分の身体が自分のものと思えないのに、著者は差別扇動デモへのカウンターデモに足を運び、そこで目にした光景を小説に書き込む。

エピソードの中では、二〇一五年、三重県志摩市が私企業による海女の卑猥な萌《も》えキャラ化を「公認」したことへの言及に着目したい。著者は反対署名に参加したことでネット右翼らに「たかられ」た。その経験を通し、文壇の論争で体感した、生きた人間を平面化する類の「二次元評論」が、広く世間に浸透していることを確認する。そして、環太平洋連携協定（ＴＰＰ）による植民地的な収奪を危惧する著者は、「性暴力と経済収奪、ヘイトスピーチはまったく三位一体」という認識に到達する。この現状を変えるために、文学ほど深い部分で訴えかける手段はない。孤独な闘争だろうが、評者は断固として本書を支持する。

（講談社・２０５６円）

笙野頼子（しょうの・よりこ）
一九五六年三重県生まれ。立命館大卒。八一年「極楽」で群像新人文学賞を受賞しデビュー。「タイムスリップ・コンビナート」で芥川賞、「未闘病記」で野間文芸賞。

（「時事通信」書評、二〇一七年一〇月一〇日配信）

III

北方文学の探求、アイヌ民族否定論との戦い

小熊秀雄を読む老作家・向井豊昭を読む

二〇〇四年、〇五年頃だろうか。一人の老作家が息子の運転するレンタカーで、旭川を走っていた。小説の取材のために、小熊秀雄と妻・つね子の足跡を追いかけていた老作家は、二人の新婚の地を訪《おとな》うことに決めたのである。つね子は、小熊との青春の日々を書き遺していた。「緑の波濤のようにも牧草が風にさやぐ北海道の上川原野の一隅に」二人で足を伸ばして座っていたとき、小熊が詩を作り、つね子が「即興の作曲でカルソー張りに声をふるわせて」歌ったという光景だ。老作家はそのイメージに感じ入り、舞台となった牧草地を探り当てようとしたのだ。

場所の特定はかなわなかったが、調査から数年後に老作家は、小熊の叙事詩「飛ぶ橇」(一九三五年)にちなんだ小説「飛ぶくしゃみ」(二〇〇七年)を発表する。そこには前述したつね子の回想も、引用という形で取り込まれていた。「飛ぶくしゃみ」では小熊と牧草地というモチーフが導きの糸となり、作家自身を模した語り手が、北海道で過ごした新妻との日々を思い出す様子が描かれる。牧草のそよぐ北海道の高台で逢引を行なった二人は「詩も作らず、歌も歌わなかった」が、続く場面では「風にさやぐ牧草はペンのような葉の先で光の中に詩を書いた。葉という葉は声帯のように震え、リズミカルな音を発し続けたものだ」とも記される。描写の隅々に、老作家のみずみずしい「青春の叙情」が横溢している。

小熊秀雄を読む老作家の名は、向井豊昭《むかいとよあき》（一九三三～二〇〇八年）。四〇年を超える執筆歴を持ち、版の違いを含めれば作品総数は三五〇を数えるが、存命中に商業出版された単著はわずか三冊に留まる、いわば不遇の作家だ。彼は六二歳で早稲田文学新人賞を受賞、中央文壇で本格的に知られるようになったが、当人の言葉を借りれば、当時の「早稲田文学新人賞はマイナーとされる新人賞」。大手商業文芸誌で仕事をする機会は与えられず、稿料はそれらの雑誌の一〇分の一、芥川賞等メジャーな文学賞には無視される。「このような区切りによって構成される社会に対して、言葉をぶつけていくことこそ文学の使命のはずではないか？」と老作家は吠え、「文学」を支える諸々の制度とは無縁の場所で、死の直前までゲリラ戦を続けたのである。そんな彼が小熊に魅了された理由は、「叙事詩　無神の馬」（生前未発表、ウェブサイト「向井豊昭アーカイブ」で公開中）で、「言葉のズレ／ズレの作る辛辣な風刺／小熊秀雄は／時代と権力を嗤い続け死んでいった」と書かれていることから見ても、非転向を貫き支配される者の側に立ち続けた先人の駆使した「言葉のズレ」に、多くを学んだからだろう。

だから彼は小熊の詩に「青春の叙情」を読み、しかも、それに終わらない。貧困に苦しみ、若くして病魔に斃れた小熊のように、「青春の叙情」を呑み込む理不尽な暴力がもたらす痛みを、向井は正面から見据えていた。暴力を生み出す装置としての「時代と権力」に対峙し、制度という安全地帯の外に立ちながら、自己の位置を捉え直すこと。そこに自分と通じるものを見ていたからこそ、向井は「飛ぶくしゃみ」を通して小熊のテクストを読み直し、叙事詩の表題にも採られた「飛ぶ橇」のイメージが、〈アイヌ〉に対する征服者としての「ニッポン人、小熊秀雄の言語感覚」に由来するものだと批判をぶつける。だがその批判は、返す刀で批判者自身をも傷つけるということを、小熊を読む老作家・向井はよく心得ていた。ゆえに「飛ぶくしゃみ」のなかで「ニッポン人」向井は、「飛ぶ橇」に登場する〈アイヌ〉の「四辻権太郎＝イクバシュイ」に、自らを激しく鞭打たせるのである。

「飛ぶくしゃみ」は最晩年に限定三〇部の個人誌が初出で、一般には知られることはなかったが、二〇一四年、同作を表題に冠した『向井豊昭傑作集　飛ぶくしゃみ』（未來社）の商業出版が実現した。私は同書の編集・解説を担当、旭川で開催された小熊秀雄賞記念フォーラムで「『飛ぶ橇』と『飛ぶくしゃみ』――小熊秀雄と向井豊昭」と題して講演するなどして、二人を読み直してきた。今日において、彼らが対峙した大きな問題が、日々連続し強化されていることを痛感した私は、その構造に抗うための新しい言葉を、模索している最中だ。

（『すばる』二〇一四年七月号）

夷《えみし》を微《かす》かに希《ねが》うこと

——向井豊昭と木村友祐

下北と〈在日朝鮮人〉——向井豊昭「御料牧場」

〈わたしは在日朝鮮人ではなく、在京下北人。青森県下北半島の言語を母語として育ち、母語とは千里のへだたりのある言語環境の中で、日本語の中央集権化の不当性を実感しながら生きています。〉

湾岸戦争で多国籍軍がイラク空爆を行なったのと同時期である一九九一年一月、一人の作家が、このように書面へ書きつけた。その名は、向井豊昭（一九三三〜二〇〇八年）。自らを貫く「歴史の声」に突き動かされながら、死の直前まで「誰にも似ていない」異形の小説を紡ぎ続けた作家である。(註1)そんな彼が自らを「在京下北人」と定義づけたのは、文芸誌『新日本文学』で林浩治の批評文「原理の転換、あるいは民族文学の破綻——在日朝鮮人文学論の試み」(註2)が紹介された記事を目にし、林へ連絡を試みた際のことだった。(註3)

林の批評は、自身と親交があった金泰正や、その後続世代にあたる李良枝といった作家らが、どのように「在日朝鮮人としての日本語」のことを考えていたかを問うものである。考察にあたって林は、いったん一九一〇年の「朝鮮併合条約」への調印にまで遡るが、その過程で、金史良や張赫宙といった「在日朝鮮人文学」の始祖として語られる作家が、プロレタリア文学運動にコミットしつつ、「世界語」としての期待をかけて、「植民地朝鮮の民族語」ではない日本語で小説を書いていたことに着目し、それにより生まれたディレンマについて論じている。この苦しみを、向井豊昭はわがことのように受け止めた。金史良は、「朝鮮の社会や環境において動機や情熱が盛り立てられ、それ等に依って掴んだ内容を形象化する場合、それを朝鮮語でなしに内地語で書こうとする時には、作品はどうしても日本的な感情や感覚に禍いされようとする」ことに苦しんだ。張赫宙は、「アイルランドは三百年にして英語になり、今日ではよほどの山間の住民でなければケルト語はきけんようになったという。(……)ショウもイエーツもケルト語でかいていたとすれば、今日の世界的作家になったであろうか」と問いかけ、国策としての「内鮮一体」運動に、むしろ在日朝鮮人の側から加担してしまった。(註4)

在日朝鮮人文学については、ほとんど知識のないわたしですが、アイヌ、あるいは東北人に問題を当てはめながら読んでみました。(……)わたしがアイヌの問題を当てはめたのは、かつて北海道の小学校のセンセイをやっていたころふれあったアイヌの子どもたちの現実であり、東北人の問題を当てはめたのは、そこにわたしの母語があるからです。

(向井豊昭から林浩治宛の書簡(註5))

向井豊昭はマイノリティである〈アイヌ〉に対する征服者として自己を規定し、金史良が言う「日本的な感情」すなわち叙情にこそ同化主義を見た。彼は北海道南部の「アイヌ・モシリの小学校」の教師として二五年もの間働き、張赫宙が主張したようなマイノリティから言語を奪う営為に加担したという慚愧の念に終生苛まれ、エスペラントや「ヌーヴォー・ロマン」、小熊秀雄といった先人らに学ぶことで、直面した矛盾の構造を表現する方法を模索してきた。それでは、自らの「母語」を規定したという「青森県下北半島」について、作家はいかなる認識を抱いていたのだろうか。

一九四五年三月の東京大空襲を経験した向井は——祖母・向井イチ（資料によっては田中イチとも表記）の実家がある——陸奥湾に面した青森県下北郡川内町（現・むつ市）に疎開した。向井と国民学校時代に同級生だった岡本猛は、当時、一クラス五人くらいの転校生がおり、また当時の向井家は、「毎日の食事にも事欠く貧困のドン底」[註6]にあったと回想している。全日制高校への進学を諦めざるをえなかった向井は、一九五〇年から川内町内の大揚《おおあげ》鉱山（現在は閉山、周囲は一般ごみの最終処分場になっている）に勤務。往復一〇キロメートルの過酷な山道を徒歩で通勤しながら、定時制高校（青森県立大湊高校定時制川内分校＝当時）に通っていた。当時、太平洋戦争準備に伴う翼賛体制のもと、下北半島は軍事的な要所となるため、「全島基地管理下」に置かれていた。この頃の川内港について、向井は「御料牧場」（一九六五年）で、次のように書いている。

ふるさとの町は、海軍の軍港から二十キロメートルほど離れた所にあった。戦時中、町はずれに海軍の製材所が建てられ、軍需用の資材がそこで製材されたことがある。たくさんの朝鮮人が大きな木造船で連れて来られた。夜は、川港に浮かんだその船で眠り、昼は製材所の木材かつぎ、船への積込みをしていた。

どんな理由かわからぬが、ぼくは毎日のように、桟橋の上で、日本の若い海軍兵に気合をかけられている朝鮮人を見うけた。鶴のようにやせ、頬骨の突き出た彼等の皮膚は、太陽にさらされてドギック焦げつき、汗は油のようにその上をおおっていた。積込み作業の最中、その中の誰か一人は、きまって手を地べたに突き、高く積んだ木材に足をかけ、逆立ちをしているのだ。ピーンと張った腕が少しでもたるみ、頭が地べたに下がってくると、思い海軍兵の持つ棍棒は、思い切り彼の尻へ飛ぶのだった。

「アイゴー、アイゴー……」と泣き叫び、逆立ちを続ける仲間のそばを、朝鮮人達は黙々と積込み作業に従っていた。

（「御料牧場」）(註7)


「御料牧場」で向井は、貧困に苦しむ〈アイヌ〉のコタンで身を潜めるように暮らすことを余儀なくされていた在日朝鮮人の模様をリアリズムの手法で克明に活写しているが、起源の記憶として書かれるここでの描写には、いわゆる「強制連行」に伴う加害の記憶が確かに宿っている。(註8)「御料牧場」では戦後、朝鮮人たちは、「トラックに鈴鳴りに」なって「ニッポンマケタ」「バカヤロー」と罵声を発し、いずこかに消えていったと語られる。一九四〇年から四四年頃にかけて、下北半島には四千数百人もの朝鮮人が「海軍の軍港」こと大湊港や、大間鉄道・日本通運等で奴隷的な労働を強いられた。終戦まもない四五年八月二四日には、彼らを強制送還する海軍特別護送船・浮島丸が舞鶴湾で爆沈。公式発表では五二四名の朝鮮人と二五名の日本人乗組員が犠牲になったというが、数字の正確性には疑問が残る。(註9)朝鮮人の後ろ姿と入れ替わるかのように、復興需要と朝鮮戦争、加えて地域ナショナリズムの三位一体によって、下北半島における鉱山の需要は大きく拡大を見せた。向井が勤務した大揚鉱山は一九四八年に株式会社化、やがてはコンツェルンの一部にとなる。この頃の採鉱では一六三万トンの鉱量が確認され、生産量は東北有数、鉱山が地元に落とす金は人件費と物品購入費で月一〇〇〇万円（当時）に及んだ。従業員の六割を送り出していた川内町檜川では、他の集落には見られないほど「テレビアンテナが立っていた」という。そのような活況のなかで、向井は定時制高校の卒業前に、「「川内に向井あり」と言われるほどの下北短距離界のホープ」[註10]だったが、鉱山での勤務が原因で結核にかかる。手術の際に行なった輸血は、やがてC型肝炎を発症させ、作家の命を奪うこととなった。

「下北語」が表現するもの——向井豊昭「下北」、「ゴドーを尋ねながら」

没後、向井豊昭が段ボール箱の中に遺していた「下北」という草稿（康見季生名義）は、作中の「下北ば飛び出て北海道さ来てから、二十四年もたってしまった」という記述から、文で立つために教職を辞し家族とともに上京する前年、一九八六年頃に書かれたものと推定される。「ヌーヴォー・ロマン」に出逢い、自らの小説に「方法」意識が欠けていると感じた彼は、ルーツを見つめ直すため、一九八四年に下北半島を一周したが、この時の経験をもとにして書かれたものだろう。

どんもこんもねえ時、下北語ァ出はってくる。下北弁でねえ。下北語だ。ドンダバシテって言《へ》る言葉コ一つとってみても、『広辞苑』さ書かさった『べん【弁・辯】言葉づかい。ものの言いぶり。』って言《へ》る意味ば、うっとはみ出てまってるんだ。

『ドンダバシテ』の『ドンダバ』ァ『どうなんだ』って言る言葉さ重なり、『シテ』ァ『どうして』さ重ねることァできる。したばって、「どうなんだ！　どうして！」ってワ、呶鳴《ずな》れねえ。五臓《ごんじょ》わたから出はってくるのァ、「ドンダバシテ！」なんだ。血の香《かま》りと、肉の香《かま》りァ、そこにある。（「下北」）

この「下北語」は向井作品を考えるうえで重要なタームだ。語り手は、既存の世界観が入れ歯のようにグラつくような経験をした際、やむにやまれず出てくる言葉こそが、「下北語」なのだとうそぶく。だが一方で、「ほんとのこと言《へ》れば、ワの下北語も入れ歯だね」とも韜晦しているのだ。もともと語り手が東京から疎開したという事情から、「下北語」を事後的に学習せざるをえなかった。クラスのいじめっ子からは「標準語でわびろ」と強要され、下北弁に特有の助詞の鼻濁音が上手に発音できないと難癖をつけられる。こうした場面が、後に全編が下北弁で著された「まむし半島のピジン語」（一九九七年）で語り直されることを鑑みると、向井にとってルーツであるはずの言葉は、少なからず違和を孕むものであり続けてきた。

「下北」は四〇〇字詰め原稿用紙で五〇枚ほどだが、至る所に取り消し線が引かれ、推敲の途上であったことがうかがえる。そこで克明に描かれるのは、寝たきりであった「婆」こと祖母・イチが亡くなるときの様子だ。[註11] 彼女は、向井豊昭の祖父で函館の大火で職を失った石川啄木に『北門新報』を紹介したことでも知られる詩人・向井夷希微《いきび》（一八八一～一九四四年、本名・永太郎）の妻であり、「啄木の妻節子が小樽から田中方を訪れたとき、懐中乏しい啄木に代わって食事の世話をするなど、短期間ではあったが啄木一家と肩を寄せ合って暮らした」[註12]。「下北」の結末部では、彼女が一つの例外を除き、「下北語ば口にしなかった」と書きつけられる。その例外とは「お山」という、恐山を指す言葉だった。祖母にとって恐山は、逸脱としての「血の香りと、肉の香り」を意味する場所だったのである。

「下北」のほか、恐山をモチーフにした向井の作品に、「ゴドーを尋ねながら」（二〇〇三年）がある。この作品を執筆するため、向井は「わざわざ恐山の夏の大祭に出かけ、イタコに祖母の霊をおろしてもらったりしました」と回想している。「霊なんか信じていたわけじゃありません。でもね、イタコが祖母の言葉をしゃべりだすと涙が出てくるんです。不思議な体験でした」（註13）と弁明する向井は、恐山の習俗と、（「ヌーヴォー・ロマン」にも分類される）サミュエル・ベケットの戯曲『ゴドーを待ちながら』を習合させることで、標準語と方言との一義的な意味の対照性を脱臼させ、下北弁を超えた「下北語」が何を表現するのか、追究した。この「ゴドーを尋ねながら」は小説とエッセイのあわいを行く奇怪な作品で、『ゴドーを待ちながら』の登場人物であるヴラジーミルとエストラゴンが恐山に登っているのを見た語り手が、二人に五〇年もの長きにわたって待ちぼうけを食らわせているゴドーの行方をイタコに問いかけるという、なんとも人を食った光景が描かれる。

イタコの両手が動き、数珠が鳴った。唇が動き、喉の奥から言葉が湧き上がってくる。ゴドーの言葉なのだろう。

「アー、アイヤ、ヤーイ、ヤーイ、アイヤー、ハー、ハーイ、我《わ》が行く道《みち》がァ、来る道《みち》呼ぼうがヤーイ、袖や泣いで打ぢ絞る。ヤーアイ、ヤー、ハーイ、此処《ここ》ァ何処《どご》がヤイー、この一の枝に何が成るアール、ヤーイ、南無阿弥陀仏の六字《ろぐ》が成るヤーイ」

こちら三人、耳が立ち、屋根の肉は厚くなる。二人のガイジンの集中力は相当なものだ。枝という一言に反応し、首をねじって二人はテントの外を眺めたのだ。目の先、遠くにあるのは、（引用者

注：『ゴドーを待ちながら』で）論争を招いた一本のあの木だった。

「南無阿弥陀仏なんか、成ってないよなァ」とエストラゴン。

「成ってない」と、ヴラジーミルが相づちを打った。

「アイヤ、ヤーイ、ヤーイ、アイヤー、ハー、ハーイ」

「ゴドーァ、ガイジンだづのに、何して南無阿弥陀仏なのよ」と、おれはイタコに文句を投げつけてやった。

イタコの類がピクピクと動いた。

「南無阿弥陀仏の六《ろぐ》文字見えだど思ったのァ仮の姿《すがだ》。遠ぐ昔《むがし》ば尋ねれば、この世に文字づものァござらんで、言葉《ことば》ァ喉ば震わへで、言葉《ことば》ァ空気《くうぎ》ば震わへで、言葉《ことば》ァ風の力《ちがら》ば持ぢ、東だ西だ南だ北だど思いの全《すべ》てば運《はご》んだもんだおん」

投げつけたこちらの言葉に呼応して、ゴドーの言葉は変化している。津軽弁のなまりが感じられた。

「遠く昔《むがし》ば尋ねれば、この地に住んだのァ、アイヌ達《だぢ》。アイヌ語で「言葉《ことば》」の事《ごと》をば「イタク」ど申し、「しゃべる」事《ごと》をば「イタコ」ど申した。このゴドーこそ、姿《すがだ》ば変えたイタクだのす」

（「ゴドーを尋ねながら」）

ゴドーという決して姿を現さない表象の彼方とも言うべき存在が発する言葉は、文字に書かれる以前の言葉と、その背後に根ざした情動へと移り変わり、やがては向井にとって生涯のテーマだった〈アイヌ〉へとたどり着く。向井豊昭が下北半島に関心を抱いた大きな理由として、脇野沢村（現・むつ市）に住んでいた〈アイヌ〉の首長・ハッピラについて関心を持っていたということは外せないが、そのハッピラの霊をイタコにおろしてもらったこともあったと向井は回想している。(註14) 彼が大揚鉱山で勤務していた一九五三年、ベケットは『ゴドーを待ちながら』をフランス語で書き、初演。後に、作者自身の手で英訳されたのを皮切りに、多数の外国語に翻訳される。これを向井は、こともあろうに下北弁に書き換えてしまう。「日本語の中央集権化の不当性」を告発する私小説風のエピソードも挿入、皮膚を切り裂き血を滴り落とさせる「おれ一人」の「力を持った新しい言葉」としての「下北語」を、果敢に模索したのだった。

無二の故郷を書き換える——向井豊昭「南無エコロジー」

向井豊昭が恐山という「霊場」を小説で扱う際にこのような書き換えを行なうのは、恐山というトポスが、「死」という圧倒的なリアリティと強度で迫ってくる虚無に向き合った人間が言葉と感情を放出する場所だということを、よく諒解していたからだろう。つまり、向井は恐山が力も意味も排除された空の器だということ、つまり「パワースポット」ならぬ「パワーレス・スポット」だと、直観していたのだ。(註15) こうして向井は、方言を用いることで「中央」を相対化するのみならず、自らを形作る風土に、通常想定される方言の枠に留まらない「下北語」の情動を組み込み、あるいは、その痕跡を読み取ろうと試みる。

二〇〇五年、作品発表のメイン・フィールドだった『早稲田文学』(第九次)が休刊したことを受け、起死回生を賭けて架空の出版社「BARABARA 書房」を立ち上げた向井は、自費で作品集『怪道をゆく』(二〇〇六年)を出版、書き下ろしで中編「南無エコロジー」を収めた。「ナームーエッコロジー」という「念仏によく似た奇怪な言葉」が繰り返しリフレインされる同作は、語り手が亡き母との「思い出の町」である川内町を一人で訪ねようとする過程で起きた不可思議な出来事と、知られざる書き手が紡いだ過去のテクストがシームレスにコラージュされた作品で、作中の遠近法は意図的に撹乱され、向井にとっての『田園に死す』（寺山修司、一九七四年）だと言える。

戦争末期に「川内にある母の実家」を頼って疎開してきた母子。雪道のためにバスは不通で、敵の潜水艦が現れるため客船の航路も使えず、大湊から川内まで「二十キロの遠足」を行なわなければならない羽目に陥る。そうした記憶に浸る語り手の前に、「ナームーエッコロジー」という不気味な題目を唱える緑一色の法衣の男が立ち塞がる。彼の正体は「明治、大正、昭和の三代を社会主義の運動家として生きた荒畑寒村その人」。しかし、その姿は、語り手が三鷹の市民ギャラリーで見たことのある、画家・塩見暉夫の「荒畑寒村像」（一九三二年）に描かれたものだった。

道中、陸奥湾に面した堤防を下り、「海そのものと合体し、歴史の記憶をもてなしたい」と願う語り手は、荒畑寒村像のような「重厚なリアリズム」をベースにした塩見が、赭土《しゃど》という別名で旧来の作風から一転したキュビズムの方法を採っていたことに関心を示し、下北半島の「重厚なリアリズム」を「キュビズム」で上書きする様を夢想する。一方、荒畑寒村の「ナームーエッコロジー」の声は、続いて現れた尼に引き継がれていく。彼女の正体は、全国の熊野神社を渡り歩く熊野比丘尼だった。「南無エコロジー」での彼女には、母親と娼婦という二重のイメージが投影されている。彼女が川内へ向かうというのを耳にした語り手は、母の祖先が「熊野という権威を必要」としたため、川内に熊野神社を建立したことを想い出す。

川内にある熊野神社は、一六六一年に香川県の塩飽七島の人によって建立、一八二六年、気仙沼の俳人・〝松嶋より東なる〟青良の選による俳諧額が奉納された。(註16) この青良を、語り手は芭蕉に対する強烈なライバル心に燃えたった者だと理解し、「こちらは、おくのほそ道で生きているんだ。ひょいとほそ道にやってきた芭蕉や曽良に何が分かるかと、彼は肩を揺さぶらせたに違いない」と、その心情を推測している。

青良は「九州から蝦夷地まで、歩きに歩いた各地での青良の句と各地の俳人の句が、地名と共に並んでいる」正・続二編からなる『国名尽集』を編纂した。にもかかわらず。そのなかには、青良が向かったはずの川内の名前が抜け落ちていた。つまり青良は、彼にとっての〝おくのほそ道〟から、川内を除外したのだ。だから「南無エコロジー」における青良の扱いは、なかなかに手厳しい。黒の法衣をまとった姿で登場し、徒歩で川内を目指す語り手と熊野比丘尼に同行する青良の顔はのっぺらぼう、口ではなく肛門の括約筋を動かして言葉を発する奇怪な存在として描かれるのだ。青良の辞世と伝えられる「わが影をふんでゆくなり薄氷」すら――川内川をゆく機帆船の乗組員「屁っふりシゲ」の思い出を噛ませながら――「わが尻で割ってゆくなり薄氷」と、大胆不敵に書き換えてしまう。

忘却への闘争――木村友祐「海猫ツリーハウス」、「「P」」「満車」「連結散水送水口」

作家の没後、約六年が経過した二〇一四年二月、『向井豊昭傑作集　飛ぶくしゃみ』が刊行された（未來社）。北海道在住の歌人・山田航は、同書について「現実の北海道には、濃厚でむせ返るような土俗性は薄い。向井豊昭の育った東北とは比べるべくもない。モチーフとして取り込まれるアイヌもエスペラントも「作家の業」も、〈近代〉しか持たない北の大地に土俗性を取り戻すための武器だったのだろう」[註17]と評している。山田の説を採って仮に向井の文業が北海道へ欠落としての「むせ返るような土俗性」を導き入れるための営為だったとするならば、「南無エコロジー」は、その淵源に降り立とうとした作品だったと言える。そして、彼の試行錯誤は、向井の言う「下北語」について思考した、後続世代の現役の作家をも読む視座を提供してくれるのではなかろうか。

川内から海路で繋がる、八戸へと視点を移動させよう。向井豊昭が没した翌年、出身地の八戸を舞台とする「海猫ツリーハウス」(二〇〇九年、第三三回すばる文学賞受賞作)でデビューし、以後も東北弁へ徹底的なこだわりを見せる作家・木村友祐(一九七〇年〜)を考えてみたい。向井は東京から下北へ疎開したが、木村は八戸から東京へ進学した。このように方言を意識するに至った方向の違いはあれども、両者が自覚的に東北弁を文業へ取り入れるのには、東京に代表される「中央集権」的な価値観を相対化しようという目論見があった。

僕は大学進学を機に東京で暮らし始めて、なぜか、人に笑われたわけでもないのに、東北弁が恥ずかしいと思ったんですね。ほかの方言に比べて、とくに東北弁は劣った言葉だという引け目があったのかもしれません。絶対出してはいけないという縛りが、自然と自分の中に生まれました。その縛りがきつ過ぎたせいか、逆噴射するように今は方言を思いっきり使った小説を書いているんですが(笑)。

(……)方言の訛りって、意味の伝達というよりも、感情の微妙な襞や温度を、よく伝えるものなんですよね。その幅はすごく広くて繊細で、標準語に翻訳するとこぼれるものがたくさんある。

(「混在郷としての〈東北〉をめぐって」[註18])

実際、「海猫ツリーハウス」では、向井豊昭の「まむし半島のピジン語」に出てくる「シモキタ・ピジン語」によく似た「ピジン語」の生成を予感させる、八戸弁と似非関西弁との対立が克明に描かれる。

「ちょっと待で。その話の前によ、その関西弁みったへったら（変な）喋り方《かだ》やめろじゃ。あんべ（気持ち）悪《わり》い」

「やめてたまるかい。東北人つうのは昔から敗北者や、大和朝廷に侵略されて負けた蝦夷《えみし》の子孫やで。北ちゅう字の語源は背を向けるという意味やそうやから、敗北は負けて北に逃げるという意味じゃあらへんけど、こんな寒い住みにくいとこ、負けた奴が追われて落ち延びる場所としか思えんわ。わしがそんな負け犬根性しみついた奴らの情けない言葉なんかつこてたまるか。関西弁使うのも仮のもんや、今にわしが作った言葉、この国に広めてみせるわい」

（「海猫ツリーハウス」[註19]）

木村はデビュー作の時点から、「なるべく方言の音に忠実に書こうと意識」し、「方言をそのまま、濁音も洗わずに書」き、意味はルビで補足するという方法を採っていた。その結果「ピジン語」の生成を小説として記述しえたわけだが、ここで見落としてはならないのは、青森の東北弁といっても一枚岩ではなく、奥羽山脈を境として津軽弁と南部弁に大別されることだ。木村は南部弁で書き、向井の下北弁も、より広いカテゴリーでは南部弁の一種として理解される。向井の遺稿「津軽と南部ァ親戚《オヤグマギ》」では、「ワイマイネだど。／マイネァ津軽弁だね。／南部下北の吾達《ワド》ァ／マイネでなく／ワガンネって言《へ》るんだハンデ。」「ワイ　ハンデだど。／ハンデァ津軽弁だね。／南部下北の吾達《ワド》ァ／ハンデでなく／シテって言《へ》るんだシテ。[註20]」と、津軽弁と南部弁を対比させ、両者の違いが説明される。こうした差異に目が向けられているからこそ、逆に、日本の内側からは見落とされる亀裂について、正面から向き合うことが可能になる。木村の「「P」「満車」「連結散水送水口」」（二〇一四年）と題されたテクストを見てみよう。

「今の世の人間の生きてゐる生活は、あれでいいのだらうか。暗黒な惨《いた》ましき懊悩に充ちた現実は、地獄の野獣の叫びだ。人と人とが殺し合ひ、国と国とが猛虎の如く戦つてをる有様は」洪海星《ホンヘソン》。日本からの解放を願いながら、そのための運動の方法である「新劇」を、日本に学ばなければならなかった男。そういう人物がいたことを、大学時代の日本人の友人が教えてくれた。

（「「P」「満車」「連結散水送水口」」[註21]）

一九一九年、日本の帝国主義的統治からの独立を目指した三・一運動は、東京に留学していた朝鮮人学生が発火源となっていた。これに呼応して、「個人の出世より、民族の利益に一生を捧げることを決め、その道として舞台芸術運動、すなわち演劇を選択した」のが洪海星だった。[註22]彼の協力のもと、劇作家の小山内薫は朝鮮独立運動を主題とした戯曲『金玉均』（一九二六年）を執筆したが、今や洪海星もその作品も完全に忘れられている。

ウェブサイト「向井豊昭アーカイブ」の管理人・東條慎生は、向井の文業を「忘れられないための「闘争」」として位置づけたが、[註23]木村もまた、「「P」「満車」「連結散水送水口」」の末尾で「もしもあらゆる解放運動が、ひとを忘れさせる何かに対しての抵抗だったとしたら。彼らの運動の意義はまだ全然なくなっていない」」と訴えかける。

下北、「核」と「基地」をゆく——木村友祐「幸福な水夫」

木村友祐の第二作「幸福な水夫」（二〇一〇年）は、著者とほぼ同い年である守男とゆずるの兄弟二人が、七三歳になる父・和郎を連れて、八戸市から車で三時間ほどの場所にある父の生まれ故郷・下北郡風間浦村（本州最北端の村）に向かう様子をロード・ムービー風に描いているが、家族をめぐるドラマと、青森の「核」と基地をめぐる光景が、自然に溶け合わさっているのが特徴的だ。

車は青森県道一九号八戸百石線を北上し、一川目《ひとかわめ》という地区で国道三三八号線に入る。陸奥湾沿いを走り、本州最北端である大間崎にまで通じる道路を進むのだ。途中、車は「日本で唯一、在日米軍、航空自衛隊、民間航空の三者が使用している」三沢空港のある三沢市を通過する。作中では、父子のさりげない会話のなかに、空港周辺の住民が「集落《しゅうらぐ》ごど、た、退去させられだの（たんだ）」という台詞が交じる。戦前に海軍三沢航空基地が置かれていた三沢は、冷戦期の一九五〇年代には戦術核兵器による攻撃のための秘密作戦の出撃基地となっていた。二〇〇三年のイラク戦争では、三沢のアメリカ空軍F16戦闘機が、バグダッド空爆一番乗りを果たした。航空自衛隊三沢基地の戦闘機も考慮に入れれば、一基地の攻撃力としては世界でもトップクラスを誇る。実際、二〇一一年度の三沢市の一般会計予算の約五分の一が基地関係の予算や補助金に相当する額となっていた。(註24)

三沢を過ぎ、やがてむつ小川原開発区域に入ると、原発関連の施設が増えてくる。民家や林に、いちいち会社名の入った「立ち入り禁止」の表示があるところから、三人は、これが原発関連施設用地として確保されているものではないかといぶかしむ。六ケ所村を抜けて下北郡に入ると、道は唐突に狭まり、東通原発関連と思われるPR館の案内が、しきりに電柱に現れるようになる。父・和郎がトイレに行きたいというので立ち寄ったPR館「ペレトゥビレッジ」[註25]は、「子どもが遊べるようにすべり台やライドマシンを置いた部屋や、百人収容できる多目的シアター」が設置された場所だった。そこでは原発の燃料「ペレット」にネーミングが由来する「森の妖精ペレトゥ」というキャラクターのホログラムが、「小さな燃料で大きな電力を作れ」て「二酸化炭素を出さないから、とってもクリーンで環境にやさしい」と、原発のメリットを解説してくれる。

このような施設の充実から、地元に巨額の補助金が投入されていることがうかがえるが、もともと東通原発は、下北半島全体を占める「下北原発」なる、「東京電力一〇基、東北電力一〇基、あわせて二〇基、出力二二〇〇万キロワット以上、文字通り日本最大の原発基地」として構想され、実際に二〇基分の用地が買収され、合計で八〇八ヘクタールにものぼる土地が買収済みとなっていた。[註26]にもかかわらず、東通原発が実際に使用している敷地は、両電力が確保している土地の一七パーセントにすぎない。下北の「核」問題を持続的に調べている鎌田慧は、ここに高レベル放射性廃棄物の最終処分場が建設される予定だったのではとの推測を行なっているほどだ。[註27]

続いて一行はむつ市内に入り、恐山を見に行く。券売所の脇に出ている売店には、「霊場アイス　恐山盛り」の看板が光り、例大祭ではないのでイタコはいない。つまり、そこで彼らを出迎えたのは、「パワーレス・スポット」から、さらに脱魔術化された「観光地」の光景だったのだ。ゆずるが恐山の地獄めぐりで最も期待していた「血の池地獄」も、「ただの岩で囲まれた人工の小さな池」にしか見えず、つい「テーマパークだな、こりゃ」と本音を漏らしてしまう。「パワーレス・スポット」のジャンク化だ。しかし、その背後には相応の文脈があった。東京から下北を再発見する「南無エコロジー」では、恐山の最高峰を形成する釜伏山について「（……）あの奇麗な山だって、ほら、てっぺんに円盤みたいなものがあるだろう。あれは多分、自衛隊のレーダーなんだ。山のてっぺんには、戦争を当て込んだ音や声が飛び交ってるんだよね」[註28]と語られている。このレーダーとは、円形のレーダーカバーだけで直径一八メートルにも及ぶミサイル防衛用の最新鋭レーダー「ＦＰＳ－５」のことを指している。[註29]今や恐山は日本とアメリカのミサイル防衛ネットワークの重要拠点となっているのだ。

「幸福な水夫」は声高にメッセージを謳うのではなく、あくまでも生活者の視点で、家族が八戸から下北まで「北上」する模様を、父子の間に横たわる微妙な軋轢とともに描きぬいてみせる。だからこそ、到着した風間浦の旅館で明かされる父親の過去、それに紐づいた旅行の理由が際立つのだ。本作のハイライトは、旅館のバーのカラオケのモニターに映しだされた「釜山港へ帰れ」の歌詞に、ゆずるが「背に腹替えられない」がゆえ、原発を受け入れざるをえない青森の哀しみを重ね合わせてしまうところだろう。木村は「天空の絵描きたち」（二〇一二年）で、命の危険と隣合わせの環境で高層ビルの窓ガラス清掃に従事する労働者たちの誇りと哀しみを描くなど、それこそ「ちっぽけなひとり」の立場にこだわってきたが、[註30]「幸福な水夫」では、その視座をもって、「核」と「基地」に覆われた下北というトポスの痛みを表現しようと試みている。

同調圧力に抗する蝦夷──木村友祐「イサの氾濫」

向井豊昭と木村友祐の共通性を考えるうえで、もう一つ外せないのが、最新作である「聖地Ｃｓ」と同じく３・11東日本大震災を受けて書かれた「イサの氾濫」（二〇一一年、第二五回三島賞候補作）だ。「イサの氾濫」の語り手・将司は、夢に繰り返し現れる叔父・勇雄ことイサの伝記を書こうと試みている。携帯電話を持つようにマキリ（アイヌ語で「小刀」の意）を持ち歩き「浅刺しのイサ」と呼ばれた勇雄は、数えで七一歳。「かつて、器物損壊や暴行、また船の上で人を刺したことによる傷害罪などで前科十犯以上を重ねた男」[註31]だと語られる。酔えば兄の住む本家で暴れ回るなど、すっかり親族の鼻つまみ者となっていた。

「モバイルゲームもツイッターもやらないし、スマートフォンにも必要性を感じない」将司は、東京で「小さな出版社や印刷社を転々とする」生活を送っていたが、その結果、「おれの人生の決着はすでに着いてしまった」と、高度資本主義社会における敗北者として自意識を屈折させている。そんな彼は幼少時に見た勇雄の姿に不思議と惹かれ、地元に帰って叔父の行跡についての聞き取り調査を行なっている。その一方で、震災のときに津波から逃げ遅れた人を三〇人近く救助して新聞にも載った中学校の同級生を讃えるためにクラス会が開かれ、将司がかつての仲間と再会するというエピソードが絡んでくる。

ここで面白いのは、調べるうちに、弁解の余地なく浮かび上がってくるイサの「湧き上がるような暴力《ぼうりょぐ》」を、「人間が勝手に決めた規範を飛び越える何か」、「命《いのぢ》そのものの奔放さ」と、現代人の枠組みから外れたもの、つまり「東北《とうほぐ》に住んでいた蝦夷《えみし》」として評価していくことだ。

……蝦夷ずのぁ、ホントは西の、都《みやこ》のやづらがそう呼んだだげで、本人だぢは自分が蝦夷だとは思ってなかったらしいけどな。産馬と馬飼に長げでだがら、馬さ乗って弓ばあつかうのも得意《とぐい》な連中で、やだら勇敢な猛者がそろっていだず。都の連中にとっては、自分だぢの国の外さあって、そったら強い輩《やがら》がゴロゴロいる蝦夷の国は、想像を越えた野蛮の国だったのよ。まあ、国どいっても、それぞれに単独《たんどぐ》に動ぐ部族《ぶぞぐ》の集《あづ》まりで、抗争を繰り返すおんた（ような）感じだったらしいんども。毛を着て血を飲む、兄弟同士疑《うだが》い合う連中だど思われでったず。天皇こそ絶対だという物語《ものがだり》にしだがって、その未開の国ば何回も征服《せいふぐ》しようどしたんども、蝦夷はなん（何が）たかた（なんでも）抵抗したべ。だすけ、蝦夷は都の連中には、「まつろわぬ人」どが「あらぶる人」とか呼ばれでだのよ。
……な。イサみてえなもんだべ？

（「イサの氾濫」）(註32)

『ゴドーを待ちながら』でゴドーが最後まで現れないように、「イサの氾濫」では結局のところ、イサが直接姿を見せることはない。けれども、傍若無人で、しまいには怒った兄にスコップで頭を割られかけたイサが体現する「むき出しの自然」は、溢れんばかりの夷《えみし》なるイメージとして、将司の内面へ合一を見せていく。それは、これまで東北のことを見向きもしなかったにもかかわらず、唐突に「がんばれニッポンっ！」と連帯意識に目覚め熱いエールを送り始めた日本人の「善意」とは、正反対のものだ。イサが体現した怒りの力は、「中央」に対して頑強に抵抗した東北の〝声〟を呼び覚まし、「ニセモノでも、空っぽでも、役《やく》立だずでも」イヤなものはイヤだと叫べと、発破をかける。つまり「イサの氾濫」は、蝦夷の姿を彼方に浮かび上がらせることで、円滑なコミュニケーションの道具から、言葉を絶えず脱臼させていくことを目指している。

同調圧力を拒否する夷の精神は、東京湾の埋め立てに伴う漁業権放棄を扱った「おかもんめら」（二〇一一年）にも相通じるテーマであり、また、作家の母校である日本大学芸術学部出身で八戸へ戻ることになった語り手が、青森県東北町にある「日本中央の碑」（渡来人と言われ、蝦夷を「征伐」した坂上田村麻呂が鏃で刻んだとされる碑文）に出逢う「ひのもとのまなか」（二〇一四年）でも、さらなる進展を見せている。もちろん、木村は蝦夷的なるものの暗部を記すことも忘れてはいない。現在まで発表された木村の小説でもっとも実験的な作品と言える、ほぼ全編が南部弁で記された「埋《うず》み火」（二〇一二年）は、チェーザレ・パヴェーゼの『月とかがり火』（一九五〇年）を彷彿させる危険な魅力に満ちている。その意味でも、「イサの氾濫」は作家にとっての転回点《クリティカル・ポイント》を示した作品だと言えるだろう。

夷を微かに希うこと――向井豊昭「鳩笛」、木村友祐「聖地Cs」

木村友祐の「イサの氾濫」での「イサ＝蝦夷」は、否応なしに、向井豊昭がその姿を幾度も小説に書いている祖父・向井夷希微を思い起こさせる。この詩人は、文業よりも石川啄木をめぐるスキャンダルを通して、その名前を歴史に刻んでいる。例えば宮本吉次『啄木の歌とそのモデル』（一九四一年）では、「背が高くちょつと見ると支那人のやうなタイプの人であつたらしい。自我の強いことは殆んど啄木以上とも言つてゐ丶程で、自分の子供が生れても籍をつけなかった。現在の日本の社会制度や、政治組織が気に食はないといふのである。だから子供などは学校へ入れないで自分で思ふ存分、理想的な教育をすると言つてがんばつてゐた。ところがその子供が七歳で死んだ。その時籍を入れていなかつたので非常に当惑したといふ話である。／なんでも冬になつて焚物が欠乏すると、腰掛を叩き壊して焚くやうなことがあつたといふが、すべてに於てさうした風変りな人であつたらしい」[註33]と記されている。宮本は、啄木の『一握の砂』（一九一〇年）に納められた「わが髭の／下向く癖がいきどほろし／このごろ憎き男に似たれば」という歌の「このごろ憎き男」が夷希微であると断定していた。なお、向井豊昭が架蔵していた『啄木の歌とそのモデル』は一九四三年発行の六版。この時点で累計発行部数は一万一五〇〇部に到達し、相当の影響力を保持していたものと推察される。

夷希微について書いた最初の小説「鳩笛」(一九七〇年)で豊昭は、かような祖父の人物評に、「七歳で死んだ」子供が本当は三歳で死んでいたこと、戸籍についてはより複雑な事情があったこと、腰掛を叩き壊したような事実はないこと……等々、細かに反証を重ねていく。しかし、細やかな事実が異なれども、「すべてに於てさうした風変わりな人」という人物像の根本は揺るがないことも、彼は承知していた。それが世間の風評というものなのだ。だから、向井豊昭は、祖父の人生に刻まれた「深い陰影」を、できるだけ精緻に再現する。

夷希微は青森県下北郡の大畑に生まれ、生後間もなく北海道の別海町に移住した。幼い日の情景を「あるものは十年、／あるものは二十年、故郷を遠く離れて／新開の漁村に住まう」(「盗伐」)と詩で朗々と謳う夷希微は、ルーツである東北と北海道の二重性を、その身で生き抜こうとしていたのではないか。実際、向井夷希微が生涯で二冊だけ遺した詩集、『よみがへり』と『胡馬の嘶き――北海道風物詩』(ともに一九一七年)は、「北海道を故郷とする人間の中から最初に出された詩集とみられるもの」(註34)と言われているが、その叙情は、彼がむしろ「盗伐」を取り締まる官吏であったことから鑑みると、その侵略性を意識していたという点で、「がんばれニッポンっ!」なる同化主義から、大きく逸脱しているように思われる。つまり彼は、石川忠司が言うところの「唯物論的ならず者」だったのだ。石川は『現代思想　パンク仕様』(一九九七年)において、「支配集団による、彼らに都合のいい言語＝観念の押し付けが成功しているから、現実はクソになっている、といってよい」(註35)とし、そうした言語「観念」を「寝首をかくよう」に無力化する存在、「人間の頭を不自由にし、了見を狭くしている言語＝観念のロックを外」す存在としての「チンピラ」、つまり「唯物論的ならず者」に期待をかける。この文脈に置けば、向井豊昭はルソー的な「言語＝観念」としての自然とは別種の、「北海道の現実が文士の唱えるきらびやかな自由から遠いものであることを骨

肉を通して理解していた」と、夷希微の「陰影」を再評価したことの意味は自明だろう。(註36)

「南無エコロジー」では、国木田独歩の碑文「山林に自由存す」を「山林に自由存せず」と書き換える場面が登場するが(註37)、それは明治期以降、官有林となった川内の山林についての歴史的現実と幼少期の記憶、祖父の詩作で描かれた地平を交錯させながら、作家が行き着いた認識であった。「南無エコロジー」の後半部、豊昭は「虚妄と現実のいたちごっこだ。いや、いたちごっこの連鎖こそが、エコロジーの姿なのかもしれなかった」(註38)と書いているが、そのような「いたちごっこ」をもたらした近代科学の枠ともいうべき原発によりて日常の延長線上で「自然」の解釈が完全に変容を余儀なくされた現在、これほど皮肉に響く文句もそうはないだろう。この感覚は、まさしく木村友祐の作品が分有しているもので、実際、五年ぶり二冊目の著書として刊行された『聖地Ｃｓ』（二〇一四年）の表題作では、3・11東日本大震災と福島第一原発の事故に伴い、警戒区域に指定された牧場で放射能に汚染された牛を育て続ける酪農家という「唯物論的ならず者」が、求職中で夫のドメスティック・ヴァイオレンスに苦しむ主婦の視点から描かれる。

ストルガツキー兄弟は『ストーカー』（一九七二年）で、人間が想定するテクノロジーの範疇を大きく逸脱した危険地帯「ゾーン」を登場させたが、セシウムの元素記号から表題を採った「聖地Ｃｓ」は、「ゾーン」そのものと言うべき〝原発事故ゲットー〟における、自らを語る術を持たない従属的階級《サバルタン》（スピヴァク）たちを活写する。酪農家も主婦も汚染された牛も、日本社会の構造から見捨てられた「棄民」という点で共通している。「希望の砦」と名付けられた牧場の主「仙道さん」はそのことを自覚し、安全地帯で安穏と過ごすすべての者に、当事者たれと訴えかける。

「（……）ひとの人生を奪った者はどの肉でも犯罪者として罰せられるのに、なぜ関係者はだれひとり裁かれないんだろう。なぜ、みんなもっと『おかしい』と怒りの声を上げないんだろう。（……）あのときぼくらは、だれもが、原子力政策を、そして自分たちのライフスタイルを見直そうと思ったのではありませんか。あの反省の心はどこへ行ったんですか。みなさん、ご自分の周りをよく見てください。今や東京は―、ぼくたちの県でつくった電気を使っている東京は、どこも節電なんかしていない。湯水のように電気を浪費している。これは一体なんですか。ぼくたちはもはや、忘れられた民ですか。捨てられた民ですか。用済みの、民ですか？」

（「聖地Ｃｓ」[註39]）

「棄民」に寄り添ってその〝声〟なき〝声〟を代弁する木村友祐は、「これまで名前すら知らなかった作家」だった向井豊昭の生涯を辿り直した際に、「アイヌではないのにアイヌのことを終生モチーフとした向井が直面する困難、「躓き」」に共感を寄せている。木村は「それは東北の被災地や福島についてぼくらがどう語れるかにも通ずる、「他者」と関わることに伴う困難」[註40]だと説明しているが、まさにこの問題は、木村自身が小説を介して思考し続けてきたものだ。「聖地Ｃｓ」のラストでは、警戒区域で命を落とした動物の死骸が電力会社や中央官庁に送りつけられるという「死骸テロ」が行なわれるが、この行間に充溢する怒りは、一朝一夕で培われたものではない。つまり、作家は「いたちごっこの連鎖」によって、自然へ取り返しのつかない変容が訪れることを直観していたのではないか。そう考えれば、向井豊昭と木村友祐を結びつけるのは、方言や「東北」という枠組みを越えた、怒りの力を取り戻そうという姿勢の強度そのものだということが明らかになる。〈虚妄と現実のいたちごっこのなかで、夷を微かに希うこと〉

への、わずかな希望。二人の作家の営為を介して私たちはこのことを学び、コンフォーミズム（順応主義、画一主義）を越えた世界を垣間見ることができるだろう。

付記

川内時代の向井豊昭については、斎藤作治氏、鳴海健太郎氏、富岡一郎氏に、貴重なご教示を受けました。記して感謝いたします。

註

（1）拙著『向井豊昭の闘争　異種混交性（ハイブリディティ）の世界文学』未來社、二〇一四年では、向井文学の批評的な意義を、活動初期から最晩年に至る作家のキャリアを詳しく追いながら論じた。
（2）『愚行』四号に発表され、林浩治『在日朝鮮人日本語文学論』新幹社、一九九一年に収められた。
（3）林浩治「棒ほど願って針ほど叶う――向井豊昭の反逆」、『新日本文学』一九九六年六月号、『戦後非日文学論』所収、新幹社、一九九七年、二〇四頁。
（4）前掲書『在日朝鮮人日本語文学論』、二八頁。
（5）前掲書『戦後非日文学論』、二〇五頁。
（6）岡本猛「BARABARA（バラバラ）の向井豊昭を悼む」、『はまなす』第二四号、下北の地域文化研究所、九七頁。なお、関係者の証言によれば、戦後の向井豊昭は祖母の生活保護費によって家計をまかなっていたらしい。
（7）向井豊昭「御料牧場」、『手』一号、一九六五年、『部落』一九六六年二月号、八三頁。
（8）「強制連行」がもたらした痛みは、現在に至るまで持続している。例えば、向井が、ある〈アイヌ〉研究者から二〇〇三年に受け取った手紙には、「御料牧場」の舞台となったコタンにおいて、「強制連行で連れてこられた韓国人」が「タコ部屋を逃げ出してアイヌのところに匿われ、そこの娘と夫婦」となり、「かわいい子供」に恵まれたものの、現在は「なにがあったか離婚、行方不明ということで、家、アトカタもなくなっていました」という事例が記されていた。
(9)鳴海健太郎「浮島丸事件『なぜ』?:こだわりは今も」、『はまなす』第一七号、下北の地域文化研究所、二〇〇二年、六九頁。
(10)斎藤作治「向井豊昭君の死を悼む」、前掲『はまなす』第二四号、一〇二頁。
(11)ただし、イチが亡くなったのは一九七一年なので、「下北」には意図的な年代のずらしが加えられている。
(12)好川之範『啄木の札幌放浪』、小林エージェンシー、一九八六年、二四〇頁。
(13)岡和田晃「向井豊昭氏からの書簡(メール)について」『幻視社』四号、二〇〇八年、「向井豊昭アーカイブ」(http://www.geocities.jp/gensisha/mukaitoyoaki/index.html)再録。
(14)前掲「向井豊昭氏からの書簡(メール)について」
(15)「パワーレス・スポット」としての恐山については、南直哉『恐山　死者のいる場所』、新潮新書、二〇一二年に詳しい。
(16)富岡一郎「ふるさとの歴史(138)　熊野神社の俳諧額」、『広報かわうち』一九八三年一〇月一日号、六頁。
(17)山田航「読書日録」、『すばる』二〇一四年六月号、三一九頁。
(18)管啓次郎×木村友祐×山内明美「混在郷としての〈東北〉をめぐって」、『すばる』二〇一四年三月号、二一六頁。
(19)木村友祐「海猫ツリーハウス」、『すばる』二〇〇九年一一月号、『海猫ツリーハウス』所収、集英社、二〇一〇年、二九頁。
(20)向井豊昭「津軽と南部ァ親戚(オヤグマギ)」、生前未発表、「向井豊昭アーカイブ」再録。
(21)木村友祐「「P」「満車」「連結散水送水口」」、『新潮』二〇一四年二月号、一九四頁。

(22) 洪海星については、ウェブサイト「KOREAN THEATER/Stage Work KiNO」も参考にした(http://moleyh.cocolog-nifty.com/koyotesong/2006/12/post_260b.html)。
(23) 東條慎生「忘れられないための「闘争」」、『未来』二〇一四年八月号。
(24) 斉藤光政「戦略出撃基地ミサワ」、「基地に依存する街」、鎌田慧・斉藤光政『ルポ　下北核半島　原発と基地と人々』、岩波書店、二〇一一年。
(25) 東通原発のＰＲ施設の名称は「トントゥビレッジ」(http://www.tohoku-epco.co.jp/pr/tonttu/)。イメージキャラクターの「森の妖精」はトントゥなので、「幸福な水夫」では、モデルとなった施設の名称が、そのまま用いられているわけではない。
(26) 鎌田慧「核最終処分候補の不安・東通村」、前掲『下北核半島』、五〇頁。
(27) 前掲書『下北核半島』、六六頁。
(28) 『怪道をゆく』、BARABARA 書房、二〇〇六年、一三六頁。
(29) 斉藤光政「軍事化される半島」、前傾『下北核半島』、一五一頁。
(30) 木村友祐の「猫の香箱を死守する党」(二〇一三年)の後半には、エレベーター係の主人公が高所での窓ガラス清掃の求人に興味を示す場面があり、作品間の相互連続性が示唆されている。
(31) 木村友祐「イサの氾濫」、『すばる』二〇一一年一二月号、一三頁。
(32) 前掲『すばる』二〇一一年一二月号、三四頁。
(33) 宮本吉次『啄木の歌とそのモデル』、新興音楽出版社、一九四一年、一二〇頁。
(34) 向井豊昭「オホーツクの魂」、『北海道文学を掘る』、私家版、二〇〇〇年、一三頁。
(35) 石川忠司『現代思想　パンク仕様』、中央公論社、一九九七年。なお引用元は『極太　思想家列伝』、ちくま文庫、二〇〇六年、一四頁。
(36) 向井豊昭「「胡馬の嘶き――北海道風物詩」の根っこ」、前掲『北海道文学を掘る』、三四頁。
(37) 前掲書『怪道をゆく』、一三二頁。
(38) 前掲書『怪道をゆく』、一五六頁。

（39）木村友祐「聖地Ｃｓ」、『聖地Ｃｓ』、二〇一四年、八六頁。
（40）木村友祐による『向井豊昭の闘争』の書評、「愛と怒りの異議申し立て」、『すばる』二〇一四年一〇月号、三五〇頁。

（『すばる』二〇一四年一二月号）

本書収録にあたっての付記

二〇一六年九月、麻田圭子氏より著書『海の色——Creative Writing with Photos』（私家版、二〇〇六年）をご恵贈いただきましたが、この『海の色』には、「未発表小説を読むひそかな楽しみ」と題し、向井豊昭「南無エコロジー」を論じる章が存在しました。この機会に先行研究として明示するとともに、他日を期して検討させていただく所存です。

アイヌ民族否定論の背景

現在ネット上を中心に、アイヌの民族性を否定し差別を煽動するヘイトスピーチが盛んに飛び交っているのをご存知だろうか。昨年（二〇一四年）八月、札幌市議の一人がツィッターで「アイヌ民族なんて、今はもういない」と発言した。その発言が問題視され市議会で辞職勧告決議が可決されても、いまだ持論に固執し議席に座り続けている。北海道議の一人も、「彼ら（注：アイヌ）は〝我々は民族だった〟と主張し権利を要求し始めています」などと十把ひとからげにアイヌの尊厳を踏みにじった。彼は札幌で開催された前述の市議への「応援セミナー」に登壇し、その模様は動画サイトに投稿された。これら旗振り役の公人に煽《あお》られた無数のネットユーザーが「在日朝鮮人・シナ人がアイヌだと自己申告し給付金を受け取っている《ママ》」などと事実無根のデマを拡散、アイヌ文化を学ぶ人たちに二四時間単位で「粘着」し、罵詈《ばり》雑言《ぞうごん》を投げつけているのだ。

こと北海道に限っても、アイヌは人口の一％に満たない。そんなマイノリティの排斥を煽動する政治家と支持者がいる。彼らが決まってアファーマティブ・アクション（積極的差別是正策）を「利権」だと罵《のの》ることからも自明だが、これは、被差別部落出身者や在日外国人、さらには生活保護受給者に対する差別と、まったく同じやり口だ。背景には、リベラルな言説に対する根強い不信感がある。左翼とマイノリティがマスコミを支配しているという陰謀論に憑《つ》かれているのだ。誹謗中傷《ひぼうちゅうしょう》はエスカレートし、ついにネットを飛び出した。銀座でアイヌへの差別を煽動するデモまで行なわれたのだ。

私は一連のアイヌ叩《たた》きを目撃し、強い憤りをおぼえずにはいられなかった。それがネットを巧妙に悪用した新手の「いじめ」だと、ピンと来たのが大きな理由だ。実は私自身、同業者から何年にもわたってネットで執拗《しつよう》に陰湿な嫌がらせをされてきた。書きたい放題のネット社会には、特有の文法がある。匿名性を巧みに利用し相手の揚げ足を取ることで、印象を操作し「炎上」させて評判を落とすことが可能なのだ。

厄介なのは、時事ネタで知られる漫画家、文化人類学者、旭川の医師、国際的に著名なアイヌの芸術家の二世といったなかにもアイヌ民族は存在しないと公言する人がいて、ヘイトスピーチの「コピペ元」になっていることだ。だから私はそのような構造を撃つべく、アイヌ研究者のマーク・ウィンチェスター氏へ声をかけ、共編著『アイヌ民族否定論に抗する』(河出書房新社)を企画した。同著の刊行には確かな手応えがあり、読者の反響も大きかった。そして本は、問題の道議のもとまで届いた。現在道議は、自分はアイヌが民族であることは否定しておらず「先住性に疑問を呈し」ているだけだ、との主張をしている。けれども、私がツイッターで直接問いただしたところ、彼は過去の発言を撤回するどころか、どう考えが変わったのかを具体的に説明しようとすらしなかった。道議にとって「アイヌ」は、叩《たた》くための口実にすぎないのだろう。実際、アイヌが先住民族だということは学術的にも政治的にも議論の余地がない画然とした事実なのだ。

ヘイトスピーチは言説の公共性を破壊する、メディアの病理だ。私は嫌がらせをされて鬱《うつ》になったアイヌを何人も見ているが、彼らはただ、普通にネットを使っていただけだ。完全なとばっちりである。あなたが誰であろうが、次に「利権」のレッテルを貼られて排撃されるのはあなたかもしれない。自分は無関係だと高を括《くく》らず、どうか関心をもっていただきたい。

（『東京新聞』『中日新聞』二〇一五年三月二三日夕刊）

環太平洋的な「風景」を描いた民族誌

——金子遊『辺境のフォークロア』

天皇裕仁を神話的な解釈を通して描く『太陽』で日本でも著名となった映画作家アレクサンドル・ソクーロフは、映像詩『エルミタージュ幻想』における印象的な長回しのショットで、ロシアという近代国家や都市サンクトペテルブルクを、さながら海に囲まれた「島」のごときイメージとして換喩的に表現したという。環太平洋的な民族誌《エスノグラフィー》として書かれた本書を貫くのは、このように映像的で島嶼《とうしょ》的な想像力の在り方である。著者の金子遊は映画作家にして批評家という特異な才の持ち主で、鈴木宗男と新党大地に密着取材し、ネットを通じ宣伝資金を調達したことでも話題になった映画『ムネオイズム』の監督としても知られる。

その実作と批評に通底するのは、現実の「風景」を切り取ることで、仮象として現れた「社会」が抱える政治的な内実を静かに露呈させていくことだ。それは、かつて金子が「批評の奪還」と題して論じた映画評論家にして活動家・松田政男の姿勢を正しく受け継いだものとも言えるだろう。

本書では、東北やアイヌに代表される北方的なものと、奄美諸島や宮古島、南洋やカナカ族などの南方的なものとが弧を描くような具合で緩やかに接続されていく。レフ・シュテルンベルクやニコライ・ネフスキーといった人類学者、北原白秋やジャック・ロンドンといった文学者、さらには軍人で民俗学者の松岡静雄ら先人が残した足跡を金子はたどり直す。彼らのテクストを再読することで、浮かび上がるイメージを結びつけ、丹念により合せようとするのだ。

サハリン半島の歴史が年代記の形式でつづられる第二章では、ニヴフ（ギリヤーク）やウィルタ（オロッコ）などの、「同化」を強制された北方少数民族と「近代」との関わりも語られている。昨今、公人が「アイヌ民族はいない」と発言し、差別的な言辞があちこちで噴出している。現代日本で熾《お》き火のようにくすぶる、植民地主義の残滓《ざんし》。その「風景」を考えるのにも、本書は絶対に役立つ。（河出書房新社・2700円）

（「時事通信」書評、二〇一五年一月二四日配信）

金子遊（かねこ・ゆう）
一九七四年埼玉県生まれ。二〇一〇年、「批評の奪還　松田政男論」で映画芸術評論賞佳作。一一年、「弧状の島々　ソクーロフとネフスキー」で三田文学新人賞。一七年、『映像の境域アートフィルム／ワールドシネマ』でサントリー学芸賞。

私たちは『アイヌ民族否定論に抗する』をなぜ編んだか

――岡和田晃×マーク・ウィンチェスター

『アイヌ民族否定論に抗する』刊行記念として、東京・下北沢のB&Bで二〇一五年二月七日、岡和田晃氏×マーク・ウィンチェスター氏によるトークイベント、「私たちはなぜこの本を編んだか」が行なわれた。加熱が続くアイヌ民族否定論や、アイヌに対するヘイトスピーチへの対抗言説として、緊急刊行された本書。イベント前半にはその経緯が、後半に二四の各論考が紹介されたが、紙上にはイベント前半を中心に載録する。

（『週刊読書人』編集部）

＊

岡和田　二〇一四年八月の札幌市議の「アイヌ民族、いまはもういない」発言から、アイヌへのヘイトスピーチはネット上にあふれ、街頭にも飛び出しました。これを受けて緊急刊行されたこの本は、二四人の論者が分担執筆していますが、それぞれの立場、考えのもとに、アイヌ民族否定論へ明確に「NO」を突きつける一点だけが一致しています。

まずは自己紹介を兼ねて、私たちがなぜこの本に関わったのかをお話しします。私は昨年、評伝『向井豊昭の闘争』と、編集・解説をつとめた『向井豊昭傑作集　飛ぶくしゃみ』の二冊を未來社から刊行しました。向井豊昭はマイナー性を呪いのように背負いながら、日本の近代文学が無視してきた問題、アイヌへの歴史的な加害性を、自らの痛みとして背負い続けた作家です。私は生前の向井さんと交流があり、彼が亡くなったときに、遺稿と、大きな本棚丸二つ分のアイヌ関係の蔵書を引き継ぎました。それらを読むことから北海道について、アイヌについて、自分なりに学び始めたという次第です。こちらのマークさんは、アイヌ近現代思想史の研究者です。

マーク　私はイギリス出身ですが、八歳のときから空手に取り組むような日本マニアな人間で、初めて来日したのは一六歳のときでした。日本の高校に交換留学で一年、その後帰国してイギリスのシェフィールド大学に入りました。シェフィールド大学では日本におけるレイシズムの問題を取り上げていて、私が大学に入る前の年には『Japan's Minorities』というアンソロジーの研究書が刊行されました。その本に論文を寄稿し、一九九六年には英語で書かれた最初の本格的なアイヌ近現代史、『Race, Resistance and the Ainu of Japan』を刊行しているリチャード・シドル氏が当時シェフィールド大学の教授だったんです。シドル先生の授業に出るうちに、卒論はアイヌとジェンダーについて書こうと思うようになりました。そのとき先生から渡されたのが、『アヌタリアイヌ』という一九七三年から七六年まで発行されていたタブロイド判の新聞でした。その新聞を通して、アヌタリアイヌ刊行会の最初の編集責任者佐々木昌雄の言説に出逢い、彼に魅かれて、彼をメインに研究するようになりました。でも当時は、ネットを通じて、アイヌとレイシズムの問題が、こんなに拡大するとは思ってもいませんでした。

岡和田　私も、向井豊昭の評伝を書く際に佐々木昌雄の言説に触れ、啓発を受けています。佐々木は七〇年代当時から、後に転向してアイヌ民族否定論の主要なソースとなってしまう、文化人類学者の河野本道らの言説を批判的な文脈で語っていました（『北方の古代文化』）。ただ佐々木の文章はいささか難解で、当時は敬して遠ざけられていたところがあったと思います。マークさんはその佐々木の言説を、現代のアクチュアルな文脈の中で語ろうとしています。

昨年（二〇一四年）の八月、「アイヌ民族もういない」発言騒動が起こりました。金子快之《やすゆき》札幌市議の「アイヌ民族なんて、いまはもういないんですよね。せいぜいアイヌ系日本人が良いところですが、利権を行使しまくっているこの不合理。納税者に説明できません」というツイッターの発言から始まる騒動です。このような公人の無自覚な差別発言に対し、アイヌに自らのアイデンティティを置く人々はその苦しい経験を綴って反論しました。にもかかわらず、好き勝手な否定論を繰り返す人々が目立つようになります。それはあきれるほど稚拙な誹謗中傷でした。

過去に、アイヌ関連で差別的だと判断され、回収・絶版になった本や、放送が自粛されている番組が複数あります。今回の一連のアイヌに対する発言は、それらよりも悪質な、剥き出しの憎悪を前提とするものであるため、訴訟沙汰になるだろうと思っていました。が、そうはならず、差別は加速化するばかり。「のりこえねっと」二〇一五年一月五日の番組で、精神科医の香山リカさんが指摘していたのですが、むしろ「よくやった」「がんばってください」というような金子発言に好意的なコメントが市議のブログに集まりました。それと連動して、アイヌに対する攻撃が拡大していったのです。マークさんは、この騒動をどう見ていましたか。

マーク　一言で言えば、公人がこんな発言をするとは。

岡和田　匿名のネトウヨではなく、札幌市議が2ちゃんねる的な発言を繰り返しているわけですからね。

マーク　歴史修正主義者らが語る「アイヌの人々が自ら同化政策を要望していた」という発言はデマ以外の何ものでもなく、生身の人間の歴史を過度に単純化しているにすぎません。しかし金子市議の発言は、そうした歴史修正主義的な反応とも違い、中傷こそが目的であり、悪意あるヘイトスピーチそのものでした。そして発言してしまった後に、知里真志保《ちりましほ》や的場光昭の言説を引用し、理屈を捏ねることで、ヘイトの拡散に貢献したのです。

岡和田　本書では、アイヌ民族否定論者の的場光昭の著書がいかにデタラメでトンデモなのかを、文芸評論家の東條慎生さんが解説していますが、的場の本は金子市議のネタ元でもあります。それらが合わさり、アイヌ民族否定論のテンプレートになっていく。知里真志保の言説に至っては、平凡社の『世界大百科事典』の古い版に彼が書いた「アイヌ」の項目から「民族としてのアイヌは既に滅びたといってよく、厳密にいうならば、彼らは、もはやアイヌではなく、せいぜいアイヌ系日本人とでも称すべきものである」という言葉を、奪用している。

マーク　アイヌの人間として知里真志保の背負っている同族の悲しみや置かれた時代性、この言葉に込めた反差別への主張を抜きにして、上っ面だけ捉えてしまっているんですよね。

岡和田　著名なアイヌの学者が何十年も前に、アイヌは既に民族として存在しないと書いている、という言い回しのみが、一人歩きしてしまっている。

八月のツイッターでの発言を皮切りに、金子市議はアイヌへのネガティヴ・キャンペーンを執拗に繰り広げ、九月二二日には金子市議への辞職勧告が決議されましたが、市議は現職のまま、今に至っています。ヘイトは拡大し、矢面に立って闘っているマークさんや香山リカさんにも、目を覆いたくなるような罵詈雑言が飛んでいますが……。私はこうした展開を見て、テンプレとなっている大元の言説を撃たねばならない、と思うに至った次第です

マーク　テンプレート化という話なら、小林よしのりが二〇〇八年に書き始めた漫画が発端ではないかと思うのですが。

岡和田　「わしズム」掲載の「ゴーマニズム宣言　ＳＰＥＣＩＡＬ」ですね。

ここで改めて、アイヌ民族否定論のテンプレにどういうものがあるのか、確認しましょうか。

マーク　一番単純なものは、「アイヌ民族はもう存在しない」という金子の発言に対して、アイヌの方が「ここにいますよ」と反論したときに、「アイヌの定義は何なのか答えなさい」と。そして「定義がないのなら、アイヌ民族は存在しない」と結論する、つまり同義反復です。このような「アイヌ民族には定義がない」というロジックも、小林よしのりの漫画から発しています。小林は北海道で取材した際に、アイヌ民族否定論に転じた後の河野本道に出会い、その言説を参照して漫画に描きました。

岡和田　本書に再掲した榎森進さんの「歴史から見たアイヌ民族」は、河野説が学術的に通用しないことを、小林の漫画の発表直後に指摘したものです。

河野本道は、一九七〇年代にはアイヌ解放同盟と活動をともにしていましたが、九〇年代に「アイヌ協会」と対立するようになり、翻ってアイヌ民族否定論を唱えるようになるんですよね。その言説を二〇〇〇年代に入って小林や的場らが参照していきます。

二〇〇七年に「先住民族の権利に関する国連宣言」が出され、日本でも「アイヌ民族を先住民族とする」と決議されました。小林や的場は国連宣言に反発したのです。これが金子市議や、北海道議会議員・小野寺まさるらのヘイトスピーチと、彼らに煽動されたネトウヨの台頭へ繋がる。

マーク　北海道には、「行動する保守」と言われる「日本のため行動する会（日行会）」もありますね。その会は積極的に、金子市議の発言やその後の活動を支援し、河野、的場、小野寺などを呼んで講演会や研究会などを繰り返しています。

岡和田　総合誌『北方ジャーナル』では、二〇〇八年七月号から七回にわたり、河野本道が先住民族論に対する「緊急提言！」を連載しました。その第四回に小林よしのりとの対談が収録されています。特にひどいのは第六回、「「先住民族」としての「アイヌ民族」は虚構の利権集団」。タイトルも内容も学者の発言とはとても思えない。河野本道がネタ元となって、その言説がネトウヨ的な人々の間で反復されている、というのが現状です。

マーク　河野の論では、自分たちを「アイヌ民族」だと主張する人々は特権を欲しているだけだ、となります。民族的同一性の解釈としては、暴力だとしか言えません。

　ところで『アイヌ民族否定論に抗する』では、私は大野徹人さんの「アイヌ民族は存在するか」の、スパゲッティの話で笑っちゃいました（笑）。

岡和田　大野さん曰く、私はスパゲッティやピザ、キムチを食べることもある。でも日本人だと。また、アイヌは固有の言語や文化を失っているというけれど、それは私たちだって同じだと。重要な指摘ですね。

マーク　シドル先生は、一貫して河野本道の言説を否定し、このように言っています。学会は客観的に社会的検証を定義分類できるのであろうか。社会科学における客観性は、ユートピアの中ならともかく実際社会には通用しない。全ての研究者も人間である限り、複雑に交差する社会、政治に関与しているのである。いわゆる客観的な研究は、権力の相互関係、ときには明白な政治的な問題点を現実に見逃してしまうと。

さらに言えば、アイヌ民族否定論は今、「アイヌ利権」なるものへの非難とセットになっていますね。

岡和田　「アイヌが弱者を装って利権を貪っている」というような、社会的属性の否定と「利権」を結びつけた差別煽動発言ですよね。実際、ネットで「アイヌ利権」で検索すれば、ネトウヨによる誹謗中傷が、山ほど出てきます。

マーク　単にアイヌ民族であれば不正を働くものであり、アイヌ協会員であれば利権を貪っているかの発言は、全く短絡した流言です。事実として存在し続けたアイヌに対する差別や格差、アイヌ政策が必要だった歴史的背景も隠蔽されてしまっています。

岡和田　「代理戦争」だとか、「レイシストと反レイシストはどっちもどっち」などとも言われますが、そうじゃない。私たちはただただ、虚偽の事実の拡散を止めたいだけなんです。

私はマイノリティとしてのアイヌへ「憑依」しているのではなく、自分なりの問題意識があります。ライターとして仕事をすると、ネトウヨや歴史修正主義の問題に引っかかることが多かったんです。読者や、名のある文化人が、ある日突然ネトウヨ化するのを、何度も見ました。官公庁街・永田町の書店で、売行き一位から一〇位までが、韓国や中国をなじる「ヘイト本」だったのを見たことがあります。これらとアイヌ民族否定の問題は繋がっていると痛感しています。文芸評論家の山城むつみさんは、中野重治の言葉を借り、在日コリアン、被差別部落、天皇制の問題を「連続する問題」として捉えています。私は、そこにアイヌも入ると考えています。

マーク　疑問なのは、小林よしのりはアイヌに対してだけこうなのか。

岡和田　小林は「在日特権」は存在しないと認めているわけですからね。ですが小林は、最近でもブログにて、しきりにアイヌの民族性を否定しています。

マーク　「アイヌの血が四分の一かそれ以下混じっているというだけで、コンプレックスを持ち、差別を恐れ、出生を隠して生きねばならないのか」とか、「なぜアイヌ語もしゃべれないのにアイヌ民族と言わなければいけないのか」などという、いくつかの「なぜ」が書かれていましたね。その全ての答えが植民地主義に通じると思うんです。

岡和田　しかし植民地主義に問題があるという指摘を、小林は受け入れることができないでしょうね。江戸時代からの植民地支配は正しい行ないだった、アイヌも含めて周囲を優しく包摂した。そういう主張に繋がると思います。

マーク　アイヌに対する包摂的な排除。「わしズム」の特集も「日本国民としてのアイヌ」と題され、自分は「誇りあるアイヌ民族をどうやって日本の国民の中へ容認できるのか、その方法について考えようとしていた」という発言をしている。でも、なんで小林に容認されなければいけないのか。国民主義なんです。

ネトウヨや「行動する保守」も、「日本人差別をやめろ」というような発言をよくしています。そこには一種の普遍主義的な要素がある。スタートラインが対等だと誤認されるから、マイノリティの権利をなくして国民並みに「平等にしろ」と言います。一方で、法的に日本国民であっても、どうしてもその中身まで規定したがる人々がいる。本来性追求の方向と非本来的なものを統合することで、国民主義は形成されるんです。つまり近代以降、アイヌを排除したいと願った人だけでなく、条件付きで歓迎しようとする人でさえも、実はアイヌを受動的なものにして排除しているんです。小林は「お前ら日本人だからアイヌ系日本人でいいんだろう」と言える特権が自分にあると思い込んでいる。和人至上主義です。そこにアイヌの意思は関係ない。
岡和田　小林や小野寺道議らは、自分たちはアイヌが平等な日本国民として生きられるように活動している、などと言います。しかしそう言って、相手のアイデンティティを無視して俺流で容認した後、序列化、階層化していく、と。
マーク　そうです。しかし、難しいよね、それに対して反論するというのは。例えば、朝鮮人出て行け、と叫んでいる人に対してカウンター活動することは、とてもストレートです。
岡和田　相手がわかりやすく、「やってはいけないこと」をしていますからね。
マーク　アイヌ民族はいない、という発言にもストレートに反論することができます。しかし、アイヌ民族を容認したくはあるのだが、というスタンスは、実際は余計なお世話なんだけど、それに抗するのは、伝わりにくい。カウンターが「マイノリティも日本人だからこうすべき」と言ったことは一度もないけどね。
岡和田　本書のテッサ・モーリス＝スズキさんへのインタビューの中に、「アイヌのアイデンティティを否定するために社会構築主義やポストモダニズムを動員する保守的な論者のやることは、矛盾だらけに思えます」というセリフがありますね。社会構築主義の考え方としては、現実社会は人の意識や感情の中に作り上げられたものだから、民族もある種の幻想であるが、しかし幻想だからこそ、個々のアイデンティティを尊重しなければならない、という考え方があります。それを奪用してアイヌ民族は存在しない、と言って恥じない矛盾の指摘ですね。
マーク　最後に彼女が、戦略的に「新しいアイヌ（"new Ainu"）」という言葉を使ったのは、河野本道が、アイヌの民族性を強調する人々を、「ニュー・アイヌ」、一般的日本国民として生きることを志向する人々を「ポスト・アイヌ」と呼んだ、その意味付けを逆転させる言葉の用い方です。
岡和田　鍵括弧つきの「新しいアイヌ（"new Ainu"）」として、言葉を軌道修正し、新たに読みかえる試みをしているんですよね。
マーク　この言葉には、一つの希望を感じました。

（トークおわり）

*

当日会場には、執筆者数人が駆け付け、イベント後半に自分の考えを話した。

最初に、「北海道アイヌ協会小史」を書いた社会学研究者の新井かおり氏は「アイヌ協会について出鱈目なことがネットで言われていました。私の祖父は、貝澤正というアイヌの人間ですが、祖父も八〇年代に『北海道大百科事典』にアイヌ協会について書いています。それを参考にして私はアイヌ協会についてのコンパクトな百科事典的なことを書こうと思いました」と語った。次に、「宗主国の帝都を歩く」を書いたTVディレクター・長岡伸一氏が、「大学者が書くようなテーマを選んで内容がかぶらぬよう、新宿露ヶ丘、文京区本郷、港区芝公園など、東京に住んでいる人がアイヌの史跡を尋ねられれば便利かなと、実用ガイドを書きました」。「再演される戦前　アイヌ「民族」否定論について」の東條慎生氏は、「的場光昭や小林よしのりらの文章は、アイヌ研究が専門でない私から見ても、論理的に相当おかしい。差別煽動をしながら、その口で「自分は差別を批判している」と言う、胃が痛くなるようなものです。的場も小林も、参考文献を非常にたくさん並べているのに、あの言説が出てくるというのは、どういう情報の取捨選択をしているのか」と、それぞれ語った。続いて、新大久保のアイヌ料理店ハルコロに取材したという作家の木村友祐氏は「今回の企画には、言葉で結界をつくり、それ以上差別を蔓延らせないために言葉の杭を打つ、という意思を感じたので、必死に書きました。書きながら思ったのは、アイヌ民族はもういないなどと言う人たちは、アイヌの人たちに会ったのだろうかと。岡和田さんから教えてもらった「北海道アイヌ民族生活実態調査報告書」という一〇〇人以上にインタビューしたレポートがあります。ネットで公開されてますが、それを読んだのかと。実際に向き合わないでイメージだけで、一方的に言葉をぶつける。そういう共感と想像力を欠く態度が、僕は本当に嫌なんです。こうした態度は、アイヌに対する問題以外にも繋がっていると思います」。遅れて駆けつけた香山リカ氏は、「本の冒頭対談で、マークさんが、アイヌ民族否定論の構造は、この国の戦後でもっとも危険な政治秩序を形成する土台となっている、連続する問題だ、と言っていますが、私もそう思います。あなたの発言はアイヌのためにならない、と嫌がらせを言う人がいますけど、私は別にアイヌの人々のために発言しているわけではない。戦後日本の様々な秩序や構造的な問題の一つとして、アイヌ民族を否定することの危険性を訴えかけているつもりです。『創』二〇一五年三月号での小林よしのりさんとの対談では、そのことが伝わらず、瑣末な話になってしまいましたが、今後は構造的な問題ということを、しっかり伝えていきたいです」と語った。

（『週刊読書人』二〇一五年四月一〇日号）

マーク・ウィンチェスター
一九七九年イギリス生まれ。共著に『移動という経験』、論文に「佐々木昌雄とアイヌ近現代思想史における贖いの政治」など。

北限で詠う詩人たち、「途絶えの空隙」とそこからの飛翔

呪われた言葉がある。「死ね　おまえ／傴僂の　北の鳥／惨々たる夜明けの中に」と、その言葉は唐突に始まる。「呪鶴」と題されたそれらの文句をはじめ、一九六三年七月から翌年六月に吐き出された「唸り」は、佐々木昌雄という著者名を付され、一九六八年一〇月に『呪魂のための八篇よりなる詩稿・付一編』（以下、『呪魂』）としてまとめられ、〝詩〟として世界に存在を認められる契機を得た。「ヌマヨ　ヌマヨ　ヌカルミヨ　シブケシブケ／ヌカルミノ　アカクアカク　血ノシズク／マキマキテ　ノロウベシ／と唱ったのは久しい／孤リ廻ル極ノ軸ノ針ノ指ス棺ノ封印　凍テ／十字　無ク　氷ノ救ノウチニ　オマエ　死ネ／災イハ呪ワレテ祟レ　祟リハ呪ワレテ災エ／と唱うだろう今」と挟まれる第四連に象徴的だが、呪文めいた詩句によって世界は閉ざされ、解放を齎す逃げ道は与えられない。「背を切れ／背を切りひらけ／背　遠い北を　噴きだせ」と詠われる「傴僂の鳥」は、すぐさま「おし拡がる闇色の声に／落ちる不具の鳥　鶴の影／おまえ　死ね」と返されることとなり、脱出はかなわず、ただ「死ね」という呪詛が反芻される——その重みは、一九七四年、唐突に文業へピリオドを打った佐々木昌雄その人の、永き

にわたる沈黙を予言していたのかもしれない。

パウル・ツェランの「死のフーガ」（一九五二年）にある「彼はどなるもっと暗鬱にヴァイオリンを奏でろそうしたらお前らは煙となって空に立ち昇る／そうしたらお前らは雲の中に墓を持てるそこなら寝るのに狭くない」（飯吉光夫訳）という一節を経由すれば、「呪鶴」の解像度が高められるかもしれない。佐々木は「個体の消滅が種全体の滅亡と少しもかかわらないと考えるから、人々は生贄に対して「死ね」と言える、犠牲とは外の力から死を通告されることにあるのではなく、おのれが外の力にむかって、人々にむかって「死ね」と言えないことにある」と『呪魂』の跋に書きつけた。収容所へ押しやられて惨たらしく殺され、屍体が焼却炉で火にくべられ「あけがたの黒いミルク」と化すことにすら、受苦と救済の円環を読み込まざるをえないこと。ツェランのその絶望と「傴僂の鳥」や「不具の鳥」を切り結ぶものは、「不可能な祈り」として共通するように思われてならない。

「不可能な祈り」を「呪鶴」に読んだのは、橋本真理である。一九七〇代はじめに関係者から『呪魂』を入手したという橋本は、「昨今の公の印刷物では憚れるようになった語彙が叩きつけるように記されたこの詩篇」を初めて読んだとき、「何か不吉なものに触れてしまったような驚き」を覚えた（「一人称の魔――佐々木昌雄覚書」、二〇〇一年）。一方で、一九九九年の初秋に釧路湿原を訪れ、釧路川をカヌーで下り、「大正期まで絶滅を信じられながら、キラコタン岬で生き残った十羽から地元の人たちの手厚い世話で数を回復した」「サロルンカムイ＝湿原の神」ことタンチョウが飛び立つのを目撃した橋本は、タンチョウに「死ね」を命じる「二十歳の青年の絶望に初めて思い至った」という。この絶望は、例えば半世紀近く後に堤寛治が、「海霧《じり》の晴れるクスリ・コタン／ハルトリの湖を巡る風が／銀の鮒を緋色に彩る／チャシの岸に緋色のさざ波／緋鮒と湖を抱く丘陵」（「移ろう湖」、『狼狽あるいは怯え』所収、二〇一三年、「クスリ・

コタン」＝「釧路」の原名）と描きながらも、「湖畔には闇が澱んでいた」と付記せざるをえない、日本から切り離されつつ外部から閉ざされた景色とも無縁ではなかろう。

頽落した日本的抒情から意識的に自らを遠く隔てること。厳しい緊張を内に抱えつつ、歌うことを拒否した精神から、なおも漏れ出さざるをえない批評性の堆積。石和義之は、まさにそれこそが「北の歌」なのだと喝破した（「北と垂直をめぐって――吉田一穂」、二〇一四年）。石和は、吉田一穂が文学的出発点において「悲しみの彼方、母への、／捜り打つ夜半の最弱音《ピアニッシモ》。」と、「麗はしい距離《デスタンス》」の彼方へ「遠のいてゆく風景」として母を捉えたことに着目する（「母」、一九二三年）。そして佐々木昌雄も、『呪魂』所収の「昭和三十八年七月二日　某女没」にて、「あいぬ　あいぬ　あなたは／愛奴　愛すべき奴　愛奴の／子のあなたの息子は／愛すべきものを持たない／宙に翻った刃を／掌に受けとめ　突きたてて／あなたの子は／血を流す」と、決別の儀を詠っている。しかし吉田と佐々木が異なるのは、「北の歌」と対比される「太古の温暖帯」を、故郷としての「南方」として設定することができなかった点だろう。だから、「北。冬。鳥。垂直。」と共通項を持ちながらも、吉田が「白鳥は来るであらう、火環島弧の 古《いにしへ》の道を。」（「白鳥」、一九五〇年）と詠う一方で、佐々木は、「太陽が昇るまえに／一人だけの貌がよみがえり／そして　地へ墜ちてゆく／この朝にも／雲は滞るか　だが／風が一吹きすれば／全てが終わる」（「この死者を鞭打て」、執筆年不明、『幻視する〈アイヌ〉』所収、二〇〇八年）と前置きしたうえで、「一蹴りして　さらば！」という号令のもと、決別へと跳躍せざるをえない。

新谷行は、佐々木のように跳ぶ道を選ばなかった。彼はタンチョウを見上げることなく、むしろ湿原に眠る「地の底の呪われたウタリ」へ引き寄せられていく。「例えば　湿原の地の底よりわきあがってくる／死者たちの呻き／死者たちの白い手／私は今　それをはっきりと聞く／はっきりと視る／長い屈辱の時間の／その深い大地の底から／彼等は何を叫び／何を掴もうとしているのか／私の肉体は今　敏感に彼等の魂に感応する／感応しつづけるなら／私は一切のものを捨てよう」（『ノッカマプの丘に火燃えよ』、一九七二年）と書いた新谷は、「自分の祖母がアイヌである事を少年時代からひた隠しにしながら成長し」、「そのことを終生人に語らなかった」（上杉浩子「新谷行について」、一九八〇年）。クナシリ・メナシの蜂起（一七八九年）の指導者が虐殺されたノッカマプの丘を取材した際、著名な「アイヌ」たちと邂逅を果たしてもなお、新谷が出自を告白した様子はない。幾重もの屈折のためか、新谷のテクストは深い陰翳を帯びている。だからこそ、『ノッカマプの丘に火燃えよ』を「序詞」として掲げ、「私の血は今／あなたたちのいる丘の一点から／血ぬられた過去の時へ向かって／かぎりなく逆流しはじめているのだ」と宣言、「アイヌの側に立ったアイヌの歴史」を記述しようと試みた『アイヌ民族抵抗史』（一九七二年）もまた、一編の詩として読み直されねばならないだろう。

垂直性を拡大することで歴史の痛みを背負い、数々の直接行動に打って出ることとなった新谷は、志半ばに斃れ、葬儀費用もなく密葬された。二〇一五年に『アイヌ民族抵抗史』は復刻されたが、末尾にはもはや新谷の遺族とすら連絡がとれなくなっている現状が記されている。復刻版の解題「新谷行『アイヌ民族抵抗史』を読むために」で友常勉は、「一九七二年に新谷の魂は煉獄の火に焼かれていたと思う。（……）新谷は彼が訪ね歩いて聞き取ったアイヌの人々の声に同化し、それが彼の身体からあふれてくるから、書かねばならなかったし、直接行動の手段に打って出たのである。（……）あいつぐ直接行動と爆弾闘争は、アイヌ民族の解放という課題に重い鎖をつけることとなり、一人ひとりが背負うことのできない責任をも、もたらした」と、新谷の試みを総括しつつ、「ただし、その歴史のいっさいについて、自分が無縁だと思うことはできない」とも書いている。目を灼かれるほど間近でこうした「重い鎖」を見つめ続けた詩人が、盛義昭だろう。「辺境の地を根拠として時代を凝視した『日高文芸』」の編集責任を「アイヌ」初の近代小説の書き手・鳩沢佐美夫――没後刊行された作品集の解説文を佐々木が寄稿し、また『アイヌ民族抵抗史』の主要人物の一人でもある――が早逝した後、引き継ぐこととなった盛は、新谷行がノッカマプの丘に取材した小説「ペウタンゲの情念」を寄せたのと同じ『日高文芸』一二号（一九七二年）に、「途絶」という詩を書いている。「途絶えの空隙がうねり／肉体に侵入する落日に／応答はない　その地点／海はくらくひろがり／さっていった漁舟／暗礁と揉みあう／潮流の白い手が　長く伸び／褐色の断崖はふるえ／さらにひたすら巨大となった／すべては闇に見え／また消える／いくすじもの黒い影　そして／揺れる情念が　一滴の血の重さ／めがけて／飛翔する　かなた」と謡われる前半部は、佐々木や新谷の詩業に見られる凄絶さからは巧妙に距離がとられているものの、むしろパースペクティヴは水平方向に拡張されている。「いつもいいしれぬ哀しさがこみあげ／やさしさがこみあげ／死んだ母のことを思いだしていた／シシリムカの青き水／カムイは万象の光」と続けられるが、シシリムカとは沙流川の意。つまり、ここでは決別したはずの母性が取り戻され、「太陽は火のようにあつく燃えてやすらか」なる安堵の念を添えつつ、「途絶えていたいのちの道」が開かれるのだ。

盛義昭の詩には、実直な地名研究の成果と思しきアイヌ語が鏤められることが少なくないが、それは土地に固有の風土性を、均質化の暴力から取り戻すための試みだろう。現に、盛の詩はアイヌ語をもってすべてを語らしめるのではなく、緩やかな詩句の連なりを乱反射させることで、一見シンプルながらも、その内実は複雑な構成に仕立て上げることに成功している。金子遊は「批評の奪還　松田政男論」（二〇一〇年）で、「人が風景を感じ分けることの多義性」をクローズアップさせることで、「ありふれた風景の映像それ自体に社会的な何かが表象される」メカニズムを論じているが、盛は「アイヌ」なるものを過剰なものとも過小なものともすることなく、「状況」を生んだ歴史の視点で風景そのものを描出していく。ただ、それによって表象される「社会的なもの」を盛は決して見過ごさないし、短絡化もさせない。「ケナシという川原の林で／残照を浴び／寄せた白樺が影を落としている／おまえという／青白い液状流体の亀裂から／チ・トカン・ピラ広場に／スルクの花びらが撒かれる／チ・トカン・ピラは封印された／豊猟と戦勝を祈願する祭場だった／またその亀裂からは／ゴボゴボと気泡を吐く野太い声が溢れ／時間のない口無し沼をつくっている／おまえという他人の顔が誕生したのも／こんなペールパラのほとりだった」（「チ・トカン・ピラ――われら射る崖」、二〇一三年）と、他者の顔から始まる近作では、「老木で脈うち／絶望の断片はのび続け」、「霧を揺るがし／ヌプルサルの深い闇と潰えた革命を運ぶ／小型蒸気機関車が／幻視の国土から突進してくるところ」と、「火ノ時代ノ記憶」がカゲロウの生涯のごとく一瞬だけ燃え上がり、絶望はたちまち悠久の風景のなかに溶け合わされてゆくのだ。

『日高文芸』で盛や鳩沢と共闘した向井豊昭もまた、「火ノ時代ノ記憶」を共有した書き手だった。遺稿に残された詩「沙流川のほとりで」（生前未発表）では、「もう廃校になってしまったあの学校は／十人とちょっと／裏のヤブには蛇がうようよだった／「パパ、蛇！」／わたしの子ども《ママ》チビが語りかけた／はじめての言葉である」、「人家は遠く／山は身近なその村で／わたしもまた出会った《ママ》／子ども《ママ》チビのように目をまるめ／夕日の美しま《ママ》に心をふるわせた」、「もう廃校になってしまったあの学校」と、「風景の映像」を始原の記憶に結びつける試みがなされていた。それは、「家のすぐ裏手」にある牧場にて、牧草地の緑が反射する陽の光のなかで「娘はこの世に生まれた最初の言葉をしゃべったのだ」と唄われた光景（「馬」、一九八二年）にも通底する、まさに生の讃歌だった。向井豊昭は「母音」（一九八一年）で、日本語の母音にアイヌ語の語釈を添えていき、「それは始原の　母なる馬のいななきではないだろうか」との問いに至るのであるが、「母音」や「馬」が収められた『詩集　北海道』（一九八二年）は、祖父・夷希微《いきび》や妻・恵子との共著でもあった。

『詩集　北海道』に収められた「北海道へ」で、「〈とうとう来た／今日からこの風景は／私のものになるのだろうか〉」なる感慨を北海道という大地に抱いていた向井恵子は、「ここでは風が文化であり／大地が思想であった」と認識し……だからこそ、自分たちが暮らした「世の中の出口」、すなわち乩舞《けりまい》の海を「何もないのがいい／島もなく／岩もなく／向う岸もない／けれどもこの砂浜に／かもめがみんな海の方を向いて／並んでいるのだから／やはりそこには何かがあるのだろう」、「ああ／私はここから海に犯されたい」というエロティックな願望を猥褻さの排された形で抱く。こうした恵子の詩作からは、開拓者的な暴力が——いったんは退けた「母性」を内に取り込む形で——静かに脱臼されている。豊昭と恵子、二人の向井は、ともに小熊秀雄から強い影響を受けていた（岡和田晃「小熊秀雄を読む老作家、向井豊昭を読む」、二〇一四年）。法橋和彦は、小熊秀雄「民衆のいのちとくらしを死守するため」プーシキンを読み、そこから「「自分の祖国を愛するということさえも自由ではない」、天皇の日本の三〇年代後半の深い闇のような状態」の問題を想起した、との視点を提示している（「小熊秀雄におけるプーシキン」、一九七三年）。そこから小熊はプーシキンの詩の革命性を、『エフゲーニイ・オネーギン』のタチヤーナに代表される「不幸の中での美しい人間性」の創造に見たと、法橋は理解しているのだが、こうした「不幸の中での美しい人間性」が、内なる「母性」の暴力と再帰的に対峙するさまから出発したのが、林美脉子だった。

林は詩人になる前、本名で『いづみ』一九六一年三月号に寄せた小説「哀愁」にて、「とうとうと流れる二つの川——日本で二番目に長く、その蛇行の美しさと変化の複雑さは、他に並ぶものない石狩川とその支流である空知川——の間にある、肥沃な大平野を有する滝川という町に生まれた」語り手の言葉を借りて、「〈時〉の流れを細工出来ないという絶対的な敗北に、人間どもは気付いているのだろうか」という警句を投げかけていた。「青春を葬り去った自覚」のもとに紡がれた言葉は、やがて、「青白く光る蛍光看板に星々の密約を旋回させて　母の来歴が座礁していく　時間の体系が封印されて　反世界から実世界への軌道へ戻る背負い切れない悔恨の痛みの　その凍る血溜まりに飛び込み突き抜け　破裂してゆく秩序はどこだ哀しみの帰路はどこだと　切断されゆく現実の陰関数の中で　この世の継続が偽装であったことを何者かに告げに行かねばならない」（「飛ぶ氷礫の国道十二号線」、『黄泉幻記』所収、二〇一三年）といった具合に、〈時〉を揺るがす宇宙論的ヴィジョンへ昇華されていくのだが、この漂着点を瞥見するに、発火源としての呪われし〝北限〟は、巷で取りざたされた「戦後詩」なる隘路とは、完全に別種の〝辺境〟だということがわかる。近代の呪詛を受けとめ甘えを振り払った「北の歌」は、どこまでも日本を画一化させて恥じないマーケティング的なものの限界を越え、〝辺境〟から高らかに羽ばたく。

（『現代詩手帖』二〇一五年八月号）

放射能が「降る降る」現実を前に

——小坂洋右『大地の哲学　アイヌ民族の精神文化に学ぶ』

「銀の滴《しずく》降る降るまわりに、金の滴降る降るまわりに」。『アイヌ神謡集』所収の「梟《ふくろう》の神の自ら歌った謡《うた》」に知里幸恵が添えた、著名な訳文の一節である。この神謡《カムイユカラ》では、敬虔《けいけん》な祈りをもって神々、つまり自然に接すれば、神々の恩寵《おんちょう》が人間に降り注ぐという、アイヌ民族の世界認識が根底に据えられていた。しかし、3・11東日本大震災以後、「降る降る」の感覚は、むしろ原発事故の放射能という「毒」にこそ、当てはまるようになってしまった。目には見えない放射線が、その害悪をもたらした人間をも含め、あらゆる生き物に「降る降る」現実は、もはや決して覆されることがない。

全編に著者の静かな怒りが湛《たた》えられた本書は、こうした「極限の状況」に向き合う地点から出発している。だからこそ、アイヌ民族の培ってきた「あらゆる命とのつながりを意識する」精神文化を掬《すく》い上げようという真摯《しんし》な試みが、実感とともに真に迫る形で読者に伝わってくる。

足を使った取材は丹念で幅広く、アイヌの人々に対する聞き取りの成果は、世界各地の先住民族の合理的な伝統文化に重ね合わされ、より複合的な文脈で再構成される。それは一方、近代の植民地主義がもたらした暴力を露呈させる試みでもあった。とりわけ日本とロシア、二つの帝国主義国に蹂躙《じゅうりん》され、一〇〇年足らずで流散を余儀なくされた「北千島アイヌ」の歴史に分け入る第六章、色丹島にルーツがある若い世代のアイヌ女性に取材する第七章は、必読だ。
差別を恐れた家族から、北千島アイヌの歴史・文化・伝承、すべてを伝えられずに育った彼女が、葛藤の果てに問うた「先住民の、自然を手本とする生活の規範は、人間の本質的な欲深さには対応できず、発展には限界がある」というジレンマは、そのまま私たち自身への告発になっている。

（未來社　２２００円）

小坂洋右（こさか・ようすけ）
一九六一年札幌市生まれ。アイヌ民族博物館学芸員などを経て北海道新聞記者に。著書に『流亡』『〈ルポ〉原発はやめられる』ほか。

（『北海道新聞』二〇一五年九月二〇日）

中央《ヤマト》の暴力《リズム》を掻き回《コヤッコヤッ》す辺境の言葉

——向井豊昭『怪道をゆく』

「遠太《トホプト》の江や氷るらし浪の音も雪に聞こえずなるを思へば」。これは一九〇二年、闡幽《せんゆう》会という今は忘れられた結社の会誌『心の声』に掲載された短歌で、「根室　三本久夫」との署名がなされている。作家・向井豊昭は、「遠太のある風蓮湖の氷そのものの厚みと重さ」で「魂をなぐりつけ」られるほどの衝撃を受け（『北海道文学を掘る』、二〇〇一年）、晩年の代表作「怪道をゆく」（二〇〇一年、二〇〇六年、二〇〇八年）に、この歌を取り入れている。三本は根室の花咲港を夜半に発ち、翌日夕方、釧路港に着くまでの間、「浪の外目にふるる物な」い冬の海で流氷に出くわしたという。が、彼はその時の驚きと緊張をそのまま歌にせず、「思へば」と、想像力のクッションを噛ませた。ここで「遠太」という耳慣れない地名の存在が際立ってくる。

この異質の歌を下敷きとした「怪道をゆく」では、短歌のパロディのような三一音のリズムで行き先を告げるカーナビに導かれ、陸路から三本と反対の道を辿って遠太を目指す模様が描かれる。一世紀近くが経ち、アイヌ語のトー・プト（湖の・口）に由来するというこの地名は、すでに地図から消えていたが、語り手は語源を同じくする遠仏を連想する。「アイヌの子どもたちにヤマトの言の葉を教え、ヤマト化するための」旧土人学校があった場所のことだ。教員として「同化教育の総仕上げ」に関わったという十字架を背負った語り手は、クナシリ・メナシの蜂起（一七八九年）に参加したアイヌたちが無惨にも虐殺される光景を幻視する。しかし、彼らはただ殺されたのではなく、死の間際に「コヤッコヤッコヤッコヤッ！」と呪詛《ペウタンケ》を放ち、ヤマトの秩序を掻き乱したのだった。北方領土を目前とした辺境を移動する過程で、歴史に埋もれたテクストが語り手を導き、「ヤマトのリズム」から言葉を解放させていく。外岡秀俊『北帰行』（一九七六年）、三好文夫『人間同士に候えば』（一九七九年）への返歌としても読める、中央の暴力に向き合った北海道文学の傑作。

（『早稲田文学』二〇一五年冬号、筑摩書房）

ノッカマップを辿り直して

「返せ！　北方領土」、「北方領土は日本固有の領土です」

長いあいだ風雨に曝され色褪せた看板には、このような文句が記されている。北海道では、とりわけ珍しくもない光景だ。しかし、根室駅に降り立ち、妻の運転するレンタカーでオホーツク海沿いを走っていると、いきおい原野の至るところに「北方領土」の文字を目にするようになり、ぎょっとするような、どこか所在ない心持ちを覚えてしまう。

釧路からＪＲ花咲線を一両編成のワンマン列車で二時間半ほど揺られてきたのだった。モンキー・パンチの生まれ故郷である茶内《ちゃない》や浜中を越え、秘境駅として著名な初田牛《はったうし》を通り過ぎる。途中の駅舎の多くは、使わなくなった車両を改造したものか、ごくごく簡素なプレハブ小屋。まだ八月だというのに冷涼たる気候と車窓の外に拡がる原野の情景は、ここが日本的抒情から切断された場所であることを雄弁に物語っている。そう、ここは日本であって日本ではない。

根室行きの前夜、釧路市内で、私の編著書『北の想像力　〈北海道文学〉と〈北海道ＳＦ〉をめぐる思索の旅』(二〇一四年)の印刷を担当してくれた藤田印刷の社長・藤田卓也氏に美味しいはも丼をご馳走になり、釧路についての話を色々とうかがった。私が調べたことに照合させ、考えてみる。

釧路という街は戦後、二人の伝説的な人物を輩出した。つまり原田康子と大道寺将司だ。かたや戦後の一大ベストセラー『挽歌』(一九五六年)の作者であり、かたや東アジア反日武装戦線〝狼〟部隊の一員で確定死刑囚として獄中に在る。まったく立場が異なるように見える両者を結びつけるものこそが釧路、というトポスなのだった。

霧に覆われた釧路の街は『挽歌』の一大ブームによって、「フランス映画のような」という呼称が似合う――要するにアメリカ的な開拓幻想とは異なる――仮構されたイマージュを付与された。一方でこの街は、高度経済成長のさなか、深甚な贖罪意識をもって東アジア諸国に対する加害性と天皇の戦争責任を厳しく問い、無惨にも空転して無辜の人々をも巻き添えにしてしまった革命家たちの、怒りや呪詛をも密かに育む辺境だった。

辺境の矛盾が含意するものを、さらに深めていけば、根室というトポスが理解でき、最奥から世界認識の突端に行き着けるのではないか。そのために私は、二人の作家が遺した仕事が、重要な手がかりになると考えた。三好文夫と新谷行の作品である。彼らはともに一九七八~七九年に四〇代の若さで夭折しており、「和人」に対する「アイヌ」最後の反乱、クナシリ・メナシの戦い――フランス革命と同じ一七八九年に起きた――をモチーフにした仕事を遺している。そう、この反乱に関係したアイヌが虐殺されてしまった当の場所が、ほかならぬ根室だったのだ。

昨年(二〇一四年)、公人が「アイヌ民族なんて、いまはもういない」と発言し、以後、アイヌへのヘイトスピーチが猖獗を極めている。そこでは、和人がアイヌを蹂躙したという歴史がなかったこととして正当化されている。あたかもそうした動きと連動するかのように、今年四月、中学校の歴史教科書検定では、「狩猟採集中心のアイヌの人々の土地を取り上げて、農業を営むようにすすめました」という記述が、「狩猟や漁労中心のアイヌの人々に土地を与えて、農業中心の生活に変えようとしました」へと修正されるに至った。

しかし、新谷や三好は、負の歴史をいたずらに正当化することなく、反対に、骨がらみのものとして「痛み」を直視しようとした。三好の遺稿長編『人間同士に候えば』(一九七九年)では、「呼び返せ、父祖の築いた北方領土」というアジテーションに対し、それはいったいどこに返すのか、そもそも父祖とは誰なのかという疑問が呈され、この問いが作品全体を支える強烈な動機となっている。ルイ・フェルディナン・セリーヌの『夜の果てへの旅』(一九三二年)を思わせる昏いトーンで貫かれた作品だが、三好の盟友・石川郁夫は、こうした三好の姿勢を鋭い短刀《マキリ》に準え、「アイヌ問題」を単にローカルなものではなく、「アイヌ・シャモ問題」、さらには「北海道問題」、「日本人問題」へと拡大させつつ、「日常の微温的な営み」や「精神の頽廃、意識の鈍麻」を討ったものとして再評価した(石川郁夫『三好文夫――告発と贖罪・短刀《マキリ》と突き出す腕の勁さ』、二〇一五年)。

一方の新谷は、このような「容赦なく突き刺す重い告発」を、自らの身体をもって感じ取ろうと試みた。それは自己と歴史を意識的に接続させる作業だったとも言える。遺稿『コタンに生きる人びと』(一九七九年)においては、新谷が根室を訪った際の逸話が、まるまる一章を割いて語られている。「あたりの風景を一つでも見逃すまい」とする彼の観察眼は、とても鋭い。「湿地帯にエゾ松や樫の木の老木が点在し、それらの木の枝のどれにも真綿のようなものが、ふらふらと風でゆれてい」る光景、あるいは樫の木が「海に面した部分は五十センチほどの萎縮した木の塊となり、それが海から離れるにしたがって次第に丈が伸びてこんもりとした森を形成している」独特の情景を丹念に記録しえているが、そこに呪いのような不吉さをも看取していたのが印象深い。

最初に彼が到着したとき、根室は暴風雨で、頼りにしていた現地の郷土史家には「ノッカマップには何もありませんよ」とにべもなく言われてしまう。つまり根室は最果ての地、新谷は歓迎されざる客として表象されている。そして新谷が目指したノッカマップの岬は、アイヌが虐殺された、まさにその跡地であった。だが畢竟、件の郷土史家が先んじて発掘を行なっており、また「極寒と地質の関係で骨までなくなる」という風土性も手伝ってか、表面的な収穫は何もなかった。にもかかわらず、新谷は確かな実感を得ている。

新谷の実感を別の角度から眺められないか。とどのつまりは、それこそが、私を根室へ向かわせた動機だったと言えるのかもしれない。天候に恵まれたためか、私が目にしたのは、呪いというよりも、むしろ彼岸のような――W・B・イェイツやフィオナ・マクラウドの作品を彷彿させる――どこか神話的な情景だった。途中で車を停めて立ち寄った「ノツカマフ1・2号チャシ跡」、「ヲンネモトチャシ跡」は、どちらも原野のただなかにあり、そこを少しずつ進んでいくことは、まさしく「一秒の死を歩く」(長沢哲夫)体験だった。『コタンに生きる人びと』には、(おそらく新谷の働きかけも手伝って)ノッカマップではイチャルパ(慰霊祭)が行なわれるようになったとも記されていたが、釧路で聞いた話によれば、それは現在でも続けられているのだという。

やがて、車は納沙布岬に着いた。「四島のかけ橋」と名づけられたモニュメントがあり、煌々と火が燃やされている。すぐ側に、「寛政の蜂起和人殉難墓碑」が建てられていた。内容をよく読んでみて、少なからず驚いた。ここに建立されていたのは、アイヌではなく、むしろ和人の犠牲者を悼むための碑文だったのだ。むろん、生者の基準で殺された者の是非を区分することはできない。また、かつては「寛政の乱」とされていた箇所は、一九七八年に「寛政の蜂起」に記載が改められもしたという。にもかかわらず……この墓碑をここに配置することで行なわれている静かな主張は、原野から不意に飛び出す「北方領土は日本固有の領土です」というメッセージよりも、はるかに峻烈なものであるように思われた。ふと顔を上げる。海の向こうに広がる島は、もはや日本ではない。かすかに船らしきものが見えた。あれは漁船ではない、ロシアの監視船だ……。

「世間では戦争法案反対デモなんて言ってるけど、あれは所詮、気分の話で、現実問題として、どうやって国を護ったらいいかってことまでは考えてくれないんですよね」。帰路で立ち寄った食堂の主が得意げに語りかけてきた。同意するのが当たり前、といった調子である。店主はそこからひと通り、ロシアについての薀蓄を披露してくれた。が、そのうちに、あれれ、どこかで聞いたことがあるなという思いが顔をもたげてきた。帰りの列車でようやく思い当たった。かつて私も愛読していた、佐藤優『自壊する帝国』(二〇〇六年)に書かれていたエピソード、ほぼそのままの内容だった。

※「ノッカマップ」の表記は、三好と新谷がともに採用していたため、本稿でもこれらに倣った。

(『三田文學』二〇一五年秋季号)

「がんばれニッポンっ！」という空白を埋める
――木村友祐『イサの氾濫』

「がんばれニッポンっ！」

……もう四年半も前のことになるのか。『すばる』二〇一一年一二月号に「イサの氾濫」が一括掲載されたとき、その末尾は、この「がんばれニッポンっ！」という空疎な掛け声で、いささか唐突に締められていた。

流れはこうである。東京から故郷・八戸へ〝都落ち〟した将司。地元で過ごした歳月よりも東京で暮らした年月のほうが長くなる将司は、震災の片付けのために帰省することもせず、久方ぶりに顔を合わせた父親からは、なんと「東京もん」呼ばわりされてしまう。

そんな彼がそもそも地元に惹き寄せられたのは、初恋の相手である小夜子にクラス会への参加を促すメールをもらい、「昔抱いた憧れの面影」を感じたから。将司は四〇歳にもなりながら、「東京にいても履歴書を送っては不採用の通知を待つ以外、ほかにやることがなかった」と述懐するほど、ささやかな承認にも飢えている男。なにせ小夜子が「すでに中学生の子どもがひとりいる人妻」だと知りつつ淡い期待を抱くのだから、だいぶヤキが回っている。

案の定、小夜子が将司に近づいたのは、怪しげな「銀河の破魔水」を売りつけるためだった。「科学者もまだ発見してない、宇宙の命の源《みなもど》から届いだ粒子だげが、ギュッと閉じこめであるの。密教秘伝の技で」。哀しいほどにコテコテのマルチ商法。だが、このような救いがない台詞をも濁音を洗わず南部弁のままで書いてしまうところに、木村友祐の真骨頂がある。あからさまな「人の悩みにつけこんだ商売」にすら、頼らざるをえない「貧しき人々」（ドストエフスキー）。知覚をフルに駆動させ、その実態を細やかに描くことで、人間を縛り付ける同調圧力がいったいどこから来るのか、――〝フリーター文学〟や〝青春小説〟という枠組みを超えて――加害の起源を見定める歴史的な視座を得ようという感応力の凄みがあるのだ。

間違いなく、木村友祐は閉塞する現実に小説で風穴を開けようとしている。「イサの氾濫」のクライマックスが、何よりの証左だろう。私をはじめ、多くの読者が衝撃を受けた場面だ。小夜子が「人の悩みにつけこんだ商売」に身を任せるのを否定した将司は、他者からの承認に頼らず、「自分の前にいつしか口をあけていた巨大な穴」を凝視するのを余儀なくされる。この真空から、「イサ」という叔父の姿に仮託された「蝦夷《えみし》」のヴィジョンが立ち上がる……というのが、『すばる』掲載時の展開だ。

古代と現代をつなぐ蝦夷たちの姿はてんでバラバラ。鳥の羽根やアイヌの小刀《マキリ》を身につけた者もいれば、果ては量販店のヒートテックやらホームレスめいたブルーシートやら、好き勝手な出で立ちで、国会議事堂やら首相官邸やら中央省庁やらを襲撃するのだ。すわ、魔術的リアリズムかという過激で痛快なヴィジョンだが、やがて幻想は収束する。現実に引き戻された負け犬・将司の耳には、クラス会を締める「がんばれニッポンっ！」という文句が轟く。ここには何か巨《おお》きな虚無を抱えたような、アイロニカルな響きがあった。

ところが、震災から五年の節目に単行本化された『イサの氾濫』（奥付は二〇一六年三月一一日）において、この結末は大きく書き換えられていた。初稿にも増して連呼される、「がんばれニッポン！」、「がんばろう東北！」という空虚なお題目。けれども、かつてのように、将司は沈黙したままで終わらない。重圧を吹き飛ばしてイサと一体化し、「おらがイサだど思うやづは、悔しいやづは、みなかだれ《加われ》っ！」と号令をかけるのだ。

――なんでおらは、こやって東北《とうほぐ》の肩《かだ》、もってんだべ。よそ者だの《なのに》さ。

そう自嘲する傍らでは、原発を推進していた大手電力会社のビルが倒壊していく。攻撃は終わらない。改稿版では、幻視した光景がシニカルな現実に吸収合併されてしまわないのだ。現実を塗り替える強度が最後まで維持され、だからこそ「叫《さが》べ。叫べ」というメッセージに芯が生まれる。

四月一六日に開催された刊行記念イベント（木村友祐×温又柔「ニホンゴを揺さぶれ！～わたしたちの大切な〈訛り〉について～」、於：下北沢本屋B&B）で、どうして結末部を変更したのか、率直な疑問をぶつけてみた。

「（初稿は）宙ぶらりんな空白を作って終わるということで、気持ちを載せて読んできた人にとっては、足払いをかけられたような感じかなと思います。当時、つまり震災の年に『イサの氾濫』を書いたときには、小説が状況に対する反射的なものになっていないかという恐怖とも背中合わせだったので、空白を作る、突き放すということが、文学として成立させるぎりぎりのやり方だったのだろうと思います」

静かに、はっきりと木村は答えた。書いたあとにずっと、心残りがあったのだと木村は言う。実際、「がんばれニッポンっ！」の裏にあった空白、震災当時は小さな違和感だったものは、今やナショナリズムや排外主義で埋め尽くされてしまうほどに、状況は悪化の一途をたどっている。被災地の内と外の関係性はどうしようもなく固定化してしまった。だったら蝦夷も、叫ぶしかない。叫んでいい。声なき従属民《サバルタン》のままではいられない。

カタストロフを経て固定化された、時間と空間の差異。併載された「埋《うず》み火」を読めば、それをいっそう明確に認識できるだろう。ほぼ全編が南部弁で記された特異な「埋み火」は、故郷・八戸の中でも北にある、浜辺の集落の雰囲気が濃厚に反映された作品だという。

昔《むがし》の友だぢぁ、今の友だぢ、づぅわげじゃない……。

挿入されたこの一言は、魯迅の「故郷」(一九二一年)を彷彿させるが、東京で成功した政光とホームレスめいたタキオという、作中での階級的断絶を意味するだけではない。語りと記憶の断絶を通して、普段は覆い隠されている「中央」と「辺境」の支配関係を炙り出すのだ。注意すべきは、「イサの氾濫」が〝いま、ここ〟に直接接続されるものだとすれば、「埋み火」は神話的な祖型が(文字通りに)埋め込まれている、という意味で対照をなしていること。

河島英昭は『叙事詩の精神　パヴェーゼとダンテ』(一九九〇年)で、反ファシズムの活動で逮捕され流刑地で書いたパヴェーゼの詩編『働き疲れて』(一九三六年)が、改稿で私小説ならぬ《私詩》から祖型を深めた《神話詩》となり、その延長で後に書かれた小説は詩や短編では充分に盛り込めない主題と構造を獲得していったと指摘している。このような動きと《神話詩》の緊張感は、「埋み火」も分有するものだろう。とすれば『故郷』(一九四一年)や『月とかがり火』(一九五〇年)のような風土性(クリマ)を基軸として全体主義に対峙する「ネオレアリズモ」の文学として、木村友祐の小説を読んでいくことも可能かもしれない。

(『新潮』二〇一六年六月号)

生きられる隙間を探せ

——木村友祐『野良ビトたちの燃え上がる肖像』

「あいつら全員、ガソリンかけて燃やしちまえばいいんだよ。生ゴミと一緒だもの」。主要人物の「柳さん」のみならず、吐き気のする一言だ。〝あいつら〟とは野良ビト、つまりホームレス（野宿者）のこと。文芸評論家として私は、きっと本作に点数でもつけて面白おかしく紹介すべきなのだろうが、とてもそんな気にはなれない。読み直すたびに冷や汗をかき、武者震いが起きる。燃やせと言われた人の姿に、自分を見るような気がする。

ペンキ屋、工事現場の作業員、雑誌ライター……。もとの職業こそさまざまなれど、「死ね」、「人間じゃない」と罵倒され、社会から〝見えない存在〟に仕立て上げられてしまった人々がいる。

そんな野良ビトの群像を――いつでも私たちと交換可能な――名前と身体をもった存在として描きぬいたところに、本作の達成がある。つい忘れがちだが、ホームレスとは「ただ家が河川敷にあるっていうだけで、みんなふつうの人と何も変わんない」。にもかかわらず、当事者の痛みを知ったように代弁する粗雑な姿勢への疑義も、本作は隠していない。野良ビトを抑圧する〝重力〟の正体から目を背けていることになるからだ。

登場する地名や出来事にはすべて、周到に仮名処理がなされている。けれども、モデルとなっている土地はある。田園調布（東京）と新丸子（神奈川）を分かつ多摩川だ。ちょうど県境にある河川敷で、野良ビトたちは、その日、その日をただ生き抜く。「生きてるうちは、生きなきゃなんねぇ」。

告白すると、私には、新丸子にあった六畳一間のワンルームに、今の妻と二人で生活していた時期がある。工事現場で働いても家賃が払えず、私の方が転がり込んだ。つげ義春の漫画『無能の人』のような鬱々《うつうつ》とした暮らし。いつ野良ビトになってもおかしくない、紙一重の状態。そうした体験から鑑みて、本作が綿密な取材に裏打ちされた現場目線を貫いているのがわかる。

武蔵小杉と思われる駅（神奈川）の向こうには、新興タワービルが立ち並ぶ。トラック運転手出身の型破りな都市理論家マイク・デイヴィスが、『要塞《ようさい》都市LA』で告発したゲーテッド・コミュニティだ。「要塞」と化した清潔な街は、野良ビトを締め出す。包囲網はあらゆる方面から、じりじりと狭まっていく。独自のコミューンを築く野良ビトたちはテロリストだとみなされ、在日外国人が〝ホームレスを殺すホームレス〟に仕立て上げられる……。

メッセージはどこまでも明快だ。この国に暮らす九九・九％の人にとって、人ごとでは済まされない問題を訴えている。物語と事実、どこまでも相いれない両者のはざまに踏み込み、そうでもしなければ語れない領域を掘り下げている。どこにでも生きられる隙間はある。「あきらめなければ、どこかにきっとある」。憎悪にあらがい、本作は叫び続ける。受け取った私たちが、今度は声に応える番だ。

（『東奥日報』二〇一七年一月二五日）

歴史修正主義に抗する先住民族の「生存の歴史」

――津島佑子『ジャッカ・ドフニ』

今こそ読むべきアイヌやウィルタら北方少数民族を扱った文学として、津島佑子の長編としての遺作『ジャッカ・ドフニ　海の記憶の物語』を紹介したことがある。二〇一五年夏、まだ作家が健在で同作が単行本にまとめられる前のこと、アイヌへのヘイトスピーチ問題を考える講演会での話だ。アイヌへの差別煽動は、ある意味でわかりやすい「善い朝鮮人も悪い朝鮮人もどちらも殺せ」といった形をとるのではなく、「アイヌはすでに日本人へ完全に同化している（＝だから、もうアイヌはいない）」という言説を基軸とし、かつ「アイヌもそれを望んでいた（＝だから、アイヌだと名乗る奴は利権が目当て）」とアイヌ自身の発言を歪曲・奪用する形で正当化していく、込み入った構成をなしている。その根底にあるのは、先住民族たるアイヌを征服して同化を強要し、言語や文化を奪ったという過去の否定だ。旗振り役を担ってきたのは、一部の政治家や漫画家などであるが、歴史修正主義に居場所を与えてしまうこの国のムラ根性に、文学もまた深い部分で加担してきた。

明治期以来、アイヌを題材とした作品は数多く書かれてきたが、その多くは「東京文学」としての「日本近代文学」の伝統からは無視されるか、よくて好奇の眼差しをもって迎えられてきた。例外的に価値が認められた作品についても、作中でのアイヌ表象自体に書き手の無自覚な差別性が込められてしまっている場合が本当に多い。一方、自らがアイヌだと告白する書き手があったとしても、その仕事のすべては「日本」に対する異物としての「アイヌ」というフィルターでもって、ひとくくりにラベリングされてしまう。同じ北方少数民族でも、さらに人口の少ないウィルタ（旧称オロッコ）となればなおさらで、だからだろうか、『ジャッカ・ドフニ』でも言及されるダーヒンニェニ・ゲンダーヌや、妹の北川アイ子が没してからは、この国で自分がウィルタ民族だと公言する者は誰もいなくなってしまった。『ジャッカ・ドフニ』というタイトルが現場で自然に口を突いて出てきたのは、アイヌでもウィルタでもない津島佑子が忘却された存在を掬い上げる雄大な構想力に、歴史修正主義に抗する想像力のあり方を感じたからだろう。

津島佑子は北方少数民族の口承文学に親しみ、そこから「とても自然につなが」る形で、キルギスのマナス叙事詩に題を採った『黄金の夢の歌』（二〇一〇年）を書いた。この作品では、アイヌの口承文芸の伝統からどこまでも切り離されていることを自覚しているがゆえに、「アイヌのひとたちがたどってきた今までの現実の時間と、そして現在もつづいているさまざまなむずかしい立場を、可能なかぎり、自分の体で受けとめなければならなかった」と綴られている。『ジャッカ・ドフニ』もまた、この「体で受けとめた」ところから書かれているということは、『夢の記録』（一九八七年）に収められた短編「ジャッカ・ドフニ――夏の家」を繙いてみれば一目瞭然だ。短編版では、かつて北海道を旅した際に、ゲンダーヌのいる北方少数民族資料館を在りし日の息子と訪れた幸せな記憶がよすがとなり、資料館の名称に採られたウィルタ語「ジャッカ・ドフニ」が意味する「大切なものをしまっておく場所」という言葉が、夢と現実、時間と空間の境界を超えて、作家自身の「大切なもの」を収めて活かす多様な「家」の形を招き寄せる光景が描かれていた。

もともとウィルタは、戦争を知らず階級もなく、さらには私有の概念すら持たない。この、常に移動する遊牧民ならではの自由な感覚こそが、長編版『ジャッカ・ドフニ』において——八歳で夭折してしまった息子の記憶を媒介に——銀のしずくではなく放射能が「降る降る」3・11東日本大震災以後の「現在」と、一七世紀を懸命に生きた女性チカの生涯をたどる前近代の「歴史」的な記述を融合させる導きの糸となっている。長編版の単行本とほぼ同時期に刊行された、津島佑子の短編集としての遺作『半減期を祝って』所収の「ニューヨーク、ニューヨーク」や「オートバイ、あるいは夢の手触り」では、『ピーターパン』のネバーランドのような「なにもかもが贅沢だった時代」と、そうではない現実を橋渡しする象徴として、「ニューヨーク」や「オートバイ」が語られていた。一方、表題作「半減期を祝って」は、3・11以外の何ものでもない原発事故を受けた近未来として、オリンピックの熱狂からナチスの突撃隊めいた組織が誕生、アイヌや東北人・在日朝鮮人や沖縄人らが徹底して差別される世界が予見されている。ここにはユートピアとして期待される外部が、もはや存在していない。こうした外部の喪失という感覚は、長編版『ジャッカ・ドフニ』も共有するものだ。

「あなた」という二人称を効果的に用いて語られる震災直後のオホーツク海沿岸都市・網走の光景。そこから四〇〇年近く時間は巻き戻り、アイヌ語で「鳥」を意味する「チカップ」という名を与えられた少女の生誕、そして兄のように慕う「きりしたん」の少年ジュリアンらと一緒に虐殺を逃れ津軽〜長崎〜マカオへと移動していくエピソードが綴られ、また二〇世紀の網走が語られる。この過程から想起されるのは、先住民族の歴史を近代国民国家に対する「衰退の歴史」として捉えるのではなく、極めて過酷な入植者との接触の中での先住民族の「生存の歴史」として評価し、認識し直すという近年の北米先住民研究やアイヌ研究の動向との共振性だ（参考：坂田美奈子「歴史認識のネットワーク化へ――北海道～北東アジア～アラスカ先住民の生存の三〇〇年」）。アイヌに伝わる「モコロ、シンタ」の歌を自らの寄るべとしたチカップの数奇な人生は、むろん作家の想像力が生み出したものだが、彼女のように生きたアイヌがいても不思議ではないと思わせるだけの確かな手触りがある。その「生存の歴史」を想像する力こそが、歴史修正主義に陥らないためには必要なのだ。そういえば、彼女の名は、ゲンダーヌとも交流のあった刺繍家にして活動家のチカップ美恵子を彷彿させる。魂の響鳴があったのだろう。ルルル、ロロロ……と、風を介して歌が聞こえる。

（集英社・2700円）

津島佑子（つしま・ゆうこ）
一九四七年東京生まれ、二〇一六年二月没。一九九五年、『風よ、空駆ける風よ』で伊藤整文学賞、二〇一五年、『黄金の夢の歌』で毎日芸術賞。

（『すばる』二〇一六年七月号）

津島佑子と「アイヌ文学」

——pre-translation の否定とファシズムへの抵抗

津島佑子の〝遺作〟が置かれた磁場

二〇一六年二月一八日、作家・津島佑子は急逝した。『すばる』に二〇一五年一月号から八月号まで（四月号を除き）連載された長編『ジャッカ・ドフニ　海の記憶の物語』が、とりあえずは完結した小説としての〝遺作〟になるのだろうが、『ジャッカ・ドフニ』が二〇一六年五月に集英社から単行本として刊行されたのと前後して、エッセイ集『夢の歌から』（インスクリプト）、短編集『半減期を祝って』（講談社）も発売されている。いずれも作家の近作をまとめたものだ。また二〇一六年八月には、パソコンのハードディスクから発掘された未発表長編『狩りの時代』（文藝春秋）が刊行されている。3・11東日本大震災と福島第一原発事故以後、この国を席捲した排外主義的な状況が密接に絡んでいるという点において、これら複数の〝遺作〟が共通した問題系に貫かれているのは明らかだ。作家の抱えた問題意識がうわべだけのものではなく、いかに深甚であったのかがよくわかる。私自身、『図書新聞』に二〇一五年三月から連載している「〈世界内戦〉下の文芸時評」で、『ジャッカ・ドフニ』、「半減期を祝って」（短編集の表題作）、『狩りの時代』を、それぞれ初出時に取り上げてきた。とりわけ「半減期を祝って」を時評で扱おうと決めた矢先に作家の訃報が飛び込んできたので、ただ呆然とした記憶がある。

時評で着目したポイントを整理してみたい。グローバリゼーションに対して無力だとされる、地域文学などのローカリティ。『ジャッカ・ドフニ』は、その袋小路を切り拓く可能性をもった作品だった。3・11以後における文学の位置と、アイヌやウィルタといった北方少数民族を接続させつつ、あえて一七世紀の「蝦夷地」にまで遡行する形で、歴史の根底を問うているからだ。一方、「三十年後」の未来というお題で書かれた「半減期を祝って」は、過去と現在を往還する「ジャッカ・ドフニ」の方法を変奏したものとして読める。

3・11によってばらまかれた放射性物質セシウムの半減期が未来予測の中核には置かれ、「反社会的人間」を駆り出す役割を担った「愛国少年（少女）団」がクローズアップされる。それは「きびしい人種規定があって、純粋なヤマト人種だけが入団を許されている」団体で、理由は「アイヌ人もオキナワ人も、そして当然、チョウセン系の子どもも入団を許されてはいないのだけれど、いちばん評価が低いのはトウホク人で、高貴なヤマト人種をかれらは穢し、ニホン社会にも害毒を及ぼしている」からだと説明される。「中央」の価値観からなる歴史、それを逸脱する者を踏み台にしつつ「いちばん危険な人種」として敵視する〝未来＝現在〟が描かれたわけだ。

続く『狩りの時代』では、一五歳で早逝した「耕一郎」という知的障害（ダウン症）の兄についての回想が強調され、「半減期を祝って」で描かれるようなヒトラー・ユーゲントへの熱狂と対比される。小説として自律していながらも、相模原の知的障害者連続殺傷事件にまで及ぶ時代の病理を鋭く穿つ批評性が堅持されていた。

いま文学の現場において、排外主義的なものに対して抗わんとするには、相応の蛮勇が必要となる。〝政治的〟な作品だとみなされ、読者に敬遠されるのではないかとの危惧がつきまとうからだ。たとえ作家が決断したとしても、編集者をはじめ周囲の理解が得られるとは限らない。文学が商品という形態で流通する以上、商業的にはリスクを負うということであり、あえて茨の道を進まんとする者は、星野智幸や笙野頼子などいまだ数えるほどしかない。津島佑子はその筆頭に挙げられる作家であり、錚々たる受賞歴にも関わらずフットワークは軽く、〝大家〟じみた驕りを感じさせなかった。道半ばに斃れたのは（と敢えていうが）、重ね重ね残念でならない。

ヘイトスピーチ（差別煽動表現）をカジュアルにSNSなどで発信してしまうネット右翼（ネトウヨ）的な雰囲気は、今や感性の共同体として〝クール・ジャパン〟なサブカルチャーを包摂し、構築的な近代の公共性に替わるデファクト・スタンダードとなりつつある。当然ながら文芸誌も聖域ではいられない。単行本『狩りの時代』が出る前月、『文學界』二〇一六年八月号に冒頭四章と娘の津島香以による掲載の経緯が掲載されたのだが、その直後に載っているのが石原慎太郎の短編「いつ死なせますか」だった、という取り合わせがわかりやすい。

「いつ死なせますか」は救急病棟の話なのだが、クライマックスの「それで当人は今どんな具合ですか」／「呑気なもんです、親子して部屋のテレビで韓国のドラマを眺めていやがる」／「それで、どうしますあの患者は」／「もうこれで用ずみですな。ですから何時でもね」／「と言ってもすぐにはどうこう言う訳にはいきませんよ」／「だったら勝手に死なせてやって下さいよ」／「そう言うものかねえ」／

「そう言うものでしょうが、この世の中は」という会話が、作品の性格を如実に表している。

『文學界』二〇一六年一〇月号に掲載された斎藤環との対談において石原が、障害者を一九人殺害した相模原事件の犯人を「ヒトラーと同じ発想」としながらも、そのためか一定の共感を示し、「それにしても、大江（引用者注：健三郎）なんかも今困ってるだろうね。ああいう不幸な子どもさんをもったことが、深層のベースメントにあって、そのトラウマが全部小説に出てるね」と平気で放言したことと照らし合わせてみるまでもなく、「いつ死なせますか」が導くのは――それこそ『狩りの時代』が批判するような――優生学的な世界観と、それが可能にする自己責任論の正当化そのものだろう。（註1）

思いつきと書き殴りの域を出ず、幼児的な暴力性の発露に自瀆する石原慎太郎の新作は〝エンターテインメント〟としても稚拙にすぎるが（註2）、なぜか『狩りの時代』の直後に配置されてしまう。言説の〝中立性〟を企図したのかもしれないし、単に売れそうな大家を並べたのにすぎないといえるかもしれない。『狩りの時代』の批評性を際立たせようとしたと解釈することも不可能ではないが、いずれにせよ津島佑子の〝遺作〟が排外主義的な磁場に覆われたなかで発表されたことを確認するサンプルとして、象徴的な事例だろう。

『ジャッカ・ドフニ』刊行後の反響

幸いなことに『ジャッカ・ドフニ』は書評に恵まれ、主要な文芸誌や大新聞で好意的に取り上げられた。主なものを列挙すると、『文學界』二〇一六年七月号（高澤秀次）、『新潮』同年八月号（谷崎由依）、『群像』同年七月号（佐藤康智）、『文藝』同年秋季号（鹿島田真希）、朝日新聞同年五月一五日（星野智幸）、読売新聞同年六月一三日（松山巖）、日本経済新聞同年五月二二日（富岡幸一郎）、北海道新聞同年六月五日（木村朗子）といった具合。水準は玉石混交だが、著しく見当外れなものは見当たらなかった。

ひときわ印象的だったのは、津島佑子と長く共闘した星野智幸の評だ。「アイヌとしての自分にこだわり続ける」主人公チカップと、その周辺にいる「イエズス会の神父たち、秀吉の侵略時に朝鮮半島から連れてこられた洗礼名ペトロ、ナポリ人の船乗りが日本女性に産ませたガスパル、アフリカからの奴隷の女性イブ等」を、現代にも通じる「移民」たちとして捉えるのだ。その「社会」を「現代の日本」と重ね合わる。「強権的な政治のもと、被災者が置き去りにされ、タブーにされ、ルーツを異にする住民が差別という暴力を浴びせられ、それを見て見ぬふりする社会。過ちの歴史は何度も反復されている」という指摘には痛切なものがにじむ。

そうした成果も見られた一方、これらの書評は紙幅の制約もあってか、作家がわざわざ「アイヌ」という表象を持ち出した意味について、踏み込めてはいなかった。この点を補完するのが、『すばる』二〇一六年六月号の「追悼　津島佑子　越境の想像力と『ジャッカ・ドフニ』」という特集である。J・M・G・ル・クレジオと今福龍太の往復書簡に、中沢けい「地上の旅」、茅野裕城子「津島さんの「ジャッカ・ドフニ」」、中上紀「シンタに揺られて」、シャマン・ラポガン「なつかしい東京のお姉さん」などの追悼エッセイが掲載された。これらに通底するのは、アジアの作家たちの横のつながりを積極的に推進した近年の姿勢、「アイヌ」をはじめとした世界の先住民族・少数民族に注がれた作家のあたたかなまなざしについての確認と再評価の姿勢である。『三田文學』同夏季号の追悼特集が、エッセイ「幼き日々へ」の採録など、閉鎖的でドメスティックな空間における母との確執を主題化した初期の作風を補完する企図と思われたのとは対照的。

『すばる』での追悼特集のなかでも川村湊の長編評論「〝ジャッカ・ドフニ〟論――津島佑子の「大切」なもの」は、毎日新聞の「光輝く生命の根源　津島佑子さんを悼む」(註3)にて示された「死者たちの残したものを、ひっそりとしまっているところ。生命の根源の場所。光そのものの生まれ出《い》づるところ」を『ジャッカ・ドフニ』という作品に即して語り直した力作であった。「震災後文学」をめぐる図式が教科書的にすぎる、といった不満もなきにしはあらずだが、それを差し引いても「網走市の街中で生まれて、幼少年期をそこで過ごし」、間近で「近在のウィルタの人たち」と接した体験を語る筆致には切実さがにじむ。そのうえで、ダーヒンニェニ・ゲンダーヌが創設した博物館「ジャッカ・ドフニ」について、「少数民族の希少で貴重な文物――〝大切なもの〟を収めるところが、日本人の無理解と無関心のなかで、ひっそりと消えていった」と語る。「無理解と無関心」への「悲しみと憤り」こそが『ジャッカ・ドフニ』の執筆動機だと推定するのだ。

津島佑子と「アイヌ文学の状況」

ところが、これだけ書評やエッセイがあっても、アイヌを日本におけるエキゾチックな「内なる他者」としてではなく、現在進行形で差別されているものとして、主題的に考察した原稿は、管見の及ぶ限り見当たらなかった。『ジャッカ・ドフニ』の連載に先立ち、作家が「先住民族アイヌの意味」(『社会運動』四一五号、二〇一四年)というエッセイを発表していたにもかかわらず、である。ここでは、多くの日本人が「なんとなく」アイヌを知っているがゆえに、その現実を「知らない、知ろうともしない」という態度を取り、誤解から「差別の構造を社会的に作りあげ、そうした社会を知らず知らず肯定」することになるプロセスが説明されている。同時に、それが「アイヌはいない、とネット上に書きこむ札幌市議会議員のようなひとが出てくる」理由であり、「『アイヌ利権』という醜いことばまで書きこまれている」現状が批判されている。

そこで『すばる』二〇一六年七月号（追悼特集の翌月）に私は、「歴史修正主義に抗する、先住民族の「生存の歴史」」と題した『ジャッカ・ドフニ』の書評を寄稿した。[註4] そこでは、アイヌへのヘイトスピーチ問題を考える講演会において、「今こそ読むべきアイヌやウィルタら北方少数民族を扱った文学」として私が『ジャッカ・ドフニ』を紹介した経験への言及から筆を起こしている。その書評では、先住民族の歴史を近代国民国家に対する「衰退の歴史」と捉えるのではなく、むしろ「生存の歴史」にほかならないと、オルタナティヴに読み替える近年の北米先住民研究やアイヌ研究の動向姿勢を紹介し、それが『ジャッカ・ドフニ』というテクストと共振している、との仮説を提示してみせた。「先住民族アイヌの意味」は『夢の歌から』に収められたが、津島香以による同書の巻末解説「母の声が聞こえる人々とともに」[註5] では、『ジャッカ・ドフニ』連載中の津島佑子が、中学校の教科書検定で、北海道旧土人保護法に関する記述から、「アイヌの人々の土地を取り上げて」を削除、「アイヌの人々に土地をあたえて」に書き換えられたことを報じる新聞記事を切り抜き、憤るエピソードが紹介されている。小説で一七世紀にまで遡行しながら、津島佑子にとっての「アイヌ」は間違いなく、現在進行形の問題だった。この点をもう一歩踏み込んで捉えれば、アイヌ民族の出自でもない作家が、なぜ3・11後の状況とアイヌの「生存の歴史」を結びつけた小説を書いたのかという疑問に、改めて突き当たらざるをえない。津島佑子が「アイヌ文学の状況」を端的に概説した一文がヒントになる。

アイヌ文学の状況についてですが、ほとんどすべての日本人は、それは伝統的な口承文学のことだとしか考えていません。つまり古いユカル、あるはカムイ・ユカルですね。もちろん、いくらかのアイヌ人の小説家はいます。でも現在のところ、自分の想像力から文学的フィクションを描くよりも、アイヌの歴史、それは日本人に抑圧されつづけた非常に厳しい歴史ですが、あるいは、アイヌの困難な社会的状況を描くほうに必要性を感じているようです。(註6)

これは一九九八年三月一日にウェリントンで行なわれたマオリ系作家パトリシア・グレイスとの対談における津島佑子の発言であるが、「いくらかのアイヌ人の小説家」が、「日本人に抑圧されつづけた非常に厳しい歴史」や「アイヌの困難な社会的状況を描く」ことにこそ「必要性を感じている」と状況を分析するとき、誰のどんな仕事が想定されていたのか。自らが「アイヌ」だとカミングアウトした初めての近代小説の書き手である鳩沢佐美夫は一九七一年に没して久しく、生前の鳩沢と交流があった平村芳美は七〇年代に短編を数作発表したのみで、それを単行本にまとめてはいない。新谷行も一作小説を書いたが、一九七九年に世を去った。

とすれば、ここで念頭に置かれたのは上西晴治『十勝平野』(一九九三年)あたりと推定するのが妥当だろう。(註7)『十勝平野』は明治初期から「北海道開拓」一〇〇年(一九六八年)まで、三代にわたる「アイヌ」の複雑な「生存の歴史」を描いた大河小説であり、柳田國男や金田一京助への苛烈な批判で知られる村井紀は『十勝平野』を、「一見すると、ローカルな農村地帯に見える「十勝」に、北海道開拓に始まる近代日本の細部にわたる植民地支配の核心を見据え」ることで、「農民化・農業化とともに隅々までアイヌ差別をいきわたらせたか、あるいは近代諸学がいかに加担したか」を描きぬく「最高・最大の小説」だと異例の

賛辞を寄せている。(註8)

『アイヌ神謡集』の翻訳を介して見えたもの

しかしながら、「日本人」が「アイヌ文学」を「伝統的な口承文学」としてしか捉えていないという発言は、どのように受け止めればよいのか。津島佑子はパリ大学国立東洋言語文化研究所で日本近代文学を講じていたことがあるのだが、対談の二年前（一九九六年）に教え子であるフランス人五人との共訳にて、知里幸恵『アイヌ神謡集』（一九二六年）のフランス語版 *Tombent, tombent les gouttesd'argent* を刊行している。詩人ジャン・グロジャンが監修する「諸民族の夜明け」l'aube des peuples 叢書の一冊としてガリマール社から出たものだ。とすれば、ここにはユカル（ユカラ）についての関心から出発した「日本人」としての自省というニュアンスが介在していたのかもしれない。

パトリシア・グレイスとの対談の序論という位置づけで書かれたエッセイ「渦巻く文学をめざして」(註9)では、対談でアイヌ語について「かなりの時間を割いている」ことの理由として、「足かけ四年間」をかけてこの翻訳に取り組んだ経験が語られている。試行錯誤の過程で、津島佑子はブルトン語やマオリ語といった、同化政策のもとで「野蛮な言葉」と規定された「書き文字をもたない言葉」に対する関心を深めていった。「フランスの読者を想定してみると、日本とアイヌの関係ばかりではなく、もっと広く、いわゆるヨーロッパの大航海時代からの世界情勢を知ったうえで、サハリン、クリル諸島、北海道の先住民であるアイヌがどのようにそれぞれの国の思惑に翻弄されてきたかという視野を持たなければ、この少数民族の存在の重さを本当に理解できたということにはならない、と思うようになった(註10)」というのがその謂いである。

実際、「諸民族の夜明け」における「諸民族」の多くは、無文字社会の人々を意味する。叢書のこの編集にはル・クレジオも参加しており、はじめは『古事記』のフランス語訳を収録する予定だったものの、コロンブスの〝アメリカ発見〟から五〇〇年目の一九九一年、メキシコ・モレリアの国際会議でアイヌの歴史や口承文芸について発表した津島佑子に強く勧められたことを受け、方針の転換がなされた。(註11) 依頼の際にル・クレジオは、学者の仕事ではなく小説家の感覚を活かした仕事にしてほしいと述べたそうだが、(註12) この翻訳作業を通して、津島佑子はフランス語と日本語、さらには日本語とアイヌ語の文化的背景の相違を、等しく認識することになったのである。

翻訳プロジェクトのメンバーであるフランス人学生たちは、「対訳の形になっているアルファベットで記されているアイヌ語と、日本語の部分を見比べて、これはずいぶん、ちがいますよ、日本語訳だけを見て翻訳することはできません、と騒ぎはじめ(註13)」、思いもがけない反応を示す。「カエルが死んでから、その霊がカエルの耳と耳との間にいったん座って、それから昇天することになっているのを、カエルは耳がないですよ、と彼らは言い立てる。また、「年老いた女神」という言葉に、神は年をとらないものです、と反発する(註14)」といった具合だ。津島佑子が非凡なのは、こうした経験を通し、知里幸恵が『アイヌ神謡集』を「日本語に翻訳したというよりも、非常に繊細な企みに充ちた、日本語の作品」として仕上げたのであり、さらには「近代文学」を越えた視野を持ち始めていたのではないかと想像をめぐらせていく飛躍の質にある。その視座は次のコメントに要約されている。

「口承文芸」の持つ現在形の語りと、いわゆる昔話に見られる過去形で閉じられてしまう物語の語り。あるいは近代的発想からは、「紋切り型」と言われ、排除されてきた物語の決まり文句の魅力も、アイヌ語独特の言い回しのおもしろさも、充分に生かす文学はありえないのか。彼女（注：知里幸恵）の心にそうした可能性を探る気持があったと考えることは、決して無理な想像ではないと思う。(註15)

pre-translationを拒む「アイヌ文学」

「渦巻く文学をめざして」で津島佑子は、『アイヌ神謡集』翻訳のプロセスを通して、「アイヌの伝統的な文化遺産」を「どのように現在に活かせばよいのか、アイヌ語とアイヌの口承文芸の伝統を現代文学にどのように融合させられるのか、あるいは新しいアイヌ文学として発展させられるのか」という疑問を「宿題」として抱えることになったと書いた。『すばる』の追悼特集に寄稿したジェラルディン・ハーコートによれば、そうした試行錯誤は、〝宗主国〟にマイノリティの言語や文化が包摂されてしまうことを前提とする植民地主義的な「欧米文学批評の限界」を露わにする営為にほかならない。

津島佑子作品の英訳を多く手がけるハーコートの述べるところでは、『アイヌ神謡集』フランス語版が出たのと同じ一九九〇年代半ばから、あらかじめ英語に翻訳されて世界的なベストセラーになることを狙ったかのような、「pre-translation（前もって翻訳すること）」を主軸とした作品が欧米の読書界を席捲してきた。ところが二〇〇〇年代に入ってからの津島佑子は、明らかに pre-translation 志向とは正反対の作品を書いている。

『ジャッカ・ドフニ』についてハーコートは、「雄大な潮を思わせる語り方である。土地を私有化しないアイヌ文化の価値観にインスピレーションを受けながら描いた、命がけで越境や航海をし、日本、マカオ、バタビアのあいだで諸々の制度の網を逃れつつ人々がたどる経路、渡り鳥の飛来。海と同じ歌を歌う半分エゾ人の主人公チカ。そして和人の語り手の分身である「あなた」を追ってくる海の歌声」と要約し、その技巧は「方言の豊かさ、ひらがなの多い手紙の効果、時制と人称の交錯、口承文学の魅力のひとつでもある繰り返」しからなる、「いろいろな解釈を可能にする構成」(註16)を作り出していると述べている。

むろん、それは同時に「英語版の過小評価を招」きかねないものだが、なお「それを承知でpre-translateしようとしなかったところに津島さんの誠実さが感じられる」と、ハーコートは総括している。なぜ、津島佑子はpre-translationを拒んだのか。「地名の根拠」をテーマにした朝日新聞の文芸時評で向井豊昭「怪道をゆく」(二〇〇一年)を取り上げた際のコメントが、導きの糸になりそうだ。

地名と言えば、向井豊昭氏の「怪道をゆく」(「早稲田文学」三月号)では、北海道の地名を使っている。いうまでもなく、北海道のほとんどの地名はもともとのアイヌ語に漢字を強引に当てはめ、日本の地名のように見せかけたものである。

一人の男がレンタカーで、釧路から根室に向かっている。かつて戊辰戦争に敗れ、北海道に移り住んだ女性歌人が男の祖先にいる。その歌から、北海道という地で、ヤマトの伝統である短歌を詠んだほかの日本の歌人、さらにアイヌの歌人にも男の思いは及ぶ。その作品のいくつかは日本語からアイヌ語に翻訳されている。そこでは、五七五七七の日本語のリズムと、アイヌ語のリズムがぶつかり合う。

やがて「コヤッコヤッコヤッコヤッ!」というアイヌの「ペウタンケ」(呪文)のリズムが激しく、

男の耳を打ちはじめる。車はこのひびきのなかで、戊辰戦争の会津若松に迷い込んだり、かの松浦武四郎が根室のアイヌの家で酒盛りをしているところに行き合わせたりする。

奇想天外とも言えるこの小説に描かれているのも、アイヌ民族史というようなものではまったくなく、アイヌ語という言葉の、日本語に対する戦いぶりなのだ。地名をひとつでもじっとのぞき込めば、これだけの世界が見えてくる。(註17)

津島佑子はこの時評を通じ、「アイヌ語という言葉の、日本語に対する戦い」によって、「自分の想像力」から立ち上げられた「文学的フィクション」としての「アイヌ文学」と、「日本人に抑圧されつづけた非常に厳しい歴史」を描く「アイヌ文学」が、「怪道をゆく」のなかで共存しているのを直観したに違いない。少なくとも、その「奇想天外」な戦略からは、『十勝平野』のような「アイヌ民族史」とは異なる方法論的な学びを得ているはずだ。

ファシズムが「アイヌ研究」に落とした影

ともすれば「怪道をゆく」は、『ジャッカ・ドフニ』以上に、pre-translation とは真逆の方針で書かれた作品だった。(註18) pre-translation 批判そのものが主題と言ってもかまわないだろう。それは表象の奈落で自瀆するものではなく、存在論的な意味での歴史と直接、交差するものなのだ。先の「先住民アイヌの意味」において、津島佑子は『アイヌ神謡集』を翻訳をチェックしてもらおうとヨーロッパ在住のフランス語に堪能なアイヌ語学者を探したもののほとんど見つからなかった、という思い出を語っているが、そこで意外な事実に直面する。ヨーロッパにアイヌ研究者が少ないのは、ナチス・ドイツの経験があるためだというのだ。

ナチスの人種差別主義により、ヨーロッパの人類学はさまざまな人種を形態的に観察することにのめりこみ、とくにアイヌについては、あれはアーリア系白人種だろう、つまり我々の仲間である、とのヒットラーの判断に振りまわされた。第二次大戦後、その苦い反省から、人間の尊厳を守るため、形態的観察はしりぞけられるようになり、人類学そのものも文化人類学、構造人類学に姿を変えている。そしてアイヌ研究は深いトラウマとなってしまい、事実上タブー化され、戦後ずっと、ヨーロッパでは空白になっている。

戦前の人類学者によるアイヌについての研究が原稿のまま眠っていたのが、八九年になってほぼ五〇年ぶりにフランスで刊行され、そのあと、九一年に、私がカムイ・ユカラの翻訳を手がけはじめたことになる。まさか、ナチス・ドイツがアイヌ研究にこんな影を落としているとは、とびっくりさせられた。

この後、フランス語版『アイヌ神謡集』の序文を書く際に、「アイヌについての一番古い記録は、イエズス会の宣教師によるもの」と続くのだが、『ジャッカ・ドフニ』、『半減期を祝って』、『狩りの時代』という三冊の〝遺作〟を貫くモチーフを、これほど明快に解説する文章もないだろう。『アイヌ神謡集』を翻訳することとは、ファシズムという〝過去＝現在〟に向き合う作業だったのだ。

再話という「翻訳」で「夢」を恢復する

そもそも作家活動の初期から津島佑子にとって、言葉とは自らの身体へ執拗に固着するものでありながら、同時に外部への窓ともなっていた。だからこそ、安直なpre-translationをよしとしなかったわけだが、さりとて作品をいたずらに難解としたわけではない。むしろ近代文学の人間中心主義を相対化するものとして、津島佑子は平易な言葉でアイヌの神謡《カムイユカラ》の再話を試みている。宇梶静江の刺繍を添えた絵本『アイヌの神話　トーキナ・ト　ふくろうのかみの　いもうとのおはなし』（福音館書店、二〇〇八年）が、その実践だ。

> わたしの　**おにいさま**は／にんげんの　むらを　まもる／**ふくろう**の　**かみさま**／**いもうと**の
> わたしも／**かみさま**の　おんなのこ／にんげんの　めには／**ふくろう**の　わたしたち／でも／
> **かみさま**の／ほんとうの　すがたは／にんげんと　そっくり／わたしたちも／にんげんと　おな
> じように／なかよく　くらしています

『トーキナ・ト』は、久保寺逸彦『アイヌ叙事詩　神謡・聖伝の研究』（一九七七年）に収録された平賀エテノアのカムイ・ユカラ（一九三二年採録）を原作としている。引用した冒頭部を原作と読み比べてまず気づかされるのは、原作では語り手について、これほど噛み砕いた説明が添えられているわけではない、ということ。『アイヌ神謡集』をフランス語に訳す際に経験したであろう、〝誰が語っているのか〟を明確化して伝えるという配慮が伝わってくる。「ふくろう」、「かみさま」、「おにいさま」、「いもうと」が、わざわざ太字で書かれていることからも、そのことは誤解しようがない。

語り手である「かみさまの　おんなのこ」は、「にんげんじゃないわ／きつねでもないわ／いやな　いやな　におい」と描写される「まっくろな　ひょろひょろぼうず」に拉致され、「まものの　せかい」へ連れていかれる。語り手の位置が明確化されることで、恐怖のリアリティは否応なしに増していく。強調されているのは、異界に仮託された悪夢的なイメージの数々だ。再話もまた翻訳だとすれば、津島佑子は何を伝えようとしていたのか。それは、「夢を見ること」の意義ではないかと仮定したい。

「夢を見る」、という言い方は「見る」という行為が眼と光を必要とすると考えると、不自然な表現だと言えよう。夢とは眠っている、言い換えれば眼が活動していなく光の無い状態で生じるものだからだ。つまり、「夢」という言葉と「見る」という言葉が矛盾するのである。

(……)この作品の中では、本来眼を瞑っている時にしか見ることのできない夢が、主人公の肉眼にはっきりと映り、ときに現実世界を圧倒するほどの力を持つかのようである。まるで我々が「夢」と「見る」を何の疑いもなく連結させて使用しているように。(註19)

これは津島佑子の初期作品『光の領分』(一九七九年)について、清水博子が論じた文章だ。田中里尚によれば、清水博子は『ぐずべり』(二〇〇二年)の描写を通じて、北海道へ移民した家族にまつわる本来ならば開拓文学のように描かれるはずの歴史を裏返し、分類不可能なまま錯綜させて描くことで、自然を丹念に描写することで現れる不気味さを際立たせた。(註20)これもまた、pre-translationという戦略だろう。

『ジャッカ・ドフニ』の序章とも読める『黄金の夢の歌』(二〇一〇年)では、夢を駆動力として、アボリジニ、アイヌ、キルギスといった叙事詩の空間と現実の旅路が自由自在に接続される。「翻訳」によって pre-translation に気づくという戦略は、清水が指摘した「夢」という言葉と「見る」という言葉の矛盾に似ている。精神分析的な本質主義とは別個の形で、先住民族の「夢」が持つインパクトを「近代文学」を越えた視座として利用すること。津島佑子にとっての「アイヌ文学」を全体主義や排外主義への抵抗、「生存の歴史」として読むこと。ファシズムという「悪夢」を読み替え、書き換えるためには、そうした回路の恢復が求められているのだろう。

付記

『ジャッカ・ドフニ』について日本経済新聞に書評を寄せた際、富岡幸一郎は「時代に抑圧され、歴史の暴虐にかき消されてきたマイノリティーの声々」を「世界文学と呼ぶにふさわしい」作品として完結させたことを評価するが、その富岡はアイヌへの差別を今に至るまで煽り続けている的場光昭の言説を援用して北海道旧土人保護法を擁護した過去がある。詳しくは、岡和田晃「歴史修正主義と〈マイノリティ憑依〉を、ともに打破する言葉はどこか——教育者にして作家・向井豊昭の調査と思索、その原点」(前掲『アイヌ民族否定論に抗する』所収、本書二三七頁)を参照されたいが、本稿で紹介した「母の声が聞こえる人々とともに」にて、津島佑子が旧土人保護法の正当化へ憤るエピソードからしても、富岡の矛盾は明らかだ。まず富岡は自らの誤りを認め、しかる後に『ジャッカ・ドフニ』を論じるべきなのではないか。

註

(1) この「不幸な子ども」という言葉からは、津島佑子が小説に書いてきた知的障害の兄、あるいは幼くして風呂で亡くなった息子が当然ながら連想されてしまう。この手の放言が許されるならば、津島佑子の遺作はすべて「トラウマ」に回収されて終わりだろう。

『文學界』に掲載された石原慎太郎の近作は、例えば『海の家族』(文藝春秋、二〇一六年)に収められている。うち、日本神話の翻案である「ヤマトタケル伝説」(『文學界』二〇一五年九月号)ひとつとっても、わざわざワーグナーに準える但し書きが添えられており、ナチズムめいた全体主義的な心性への憧れを隠そうともしていない。自民族中心主義的なイメージを相対化させてきた戦後のワーグナー解釈史を土足で踏み荒らすような振る舞いだ。

(2) ここ数年、豊﨑由美×栗原裕一郎『石原慎太郎を読んでみた』(原書房、二〇一三年)や『ユリイカ』二〇一六年五月号の「特集=石原慎太郎」など、石原の文業を脱政治化させんとする言説が幅を利かせているが、持ち上げすぎというほかない。『石原慎太郎を読んでみた』で豊﨑は、同じ一九五五年下半期(第三四回)に芥川賞候補になった石原の「太陽の季節」と藤枝静男の「痩我慢の説」を読み比べて「太陽の季節」に軍配を上げるという、旧弊で事大主義的な趣味判断を採っている。藤枝への理解が甘い。少なくとも、〝政治家・石原慎太郎〟と〝文学者・石原慎太郎〟を別個に扱う脱政治化の動きが、はたしていかなる動向に寄与するのか、注視していく必要があろう。

(3) 川村湊「光輝く生命の根源　津島佑子さんを悼む」、『毎日新聞』二〇一六年三月二日夕刊。

(4) 本書の三一三頁に収録。

(5) 津島香以「母の声が聞こえる人々とともに」は、二〇一六年五月二四日の「お別れの会」でも配布された。

(6) 津島佑子×パトリシア・グレイス「霊魂と物語――英語とマオリ語のはざまから」、『群像』一九九八年一一月号。

(7) 津島佑子と上西晴治は同じ号の『文藝』に載ったことがあり(一九七三年八月号)、ともに伊藤整文学賞の受賞者でもある(上西は『十勝平野』で第四回〔一九九三年〕を受賞、津島は『風よ、空駆ける風よ』で第六回〔一九九五年〕を受賞)。当然ながら、津島は上西の存在を認知していたに違いない。

(8) 村井紀「Tokapuchi(十勝)　上西晴治の ioru(イオル=アイヌ・ネイション)の闘争」、岡和田晃×マーク・ウィンチェスター編『アイヌ民族否定論に抗する』、河出書房新社、二〇一五年。

（9）津島佑子「渦巻く文学をめざして――アオテアロア（ニュージーランド）文学の現在」、『群像』一九九八年一一月号。

（10）津島佑子「アイヌの歌声から――N・ネフスキー『月と不死』」、『月刊百科』一九九九年一〇月号。

（11）二〇〇九年一二月二日の北海道大学シンポジウム「先住民族の語りと文化」に取材した、櫻井典夫「ル・クレジオにおける小説世界――個人の危機から文明の危機へ」（北海道大学大学院文学研究科言語文学専攻博士論文、二〇一四年）で紹介される「津島氏の談話」では、津島佑子がル・クレジオへ「半ば強引に勧め」たとある。ただし、津島佑子は「フランスの学生たちとともに」（北海道文学館編『知里幸恵「アイヌ神謡集」への道』、東京書籍、二〇〇三年）で、ル・クレジオから「アイヌの口承文学をフランスに紹介したい、ぜひ監修の仕事をしてくれないか」と頼まれたと書いている。

（12）前掲「フランスの学生たちとともに」。

（13）津島佑子「越境の女性作家として」、西成彦×崎山政毅編『異郷の死　知里幸恵、そのまわり』、人文書院、二〇〇七年。

（14）前掲「フランスの学生たちとともに」。

（15）前掲「越境の女性作家として」。

（16）ジェラルディン・ハーコート「作品世界をグローバル化させなかった作家津島佑子」、『すばる』二〇一六年六月号。

（17）津島佑子「文芸時評」、『朝日新聞』二〇〇一年二月二七日夕刊。

（18）岡和田晃「中央《ヤマト》の暴力《リズム》を掻き回《コヤッコヤッ》す辺境の言葉――向井豊昭『怪道をゆく』」（『早稲田文学』二〇一五年冬号、早稲田文学会／筑摩書房）。本書三〇〇頁所収。

（19）清水博子「超越する夢　津島佑子「光の領分」」、『蒼生』第二四号、早稲田大学第一文学部文芸専修室、一九八九年。

（20）田中里尚「【現代北海道文学論　『北の想像力』の可能性　第一五回】清水博子――描写で北の風土を裏返す」、『北海道新聞』二〇一六年六月二八日夕刊。

（『津島佑子　土地の記憶、いのちの海』、河出書房新社、二〇一七年一月）

歴史修正主義と〈マイノリティ憑依〉をともに打破する言葉はどこか
——教育者にして作家・向井豊昭の調査と思索、その原点

富岡幸一郎と的場光昭の歴史修正主義

カール・バルトや内村鑑三の仕事に対する精緻な読解で知られる文芸評論家・関東学院大学教授の富岡幸一郎は、二〇〇八年、「「先住民族」という幻想——武田泰淳『森と湖のまつり』を読む」という論考を、小林よしのりが責任編集長をつとめる『わしズム』の「日本国民としてのアイヌ」特集号（第二八号、二〇〇八年一一月、小学館）に寄稿している。この号は、現在、インターネットを中心として猖獗を極める〝アイヌ民族否定論〟の発火源にして主要な情報ソースともなっているが、そこに収められたこの批評も、富岡が依って立つディシプリン、つまり批評という境界解体的な知のスタイルを自ら突き崩し、自身の業績をも台無しにしてしまう自己矛盾に満ちた内容となっている。

論考の冒頭で富岡は、「先住民族の権利に関する国際連合宣言」（二〇〇七年）と、それを受けた衆参両

議院の「アイヌ民族を先住民族とすることを求める決議」の採択を執拗に拒んでみせる。その理由として彼は、〝日本は、中国のような「多民族国家」でもなければアメリカのような「人種の坩堝」でもない。ゆえに日本は「単一民族国家」である〟という旨の、牽強付会も甚だしい強弁を行なっている。言うまでもなく、日本が中国やアメリカのような社会構造ではないからといって、先住民族の存在を無視してよいということにはならない。マイノリティへの視座も粗雑にすぎる。この段階で、もはや富岡には〈アイヌ〉について論じるのに必要な知識を持ち合わせていないと断じて差し支えないだろうが、加えて彼は〝アボリジニに対するような虐殺を「和人」は〈アイヌ〉に対して行なっていない〟という意味の、歴史修正主義的な主張をも繰り広げている。

これに対する反証としては、フランス革命と同年（一七八九年）に起きた「和人」による〈アイヌ〉に対する虐殺行為——クナシリ・メナシの戦い——を一例として挙げることができるだろう。[註1]山北直志は、「これはアイヌ民族の武力による最後の戦いといえるが、蜂起鎮圧後の松前藩の報告書や陳述では、飛驒屋の支配人・番人らによるアイヌ民族を強制的に働かせるための暴力・脅迫・性的暴力など、理不尽かつ非道な取り扱いや不正な取引が喧伝されている」としたうえで、その「真の原因」として、「場所請負人である飛驒屋が松前藩に貸した借金を回収しようと鰊〆粕生産を導入し、アイヌの人びとを、ただ同然に酷使して反撃を招いた」と要約している。[註2]

このような歴史的視座を欠いた富岡は、こともあろうに悪法と名高い「北海道旧土人保護法」（一八九九年公布）はむしろ「明治以降の民間主導の開発」によってもたされた「差別や虐待、搾取による困窮を防ぐ目的で制定された」ことは「あきらか」だと無理筋な擁護をしてみせる。ここで富岡が〈アイヌ〉を語るうえでの理論的な典拠として明示するのが、旭川ペインクリニック理事長・的場光昭の論文だ。二〇一四年一二月現在、展転社[註3]から、そのものずばりの『アイヌ民族って本当にいるの？――金子札幌市議、「アイヌ、いない」発言の真実』という新刊を出すに至った的場は、二〇〇八年当時、まだアイヌ問題を扱った単著を上梓しておらず、『北の発言』や『正論』といった保守系言論誌を主な発表の場とするに留まっていた。

富岡が示した二〇〇八年の『北の発言』三三号に的場は、「アイヌ先住民族国会決議（その1）北海道旧土人保護法」と題したコラムを寄稿している。これは条文の転載に加え「〝土人〟は差別語ではなかった」、「区別して保護する必要があったアイヌ」という二節から構成されている。どちらの節も（その表題レベルから）指摘すべき瑕疵は枚挙に暇がないが[註4]、紙幅の都合でポイントを絞る。

筆者が本稿で特に問題としたいのは、的場が「（引用者注：「旧土人学校」の設立を定めた）第九条においては和人児童との別学および教育内容も簡易教育だったとの批判があるが、それまでのアイヌ師弟の教育結果を踏まえた上で、「尋常小學に於きまして讀書習字等の如きは、内地人と少しも變わりませぬ。唯土人の児童に於きましては、どうしても内地人より劣りまする一點は、此の計算の點であります。即ち算術であります。[註5]……」との答弁があり、今でいうところの進路別指導の必要性を訴えている。」との総括を行なう部分である。

実証的な政策史研究で知られる小川正人は――的場が「進路別指導」に還元させてしまった――算術教育こそが、〈アイヌ〉をめぐる教育を語るにおいて、「論者たちの、アイヌの「知力」を劣ったものと見なす意識が最も露骨に反映した」としたうえで、その理由を「アイヌ語の数詞や計算法を日本語によるそれに置き換えさせることから始めねばならなかったから」だと述べている（『近代アイヌ教育制度史研究』）。また、的場が反論している「別学」の原則は、「旧土人保護法」の制定と並行して進められた「旧土人児童教育規定」(一九〇一年)によって徹底されたもので、「言語・生活習慣といったアイヌの文化は教育上の障害でありまずこれを「改め」ることからアイヌ教育は始まる」(註6)という考え方に基づくものでもあり、「簡易」な教育はかえって「和人」との学力差を生み出し、〈アイヌ〉に劣等感を付えることにも繋がった。(註7)

そうした歴史的背景を無視した『北の発言』での的場連載は、二〇〇九年に展転社から刊行された『アイヌ先住民族」その真実——疑問だらけの国会決議と歴史の捏造』、『アイヌ先住民族、その不都合な真実』(展転社、二〇一二年六月、改訂増補版二〇一四年五月)といった著作群へ、ほぼそのままの形で再利用されている。的場の著作は北海道選出の国会議員・道議会議員・旭川と札幌の市議会議員全員に献本され、(註8)その結果か、小野寺まさるや金子やすゆきといった差別的言辞をふりまく政治家の熱烈な支持を得ている。(註9)

これらの著作が一問一答方式をとっているのは「中学生でも理解可能な形」(註10)を企図したものらしいが、その形式や論調は、ナチス政権下のドイツで猖獗を極めた反ユダヤ主義プロパガンダの形式に酷似している。(註11)事実、的場光昭は一問一答方式の教材を用いて、過去に「在特会」の北海道支部が主催する講師を務めており、(註12)その歴史修正主義的な主張と在特会の新排外主義が、きわめて親和性の高いものであることは自明であろう。

矮小化を拒んだ『森と湖のまつり』

富岡が「北海道旧土人保護法」を正当化し〈アイヌ〉への迫害を否定するために持ち出した根拠は、前項で見てきたようにレイシズムの肯定と実証史学というディシプリンの否定で、もはやパターナリズムの枠ですら括ることのできないヘイトスピーチにほかならないわけだが、それをもって富岡が主張するのは「日本の政治状況とマスコミの風潮」が生み出したという「言葉狩り」の存在である。富岡は『わしズム』の同号で、小林よしのりと宮城能彦（沖縄大学教授）との鼎談「〝単一民族〟と言っただけで謝罪を求めるのは言葉狩りだ」に出席し、ここでも持論を展開しているが、富岡は「「先住民族」という幻想」の後半で「言葉狩り」ではない自由な表現とは何かを語っている。

ここで富岡が「言葉狩り」ではない、つまり〝アイヌ民族否定論〟の成果として引き合いに出すのが、武田泰淳が〈アイヌ〉を描いた『森と湖のまつり』である。彼は武田の来歴と『森と湖のまつり』（一九五六年）の筋書きを追いながら、「作者は、もちろん民族的な同化や融合をただ肯定しているのではないが、滅びゆくアイヌのアイデンティティと文化を、他者（和人）の側が善悪をもって救済しようとすることと自体のうちに、隠された「差別」があり、当事者の苦悩の来歴にそもそも他者が介入しうるのか、という根本的問いかけをする」と評している。そのうえで富岡は、「差別する者と差別される者、加害者と被害者、支配者と被支配は、歴史のスパンのなかでつねに交替しつつ」、国家と民族を生み出す混沌たる歴史という混沌《カオス》に流されながら、「なお人間としての自立と尊厳を、無力のなかで叫ばずにはいられないアイヌ（人）そのものの勇敢さであった」とも述べている。

『戦後期アイヌ民族――和人関係史序説　一九四〇年代後半から一九六〇年代後半まで』の著者・東村岳史は、同書で『森と湖のまつり』の受容史を能う限り客観的な形でまとめて紹介しているが、そこで紹介された毀誉褒貶入り混じった『森と湖のまつり』に対する評と比べてみても、作品を賞賛するタイプの意見のなかでは、このような富岡の評価はだいぶ古めかしいが取り立てて異様なものではない。なぜならば、富岡が提示する『森と湖のまつり』の具体的な読解において、「「先住民族」という幻想」など、どこにも描かれていないからだ。

富岡が『森と湖のまつり』に読み取った〈アイヌ〉と、富岡が主張する〈アイヌ〉は完全に異なる。『森と湖のまつり』に「先住民族」の否定を読み込む富岡の持論は、ほかならぬ富岡自身の言葉によって裏切られている。つまり富岡論文は、前半の歴史修正主義的な政策提言と、後半の『森と湖のまつり』に対する（相対的には）誠実な姿勢とが、完全に乖離してしまっているのである。筆者が「自己矛盾」と富岡論文を形容したのはまさしくこのためで、つまりは、ナチズム的なヘイトスピーチの箔付けとして武田の小説を安直に政治利用しようとしたのだが、一義的なメッセージに還元されない『森と湖のまつり』というテクストの複雑性が矮小化を拒んだことにより、論の前半部と後半部が見事に解離してしまうという悲（喜？）劇がもたらされた、といったところだろうか。

「言葉狩り」と〈マイノリティ憑依〉

とはいえ「言葉狩り」とは富岡や小林のみならず、インターネット上の〝アイヌ民族否定論〟支持者たちが、しばしば「表現の自由」を錦の御旗としながら引き合いに出すものであり、それはつまり、一九九〇年代からこの国にも浸透を見せていたポリティカル・コレクトネス（〝政治的な正しさ〟、PC）へのバックラッシュだと言えるだろう。

作家で社会批評も精力的に手がける笠井潔は、「六八年ラディカリズムの運命――『テロルの現象学』以後三十年」（『新版　テロルの現象学――観念批判論序説』所収、作品社、二〇一三年）で、一九九〇年代と二〇〇〇年代の「失われた二〇年」に先立つ「与えられた二〇年」――七〇年代の安定成長期から八〇年代のバブル景気——の経済的繁栄を基盤とし、九〇年代には「国内では被差別的なマイノリティや社会的弱者に、対外的にはアジア諸国の侵略犠牲者に」配慮するリベラルな路線が、「社公共、のちには民主党から自民党主流派まで」に共有されたと論じている。笠井はこれを微温化した血債主義を基軸とした〈反差別〉大連合だと呼称し、その精神性は、ジャーナリストの佐々木俊尚が『「当事者」の時代』で論じた〈マイノリティ憑依〉だと述べている。

つまり、マイノリティを「外部」として設定し、彼らに〈憑依〉することでその真意を代弁したつもりになったマスメディアが、エンターテインメントとしてその視座をいたずらに消費することで、総中流社会という社会の全体像を認識しようとした、というのが笠井や佐々木の見立てである。確かに、現代の新排外主義が、自分たちこそが〝真の弱者〟だと言わんばかりの振るまいを見せながら、なぜか社会格差を生み出した政府や大企業を攻撃する代わりに「在日コリアン」や〈アイヌ〉といったマイノリティをターゲットとしているのは、弱いものをいじめたい、という心性に加え、マスメディアの論理である〈マイノリティ憑依〉を過剰に内面化した結果それを仮想敵としているからだという仮説には、一定の説得力がある。実際、そして「表現の自由」を楯にして「ゴキブリを殺せ」といった類の罵詈雑言を盛んに用いるのは、〝言葉を表面的に訂正すれば、それで差別も打ち消すことができる〟というPC的な欺瞞へのバックラッシュ、と理解すれば腑に落ちる。

社会学者の明戸隆浩は、ヘイトスピーチはもはや「法制化の是非ではなく、どのような法的制度を設けていくべきなのかを具体的に考える段階に入っている」[註13]と現状を分析し提言を行なっているが、明戸が言うようなヘイトスピーチへの法規制に代表される具体的な救済措置の制定と並行しながら——富岡に限らず、多数のキャリアのある文化人をも容易に〝転ばせ〟てしまう——言説構造の陥穽を討つための批評性ある言葉が喫緊に必要とされるだろう。つまり、歴史修正主義と〈マイノリティ憑依〉へともに抗する言葉が、求められているのだ。

向井豊昭の調査と内省

そこで筆者が紹介したいのは、『わしズム』の「日本国民としてのアイヌ」特集が刊行された二〇〇八年に生涯を終えた、向井豊昭（一九三三～二〇〇八年）という作家の試行錯誤である。[註14]征服者という「和人」の立場から〈アイヌ〉を創作におけるモチーフの核とし、死の直前までパルチザン的な執筆活動を続けた向井は、もし生きながらえていたならば、きっと金子市議の〝アイヌ民族なんて、いまはもういない〟発言に対し、異議申立てを行なったに違いない。[註15]

向井は、一九六六年に発表した最初期の代表作「うた詠み」（岡和田晃編・解説『向井豊昭傑作集　飛ぶくしゃみ』所収、未來社、二〇一四年）にて道南の日高地方で、「アイヌ・モシリの学校」で教壇に立つ「小学教師のわたしから見たアイヌの姿を書いた」と、晩年に回想している。[註16]アイヌ史・アイヌ文化研究者の米田優子（本田優子）によれば、向井が「うた詠み」で描いた一九六〇年代半ばは、「アイヌに関する教育が公の場で唱えられ戦後の民主主義教育運動の中での位置づけが提起されるようになった」嚆矢であり、それは「現実的なアイヌ差別をどう解消するか」という、切実な動機に基づくものであった。[註17]

事実、一九六六年春、歴史教育者協議会の日高支部が結成され、アイヌの歴史を学校教育のなかで主題的に取り上げることが、初めて確認されたのである。このことを向井は現場からのレポートという形で記録しており、「アイヌへの偏見と差別の撤廃は、正しい歴史的認識の中からも育てていかなければならないものであり、それは今まで、組織的にとりあげられなかった問題であるからだ」とも書いている。[註18]同年一一月、向井は仲間たちと「北海道ウタリと教育を守る会」を結成し、綴方実践の教育を中心に、差別解消を目指して教育運動の渦中へ身を投じた。「うた詠み」には、この時期の経験が如実に反映され、日本近代文学では巧みに迂回されてきた「辺境」とマイノリティの問題がその内側から問い直される。[註19]興味深いのは、単に教師の現場経験に依拠するだけではなく、作中で扱った「アイヌの歌人」違星北斗（一九〇一～二九年）等を調べるにあたって当時としては最新の資料を、作家が精力的に渉猟していた痕跡が確認できるところだ。

「うた詠み」が『新文学の探求　全国同人雑誌ベスト』（久保田正文・小松伸六・駒田信二・林富士馬編、野火書房、一九六八年）のトリを飾った際、向井は〈付記〉として複数の資料やインフォーマントを明示し、そのなかで堅田精司の「アイヌ民族調査資料をいかにみるか」（『北海道地方史研究』六〇号、北海道地方史研究会、一九六六年）から「引用した部分がある」と銘記している。同論では、アイヌ民族の立場からの資料を分析する際、「どの層の立場のものであるかをはっきりさせないで利用するととんでもないことになる」と戒めたうえで、旧土人学校の教員であった吉田巌（一八八二～一九六三年）のもとに寄せられた「教え子」の書簡と、教え子の名簿を比較照合する。そこで、吉田に感謝の手紙を寄せた人が全体の一割に満たないことを指摘し、さらには「アイヌ人としてすでに色々な体験を有している生徒（引用者注：年齢が高くなってから就学した生徒）からの手紙は比較的すくない」ことに疑義を呈してもいる。

こうした史料批判の方法に、向井は多くを学んだようだ。向井は身近な出来事に取材することを得意とする書き手である。各方面への裏付け調査によって、小説の細部に起こったことはしばしば事実だということが明らかになっているが、得た情報を小説へ活用するにあたって彼は、充分な咀嚼をはかるべく、常に自らの問題に引きつける形で考えを深めようと試みてきた。その一端がうかがえるのが「アイヌ民族調査資料をいかにみるか」の末尾に「(静内―6・13)」の但し書きとともに掲載された向井豊昭からの手紙で、ここでは、作家が直面していた現場の状況が、生々しく綴られている。

　そのサークル(引用者注：歴史教育者協議会)の日高支部が結成され、アイヌの歴史を、教育の現場でどのようにとりあつかうかということを、研究課題として確認しました。例えば小学4年の市販のテスト用紙に、北海道の開拓が(明治になってから)すま《ママ》(引用者注：進ま)なかった理由として、いろいろあげていますが、そのなかで〝アイヌ人が住んでいたから〟という一項があります。勿論これは×なのですが、おどろいたことに○をつけるこどもがひどく多いのです。これは、わたしの学級でのことなのですが、何か、アイヌの子供達を前にして、教えにくいことがあり、ほほかぶりをしてしまうのです。その結果、アイヌについての正しい認識がなく、ひそかに成長していってしまいます。(註20)

ここで描かれたような〝すれ違い〟は、まさしく「うた詠み」をはじめとした向井の小説の主題となっている。彼は自分が「和人」の言葉を〈アイヌ〉の子どもへ教えこむことを通じて「同化」に加担したと、小説を通して繰り返し責め立てている。二〇〇一年の初出から改稿を重ねた晩年の代表作「怪道をゆく」で向井は、語り手の回想を通じ、かつて勤務していた田原小学校(一九八六年四月閉校)と、その場所にあった「旧土人学校」である遠仏尋常小学校(一九〇六～二一年)との連続性を幻視している。(註21)翻って、同じ〈アイヌ〉に対する教師という立場からしても、向井は堅田の吉田批判をわがことのように受け止めたに違いない。向井とともに「北海道ウタリと教育を守る会」を立ち上げた伊藤明は、向井も参加している『コタンの痕跡──アイヌ人権史の一断面』の冒頭に収められた「教育現場での日々の実感」にて、吉田巌の嘆き、「教師としての職能は八方ふさがりだった（……）卒業させたが安心ではない。次から次へと卒業生名簿は過去帳となっていく、心弱きはアイヌ学校の教師だ。楽しみ甲斐のないものもアイヌ学校の教師だ」[註22]を、「土人学校の教育にあたっていた教師で熱心な教師は代用教員が多く、資格のある教師はすぐにいなくなった」というコメントを添えて共感的に紹介している。この吉田の嘆きは、向井の嘆きでもあっただろう。歴史の痛みに向き合い、現実に対する内省、葛藤を経てきたからこそ、そして、そこにも自らの暴力があることを自覚していたがゆえに、向井は体験や学習を創作へ昇華させることができたのだ。

ヘイトスピーチは「日本」そのものの貧しさ

『「当事者」の時代』で佐々木俊尚は、〈マイノリティ憑依〉以前にマイノリティ問題へ真摯に向き合った例として、朝日新聞の記者だった菅原幸助のルポルタージュ『現代のアイヌ──民族移動のロマン』（現文社、一九六六年）を紹介している。[註23] 一方、東村岳史は『戦後期アイヌ民族──和人関係史序説』で、「アイヌ民族の政治的活動が低調だった一九四〇年代末から六〇年代にかけて」出版された〈アイヌ〉を描いた生活史として「唯一のものといってよい」と、『現代のアイヌ』の同時代的意義を評価しつつも、その中心的課題が「同化」の物語であると結論づけている。[註24] つまり東村は、佐々木の言う〈マイノリティ憑依〉に通ずるものを、すでに菅原のルポに見出していたわけだが、『現代のアイヌ』の出版直後に雑誌へ書評を寄せた向井は、菅原の「同化」志向や「ロマンの美しさ、もの哀しさ」の裏に覆い隠されたものを鋭く看破したうえで、「アイヌそのものに傾斜しすぎて、アイヌをとりまく現実にふれてはくれない」との批判を行なっている。

この視点は、向井が盟友・鳩沢佐美夫への論評を通じて親しんでいた詩人・批評家の佐々木昌雄が、「今わたしたちが直面しているのは、人種としての「アイヌ」でもなく、民族としての「アイヌ」でもなく、ただ、状況としての「アイヌ」――人びとがわたしたちを「アイヌ」と呼ぶ、その「アイヌ」という意味が、私たちの生き方を拘束しているものとなっている状況――である」(註25)と述べた視点、それそのものと言ってよい。『現代のアイヌ』への書評で向井は、〈アイヌ〉をめぐる活動や閉塞を、自らが知る現場の経験を軸に語ったが、そこでの結語は――およそ半世紀の歴史を越えて――現代の〝アイヌ民族否定論〟を討つ言葉として、読み替えることが可能である。向井が語る「日高」を「日本」全体の問題として読み替えながら、(註26)今一度、作家が訴えるものを再読《リ・リーディング》し、これから進むべき道を、考え直すことが肝要だろう。

日本そのものの貧しさと、その貧困の集中攻撃を浴びているアイヌの人々―下には下があると自らを慰めるアイヌではない人々―(……)アイヌ問題は、わたしたちの問題であり、もっと巾《(ママ)》広い視野から見つめていかねばならぬことなのだ。

他人が困っているのは他人のせいであり、他人が馬鹿でなければ休まらぬ心―自由主義経済のモラルを克服するためには、わたしたちは、新しい社会を築きあげていかねばならない。それは、きびしい道ではあるが……

(……)偏狭なナショナリズムが横行している限り、アイヌはどうして復権できよう。(註27)

註

(1)富岡幸一郎が依拠する的場光昭は、「和人」の立場から〈アイヌ〉を主題とした小説を書き続けた三好文夫(一九二九~七八年)に小学校時代に教えを受けたとしばしば述べているが、三好は没後出版された遺稿『人間同士に候えば』(水兵社、一九七九年)において、〈アイヌ〉最後の大規模蜂起と言われるクナシリ・メナシでの虐殺という過去の痛みを、今を生きる「和人」がいかに引き受けることが可能か、正面から模索している(詳しくは、岡和田晃編『北の想像力 〈北海道文学〉と〈北海道SF〉をめぐる思索の旅』、寿郎社、二〇一四年、七五六頁を参照されたい)。歴史的事実をねじ曲げ「和人」の暴力を正当化する的場の姿勢は、著書で繰り返す「アイヌの強制移住」の否定をも含めて、師・三好に対する冒涜と断ずるほかない。

(2)山北尚志「第2章 アイヌ民族に関する教育をどう展開するか 4、場所請負制とアイヌ社会」、田端宏・桑原真人編『アイヌ民族の歴史と文化 教員指導の手引』所収、山川出版社、二〇〇〇年、六〇頁。

(3)本稿では踏み込まないが、展転社は、南京大虐殺否定論に立った著作を多数出版しており、なかには名誉毀損で訴えられ敗訴した例は複数存在し、現在係争中の訴訟もある。

(4)第二次世界大戦に従軍していた〈アイヌ〉にとってさえ〝土人〟が差別語として受け止められたことは、中本俊二『あるアイヌの生涯』、民族歴史研究所、一九九四年を参照されたい。また、旧土人保護法が「区別して保護するもの」であったという論点に関して、現在、〝アイヌ民族否定論〟の支持者たちへのブレーンとなっている河野本道は、金子やすゆきが二〇一四年八月三〇日付けのブログ記事(http://kaneko-yasu.seesaa.net/article/404569034.html)で援用した『コタンの痕跡――アイヌ人権史の一断面』(旭川人権擁護委員連合会、一九七一年)所収の「旧土人保護法」にまつわる人間関係の歴史的分析と将来における方法――『旧土人保護法』の後始末を如何になすべきか」で、「日本帝国主義者たち」が、「『旧土人保護法』の成立以前から、アイヌ系の人々を法というくびきにおさめて、自らの好みに従わせようとしていた」（三四三頁）と書いている。

（5）的場光昭「アイヌ先住民族国会決議（その1）北海道旧土人保護法」、『北の発言』第三三号、西部邁事務所、二〇〇八年、三七頁。

（6）小川正人『近代アイヌ教育制度史研究』、北海道大学図書刊行会、一九九七年、一四一頁。

（7）小川正人、前掲書、一四二頁。

（8）的場光昭『アイヌ民族って本当にいるの？――金子札幌市議、「アイヌ、いない」発言の真実』、展転社、二〇一四年、二頁。

（9）金子やすゆきのホームページでの的場への賛辞（http://kaneko-yasu.seesaa.net/）、小野寺まさるのTwitter、二〇一四年一二月一日の発言（https://twitter.com/onoderamasaru/status/539345858018283520）等。

（10）的場光昭『「アイヌ先住民族」その真実――疑問だらけの国会決議と歴史の捏造』、展転社、二〇〇九年、一四頁。

（11）*CALVIN: GERMAN PROPAGANDA ARCHIVE Nazi Propaganda: 1933-1945*（http://research.calvin.edu/german-propaganda-archive/ww2era.htm）。

（12）次のウェブサイトで、在特会北海道支部において的場光昭が二〇〇七年七月五日に講師を務めたときの記録を読むことができる（http://www.zaitokukai.info/modules/news/print.php?storyid=236）。

（13）明戸隆浩「人種差別禁止法とヘイトスピーチ規制の関係を考える――「ゼロからの出発」のために」、ヘイトスピーチと排外主義に加担しない出版関係者の会編『ＮＯヘイト！　出版の製造者責任を考える』、ころから、二〇一四年、一三〇頁。

（14）向井豊昭の生涯と文学について詳しくは、岡和田晃『向井豊昭の闘争　異種混交性（ハイブリディティ）の世界文学』、未來社、二〇一四年を参照されたい。

（15）向井豊昭氏のパートナー、向井恵子氏への取材に基づく。

(16)岡和田晃「向井豊昭氏からの書簡(メール)について」、『幻視社』四号、幻視社、二〇〇九年。「向井豊昭アーカイブ」(http://www.geocities.jp/gensisha/mukaitoyoaki/mail.html)に採録。
(17)米田優子(本田優子)「学校教育における「アイヌ文化」の教材化の問題点について――1960年代後半以降の教育実践資料の整理・分析を中心として」、北海道立アイヌ民族文化研究センター研究紀要、一九九六年、一三三頁。
(18)向井豊昭「ルポ　アイヌの子どもたち――その教育の過去と現実」、『部落』二〇九号、部落問題研究所、一九六六年、五二頁。
(19)向井豊昭のデビュー作「御料牧場」(一九六五年)と、下北半島という作家のルーツ、さらに「アイヌ」と「在日朝鮮人」の関わりおよび原発の問題については、「夷を微かに希うこと――向井豊昭と木村友祐」、『すばる』二〇一四年一二月号も参照されたい。
(20)堅田精司「アイヌ民族調査資料をいかにみるか」、『北海道地方史研究』六〇号、北海道地方史研究会、一九六六年、三三頁。
(21)向井豊昭「怪道をゆく」、『怪道をゆく』所収、太田出版、二〇〇八年、二四頁。
(22)前掲書『コタンの痕跡』、五頁。
(23)佐々木俊尚『「当事者」の時代』、光文社新書、二〇一二年、二二三頁。
(24)東村岳史『戦後期アイヌ民族――和人関係史序説　一九四〇年代後半から一九六〇年代後半まで』、三元社、二〇〇六年、三二頁、六二頁。
(25)(S)(佐々木昌雄)「編集後記」、『アヌタリアイヌ』創刊号、アヌタリアイヌ刊行会、一九七三年。
(26)現代のレイシズムはインターネットを媒介に距離を問題することなく広がりを見せており、加えて今や中上健次の言う「路地」は世界中にあり、それが新たに産出されているからである。詳しくは岡和田晃「「近代文学の終り」と樺山三英「セヴンティ」――3・11以後の〈不敬文学〉」、『未来』二〇一五年一月号(本書所収、一〇〇頁)を参照されたい。
(27)向井豊昭「菅原幸助著『現代のアイヌ――民族移動のロマン』」、「部落」二一七号、部落問題研究所、一九六七年、五七頁。ただし、「日高」を「日本」に置き換えた。

※註釈の（4）（6）（8）（10）（21）（23）（24）に書誌情報の記載のあるものについては本文では同様の情報を省略した。

（『アイヌ民族否定論に抗する』、河出書房新社、二〇一五年一月）

〈アイヌ〉をめぐる状況とヘイトスピーチ

——向井豊昭「脱殻《カイセイエ》」から見えた「伏字的死角」

〈アイヌ〉をめぐる二〇一四—一六年の状況

〝「#アイヌ」なんていない。いるのは「同化政策の被害者」を自称して被害者利権確保にいそしむコスプレした反日集団〟（二〇一六年九月一一日、原文ママ）、〝これから結婚する人は、相手が自称アイヌだったら止めた方がいいよ。結婚しても、同化しないぞって決意してるみたい。そんな交わらない生活嫌でしょ。子供にも、日本文化は受け継がせないぞって決意してるんじゃないかな。なにせ同化しないわけだし。#ainu #アイヌ〟（二〇一六年六月一一日、原文ママ）。

いまツイッターで「アイヌ」と検索すると、この手の匿名ツイートが無数にヒットする。アイヌ民族に対するヘイトスピーチ（差別扇動表現）だ。後者はbot形式で結婚差別の扇動を定期発信しているのだから、悪質さの度合いはいっそう高い。ヘイトスピーチとは、単なる罵詈雑言や不快表現ではない。社会的なマジョリティに対して非対称な関係を強いられる、特定のエスニシティやセクシュアリティに対し、「差別、敵意又は暴力の扇動」（自由権規約二〇条二項）、「差別のあらゆる扇動」（人種差別撤廃条約四条）を行なうこと。つまり表現によるあらゆるマイノリティへの暴力の扇動を意味している。

こうしたヘイトスピーチは、金子やすゆき札幌市議会議員（当時）が二〇一四年八月一一日に「アイヌ民族なんて、いまはもういないんですよね。せいぜいアイヌ系日本人が良いところですが、利権を行使しまくっているこの不合理。納税者に説明できません」と、ツイッターへ書き込んだことに端を発する。北海道の公人が〈アイヌ〉への侵略の歴史に居直り、民族ぐるみで不当に「利権」なるものを貪っているかのように差別を扇動することは、紛れもないヘイトスピーチだ。現に、この発言は社会問題となり、札幌市議会は九月二二日に金子の議員辞職決議を可決、それでも彼は議員の椅子へ固執したが、翌二〇一五年四月の統一地方選挙で落選している。にもかかわらず、金子発言はそれまで小規模ながら存在していた〈アイヌ〉へのヘイトスピーチを、ネット右翼の〝共通言語〟として勢いづける火付け役となった。かねてから〈アイヌ〉を攻撃対象としてきた小野寺まさる北海道議会議員（当時）らが拡散させたのである。小野寺は「激甚災害時における犯罪については、即射殺等を可能にすべきですね。で、射殺及び逮捕された者がどの様な者だったのか…を国は国民に知らしめるべきです」（二〇一五年一一月二日のツイッター）等の問題発言で悪名高い。

「全国的にそうなっているのではなく、北海道ローカルの問題ではないか」という疑問を抱く向きもあるかもしれないが、〝北海道のことはよく知らないが、アイヌ利権があるらしい〟と、二〇一四年一一月には、〝行動する保守〟（在特会のような団体）の日侵会が、東京・銀座で〈アイヌ〉への差別を正当化するデモ行進を行なった。問題は、特定地域の枠ではくくることができず、ネットを介して全国へ拡散しているのである。

彼らが決まって攻撃するのはアファーマティブ・アクション（積極的差別是正策）だ。つまり存在しない〝在日特権〟叩きや生活保護受給者、障害者、被差別部落出身者、沖縄県民や福島県民等への攻撃とまったく同じ論理で攻撃がなされているのである（実際、Wikipediaから博物館の職員が〈アイヌ〉の民族衣装を着ている写真を引っ張ってきて「在日がアイヌになりすましている」といったデマが拡散されている）。〈アイヌ〉への代表的なアファーマティブ・アクションとしては奨学金があるが、それは〈アイヌ〉の大学進学率が二五・八％と、同じ地域に住む人々全体（四三・〇％）を大きく下回る現状があるからだ（「アイヌ生活実態調査」、二〇一三年）。歴史的構造がもたらす非対称を改善する施策が、「被害者利権確保」と読み替えられてしまうのだ。ネトウヨは決まって公益社団法人北海道アイヌ協会に〈アイヌ〉の配偶者が加入していることを問題視するが、アイヌ協会員であることが民族としての〈アイヌ〉の条件というわけではないし、そもそも協会の入会審査も〈アイヌ〉の先祖を持つことが戸籍謄本等で証明されることが必須という厳格なものだ。

こうした事態に対応するため、私はマーク・ウィンチェスターとの共編著『アイヌ民族否定論に抗する』（河出書房新社、二〇一五年）を緊急刊行した。執筆陣は編者二人のほか、池澤夏樹、香山リカ、テッサ・モーリス＝スズキ、寮美千子、木村友祐、くぼたのぞみ、中村和恵、結城幸司、青木陽子、大野徹人、東條慎生、山科清春、新井かおり、上村英明、丹菊逸治、金子遊、長岡伸一、坂田美奈子、倉数茂、村井紀、友常勉（登場順）。さまざまな立場や視点からの論考が集まり、ヘイトスピーチへのカウンターのみならず、アイヌ文化入門とも言うべき充実した内容になった。実際、とかく売れないと言われる〝アイヌもの〟としては異例の部数が捌け、一定の効果が出たものと手応えがあった。

その後、関口明・田端宏・桑原真人・瀧澤正編『アイヌ民族の歴史』（山川出版社、二〇一五年）の「アイヌ史関連年表」に金子発言は記録された。ヘイトスピーチが〝歴史〟に刻まれたわけだ。より詳しく、『アイヌ民族否定論に抗する』出版や市民団体Sapporo Against Racismによる金子発言への抗議署名等のカウンター活動の流れは、Ann-elise Lewallenの研究書*The Fabric of Indigeneity: Ainu Identity, Gender, and Settler Colonialism in Japan*（University of New Mexico Press、二〇一六年）にも英語で記されている。〈アイヌ〉へのヘイトスピーチがある事実と、それに抵抗する動きはすでに世界に発信されたのだ。『アイヌ民族否定論に抗する』を刊行してから約二年になるが、その間、私や共編者のマーク・ウィンチェスター、あるいは執筆者は有志と協力し、新聞や商業誌・学術誌への寄稿、大学や市民講座等での講演、さらには特設サイトやツイッター用botの開設等を行なうことで、草の根の対抗策を実施してきた。

一方、〈アイヌ〉をめぐる状況は少なからず動いている。二〇一五年八月、文部科学省の検定意見により、日本文教出版の中学歴史教科書の北海道旧土人保護法のうち「アイヌの人々の土地を取り上げて」とあった部分を「アイヌの人々に土地をあたえて」に変更。日本がアイヌの土地を奪った事実が無視され、逆に国の行為を正当化するような記述となった。また国は二〇二〇年の東京五輪に向けて、白老に「民族共生の象徴となる空間」の建設を推進している。東京五輪の開会式には一〇〇〇人のアイヌ舞踊を目指すそうだ。すなわち、「文化振興」やハコモノの名目で都合よく〈アイヌ〉を利用する一方、草の根のアイヌ語教室などは「利権」だとしてどんどん潰されている。その陰で、ヘイトスピーチは着々と浸透している。二〇一六年二月に〈アイヌ〉の有志が国連で複合差別（民族差別と女性差別）を訴えれば、杉田水脈（元衆議院議員）は「チマチョゴリやアイヌの民族衣装のコスプレおばさん」、「日本の恥晒し」等とブログで煽る。

もちろん、悪いことだけが続くわけではない。二〇一六年五月にはヘイトスピーチ解消法が成立。当初は対象を「本邦外出身者」に限っていたものの、国会内の集会で〈アイヌ〉の当事者が訴える等の尽力が実り、〈アイヌ〉や難民、オーバーステイ者等へのヘイトスピーチも許容されないことになった。とはいえ、ヘイトスピーチ解消法はいまだ理念法の段階で、〈アイヌ〉に関しても付け足し感がないわけではない。実際、〈アイヌ〉に関する政治が動くたびに公人やネトウヨがヘイトスピーチを繰り返すのだ。叩きやすい存在だとみなしているのだろう。

二〇一六年七月には、北海道大学が一九三〇年代に研究の名目で〈アイヌ〉の共同墓地から持ち出した遺骨一二体が返還された。かねてから続いていた訴訟が三月に和解となったからなのだが、その内訳は、近いうちに返還予定だった一体と、返還しない予定の一六〇〇体のうちの一一体だという。国内外の研究機関には、いまだ〈アイヌ〉の遺骨が二〇〇〇体以上も〝保管〟されている。非人道的な所業の一言に尽きる。身元不明とされる遺骨については、研究と祭祀を兼ねて(!)先述した「象徴空間」に保管するという案もあるらしいが、当事者である〈アイヌ〉の想いが二の次にされている感は拭えない。

同じ月には、鳥取ループが編集した『アイヌ探訪』(示現社)が刊行された。編者は、かつて紙媒体の電話帳に記載された個人の電話番号(累計六億件という)を「ネットの電話帳」と称してオンラインに無断掲載したことにより、プライバシー侵害で提訴されている人物だ。戦前の被差別部落の所在地や世帯数を記した『全国部落調査』を書籍として復刻出版する計画に対し、横浜地裁から出版・販売禁止の仮処分を受けた人物でもある。内容は歴史修正主義的な論調に貫かれているが、〈アイヌ〉の当事者から「それでは、あなた達(注:日本人)は何民族ですか?」と問われて言葉に窮する場面なども書かれ、いささか滑稽ではあるが、ありもしない「アイヌ利権」を臭わせる典拠として悪用されている。

二〇一六年八月には、金子やすゆきや小野寺まさるも所属している日本会議の北海道支部が北海道博物館に対して提示していた質問状に対し、高橋はるみ知事が回答した。質問状の内容は、展示内容が偏向しているというものだが、偏向だと断じる根拠は、アイヌの先住性や民族性を「ＤＮＡ鑑定」をもとに否定する等、トンデモな歴史修正主義に基づくものだった。そもそも、先住性や民族性はＤＮＡ鑑定で明らかになる類のものではないからである。

二〇一六年九月には、〈アイヌ〉への差別扇動を行なうネトウヨの論法を形作った小林よしのりの推薦文を帯にして、砂澤陣『北海道が危ない！』（育鵬社）が刊行された。砂澤陣は著名な芸術家である故・砂澤ビッキの息子だということを前面に出し、「アイヌ民族」ではない「アイヌ系日本人」を自称、古くからネット上で個人への中傷や歴史修正主義的言動を繰り返している。ＳＮＳで書き散らしている拙劣な文に比べ、本はゴーストライターが手がけたかのように読みやすい。同書は特定個人や団体の「不正」を告発すると銘打っているが、すでに報道された内容をフレームアップする記述が目立つうえ――人気アーティストを「補助金」で食っていると中傷するなど――要はネットで攻撃しても反撃してこなかった個人を姑息に叩いているにすぎない。札幌大学のアファーマティブ・アクションに関する説明文を曲解して「二重取り」と煽り立てるなど、ミスリードにも事欠かない。基本、陰謀論なのだ。それを産経新聞や一部週刊誌が持ち上げ、数々の歴史修正主義的発言で知られるタレントのフィフィらが拡散する……。〈アイヌ〉であることを明かしながら、ネトウヨに加担する〈アイヌ〉は砂澤陣しかいないため、格好の代弁者にさせられている。ネトウヨと保守論壇は野合して互いを参照先に設定、北海道ですら人口の一％に満たないマイノリティたる〈アイヌ〉への攻撃を加え続けているのだ。

〈アイヌ〉を表象し、あるいは受容する際の屈折

『アイヌ民族否定論に抗する』を刊行した翌々月(二〇一五年三月)から、私は『図書新聞』で「〈世界内戦〉下の文芸時評」(月刊)を連載している。本稿執筆時点で、そろそろ二年目も終わりに差し掛かっているが、どうやら三年目も続けることになりそうだ。かつて私は、主要な文芸誌をすべて読むタイプの読者だった。今も時評を担当している手前、文芸誌には一通り目を通しているものの、ヘイトスピーチや〈アイヌ〉をめぐる状況の変転は、〝文壇〟にとっては、どこ吹く風といった塩梅なのだと痛感している。石原慎太郎や曽野綾子の稚拙な小説が臆面もなく誌面を飾り、あるいは「美しい日本語」のような恥ずかしい特集が平然と展開されるのを目にすれば、いっそうそうした思いが強くなる。

崔実『ジニのパズル』(二〇一六年)は、一九九〇年代の朝鮮学校の内実を生徒目線で描いた佳品だが、同作を新人賞に推した選考委員でさえ、朝鮮学校を「独裁政権」(北朝鮮)の「衛星」と書いてしまう始末。作中で描かれる「金日成や金正日の肖像」を引き下ろすという「革命」についても、メロドラマ的に消費されてしまっている。その「革命」が公人(橋下徹)による朝鮮学校叩きのロジックとどう違うのか、という議論が起こらないのだ。

なぜヘイトスピーチが問題なのかも、大方は理解できていないのではないか。ヘイトスピーチは言説の公共性を破壊する。それは何より文学にとって致命的なはずだ。あらゆる文学は書かれただけでは完結せず、読まれることによって意味をなす。そうした読まれることへの期待をはなから潰してしまうのが、ヘイトスピーチなのである。〈アイヌ〉に関して言えば、津島佑子が『ジャッカ・ドフニ』や『半減期

を祝って』(ともに二〇一六年)で、ヘイトスピーチへの〝静かな抵抗〟ともなる特筆すべき達成を見せていたが、二〇一六年の二月一八日に惜しくも亡くなってしまった。『ジャッカ・ドフニ』については、『すばる』二〇一六年七月号の岡和田晃「歴史修正主義に抗する、先住民族の「生存の歴史」」——津島佑子

『ジャッカ・ドフニ』書評」にまとめた。また、津島佑子にとっての〈アイヌ〉の意味は、「津島佑子と〈アイヌ文学〉――pre-translation の否定とファシズムへの抵抗」(本書所収、三一七頁)を参照されたい。

その他、私が時評を担当した期間内では、李恢成の「地上生活者　第六部　最後の試み」(『群像』、二〇一五年一〇月号〜)にて、若き日の主人公「愚哲」が鶴田知也の『コシャマイン記』に出逢い、「一気に読んだ。こんな小説があったとは。咽喉が鳴った」と語られる場面の力強さが印象深い。その叙事詩的文体に着目するのである。あるいは、古川日出男「ミライミライ」(『新潮』二〇一六年六月号〜)。一九七二年の札幌から幕を開けるのだ。この年は札幌オリンピックや東アジア反日武装戦線による〝風雪の群像〟(旭川市)爆破事件があり、あるいは『若きアイヌの魂　鳩沢佐美夫遺稿集』や新谷行『アイヌ民族抵抗史』といった〈アイヌ〉の視点で近現代史を見返す著作が発表された、北海道の戦後史における転換点である。そうした重要性を直観する嗅覚に敬意を表したい。

文芸誌の外にまで目を向ければ……。寮美千子・作/編集、鈴木隆一・絵、丹菊逸治ほか監修/解説からなる絵本『アイヌの昔話　雷を打ち負かした女の子』(二〇一六年)、〈アイヌ〉の歌い手である床絵美と郷右近富喜子の姉妹に取材した佐藤隆之監督のドキュメンタリー映画『kapiw と apappo 〜アイヌの姉妹の物語〜』(二〇一六年)、アニメーションでは、結城幸司の版画を原作とする『七五郎沢の狐』(二〇一五年)や、高橋ひとみが習得した祖母・田辺トヨのオイナ(神謡)に絵を付けた『クモの女神』(二〇一六年)といった作品が、高い評価を集めている。野田サトルのコミック『ゴールデンカムイ』(二〇一四年〜)は

七巻の時点で二二〇万部を超える大ヒットを記録した。森和美のコミック『エシカルンテ』（二〇一四～一五年）は一九五二（昭和二七年）の美瑛町にある美馬牛《びばうし》（作中では野致雨《のちう》）の風俗を馬頭観音信仰などもふまえて綿密に描いた。これらの仕事は、当事者や〈アイヌ〉の言語や文化を研究する専門家の協力を得ることで、不当な誤解やヘイトの種を生まない考証面での充実が企図されているのが特徴的だろうか。

一方、ネット上ではヘイトスピーチを繰り返す公人やネトウヨだけではなく、彼らに混じって萌え系コンテンツを消費するオタク層が〈アイヌ〉へのバッシングに加担する様子が目立つようになってきた。「イランカラプテ!クゥの名前はユクエピラチャシだよ♪／エーが殿くん（注：プレイヤーの呼称）やぁ？えへへ、ヨロシクね♪」、これは城を萌え系の擬人化するブラウザゲーム『御城プロジェクト：RE』（二〇一六年～）のキャラクター「ユクエピラチャシ」の台詞だが、そもそもアイヌ語の「クゥ」や「エー」は代名詞として使われるものではない。このキャラは、チャシ（城郭）と鹿に関する〈アイヌ〉の伝承がもとになっているのだろうが、民族衣装の萌えキャラに鹿角を生やすなど〈アイヌ〉には鹿角を飾る習慣はない）、ゆるキャラの「せんとくん」と萌え少女化した〈アイヌ〉をかけ合わせた醜怪なデザインとなっている。

ネットでは、こうした杜撰さを軽く指摘されただけで、〝表現規制〟を訴えるのではないかと危惧する萌え系のオタク層が「ポリコレ棍棒」、「アイヌ警察」、「ナチスアイヌ」、「それでは理解してもらえない」等の罵声を投げかける。後ろ暗いところがあるのを自覚しているとしか思えない。関連ツイートの「まとめサイト」ページビューは一〇万、コメント数が二〇〇〇を超えているが、大半は罵詈雑言で、ヘイトスピーチも紛れ込んでいる。

この動向は、二〇一六年九月に格闘ゲーム『THE KING OF FIGHTERS XIV』（二〇一六年）のプレイヤーがツイッターで「アイヌ殺す」と発言したことから加速化された。格闘ゲームに出てくる〈アイヌ〉

の美少女キャラ・ナコルルが強すぎるので不満をもったための発言だというが、例えば一緒に遊んでくれる相手に〈アイヌ〉がいると思えば、こういう言葉が出て来るはずはない。ナコルルとは、もともと格闘ゲームの『サムライスピリッツ』（一九九三年〜）に出てきたキャラクターだが、プロフィール、ビジュアルデザイン、「大自然のおしおきです」という決め台詞、あるいは必殺技の名称等のいずれもが、実際のアイヌ文化とはかけ離れたものになっている。

そうした考証の杜撰さを理由に、萌え系のオタクはしばしば、〈アイヌ〉の当事者がゲーム会社に〝表現規制〟を求めた過去があるとトラウマのように口走るが、そのような事実は管見の及ぶ限り、確認できなかった。むしろ、一九九〇年代には『シサム通信』のような団体機関紙で、ナコルルに代表されるデジタルゲームや映画に出てくる〈アイヌ〉の設定を少しでもまともなものとするよう、大野徹人や長岡伸一らが議論や検証を重ねていた。それが開発陣の目に入ったのか、必殺技のアイヌ語考証が改善されたという事例も見られた。ネットでヘイトスピーチが飛び交う状況からすると隔世の感がある。

いま英語圏には、アラスカの先住民族コミュニティの協力を得て開発された『NEVER ALONE』（二〇一四年）というパズルアクションアドベンチャーゲームが存在する。伝承民話「クヌーサーユカ」をベースに、イヌイットの文化を楽しみながら学ぶことのできる仕掛けも施されており、ゲームとしての評価も高い。日本でも中川裕や成田英敏らが開発した『アイヌイタㇰ アエスクㇷ゚』（二〇一三〜一五年）といったアイヌ語学習用ボードゲームもありオンライン版の公開も実現しているが、相対的に目立たず、反対に文化収奪の要素が強い〝萌えゲー〟ばかりがクローズアップされてしまう。

ナコルル問題をもっとも問題視していたのは、アイヌ民族史研究家の故・チェプチセコㇽである。生前のチェプチセコㇽは、セクシュアルな表象やエキゾチックな他者としてばかり〈アイヌ〉を消費するのではなく、「アイヌも楽しめるゲームを」とポジティヴに訴えていた。一九九七年のインタビュー「人間を血で色分けすることできないですもん」でのチェプチセコルの言葉を、今一度思い起こす必要があろう。

アメリカのバスケットボールのゲームにアイヌが出てきてもいいでしょ。F1のパイロットの中にもアイヌが登場してもいいじゃないですか。これ、現代ゲームとして。もちろんゲームだけの問題じゃないけどね。

「文学上の言説批判」と「現実に目の前で行われている暴力」との乖離

文芸誌に話を戻そう。〈アイヌ〉を扱う日本語文学については明治の頃から存在するし（幸田露伴『雪紛々』等）、戦後間もない頃、それこそ地方同人誌等のレベルから積極的に書かれてきた（和田謹吾が昭和二〇年代後半に北海道新聞へ連載した同人雑誌評で確認できる）。だが、そうした作品は少なからず、現代のユクエピラチャシが体現した類の文化収奪の域を出ないものも少なくない（とはいえ、当時は現代よりも圧倒的に〈アイヌ〉がらみの情報は少なかった）。この手の問題がねじれた末に、エスニック・マイノリティを扱うことそれ自体が、文学において忌避される傾向があるように思えてならない。

というのも、石和義之が「加害者への／からの闘争／逃走」（二〇一四年）で指摘しているように、「日本」というものを近代の国民国家の枠で捉えると、どうしても〈アイヌ〉なる存在はそのような〝虚構の物語〟にすっぽりと収まってはくれないからだ。その意味で、〈アイヌ〉を文学で扱うということは、どうしても〝虚構の物語〟の枠からはみ出した、政治的・社会的な所業とみなされてしまいがちである。もちろんはみ出すものは〈アイヌ〉だけではないものの、それらを敬して遠ざけてしまうことで、現代文学は政治性や社会性から目を閉ざし、他者を意識することなく衰退の道を辿ってしまった。

このような状況を的確に指摘しているのが、星野智幸の講演録「文学に政治を持ち込め！――文学によって、人の無意識の領域に手を入れていく」（二〇一六年）である。ここでは、文壇で二〇年近く活動してきた経験から、政治的・社会的な題材を文学で扱うと、一般社会よりも「純文学好きのマニアックな読者」や「文学賞の選考委員」から「スルーされたり黙殺されたり」、あるいは「アイロニックな空気」に覆われたりするとの実感が説明されている。文学賞の選考会が「こういうのをベタで書くのはねぇ」みたいな一言で議論が終わってしまうのを何度も経験したと、星野は告白する。なぜそうなってしまうのか。その原因を、星野智幸は明晰に説明している。

> 文学で政治的なものを書いたときに批判する言い方として、「文学とはベタで政治を批判するものではなく、言語のレベルでの権力性を批判するものだ」というものがあります。（……）しかし文学業界の問題は、そうした批判の仕方こそが文学の役割だと考えている人たちが、たとえば目の前にヘイトスピーチをしているデモが通ったとして、非常にシニカルな様子で「ああいうのバカだよね」というような言葉を口にして済ませてしまうことにあります。結局、文学上の言説批判と現実に目の前で行われている暴力が結びついていかなかった。

そこに、どうしたら風穴を開けられるか。一つの解答として、ここでは向井豊昭（一九三三〜二〇〇八年）

の仕事を取り上げてみたい。向井豊昭については、『すばる』二〇一四年一二月号に寄稿した「夷《えみし》を微《かす》かに希《ねが》うもの——向井豊昭と木村友祐」で、すでに論じたことがあるが、今のような状況では何度でも語り直してかまわないだろう。グローバリゼーションと新自由主義経済体制に裏打ちされた「近代文学の終り」（柄谷行人）が叫ばれるなか、死の直前まで日本という空間の同調圧力へ果敢に叛逆する革新的な作品を発表、星野の言葉を借りれば「文学上の言説批判」と「現実に目の前で行われている暴力」を同時に批判できた稀有な書き手でもあった。

　彼の文業は、それこそ最晩年に到るまで、一九六〇年代～七〇年代当時の〈アイヌ〉の教育をめぐる差別的状況と不可分だった。事実、向井豊昭が作家として全国的に知られる大きなきっかけとなった「うた詠み」（一九六六年）は、向井自身が実存をかけてコミットした〈アイヌ〉と教育をめぐる問題を、一小学校教師の視点からリアリズムを軸に綴った小説であり、作品を成立させた風土性やマイノリティたる〈アイヌ〉の視座が重要となってくる。「過去と関わり、記述された記録」（中井理香）としての小説、ヒストリオグラフィーとしての価値がある。

「うた詠み」について佐藤康智は、「北海道にやってきた小学校教師の「ぼく」は、教え子であるアイヌの少女を通して部落《コタン》の現実に直面する。貧しい暮らしゆえ学校を休みがちだった少女は、一二歳の若さで妊娠、流産し、村を去ってしまう。彼女に何もしてあげられなかった「ぼく」は文学によって部落《コタン》の貧困を訴えようと乗り出すのだが、政治結社の集会や慈善団体の事業所など、訪ねる先々で困難にぶつかるのだった。アイヌの痛みをアイヌでない者が引き受けることができるのか。「ぼく」はただただ悩み続ける」と要約してみせた（「「境界」を巡る終わりなき煩悶」、二〇一四年）。そのような「悩み」とは、どのようなものか。池田雄一は、「うた詠み」を巻頭に収めた『向井豊昭傑作集　飛ぶくしゃみ』（二〇一四年）への書評（『文藝』二〇一四年夏号）で、次のように掘り下げている。

本書から読みとることの出来るメッセージは明瞭である。人間とは悩む存在なのだ。生きて、言語を使用している以上は、悩むものなのである。自分には「アイヌ」を語る資格があるのか。小説家として日本語を習得すればするほど、この資格から遠ざかるのではないか。本書にでてくる主人公たちはそのように悩むのである。この「悩み」は、近代的な自意識の問題と無縁である。むしろこうした自意識をあざ笑う他者が悩むことを可能にするのである。（……）

こうした主張はシンプルに過ぎるようにみえるが、いったい、そのようなことが可能な領域が他にあるだろうか。多文化主義は悩むだろうか。悩まない。ポスト・コロニアルは悩むだろうか。悩まない。社会学は悩むだろうか。否、悩まない。そして、おそらく本書に登場する「党」ほど、悩みから隔絶されている存在はないだろう。文学だけが悩む存在を表現することが出来るのである。悩むということは、人間が人間であることの条件そのものなのだ。

向井豊昭の新発見資料「脱殼《カイセイエ》」の概要

池田が語る「人間が人間であることの条件」を掘り下げたのが向井の「うた詠み」であったとするならば、その延長線上に捉えるべき作品として「脱殼《カイセイエ》」（一九七二年）が存在する。「脱殻」は、〈アイヌ〉初の近代小説の書き手とも言われる鳩沢佐美夫（一九三五〜七一年）との交流を主題的に描いた作品だ。私が「夷を微かに希うこと」や、向井の作品と文学の全体像を素描する『向井豊昭の闘争　異種混交性《ハイブリディティ》の世界文学』（二〇一四年）を江湖に問うた後で現存が判明した、いわば新発見資料でもある。提供者は「雪残る村」（一九六四年）で第五二回芥川賞候補となった新潟の作家・高橋実である。高橋は向井と、長年に亘る交流があった。結論から言えば、「脱殻」は、向井豊昭に小説で〈アイヌ〉を表象することの限界を意識させ、作家としてのキャリアに転回点をもたらした作品だった。というのも、それまで向井にとっての鳩沢は、あくまでも『日高文芸』や日高文芸協会という（二人が共通して参加した）文学コミュニティを介する、同志の枠を出るものではなかったからだ。

ところが「脱殻」によって、鳩沢は向井の作品内に取り込まれ、いわば表象される対象としての顔と固有名をもつ〈アイヌ〉になった。「脱殻」の登場人物の多くはイニシャルで書かれているが、すべて実在のモデルがいる。日高文芸協会の機関紙『葦通信』を繙くと、『日高文芸』刊行後の討論内容などが、「脱殻」では別の場面に移し替えられている部分も散見されるが、それは人間相互の内在的な論理を掘り下げるためのデフォルメだろう。というのも、「脱殻」で描かれるのは向井と鳩沢との出逢い、そして決別だからだ。

向井は〈和人＝非アイヌ〉の立場から〈アイヌ〉に出逢おうとした。一方の鳩沢は〈アイヌ〉であることをカミングアウトしながらも、他者が規定する〈アイヌ〉のフレームに留まらない〈和人＝非アイヌ〉をも包摂する文業を志向していた。まず、こうしたズレがあるのだ。次いで、「脱殻」のテクストでは鳩沢と向井がどうして決別したのか、肝心の点については詳らかにされておらず、大きな空白が残されている。この空白は〝謎〟として、読者に書きこまれるべき言葉とは何かを問いかけ、回答を模索させる仕掛けになっている。

具体的にあらすじを確認していこう。要約にあたっては『日高文芸　特別号　鳩沢佐美夫とその時代』

（二〇一三年）ほかの資料を参照した。冒頭、「わたしが鳩沢佐美夫の名を知ったのは、昭和四十年頃、ある文芸雑誌の同人雑誌評を読んでのことであった」とある。これは『文學界』一九六五年二月号の同人雑誌評に、鳩沢の長編『遠い足音』（一九六四年）が取り上げられたことについてのコメントだ。このときの選者（久保田正文）は、高橋実の「雪残る村」を同人雑誌評で評価し、後に向井豊昭の「うた詠み」（一九六六年）をも取り上げて『文學界』や『新文学の探求　全国同人雑誌ベスト12』（一九六八年）に転載されるきっかけを作った人物だ。

　女教師に対するアイヌの子どもの思慕をナイーブに描いてあるという意味の（注：鳩沢作品への）その批評は、ほんの十行程度のものであったが、その半分に近い数行には、鳩沢の作品を載せた『S文学』の編集者に向ける言葉が綴られていた。『S文学』の編集後記には、鳩沢がアイヌであるということを書いていたらしいのだが、同人雑誌評の担当者は、作品の質は作者がアイヌであるか否かに関係のないことであると、戒めるように述べていたのだ。（「脱殻《カイセイエ》」）

『S文学』とは、鳩沢が参加していた地方文芸誌『山音』（『日高文芸』の前に鳩沢が参加していた雑誌）を指す。編集者は鳩沢の原稿の添削を担当していた「D氏」であった。当時、語り手（≒向井豊昭）はすでに赴任先である日高地方の新任教師研究会で「アイヌという言葉が禁句」という言説に出くわしており、大きな不満を抱いていた。「D氏」の「勇み足」で「一人のアイヌの作家の存在」を知ってコンタクトを試みるも、しばらく音沙汰がない。鳩沢は一九四四年に脊椎カリエスだと診断されてから入退院を繰り返しており、「遠い足音」脱稿後は病状が悪化していたのだった。もらった返事も口述内容が代筆されたもの。「脱殻」

では触れられていないが、この間、鳩沢は「D氏」が「アイヌ」だと編集後記でアウティングしたことを気にし、両者の関係はだいぶギクシャクしていたようだ。

一方の向井は、「アイヌ文学文献考」という批評で自身や鳩沢の作品を論じた研究者(同名の批評が『山音』にある)と言葉を交わす。また、生徒の作文に「わたしの前にすわっているA子ちゃんもアイヌです。A子ちゃんは毛ぶかくて、とてもくさいにおいがします」とあるのを発見したものの、語り手の指導で「アイヌの人は私たちとすこしもかわらない人たちだということがわかりました」と書くようになったことへ、手応えを感じる。次いで、向井は発表された鳩沢の「証しの空文」(一九六五年)を読む。「アイヌの孫である彼(注:鳩沢)が、アイヌである祖母の死と生を描く文体」に感心したことが伝わる。加えて、編集者の「D氏」が鳩沢に無断で同作のタイトルを「祖母」と改題、太宰治賞へ応募したと『山音』の編集後記で報告したことなどが説明される。こうした記述は、鳩沢の作家的な来歴とほぼ一致する。

その後、鳩沢は独立して『日高文芸』を興すのであるが、創刊号に掲載された「アイヌ娘のはかない恋を描いたロマン」こと「赤い木の実」(一九六九年)を読み、「日本語訳によって、その意味を理解するだけのユーカラのリズムを感じ取った。けれども、そのことを伝える向井の手紙に、鳩沢は正面から応答しない。かわりに『日高文芸』への寄稿依頼を行なうのだ。向井は誘いを受けて『日高文芸』への参加を決める。「そこには鳩沢佐美夫がいた」からこそ、祖父・向井夷希微をモチーフにした「鳩笛」(一九七〇年)を掲載する場として『日高文芸』を選んだのだ。「鳩笛」は、当時「完全に行きづまっていた」アイヌ復権の教育運動への意識的な決別を期して向井が書き上げた渾身の作品だった。

「鳩笛」を引っさげて、向井は遠い室蘭まで行き、初めて鳩沢との邂逅を果たす。そこで「D氏」が亡くなったことを聞かされ、また鳩沢の「証しの空文」が出たとき、すでに「D氏」の手が入って「鳩沢の作品ではなくなっていた」という逸話を聞かされる（ただし、向井は逸話をそのまま記録したものの、近年の研究では、むしろD氏の編集者としての功績を「インターフェイス」として再評価する声もある）。つまり、評価したテクストから、〈アイヌ〉のライフヒストリーとしての期待が外される経験をしたのだ。にもかかわらず、鳩沢はその後『日高文芸』では「地域課題の座談会」などの司会進行役をつとめるばかりで新作小説を発表する気配がなく、向井の内なる空虚は埋められない。

「脱殻」が露呈させる〈アイヌ〉という「伏字的死角」

それから二カ月ほどが経過し、鳩沢は向井の家を突然、訪問する。そのときのやりとりは、私信を含めて鳩沢側の記録に残っていないが、この作品が事実の記録であると仮定して議論を進める（読者の便宜のために【　】で発話主体を明示する）。

「蝉は、アイヌ語でヤーキ。蝉の脱殻は、ヤーキオハカブフと言うんですよ。人間の脱殻は、カイセイエ」【鳩沢】

「人間の脱殻？」と、わたしは鳩沢の話に耳を立てた。

「ええ、人間も、年に一回、皮が剥けるんだそうですよ。桑の葉にぶら下がったカイセイエを見た者がいるっていう古いアイヌの話があるんです」【鳩沢】

（……）

「わたしはね、今、ユーカラを、自分の文学のなかに生かせないかと思っているんですよ」【鳩沢】

過ぎ去ったアイヌの世界を追うように、鳩沢は窓外を見つめながら言った。
「ユーカラを？」【向井】
「ええ」【鳩沢】
「いつか、ぼくが手紙で言ったこと、当っていたんですね。やっぱり……」【向井】
「ええ。でも、わたしは、アイヌのことをもう直接的に書こうとは思いませんね。表には出さずに、それでもユーカラを生かしてみたいんです」【鳩沢】
「表に出さずに？」【向井】
「アイヌはこうだった。アイヌはこうされた。そんなことを書いても、どうにもなりませんよ。何も還って来るわけではなく、自分が傷ついていくだけです」【鳩沢】

その後、鳩沢佐美夫は代表作となる「対談　アイヌ」（一九七〇年）を『日高文芸』に発表する。雑誌のおよそ半分もの分量を占めていた。「豊富な資料と事例を駆使し、学者を叩き、行政を叩き、観光を、そしてアイヌそのものを叩くその対談は、それまでわたしが読んだどんなアイヌ問題の訴えよりも迫真的なものであった。／対談は、ほとんど鳩沢の発言で占められていた。匿名のアイヌの女性は聞き役のようなものであり、素朴な相槌を打ってみたり、首をかしげてみたりという風（一文字判読不能）なのである。それは鳩沢のとうとうと流れる発言を巧まずしてきわだてる効果となっていた」。

実際、この対談は波紋を呼び、『日高文芸』の寄稿者でもあった山川力の手によって北海道新聞朝刊一面のコラム「卓上四季」に掲載される。「脱殻」の記述によれば、全国ネットのテレビ・ニュースでも鳩沢が登場したという。向井の視点は「義務教育を修了することのできなかった一人のアイヌの青年の教養をはかるようなカメラの目」を感じながら、その感情が自分（向井）にもあると自覚する。向井は自分が人間の脱殻のように「もう終ったのだ」と自覚し、『日高文芸』からの退会を乞う手紙を書くが、自分の内面を詳らかに記述することに耐えられない。こうして向井は「『日高文芸』は、やはり、あなたの双肩にかかっています」とだけ葉書に書いて出す。それは「鳩沢への激励であり、わたし自身への挽歌であった」。

突然の退会連絡に鳩沢は驚く。だが一方で鳩沢は、手紙や対面で意見の交流を重ねていたが、「その都度、何か語り足りないものを感じて仕方ありませんでした」と感じていた。鳩沢は自分には「アイヌ人としての使命」はなく、「歴然としたアイヌの原形」があり、「その事実におびえ」ると書く。そして鳩沢は向井へ一年間の猶予と、次号の『日高文芸』を向井豊昭特集にしたいと申し出るが、それに対して向井は「一人のアイヌの屈折した心情をあやすほどの心のゆとりは、わたしにはなかった」としか書けず、脱会を決める……。そして翌年、向井のもとには、鳩沢の急逝を告げる電報が届き、自分の心には「鳩沢の文体を支配した日本語訳のユーカラ」のような「カイセイエ」が残るのだった。

鳩沢の盟友で、向井に鳩沢の訃報を送った盛義昭（作中で「モリ」と実名が出る。なお、鳩沢没後、『日高文芸』の編集を手がけた）は、二〇一六年になって初めて私の勧めで「脱殻」を読み「当時、同じ時間を身近に生きていたもののひとりとして、鳩沢と向井本人の人間像がリアルに描写されていることに、まず驚きました。向井の視線は正確に鳩沢の内面を捉えていました」と述べている（九月一九日付けの岡和田宛の手紙。なお、実名を出すことも含め、引用の許可は得ている。盛は当時、向井に鳩沢の急逝を知らせる電報を送ったことを記憶していた）。『向井豊昭の闘争』では、向井と鳩沢、二人の作品の具体的な比較検討と書簡の分析を通じて決別の原因を検討した。それらの作業は、「脱殻」に書かれたような向井からの明確な「回答」についてて知らないままに行なわれた。けれども「脱殻」でのすれ違いは、〈アイヌ〉の当事者性をめぐるジレンマとして、そのまま放置される。「対談　アイヌ」は鳩沢の代表作として読み継がれ、掲載テクストが書籍として絶版になった今でも――それこそ「脱殻」と同年に発表された『アイヌ民族抵抗史』を始めとして――アイヌ史と名が付く書物では言及され、法学的な専門書でも参照されているほどだ。一方、向井の「脱殻」を、鳩沢の近くにいた人たちが読んで何らかの反応を示したという話は聞いたことがない。

さて、私は「脱殻」で示された空白は、記号化された他者への暴力を定形へと収斂させてしまう、日本近代文学における「伏字的死角」だと確信している。「伏字的死角」とは、ジェンダーの観点から鳩沢佐美夫を論じたこともある内藤千珠子が、『愛国的無関心　「見えない他者」と物語の暴力』(二〇一五年)で提示した概念だ。

「伏字」とは、そのまま活字にしたなら発行が禁止されるかもしれない、危うさを含んだ文章の一部を、出版する側が自主的に〇や×などの記号に置き換えて伏せるという、近代日本に特有の自己検閲的システムである。重要なのは、〇や×を含んだ文章が活字になったとき、それが読めない空白を含んだ記号の集積体、死角を備えたテクストとなることだ、伏字は、ただの空白ではなく、もともと存在していた、対応すべき記号を備えた空白の場所である。より厳密にいうと、空白のようであって実はそうではなく、見えなくされた意味があることを表示する記号の場所を作るのが、伏字の役割である。／(……)そのような死角を含んだ言説の論理こそが、近代の日本語の基層にあって他者に対する無関心を形成している(……)。検閲システムとしての伏字はすでに存在しないが、伏字という表現形式は、現在の日本語表現のなかに残っている。それはつまり、伏字の論理が現在に至るまで延命していることを意味しているだろう。

『愛国的無関心』は、3・11東日本大震災以後の現代文学や、「在日コリアン」の登場する文学等の分析を通じ、ネトウヨの台頭に代表される排外主義的な状況の突破口を模索する書物であるが、そこで重視されるのは、他者論の観点からエスニック・マイノリティを捉える視点である。とすれば、〈アイヌ〉もまた、「伏字の論理」に蹂躙される存在だろう。当事者と非当事者のねじれた関係を解きほぐす困難を放棄せざるをえなかったとき、「伏字的死角」は重篤なインパクトをもって浮かび上がってくる。実際、鳩沢は自分が〈アイヌ〉という「虚構」なのではないかという恐れを抱いていた。事実、現在の鳩沢は私小説的な「証しの空文」をはじめ、ほぼ「対談　アイヌ」のコンテクストでのみ読まれている。鳩沢が生きながらえていたら、決して満足しなかったろう。他方の向井は生涯、当事者性をめぐる暴力から逃走を続け、結果として死の直前まで〝マイナー〟な存在であることを余儀なくされてきた。「脱殻」を読んでそれが、何より〈アイヌ〉という当事者を見つめる眼差しの暴力への自覚に由来することがはっきりとした。そのことは二人が、「伏字的死角」がもたらす空白に飛び抜けて鋭敏だったことを意味している。

現在のアイヌ研究では、〈アイヌ〉を排除するパターナリスティックな政治が作り出す、当事者性をめぐる複雑な精神の揺れ動きが、少しずつ解き明かされつつある（参考：新井かおり「貝沢正による「アイヌ」の再定義——戦後の初期アイヌ施策との応答から」）。こうした複雑さを拒むヘイトスピーチは、「伏字的死角」に隠される〈アイヌ〉なるもののジレンマを前に悩むことを放棄し、たやすくマイノリティの心性へ〝憑依〟してしまう安直な姿勢と、実のところ表裏一体である。とすれば、現代文学にできることは——向井や鳩沢がそうしたように——ただ悩み抜くことで、「伏字的死角」が覆い隠すものを露呈させることしかないだろう。悩むことのみが、「文学上の言説批判」と「現実に目の前で行われている暴力」の乖離を押し戻すことができるのだ。

（『すばる』二〇一七年二月号）

本書収録にあたっての付記

本稿で書かれたのは二〇一六年末までの状況である。その後を簡単に補足すると、杉田水脈は一七年の第四八回衆議院議員で自民党から出馬し比例当選、ジェンダーやポストコロニアリズムの研究者を狙い撃ちし、「科研費の政治利用」などと無理筋な中傷を行なっている。小野寺まさるは議員の椅子こそ失ったままだが、Twitterでの〈アイヌ〉へのヘイトスピーチを活発化させており、「ビートたけしのTVタックル」のような番組で中国脅威論をぶっている。砂澤陣は、『別冊正論31』（日本工業新聞社、二〇一八年）に「北の大地を赤く染める日本型リベラル アイヌ利権も複雑に絡む不純な構図」を発表した。『北海道新聞』等への陰謀論を唱える内容で、同紙で大規模なレッドパージがあったといったような歴史的現実を無視することで成立したもの。稚拙なためか、さして話題にもならなかった。ただし、二〇一七年一二月に桜井誠が北海道でヘイトスピーチ講演を行なうなど、予断を許さない状況は継続しているし、彼らに煽動されたSNS上でのネトウヨも後を絶たない。

筆者は『図書新聞』の連載「〈世界内戦〉下の文芸時評」を四年目も継続し、この国の極右化に伴う目立った動きについて、その都度、批判を加えてきた。〈アイヌ〉遺骨返還の動きは少しずつ進展し、北海道のTV放送でも盛んに取り上げられてきたが、遺骨を研究材料として抱え込もうとする分子人類学者が自己を正当化し、それを的場光昭らが擁護するという動きもある。

漫画『ゴールデンカムイ』は四〇〇万部を超える大ヒットとなってアニメ化され、北海道はその人気にあやかろうと、二〇一八年度の予算で「民族共生象徴空間」の誘客に向けた事業費として約四億円を計上した。そのうち、約三六〇〇万円をゴールデンカムイのキャンペーンにあてることが報道されている。「クールジャパン」ならぬ「クール北海道」というわけだ。こうした「楽しさ」を強調する動きによって、苦難を孕んだ〈アイヌ〉近代の歴史が軽視されかねない危惧を、筆者は『図書新聞』二〇一八年五月一九日号で指摘した。

なお、本稿への応答として、山城むつみが『すばる』二〇一八年三月号に「カイセイエ——向井豊昭と鳩沢佐美夫」を書いており、必読である。

「文化振興」に矮小化される「アイヌ政策」を批判、表象と政治のねじれた関係を解きほぐす

——計良光範『ごまめの歯ぎしり』

一九九〇年代以後のアイヌ民族の動向に関心があれば、計良光範・智子夫妻らが運営を担った《ヤイユーカラの森》について、どこかで耳にしたことがあるはずだ。一九九二年に結成された市民グループで、アイヌと和人が手を取り合って木彫りやキャンプ、刺繍などの活動、あるいは世界各国の先住民族との交流などを通して生活や文化を見つめ直し、新たな多民族共生空間の創出を目指す運動だった。「ヤイユーカラ（自ら・行動する）」とは、《森》の前身を担った山本多助エカシ（長老）の言葉であるが、計良夫妻はその精神を文字通りに実践へ移した。アイヌ差別と部落差別が融合した西本願寺札幌別院の差別落書き事件への抗議によって「北海道に部落差別はない」という俗説の虚偽を暴くなど、狭義の文化活動にとどまらないコミットメントを行なったのだ。《森》の活動の全貌は、上下巻で一〇〇〇頁を超える大著『アイヌ文化の実践　《ヤイユーカラの森》の二〇年』（二〇一四年）に網羅され、差別落書き事件の淵源は『アイヌ社会と外来宗教　降りてきた神々の様相』（二〇一三年）で掘り下げられている（いずれも寿郎社刊）。

とりわけ後者は、「人が移動するとき必ず持っていくのが、宗教と差別だ」という研究者の実感を、アイ

ヌへの「差別戒名」のような歴史的実例で伝える問題作。

一九四四年生まれの計良光範は、二〇一五年三月に逝去した。『ごまめの歯ぎしり』（本書）は彼が一九九四年七月から二〇一四年四月まで連綿と書き続けてきた時事的コラムを、一周忌にあわせて智子らが集成したもの。その智子も、本書完成直後の一六年三月に亡くなっており、本書は夫妻が現代日本に投げかけた遺言となってしまった。北海道でさえもアイヌの人口は一％に満たず、自らがアイヌ民族だと公言する者は、和人に対する圧倒的なマイノリティとの自己規定から出発しなければならない。たとえ望まずとも、「アイヌ」の発言だと外側からラベリングされてしまうからだ。けれども本書は、どう見られようが言いたいことは言う反骨の矜持を随所に漂わせており、その筆致は力強く骨太である。

国や道、アイヌ協会等が主導する一連の「アイヌ政策」に対する意見は特に鋭い。一九九七年の「アイヌ文化振興法」の成立に際し、「北海道旧土人保護法」を死文化したまま抱えてきた「国家と国民の差別意識構造」が抜本から問い直されなかったことを、光範は厳しく批判する。二〇二〇年の東京オリンピックと連動したハコモノ行政として存在感を増している伝統的生活空間「イオル」再生構想については、いち早く〇二年の時点で「巨大なジオラマ」と見抜いている。〇八年の「アイヌ民族を先住民族とすることを求める国会決議」に対しても――オーストラリアやカナダのように国家として先住民族に謝罪し、しかる後に総合的な施策を確立するのでなければ――「英訳されてサミット首脳たちに渡されるべく作文された」おためごかしの域を出ないと一刀両断だ。これらの批判の根底には、アイヌが日々生活を送る社会的存在として見られず、単に体制にとって都合のよい「アイヌ文化」のみが「振興」されようとしているという危惧がある。

一九九三年に再刊された長見義三の小説『アイヌの学校』（一九四二年）が抗議を受け、版元により回収・

絶版となった件に関しての考察も重要だ。同作が「資料」としての価値しかなく「「アイヌに対する偏見と差別を助長する」ような影響力を持ち得る小説ではない」と分析し、八〇年刊の『北海道文学全集』第一一巻に収録されているのにいまになって糾弾されるのはなぜかと、抗議の姿勢に疑問を呈する。むろん返す刀で、「出版社と編集者」の側には「見識」と「毅然として受けて立つ姿勢」が欠如しているとも指摘することも忘れない。そこから、「(一九九三年の)国際先住民年に便乗した出版社側と、国際先住民年だから何をやっても大丈夫と考えた側の、無見識な駆け引き」と、高所から状況を総括していく。

火だるまになる覚悟がなければ書けない文だが、内部批判ゆえの危うさもある。時折、二〇一五年三月に没した河野本道の言説や、その著書『アイヌ史/概説』(一九九六年)が援用される部分だ。晩年の河野は、〝シノギ〟の矛先を沖縄からアイヌに変えた小林よしのりのブレーンとなり、「先住民族」を名乗る「アイヌ民族」は、「虚構の利権集団」にすぎないと雑誌で煽った。河野は小野寺まさる・砂澤陣・的場光昭らアイヌ民族否定論者の理論的支柱となり、在特会ら〝行動する保守〟と交流、一四年八月には、金子やすゆきによる「アイヌ民族なんて、いまはもういない」発言を擁護する論陣を張っている。つまり河野は、現在、ネットを中心に吹き荒れるアイヌへのヘイトスピーチ(差別煽動表現)という〝台風〟の目なのだ。

だが、本書には光範が一三年七月付けで記した、ヘイトスピーチの対象が「在日のみならず、アイヌやウチナンチュー」まで広がることを憂慮する文章も収められている。その論調からして、時間さえ許せば、本格化したアイヌ・ヘイトの本質を穿ち、河野の暴走を厳しく戒める論考が書かれたに違いない。政策への批判は込み入ったものであればあるほど、差別煽動とはっきり一線を画す必要がある。それこそが、実は本書が投げかけるメタ・メッセージなのではないか。

(『図書新聞』二〇一六年一一月一九日号)

マイノリティ相互の関係史を資料と証言で掘り下げる

――石純姫『朝鮮人とアイヌ民族の歴史的つながり』

数ある研究書のなかでも、抜きん出て重要な一冊。「朝鮮人」と「アイヌ」という「日本」にとってのエスニック・マイノリティ。相互の関係史を、数々の史料と証言を軸に掘り下げたからだ。

古くは一六九六年、朝鮮の武官が利尻島へ漂着した。そこでアイヌの人々に出逢ったと、記録に残されている。

明治に入った一八七〇年には、北海道南部にある平取町《びらとり》のアイヌコタンで、朝鮮人男性と、地元のアイヌ女性の間に長子が出生したと、戸籍にある。北海道においてもっとも早い時期の朝鮮人の移住・定住化を示唆するものだ。明治初頭には、旧徳島藩の稲田家が「開拓」のため道南に移住するのに並行し、「馬喰《ばくろう》」として随伴した朝鮮人がいたのである。

日本が朝鮮を植民地化した一九一〇年以降は、炭鉱・クロム鉱山・鉄道建設地などで朝鮮人が雇用された。アイヌの人々と接触し、結婚・定住する例も増えてきた。「越年婿《おつねんむこ》」なる、戦争で男の働き手を失ったアイヌの家に住み込んで働く朝鮮人もいた。

しかし、何より目を引くのは、「タコ部屋」に代表される「人間とは思えぬ虐待と酷使」や、国による強制連行・強制労働から逃亡した朝鮮人を、アイヌ・コミュニティが受け入れたという、様々な事例。同様の逸話は、北海道のみならずサハリンにおいても見られる。

また、アフリカから強制連行されてきた逃亡奴隷を「アメリカ・インディアン」が保護した歴史も言及されている。著者は植民地主義の暴力が、国境を超えた普遍性を持つと示唆しているのだ。

こうした負の歴史は、まともに記録されず、国や自治体に照会しても回答されないことが非常に多い。だが、著者は粘り強く、歴史の暗部を実証的に見据えようとする。

歴史の改竄やヘイトスピーチ（差別煽動表現）が跳梁跋扈《ちょうりょうばっこ》する現代の空気に流されないためにも、必読の一冊だ。

（寿郎社、2200円）

石純姫（そく・すに）

一九六〇年東京都生まれ、苫小牧駒澤大教授。共著に『批判　植民地教育認識』など。

（「共同通信」書評、二〇一七年九月二一日配信）

江原光太と〈詩人のデモ行進〉

――『北海道＝ヴェトナム詩集』再考

どこまでつづくぬかるみぞ。思わず口をついた、この慨嘆。泥濘に足を取られながら、少しずつ歩を進めていくものの、藪に覆われた始原の地はいっこうに全貌を露わにしない。不安定な足場のもとにとどまり、「開拓」に伴う植民地主義的《コロニアル》な征服者の快楽に居直らないこと。日々、技術は進展し、芸術の流行《モード》は移ろう。詩と名付けられたコトバは、先回りして現実を把捉しようとするものだったはずが、往々にして遅延を余儀なくされている。

否、ともすれば遅延こそがコトバを〈詩〉たらしめるのかもしれない。コトバにまとわりつく、拭い難い保守性があるとして、そこから進化論的な視座のもとに切り捨てられた熱気を、静かに掬い上げること。現状の追認ではなく、遅延を抵抗のための発火源へと転化すること。中心と周縁、中央と地方。汎地球的な電子ネットワークによっても解消されない、この種の階層性によって隠蔽されたものを、アクチュアルな文脈へ差し戻すこと。近代の日本文学とは、畢竟、東京を中心とする文学の謂いであったと言えようが、敷衍すれば現代詩も、そのうちに包含されるだろう。このような「日本文学＝東京文学」と対置される内国植民地の文学に、「北海道文学」と呼称される領域が存在している。「北海道文学」には致命的な弱点がある。固有の土地に結びついたものであるがゆえ、ゆかりがない者へは届かない普遍性を欠いた表現とみなされることだ。それが、「日本」という枠を越え出ることは可能なのか。一九六五年七月に刊行された『北海道＝ヴェトナム詩集Ⅰ』と題されたアンソロジーが、試行錯誤の痕跡を生々しく伝えている。

〈ビラ詩でも出せないものか〉という、つぶやきが、この詩集をつくる動機であった。呼びかけをしてから編集を終了するまで、ちょうど一ヶ月である。北海道の詩人がヴェトナム戦争について、それだけ大きな関心をもっているのだといっていいだろう。朝鮮戦争や安保斗争のときも、こういうアンソロジーはできなかった。しかし、「北海道＝ヴェトナム詩集」ができたのは、僕たちも他力本願でいれないような、そういう空気があるからだと思う。

（『北海道＝ヴェトナム詩集Ⅰ』あとがき）

編集コンセプトを明確に伝える『北海道＝ヴェトナム詩集Ⅰ』のあとがきだ。文責の江原光太を筆頭とする編集委員会の呼びかけで、一二五人の執筆者が参加、全道労協の支援のもとに三〇〇〇部が刷られた。地方出版の詩集としては、当時でも異例の部数であり、字義通りの〈ビラ詩〉が目指されたことがよくわかる。一九六五年。それはアメリカが本格的にヴェトナムへ軍事介入し、北爆を開始した年として知られる。短期で仕上げられたことが、当時の熱気を雄弁に物語っている。では具体的に、どのような作品が収められていたのか。

江原光太自身の「無謬の兵士」を見てみよう。七連よりなるが、次のように始まっている。「お前は眼をあけているのか／太平洋の東／日本海の西／東支那海の南／オホーツク海の北／どこから向うで夜は明けているか」と。すなわち、狭い「北海道」から視座を海外へと拡張していく、という謂いになっている。

第二連は、「幻の塹壕にたてこもる兵士よ／お前はどこに出発しようとしている／米を仕込んだ竹筒と／痩せた闘鶏を背負った格好は／まるで脱走のゲリラだ」と続く。この「幻の塹壕」とは何のことであり、「脱走のゲリラ」とは、いったい誰を指しているのか。最終連には「一九七〇年の《幻の要塞》に閉じこもる兵士よ／臆病になるな／吠えるな／そこはむかしの独房ではない／おれたちは死んでいない」とあり、「幻」が五年後という近未来を意味し、「脱走のゲリラ」が、江原光太自身をも含めた「北海道」で暮らす人々のことだとわかる。戦禍の過ちを繰り返してはならない、ということだろう。現に、第四連には、「闇夜をさまよう無謬の兵士よ／お前の三八式歩兵銃の照準に映っているのは」と書かれていることから、大日本帝国陸軍、歩兵のイメージも重ね合わされている。ここで、疑問が生じる。なぜ「兵士」は「無謬」なのか。第七連に、ヒントがあった。

——薔薇は闇のなかでまっくろに見えるだけだ。　もし陽がいっぺんに
　射したら薔薇色であったことを証明するだろう
と歌ったプロレタリア詩人は闇夜に死んだ
お前の押したてる旗は闇のなかに沈んでいないか
夜風を赤く切っているか

（「無謬の兵士」）

死んだ「プロレタリア詩人」とは、江原が私淑していた小熊秀雄のことを指している。そして、引用さ

れる詩は「馬車の出発の歌」（一九三六年）だ。江原光太は「馬車の出発の歌」を書き込んだ赤旗の現物を所持していたようで、それを後年——三里塚における前田俊彦の個人誌『瓢鰻亭通信』に倣って——札幌で出し始めたガリ版刷りの個人誌『猪呆亭通信』の「旗印」としたほどだ（「のれん——ビゲンCで染めなおしたイホーテの赤旗」、一九八三年）。

前後を含め、「馬車の出発の歌」の正確な引用を見てみよう。「仮に暗黒が／永遠に地球をとらへてゐようとも／権利はいつも／目覚めてゐるだらう、／薔薇は暗の中で／まつくろに見えるだけだ、／もし陽がいつぺんに射したら／薔薇色であつたことを証明するだらう／嘆きと苦しみは我々のもので／あの人々のものではない／まして喜びや感動がどうして／あの人々のものといへるだらう、／私は暗黒を知つてゐるから／その向ふに明るみの／あることも信じてゐる／君よ、拳を打ちつけて／火を求めるやうな努力にさへも／大きな意義をかんじてくれ」とある。ここでは、「嘆きと苦しみ」を共有する「我々」と、「我々」を虐げる「あの人々」が対立的に描かれてもいる。そして、「我々」が見る「薔薇」とは、「喜びや感動」を象徴する理念や希望のことを指している。江原が「我々」を「無謬」として括ったのは、闇のなかで「まっくろ」に見える「薔薇」を、地政学的な障壁を超えて「ヴェトナム」の人々と共有したいがためだろう。

現に、「この詩集の一冊を、まずヴェトナムの民衆に捧げる。ヴェトナムから一切の外国軍隊が撤退し、ヴェトナム人自身の手によって平和が回復されるように望みたい。ヴェトナム人同士であれば、戦争などありえないし、あっても内戦は三日もあれば終るだろう」というあとがきの記述と、それを裏返して「われわれの平和運動」へ向ける記述はあまりにも楽天的で、どこまでも素朴にすぎよう。事実、『北海道＝ヴェトナム詩集Ⅰ』に参加した戸沼礼二は、詩ではなく「「反平和詩集」宣言」という散文を寄稿し、その甘さについて「野垂れ死ぬにはあきらめが悪く、生きるには覚悟がなさすぎる日常の産物「ヴェトナム詩集」に引導を渡す者は、果たして現れるだろうか。まず、私から現われねばならない」と、内部批判・自己批判の形で、その「柔和な精神にふさわしいセレモニー」を糾弾している。

その他、刊行後に交わされた議論は、永井浩『北の詩人たちとその時代』(一九九〇年)に詳しい。なかでも、千葉宣一の批評は卓見であった(『北海道詩人』三一号、一九六五年)。彼は、「素朴なヒューマニズムとセンチメンタリズムとは決定的に違う」と述べ、「ヴェトナム戦争の遠因や近因・停戦の可能性・平和の条件・あるいはヴェトナムの歴史・人種・言語・文化・社会構造などに就いての社会科学的認識や理解が、単なるジャーナリズムの報道以上に(……)どれだけ詩人の誠実な問題意識とその主体的志向を媒介として血肉化され、独自なヴェトナム戦争観が確立されていると言うのか」と批判したのである。

コメントの背後には『死の灰詩集』(一九五四年)をめぐる議論が重ね合わされていた。ビキニ環礁での水爆実験による被爆を受けて現代詩人会が編纂した『死の灰詩集』に対し、鮎川信夫が、「水爆の出現に象徴される現代世界の文明の背景を、立体的に理解しようとせず、うわつらで抗議やら共感の声をあげているだけのものが多い。そして、そのほとんどは、復讐心、排外主義、感傷に訴えかけようとしている。敗戦の影響は意外なところで、かつての戦争詩人たちの意識をむしばみつづけてきたようだ」と批判したことを指す(『鮎川信夫全集Ⅳ』、二〇〇二年に詳しい)。

『北海道=ヴェトナム詩集Ⅰ』が『死の灰詩集』と同様のジレンマを抱えたのだとしたら、まさしく戦後詩にまつわる桎梏そのものだ。だが、今や『北海道=ヴェトナム詩集Ⅰ』でなされた議論は、忘却の淵に沈んで久しい。一九二三年生まれの江原光太は、二〇一二年に亡くなり、遺体は生前の希望通りに旭川医科大学へ検体用に贈られた。交流があった砂澤ビッキとの絡みで検証されることこそあれども、江原の詩はほとんど読まれなくなっている。

3・11東日本大震災と原発事故を経てもなお、海外に原発を輸出する「日本」の姿勢は、江原が期待した「無謬」さが「日本」から永久に喪失したことを意味するのだが、それでも絶えず、マージナルな領域に押しやられた者たちの連帯は可能か、という課題は浮上するのだ。私たちはSNS（ソーシャル・ネットワーキング・サービス）を通じて、地方や海外の現状を瞬時に知ることができるからだ。だが、それは、〈詩〉を通じた連帯と、どのように通じるのだろうか。

戸沼礼二は先の寄稿で、「詩は、偉大な反動である。詩的ならざるものから生まれ、あらゆる合理に対して敵対し、無限に敗北する。政治は、あらゆる敵の存在を抹殺しようとする明確な目的でありしたがって徹頭徹尾合理的である。政治は、それ自身によって反動の源泉である」と書き、合理性の軸から、詩と政治を峻別し対極にあるものとしている。「無限に敗北する」とは、コミュニケーションから暴力性をどこまでも撤廃する、という謂いだろう。そのような連帯に『北海道＝ヴェトナム詩集Ⅰ』は、どこまで近づけたのか。

実は、あまり知られていないが、『北海道＝ヴェトナム詩集Ⅰ』は、ヴェトナムに紹介されている。エスペラント語を経由したのだ。当事者たる北海道のエスペランティスト・星田淳に取材したところ（二〇一七年）、収録作のうち更科源蔵「この手を」が、星田によってエスペラント語に訳されて、一九六六年一月にヴェトナムの詩人でエスペランティストのDao Anh Kha宛に送られたという。同年三月にはDao Anh Khaから返信があり、「日本の詩人　サラシナ　ゲンゾー　の感動的な詩を　ヴェトナム語に訳した」と、ヴェトナム語版を星田宛に送ってきた。この訳詩は、新聞のような体裁をしたヴェトナムの文芸誌『VAN GHE』（文芸、ほどの意）に掲載されたもの。星田は見本を一部受け取って展示会などに出品したが、現物はその後、散逸してしまったという。

江原光太は星田淳に、手紙で「……更科源蔵の作品が、ヴェトナムに届き「美しい詩……」と喜ばれたことは、また僕たち一同の喜びです。更科さんにも伝えておきます」と、率直に感動を綴っていた。ここで言及された「この手を」は、四連からなる短い詩で、「ベトナム民主共和国文化代表団を迎えて」という副題が添えられている。当時、札幌を訪れた北ヴェトナムの文化使節団を迎える詩として書かれたようだ。連ごとに、全文引用にならない程度に紹介していくと、第一連は、「いつの時代か同じ兄弟のあなた方と私達は／海と山をへだて、南と北に別れた」と始まる。「いつか互に言葉も忘れてしまふほど永い遍歴の果／今再び手を取り合ってゐる／南のあなた方の手と北の私たちの手を」と続いていき、北ヴェトナムの民衆と「北海道」がそのまま重ね合わされ、南ヴェトナムとの連帯が模索されている。

第二連は「だがあなた方と手を握ってゐる時も／あなた方の兄妹は／父や母や幼子たちは／切り倒された花のように／無謀なあらしに痛み苦しみ泣き叫ぶ」と、調子が変わる。そのうえで、第三連は、「私達はあまりに遠く／私たちはあまりに小さいことをわびる／せめて風であったら／南の兄弟の上を覆ふ／戦の雲つく翼を火を吹き払ふものを」と、自分たちの無力さが確認され、最終の第四連へと続いていく。

だが友よ　兄弟よ
このあたたかい互いの手を離すまい
あなた方の国があなた方のものになるまで
世界の平和の光が無謀に打ち勝つまで
そして互いにまた同じ言葉で話合へるまで
たとひまた何千年何万年かの時間がかからうとも

この手を離すまい　（「この手を」）

確固たる決意と呼びかけ。それが、ヴェトナムの文学者に感銘を与えたのだろう。だが、まさしくこの箇所について、後になって鋭い批判を行なったのが『北海道＝ヴェトナム詩集Ⅰ』に「夜明けの仔馬」を寄せた笠井嗣夫である。一九七二年四月に刊行され、江原光太も参加したパンフレット『「北海道詩人協会」の解体に向けて』内で笠井嗣夫は、更科源蔵が詩で「ヴェトナム人民にさしのべた「あたたかい手」とは、実は、アジア人民（もちろんヴェトナム人民も含めて）への殺戮を北海道中に鼓吹した戦争犯罪人の血にまみれた「あたたかい手」にほかならない」と、厳しく糾弾しているのだ。

更科源蔵は一九四一年、『北方文芸』の二号に「楡」という翼賛詩を書いていた。「悠久の緑影を求めて今同胞の血は大陸に流れる／黄土の上に緑を点ずる神となるべく／ただ一つの生命を捧げ尽くしてなほ莞爾とする／一億の楡西風荒き大陸の青き森とはなれ」というのが、その最終連であり、ここには「更科がどんなに弁解しようと天皇制のもとに日本が犯した大陸侵略、アジア侵略を正当化し、美化してみせる」意図があるのは明白だと、笠井は告げる。詩人の戦争責任。今に至るまで尾を引く、戦後詩的な問題と言えよう。

『北海道＝ヴェトナム詩集Ⅰ』の参加者のなかでも、ひときわ更科源蔵は著名であった。星田淳は、二〇代の初め、支笏湖から流れ出る千歳川の水力発電所で働いていたことがあるという。一九五四年、洞爺丸台風の前後のこと。この「山のなかの発電所」におけるサークル運動で、先輩たちから更科源蔵を呼んで講演させたいという話が出たくらいには、更科はすでに詩人・アイヌ文化の研究者として広く知られていたようだ。『北海道＝ヴェトナム詩集Ⅰ』の一〇年前の話である。

更科源蔵は亡くなった年の一九八五年、チカップ美恵子らによる「アイヌ民族肖像権裁判」の被告となっている。アイヌ文化研究に携わる者が無断で写真を使用し、それに「滅び行く民族」というキャプションを付けて差別の再生産に寄与したと、裁判で訴えられたのだ。近年、アイヌ文化への調査記録が再評価の機運もあるが、それでも道内メディアでは取り上げづらい雰囲気が残っている。更科は「晩節を汚した」からだ。

　更科の出発点、第一詩集『種薯』（一九三〇年）にまで遡ってみよう。限定三〇〇部ながら、高村光太郎、北山癌蔵（草野心平）、萩原恭次郎ら、錚々たる面々の批評が添えられていた。一九七三年に復刊された際の栞文では、「この詩集を出した当時私は、釧路の山の中のまだ原始林に囲まれた屈斜路湖畔の、アイヌの子弟だけの小学校の代用教員をしていた」と回想されている。現に、収録された詩編の多くは、アイヌへの苛烈な差別行為・差別意識を主題としていた。

　『種薯』の巻頭に収められた「チヤチヤはこう話して呉れた」は、昔は「たーれにもまけないほんと　ちよかつたよ」（誰にも負けない、本当強かったよ）と語られるアイヌが、「シヤモかきて／アイヌシヤモのまねしるようになる／シヤモのたんながいンばるやうになる」（和人《シャモ》が来て、アイヌが和人の真似をするようになったら、和人の旦那が威張るようになった）と、語られる。今では聞けないような独特の訛りで、この時代には直接耳にできたものと推察される。アイヌは嘘をつかない、悪いことはみな和人に教えられたとチャチャは言う。「おーれたち　うしよいないくてみんなほろびるけども／　カムイ　ちやーんとしつてゐるよ／うしよいふとカムイひんといめにあわせるよ／ライよりひんといめにあふよ」（俺たち、嘘が言えなくてみんな滅びるけれども、カムイはちゃんと知っているよ。嘘を言うとカムイはひどい目に遭わせるよ。和人がもってきたハンセン病よりひどい目に遭うよ）という文句に、哀切が滲む。むろん、世間に浸透していた「アイヌ滅亡論」を当のアイヌに語らせる暴力の発露かもしれないが、訥々した語り口はショーアップとはかけ離れている。『種薯』の初版はわずか三〇〇部。「滅亡」の言説をアイヌ自身が引き受けざるをえなかった状況を批判したと読むのが妥当だろう。

同じく『種薯』所収の「ナ　そだべ」では、酔っ払ったアイヌの語りによって、「土人〇〇法という毒瓦斯」と、差別的な法律だった北海道旧土人保護法を批判し、「抜くとバチがあたるといふ竹光を、熊の皮何枚やつてばくつたんだ」といった、いわゆる〝アイヌ勘定〟の詐欺性を告発する。さらには、「それをばらされるとクサレアイヌと言ふんだろ」と、投げかけられる罵倒を先取りし、「ナ、そだべ／俺の首やるから　皆クサレアイヌになれ」と、マジョリティからのラベリングを同化に見せかけた抵抗の原理として読み替える。ここから、「揄」のような戦中翼賛詩には、相応の距離があるようにも見える。こうした距離を無化する速度の意味こそが、浮上してきたのだ。

『北海道＝ヴェトナム詩集Ⅰ』刊行の翌年（一九六六年）には、最初の「北海道文学展」（実行委員長は更科源蔵、初日は伊藤整、中野重治、大江健三郎らが講演）が開かれた。北海道文学館や北海道新聞文学賞の創設、『北方文芸』の創刊など、新しい世代が主体となる文学運動へと繋がる画期となった。他方、笠井嗣夫が個人誌『密告』を創刊したのもこの年だ。また、戸沼のように〈詩〉から自覚的に決別する者も現れた。速度を重視するならば、まずは身体的に参与するか、コトバを〈詩〉から引き離さねばならない。〈詩〉を求めるのであれば、国境を越える資格としての戦争責任を問う必要が生じる。

一九六八年一一月、『北海道＝ヴェトナム詩集Ⅱ』が刊行された。発行は、「ベトナムに平和を！札幌市民連合」、つまりベ平連の札幌支部。発行元の住所は「北大文学部花崎皋平気付」。花崎皋平は、一九六四年に北海道大学文学部西洋哲学科の講師に着任した（一九七一年に退官）。北海道で最初に親しくなったのが江原光太で、江原の紹介で詩誌『詩の村』の会員となり、砂澤ビッキらと知り合う。『北海道＝ヴェトナム詩集Ⅰ』に花崎は「徹底的な夢」を寄稿している。その後、江原らと札幌べ平連を立ち上げ、『北海道＝ヴェトナム詩集Ⅱ』の発行者となったのだ。ちなみに発行部数は一〇〇〇部だった。

巻末の「始末記」には、江原光太の筆で、「「北海道＝ヴェトナム詩集」Ⅰは人さわがせの詩集であったから、こんどは半分逃げ腰で、（……）半分は〈詩集でなくても一向にかまわない。いわば詩人のデモ行進である〉と宣言して、しどろもどろの態であった」と書かれている。〈ビラ詩〉から、〈詩人のデモ行進〉へ。運動に参加すること、旗幟を鮮明にすることにこそ、何より意義があろうというシンプルな話だ。戦争責任の追及や暴力性の排除はひとまず棚上げされ、参加者の身体そのものを権力の側へと向かわないアピールとすることが、まずは重視されている。花崎は、当時の札幌べ平連のデモについて回想した際、「ビラまいたりしましたけど、有効性からいったらゼロみたいなものです。それでも毎月やる。自分たちの意志は表現するんだと」と述べている（『北海道新聞』二〇一一年六月一一日夕刊）。

『北海道＝ヴェトナム詩集』Ⅰ、Ⅱのどちらにも共通することだが、収録された詩からは、北海道の風土性《トポス》を示す地名等の固有の要素は——意識的か無意識的かはわからないが——基本的に排除されている。そのため、この「北海道」は、そのまま「日本」と置き換えても大差ない。にもかかわらず、『日本＝ヴェトナム詩集』としてしまうと、かくも素早く大規模な〈詩〉の連帯はなしえなかったろう。距離による遅延を経ずして、植民地主義の暴力へ直面せざるをえなくなるからだ。あくまでも、「北海道」としたことに意義があった。そのうえで、アナロジーとしての〈詩人のデモ行進〉という身体ベースの発想は、良くも悪くもＳＮＳ時代における連帯のあり方を先取りしている。

『北海道＝ヴェトナム詩集Ⅱ』の巻頭には、二〇一七年に没した薩川益明の詩「血と泥と涙」が収められていた。薩川益明は『北海道＝ヴェトナム詩集Ⅰ』に詩「ベンハイの岸辺」を寄稿し、江原は「第Ⅰ集に懲りないで」支援した者らの筆頭に、薩川の名を挙げている。それに先立つ一九六六年四月、星田淳は、『詩の村』第七号のヴェトナム特集（一九六五年九月）に掲載された薩川の詩「自由について」をエスペラント語に訳し、ヴェトナムのDao Anh Khaに送ったと記録していた。ただ、このエスペラント語版「自由について」にいかなる反響があったかは、現時点では確認できていない。

日本国内で「自由について」を評価したのは、真壁仁であった。一九六六年に岩波新書から出た真壁の編著『詩の中にめざめる日本』には「自由について」が収められている。この詩集は無名詩人によるマージナルな主題の作品を集めたものというが、真壁は薩川が、アメリカの主張する「鮫の住む海を越えて来る重装備をした《自由《フリーダム》》／他国の緑をうなだれた褐色に染めあげる《自由《フリーダム》》／ガスマスクをつけた息苦しい《自由《フリーダム》》」を拒否して、ヴェトナムと「火傷の痛みに耐えている／ぼくの自由よ」という慨嘆を交錯させた点を買ったのだ。冷戦集結から四半世紀が経過した現在であっても、この「ヴェトナム」に、例えばアフガニスタンやシリアといった、多様な地名を当て込むことは難しくない。だが、そうすると「ヴェトナム」と等号《イコール》で結ばれる「北海道」は、どうなってしまうのか。

（『現代詩手帖』二〇一七年八月号）

本書収録にあたっての付記

初出の後、『北海道＝ヴェトナム詩集Ⅰ』の収録作品のうち、笠井嗣夫「夜明けの仔馬」がフランス語訳され、ヴェトナム反戦詩集 *Chants pour le Vietnam*（Les Editeurs Français Reunis、一九六七）に収められていたことが判明した。このことをも念頭に置くと、〈詩人のデモ行進〉の射程は、良くも悪くも変わってくるだろう。

江原光太と〈詩人的身体〉

――郡山弘史、米山将治、砂澤ビッキ、戸塚美波子らを受け止めた器

辺境の、そのまた最果てに何がある？　忘却の淵に置き去りにされた魂があると、ひとまずは仮定しよう。意を決し、覗き込んで確かめてみる。真空に裸一貫。頼りはコトバだけだ。コトバでいったい何が見えるか。合わせ鏡のように螺旋を描く、無限の自己像でないとしたら……向こう側から怪物のように見返してくるのは、コトバへ拭い難くまとわりつく、私たちの保守性そのものではないのか。

〈詩〉の歴史とは、きらびやかな固有名の連なりだ。そこには、勝者の特権性によりかかった居直りがある。社会ダーウィニズムに酷似した、選別と排除の原理がある。別の道筋を拓こうとしても、しばしば詩壇的なムラ社会の人間関係に絡め取られてしまう。息苦しくてたまらない。ジャスミン革命がごとき〈詩人のデモ行進〉が可能だとしたら、コトバ以前の身体をもって、保守性を切り拓くことにあるではないのか。コトバは常に遅れてくるが、身体はそれに先んじる。国境を超えて「北海道」なる辺境と、蹂躙されし「ヴェトナム」を結びつけるものも、まずはコトバを介在させる〈詩人的身体〉でなければならない。突如、雷のような怒号が轟きわたる。あたかも閉塞を打ち破らんとするがごとくに。

「小熊秀雄はどこにいる。俺は会いたかったぞぉ！」

叫びを〈詩〉に書いたのは、〝放浪詩人〟こと江原光太だ（「椎名町駅裏の居酒屋で」、一九七七年）。およそ〈詩人的身体〉の体現者として、江原が旗印に掲げた小熊秀雄ほどふさわしい者はない。声を上げたのは、「タオルを首にまいて、トックリセーターのそでをまくって、よろよろと転がりこんできた」男。すなわち、「ニコヨン詩抄」（一九五四年）で著名な郡山弘史だとされている。

ジョレン
シヤベル
鼻うた　わい談
漫才はだしのおしゃべりでどぶをかく
大都会東京の臓物
かけばかくほど臭い。

（「ニコヨン詩抄」）

というのがその一節だ。その郡山が、小熊を求めてがなるのを聞き、「一瞬、きょとんとしてから、みんなは小熊さんを探しはじめた」が、「いつ姿を消したのか、小熊さんはいなかった」。近くに住んでいた画家の情野宮一によれば、椎名町駅の改札口ですれ違ったという。「いいおでん屋」があるから、池袋へ飲みに行ったのだという者も出てくる。賑やかな作品だが、これは一九六四年の体験をもとに書かれた。

一九二三年生まれの江原光太はこの年、青函連絡船を使って北海道から上京、初めて新日本文学会の大会（第一一回）に参加した。宿泊先は豊島区長崎にあった情野宮一のアトリエで、西武池袋線の椎名町駅の近く。長崎には小熊秀雄の未亡人（小熊つね子）に、郡山弘史が住んでいるので訪ねてみようとしたが、実現しなかった。

そう、「椎名町駅裏の居酒屋で」は、小熊秀雄が戦時中に病没することなく、川端康成文学賞（一九七四年〜）を受賞したら……という愉快な想像のもとに紡がれているのだ。江原自身は「夢が素材の散文詩」だと言っている（「郡山弘史さんのこと」、一九八三年）。けれども、なぜ郡山弘史が出てくるのか。実は江原光太は、郡山弘史と署名された「ニコヨン詩抄」を読んでいたのだ。

郡山弘史。一九〇二年横浜生まれ。朝鮮の京城（現・ソウル）で教師として長く働き、『亜細亜詩脈』誌などに書きながら、植民地下の現実を肌で体験する。一九二六年に、詩集『歪める月』を刊行。退職して帰国した後、一九三一年には『プロレタリア詩』誌の創刊に参加。一九三四年に日本プロレタリア作家同盟（ナルプ）が解散すると、『詩精神』誌で小熊秀雄らと共闘した。その後、『日本浪曼派』などにも作品を発表したものの、一九四〇年には〝都落ち〟して故郷の仙台へ戻る。宮城では教員として働き、戦後は新日本文学会宮城支部長となった。しかし、レッドパージの煽りを受けて、退職を余儀なくされる。東京に流れてきた彼は、一九五四年、病弱にもかかわらず「ニコヨン」（失業対策事業労務者）として働く羽目に陥る。「ＧＩの唾も　歯糞も　ごちやごちやのシチューという残飯、アブレ者も就労者も仲よくまつているながい行列／屍になつても動いてゐる胃袋／その猛烈な殺菌力、餓えた苦力の長い行列」（「無題３」、一九五〇年）という詩に、当時の苦労が如実に反映されている（井之川巨の研究を参考にした）。

江原が郡山を訪ねようとしていたのも、まさに「ニコヨン」の詩に共鳴したからだろう。また、友人の水口作太郎が、一九五〇年の日本共産党分裂時に除名されてから行方不明となっていたので、消息を知っているならば聞き出そうとも思っていたのだ。水口作太郎とは、新日本文学会旭川支部で江原と共闘した人物で、宮城時代に郡山から文学を教わったと語っていた。では、その郡山が、なぜ江原光太の〈詩〉においては、小熊秀雄を求めて叫ぶことになったのか。実は一九三五年、『小熊秀雄詩集』、『飛ぶ橇』が刊行された年、郡山は「詩精神」に、次のような批評を寄せていた。

小熊は日本の詩人に珍しいほど詩のなかで理屈を饒舌る。しかし其の理屈は実際、いはゆる思想と呼ぶにはあまりにも単純すぎるし、結局僕らが頭をひねらねば達せられぬやうな高さはあるものではない。まつたくの常識以上ではない。所が此の常識が馬鹿にならぬのは何故か。常識をかたりながらかれ自身が、何時の間にかすつかり自分の腹でしやべつてゐるからだ。

（「詩人の自画像など――「飛ぶ橇」について」）

この批評は、「まさに彼自身歌つてゐるやうに小熊は燃えつきるために生れてきた詩人である」（傍点著者）と締められる。この「自分の腹でしやべつてゐる」コトバは、意識からかけ離れた身体として語られる。そこには、燃え尽きるまで「しやべり捲くれ」と己を鼓舞し救済を拒絶した、孤高の精神が宿っているのだ。郡山は、別の『飛ぶ橇』論で、小熊秀雄の孤独を「怖しい」と語る。「たしかに小熊は民衆とともに歌つてゐる。そして其の民衆は雲のなかにゐる。君はかれの詩を通じてのみ民衆を知るだらう。／だが小熊は独りだ。／君は創造者の寥々たる情感を知るか」（「小熊秀雄抄」、一九三五年）。民衆のうちにありながら、民衆感覚を突き詰めたために独りという孤独。この批評が発表された場が、かの悪名高き「日本浪曼派」ということを鑑みれば、異形さが際立つ。

江原光太は、「朝鮮よ、泣くな、／婆《ロツパ》よ泣くな、／処女《チヨニヨ》よ泣くな、」で始まる小熊の「長長秋夜」（一九三五年）を好んで朗読した。札幌をはじめ北海道各地の喫茶店で、さらには三里塚闘争の現場でも。まさしく朝鮮で暮らした郡山は、「長長秋夜」のように「しゃべり捲く」ってしまう小熊へ、ある種の羨望を覚えていたのであろう。ただ、もし一九六四年に江原が郡山へ出逢っていたら、「椎名町駅裏の居酒屋で」は生まれなかったに違いない。この頃の郡山は筆を折っており、日本共産党もやめていたからだ。

経緯をまとめる。苦心惨憺の末に、郡山は生活の基盤であるニコヨンの体験をモチーフとした詩を書き、チェコ文学者の栗栖継を通して中野重治に送った。ところが、『新日本文学』一九五四年四月号に掲載された「ニコヨン詩抄」は、「アヒル」、「雨」の二つの詩編を無理やり合体させたものだった。郡山は、長年「尊敬と信頼をもっていた」中野重治の意見で改作がなされたものと思い「大変ショックを受け」、以後、詩作を放棄してしまう。ニコヨン労働でも挫けなかった〈詩人的身体〉が失われてしまったのだ。ただ、後年明らかになったところでは、当時の編集担当は中野重治ではなく、元全学連委員長の武井昭夫であった（郡山吉江編『郡山弘史・詩と詩論』、一九八三年）。武井昭夫は二年後の一九五六年、吉本隆明とともに『文学者の戦争責任』を淡路書房より刊行するが――この本の射程にも通じる――戦後詩が抱えた桎梏としての戦争責任論の陰で、押し潰された〈詩〉があったことは記憶せねばなるまい。

その郡山が出てくる「椎名町駅裏の居酒屋で」は、このような経緯を知らずに書かれたものだ。だから末尾は、「やがて、居酒屋にいるのはぼくひとりで、最年少者のぼくを置いてけぼりにして、みんなは池袋に向っているようだった」と締めくくられる。江原光太は、小熊秀雄や郡山弘史という先達に比べて、自分があまりにも遅れているという寂しさ、先行世代の熱気を共有できていないとの危機意識を抱いていたのだろう。

このような置き場のない感情が書きつけられたのは、一九七七年の一二月。この年の五月、江原光太は自身が立ち上げた〝ひとり出版社〟こと創映出版のＰＲ誌『ろーとるれん』の第九号、終刊号を出していた。終刊宣言では「「ろーとるれん」は僕にとって、ベ平連以来の固有の旗であった」が、「担ぎきれなかった旗」であり、創映出版そのものが「半ば閉鎖状態にある」と書かれている。後に江原は、愛した女の思い出と並行させる形で、この頃のことを〈詩〉に歌っている。「『北海道＝ヴェトナム詩集』をだしたが／まともな批判も　いいかげんな批判もあった／評論家ぶった　いやらしい批判もあった／仕事はやっぱり　印刷会社、業界新聞、広告代理店などで／校正係、記者、編集者、営業マンだった／生活はいよいよ　荒れてしまった（……）勤めていることが苦痛になり／一九七一年　創映出版をはじめた」と（「わが女性遍歴」、一九八六年）。

つまり『ろーとるれん』は、「北海道」と「ヴェトナム」を結ぶあり方を、別角度から引き継ごうとした試みだった。創刊号では、「創映出版のＰＲ誌でもあるが、宣伝効果は期待していない」とし、単行本についても「せいぜい四百部だけでも売れると続けていけるのだ」（『ろーとるれん』第一号、一九七一年八月）と威勢よく啖呵を切っている。『ろーとるれん』については北海道新聞二〇一七年三月一日夕刊で論じたが、一言でまとめれば、小熊秀雄を私淑する江原の反骨精神が、存分に発揮されたオルタナティヴ・マガジンである。

この頃、創映出版が世に送り出した書籍のうち、代表的なものを列挙してみる。一九七一年の笠井清作品集Ｉ『海峡』に始まり、七二年には、佐藤喜一『詩人・今野大力』、中田美恵子詩集『薔薇狂人』、工藤正広詩集『桜桃の村にむけて』、五條彰『演劇ノォト』、法橋和彦『小熊秀雄における詩と思想』、七三年には矢口以文＆ロバート・ウィットマー訳『Ｒ・Ｓ・トーマス詩集』、菊地慶一『白いオホーツク　流氷の海の記録』、七四年に林美脉子詩集『撃つ夏』、熊谷政江『六月にひとり逝き七月溺愛八月水死』といった実力ある書き手の秀作が、創立から三年で矢継ぎ早に刊行されているのがわかる。

このうち工藤正広（正廣）は、ロープシンやボリス・パステルナークの翻訳・研究で頭角を現し、北海道大学教授を経て、二〇一四年からは北海道立文学館の理事長に就任している。熊谷政江は『北方文芸』へ頻繁に小説を寄稿し、一九八八年以降は直木賞作家・藤堂志津子として全国的に知られるようになった。このように全国的な知名度を有する書き手も輩出しているが、創映出版から本を出した者の多くは、「中央」志向とは縁遠かった。

江原自身はと言えば、一九七四年には第五詩集『吃りの鼻歌』を自社から出し、第八回小熊秀雄賞佳作となった。「選考委員会代表・中野重治からの賞状とレリーフを貰った／賞金三万円のうち一万円を小熊未亡人に送り／残りはみんなで居酒屋に押しかけて飲んだ」。振り返れば、一九七〇年の第四詩集『穴』が第四回小熊秀雄賞準賞となったときも、賞金は「友人たちと居酒屋で飲んでしまい／無一文となって旭川駅の待合室で寝ていた」（「わが女遍歴」）というくらいだから、意図した振る舞いと見るべきだろう。

別の詩で江原は、文学賞なんてくだらない、「――そりゃそうだよ／小熊秀雄が権威を認めるもんか」と、郡山弘史に語らせている（「鯛ぱたり」、一九七八年）。そのうえで、「小熊秀雄賞はあってもいい／ただしあくまでも架空のものとして――／小熊賞でなくては嫌だという奴が／自分かってに受賞を宣言したらいいのだ」と書いている。近年ますます悲惨になりゆく、制度と一体化した文学賞の欺瞞を鋭く看破していたのだ。

『ろーとるれん』は、制度への疑念から出発した雑誌だった。北海道詩人協会の解体について積極的に議論が交わされ、「民衆性をよそおった文化人意識の陥穽」（笠井嗣夫）が厳しく糾弾されていた。笠井嗣夫詩論集『青い空　夢の死骸　詩人たち』（一九七九年）に議論の一端が収められている。北海道文学を決定づける地理的風土の独自性が、もはや「ディスカバー・ジャパン以上のものとしては存在しない」状況において、「北海道文学」に象徴される地方文化主義が、「のっぺらぼうな地理的空間としての〈北海道〉意識」の枠を出ないとの指摘がなされたのだ。こうした批評意識は、地域に根ざしたアイデンティティを模索する多くの文学運動に欠落していた視点だった。それゆえ、「中央」と「地方」の双方に黙殺され、文学史におけるデッドスポットに嵌ってしまっている感触が拭えない。

一九七六年、江原光太は創映出版から米山将治詩集『ユートピア牧場』を刊行し、砂澤ビッキの散文詩集『青い砂丘にて』の編集を担当している。当時、『図書新聞』で文芸時評を担当していた高野斗志美は『ユートピア牧場』を、「宇宙のリズムを存在論にひびかせ、それはあくまでも詩の想像力に託して造形していくとき、そこに現れる言葉の構造には、カインの末裔をおそいとらえる壊滅の予感とともに、終末観のあらゆる残響を踏みしだいていく哄笑の精神がひしめいている」と絶賛した（一九七六年一〇月）。『ユートピア牧場』収録作のうち、高野斗志美が感銘を受けた「模倣と降霊」の冒頭を引用してみよう。

折り伏した谷間のようにわたくしの生存が深くされてゆくとき　わたくしの仰ぐ空は光彩がさ
青にそよぐ風の回廊であるに過ぎなかった　そして泡だつものは無際限にくらく感情は　岩層の
洞に睡りに堕ちた魚のかたちで　またはるいるいたる闇のひだに視えかくれする火の色の星　お
そらくは囚えられている鳥たちの叫びを模して　有りえたろうままの自由の底に吊されていた

（「模倣と降霊」）

通常、文芸時評で現代詩を取り扱うことはほとんどない。前月の文芸時評で中心的に論じられたのが村上龍『限りなく透明に近いブルー』であったことを鑑みれば、異例さが伝わるか。また、工藤正広は「模倣と降霊」について、「米山将治詩篇はめぐまれた風光一切を動員し、軍団《レギオーン》をととのえ、宇宙とひとびとの歴史の十字路に座している」と評している（『北方文芸』一九七五年一月号・二月号）。あるいは林美脉子は、「肉体にびっしりたまった斗いの風景を背負って発射されたしたたかなアジテーションであるように思われました。／その風景は、昏くせつなくやさしく愛しい音楽をかなでながら、たくましい孤独の淵を耐えているようです」（『ろーとるれん』第九号）と書いた。共通するのは、風土決定論に陥らない宇宙論的イマージュを認めていることで、その出発点には米山の〈詩人的身体〉がある。

他方、砂澤ビッキ『青い砂丘にて』では、身体にまつわるシュルレアルなイマージュが、ユーモアたっぷりに結晶化されている。

> 婆さんは眼球《メダマ》を転がすことにこだわっているらしい。婆さんは窓の〝しきい〟に自分の目玉をぽろりと、ふたつはずし〝しきい〟の溝に、ビー玉のようにカチン、カチンと音をたてて転がす。眼球《メダマ》を転がすことは、やはり重大な意味があるらしい。だが俺は疲れていて面倒なんだ。お婆さんの顔を見てギョッとする。
> 眼球《メダマ》をとりさった、日玉のあった部分は、ふたつの、女の性器がならんでいるではないか！
>
> （『青い砂丘にて』）

ジョルジュ・バタイユを彷彿させる性的なモチーフに満ちており、遊び心いっぱい。詩人としての筆致も洗練を見せている。砂澤ビッキは一九五三年からしばらく、鎌倉で澁澤龍彦らと交流した時期があった。澁澤龍彦が初の訳書、ジャン・コクトー『大胯びらき』を白水社から出したのは一九五四年。『青い砂丘にて』の扉には「1964〜1973」という副題が添えられている。執筆開始に先立つ一九六二年に、澁澤龍彦は桃源社からJ・K・ユイスマンス『さかしま』（一八八四年）の翻訳を出していたが、どこまでも人工物に囲繞された反自然主義的箱庭というヴィジョンから、『青い砂丘にて』が大きく啓発されているのは間違いない。

砂澤ビッキと言えば、まずもって「アイヌ」の彫刻家・画家という決まり文句で語られるが、『青い砂丘にて』のどこを取ってみても、観光ジャーナリズムが報じる類の「アイヌ」的イメージは見受けられない。そもそも編集の江原光太自身、エッセイ「どこまでつづくぬかるみぞ——創映出版・四年の苦闘記」（一九七六年）で、「北海道といったら「アイヌ」で、アイヌ関係の本がいろいろ出ているけど、僕はやりたくない」と語っているのだから、あえてそうしているのだろう。江原の腹のうちには、次のような葛藤があった。

（注：アイヌの）解放運動とは無縁のような人たちの仕事、たとえば伝承文学の保存に取組んでいる萱野茂や、独自の造形に打ち込んでいるビッキたちが解放運動の基礎をつくっているのかも知れない。僕らも和人の意識構造そのものを変革しなくてはならないのだろうと思う。アイヌに対する差別観念は現在も根強く残っているのだから、これとどう戦っていくか、僕ら自身の問題として考えていくことが先決だ。アイヌよ武器をとれ式のアジそのものが差別だと思う。アイヌブームといったうわついた風潮はジャーナリズムの産物だ。

（「どこまでつづくぬかるみぞ」）

『ろーとるれん』では、戸塚美波子や平村芳美ら若い世代が主導し、砂澤ビッキが題字を書いたタブロイド紙『アヌタリアイヌ』も紹介されたが、そこでは観光ジャーナリズムが見てみぬふりするような「アイヌ像」こそが追究されていたのだった。『アヌタリアイヌ』について江原は、「差別をはね返すバネ」となるような「ハッとするような鋭い文章に出くわすのだ。戸塚美波子の詩やルポルタージュなんか、その代表的なものだ」と語り、「戸塚美波子の詩集やエッセイ集のようなものなら出したい」と述べていた。

江原が「ハッと」したのはどのような詩か。『アヌタリアイヌ』第二号（一九七三年七月）に載った「一九七三年六月十四日」という詩には、「その日／町民を守るべき筈の　機動隊は／（毎度のことながら）／道庁と北電の手先となった／そのためだけの　バカ力を出して／いとも気軽に／国民の一部であるピケ隊を／うむも言わせず／排除しつつあった／黙々と――／あくまでも雇い主に忠実に」と始まっている。当時、北海道電力と北海道が伊達市に火力発電所を共同誘致していた。発電所用の埋め立て海域と温排水が流れる海は、有珠漁民が長らく漁場としていた場だった。漁協は喧々囂々の議論の末に賛成にまわったが、とりわけアイヌ民族の有珠漁民には、反対し続けた人も少なくなかった。

しかし、一九七三年六月一四日、北電と道は、五〇〇人もの機動隊員を動員し、反対運動を押し切って建設を強行した。この行為への疑問を、札幌から駆けつけた戸塚美波子は「御用電波／NHKのアナウンサーは／現地で　ヒステリックに叫ぶ／「この発電所は　必要なのです／いま　北海道の電力は不足してるのです！」／何のための電力？／大企業？　それともNHK？」と、高らかに投げかけている。

花崎皋平は第四三回小熊秀雄賞を受けた『アイヌモシリの風に吹かれて』（二〇一〇年）に、このメッセージソングを引用している。「指揮者なく　組織なく　意表をつく動き／機動隊は　六時間近く翻弄された」と添えたうえで。いま読むと、3・11東日本大震災以後の状況と符合していることにも驚かされる。

ずだ。

その意味で、敗北をセンチメンタルに嘆く類のものではない。江原光太もそれは、よくわかっていたはずだ。

一九七四年九月、創映出版は『どんだりこんだり伊達火力』（伊達裁判に勝ってもらう会／反公害市民勉強会編）を出している。「伊達裁判」とは、火力発電建設が憲法一三条の「幸福追求権」や二五条「生存権」に違反するとして訴えた「環境権裁判」だ。一九八〇年一〇月、裁判は原告側の全面的敗訴に終わるが、あたかもカウンターを志すかのように、翌八一年一月、戸塚美波子『一九七三年ある日ある時に』が出された。

越田清和によれば、「伊達の反対運動のユニークなところは、発電所が建設され、裁判に負けても、自分たちの住む町で環境権を確立するという運動を続けたことにある」（「抵抗を制度化する――北海道・伊達の経験から考える」、二〇〇五年）。つまり、闘争の経験を、自分たちのフィールドでオルタナティヴな制度へ落とし込むことが目指されたのだ。『ろーとるれん』や七〇年代の創映出版についても、同じことが言えるのではないか。

一九七九年の終わり、江原光太は「北海道に限ったことではなく、〈文化〉が〈運動〉を排除しようとする傾向、〈運動〉が〈文化〉から離れていこうとする傾向」を認め、三里塚で頒布するために初の選集『貧民詩集』を作成する（「運動と文化／三里塚に行って――放浪詩人の四週間」、一九七九年）。「念願の『貧民詩集』ではあるが、やっぱり貧しいねえ／筆者」と掲げられ、「ぼく自身のためのアジテーション」として、〈詩人的身体〉を奮い立たせるための詩句が収められた。ここには、〈詩人的身体〉と内面との乖離が暗黙の前提となっている。だからこそ、内面と身体を止揚した存在として、江原光太にとって身近な他者である砂澤ビッキが強調される。江原光太はビッキ・アーツの事務所を創映出版内に置いていた。結城庄司のアイヌ解放同盟を四年にわたり支援した、『青い砂丘にて』の発行元のことである。それほどまでに熱く支援をしていたのだ。戸塚美波子の〈詩〉に見られる〈運動〉の感覚、それを再帰的に呑み込んだところにビッキは立っていた。だからこそ、巻頭には〈未完詩篇〉として、『ろーとるれん』第八号(一九七五年八月)の前月に書かれた「BIKKY氏のアトリエ」が載ったのだ。注目されるのは、砂澤ビッキのアトリエ。なかでも、小熊秀雄『飛ぶ橇』を思わせる馬橇でありながら、夢と性を交合させる場所でもあるビッキのベッドが歌われた。

そうだ　だれも驚かされるのが
アトリエの隅にでんと据えられた
BIKKY氏のベッドだ。
カシの木のがっしりした本物の馬橇である。
BIKKY氏は夢のなかで
この馬橇に乗って荒野を疾走するのだろうか。
馬の尻めがけて鞭をふりおろし
ウィスキーをラッパ呑みしながら。
ライフル銃を担いで。

(「BIKKY氏のアトリエ」)

ススキノのはずれのビルの一室にあった創映出版。往時の江原光太を知る者から、いまやその建物はアパホテルとなっていると聞いたことがある。にもかかわらず、江原やビッキが描いた夢は、「雪渓のひだひだを黄金色に染めあげる／福寿草の大群生を遥か彼方に見下しながら」、ひた走りに「暁の峠」を駆けてゆくのだ。風をはらみながら、忘れられた固有名の数々を背負い、その顔を「ぐしょ濡れになって輝かせたまま、〈詩人的身体〉を受け継ぐ真に新しいコトバを求めて。

（『現代詩手帖』二〇一七年九月号）

断念の感覚の漂着点

——中原清一郎『人の昏れ方』

私はもう歌うことができない。——外岡秀俊が初めて江湖に問うた著作、『北帰行』（一九七六年）の一節である。この断念の感覚を基調としながら、石川啄木の作品と生涯に仮託し、〃中卒は金の卵〃と嘯かれた集団就職や、夕張を思わせる炭鉱街の記憶が綴られた。これを、「歴史に大書されることのない無名の人々への愛着」（ジョン・W・ダワー『忘却のしかた、記憶のしかた』、訳者あとがき）なる言葉と並べてみれば、刻みつけられた諦めの感覚は他者の昏《くら》さを受け止める鋭敏すぎるほどの感性に由来するものだとわかる。

覆面作家・中原清一郎として発表した小説第二作、『未だ王化《おうか》に染《したが》はず』（一九八六年）では、読み込むテクストが歴史そのものにまで拡大される。迫害された「蝦夷」のルーツを実存主義的な個のあり方へと重ね合わせることで、昏さの感覚が輪郭のはっきりした筆致で刻まれていた。考古学ミステリの形式を借りながら、人々を圧殺する「征服者の正史」と虚妄に満ちた学知が、内側から粉々に破砕されていく。

同書の主要参考文献『北方の古代文化』（一九七四年）には権威的な教授陣に交じり、一人「雑業」との肩書で参加する者がいた。伝説のタブロイド紙『アヌタリアイヌ』を編集した論客・佐々木昌雄である。小説内で失踪する謎めいた主要人物には、あるとき突然に筆を断った佐々木昌雄の面影が二重写しになって見える。

『人の昏れ方』に収められた四つの中編のうち、最も古い「生命の一閃」は、『未だ王化に染はず』と同年の初出で、その昏さを凝集させる形で引き継いでいる。故・高野斗志美は、文芸時評で外岡を、『僕って何』（一九七七年）の三田誠広らと並ぶ「青の世代」に位置づけた。「生命の一閃」は、働き盛りであるはずの新聞社のカメラマンの視点を介し、家庭と社会の相剋を描くという意味で、私小説的な書法が可視化させる範囲を拡張させた「青の世代」の書法を再演するものと読める。

ゆえに「生命の一閃」の前史たる「悲歌」では、戦争そのものが語られるのだ……それも、死者の断念を通過することで。作家と同年生まれの語り手の父が、覚悟のうえで首を吊り〝引き伸ばされた生〟を終える場面から幕が上がる。父は夕張を思わせる街で代用教員をやっていたが、満蒙開拓団からの「引き揚げ」で足を痛めた母親を生きながら置き去りにし、妻や子どもたちを自分の手で殺さざるをえなかった過去があり、「生涯癒えない傷を負」っていた。語り手は、この父の鏡像なのである。

対して、三作目「消えたダークマン」では、現代の戦争状況が描かれる。コソボ紛争の矛盾に満ちた内実が、カメラマンという記録者の観点から掘り下げられるが、「百行のルポ」に勝るはずの「写真の力」の限界が、報道現場の論理で示される。締めくくりの「邂逅」では、人間の死、そのものを直視できるかが問い直される。「内部の人間」（秋山駿）が社会のダイナミズム、その究極形へどう向き合うか。二〇一七年に書かれたこれら三作は、その回答を示している。つまり、『北帰行』が投げかけた、「歌のわかれ」（中野重治）の行き着いた先である。

（『文藝』二〇一八年春号）

異議を申し立てる文学

——木村友祐『幸福な水夫』

現代文学がメッセージ性を打ち出すことを恐れるなか、その〝空気〟に「東北」性をもって異議申し立てを続ける作家・木村友祐（八戸市出身）。最新作『幸福な水夫』は、3・11東日本大震災の前後の時間を結ぶ作品集だ。特別装本も美しい。

同時収録の短編「突風」は二〇一五年の作品で、イギリスの文芸誌『GRANTA』と『早稲田文学』のコラボ企画が初出。祖母が亡くなる場面を通じて「家族みんなの、理由なんかない愛情」のあり方を描くが、背後の情勢は不穏そのもの。かつての原発事故以来、憲法が変わり兵役が敷かれても、「おれたち」はそれを自然災害のような「日常」として受け入れてしまう。

実は初出時、作中には「かつての原発事故以来」と付されていなかった。本にまとめる際、転機は3・11にこそあると作家は確信したのだろう。憲法改悪を強行した政権与党についても、もとは「日本一党」と書かれていた。「〇〇ファースト」の暴力にも通じるわけである。

表題作は中編小説。二〇一〇年初頭、文芸誌『すばる』に発表され、嵐の前の静けさを伝える。ギクシャクした家族像を描くほろ苦いロード・ムービー小説で、「弱さ」の書き方は共感を誘う。

三沢基地や東通原発のハイテク施設を通り過ぎ、頑固な老父と息子二人は建設中の大間原発を臨む下北半島の旅館に泊まる。日常を脱しようとして旅先で改めて目にしてしまうのが、基地と原発からなる出口のない風景なのだ。

クライマックス、「今度は何持ってくんだ、あ？　核爆弾《かぐばぐだん》が？　遺伝子組み換え作物《さぐもづ》が？」との悲痛な叫び、南部弁による標準語との〝戦い〟が起こる。ここは単行本で加筆された部分で、作家の問題意識がにじむ。

書き下ろしの随筆「黒丸の眠り、祖父の手紙」では、出征して硫黄島で玉砕したとされるが命日すらわからない祖父の人生を切断させた「巨大な力」へ対抗する静かな決意が語られる。国家のような「人工の枠組み」に、身近な誰かを蹂躙させまいとする倫理の保持だ。

虐げられた生活者（家族）と、さらにか弱い猫のような動物、負の遺産を押し付けられた東北という土地を介し、震災が象徴する矛盾とは何かを観念的にではなく指し示す。

著者は私が編集したヘイトスピーチ（差別煽動表現）へのカウンター本『アイヌ民族否定論に抗する』にも参加。東北から北海道にも想像力の射程を広げ、「言った者勝ちの社会」にＮＯを突きつけた。大政翼賛的な風潮に立ち向かう清々しさが胸を打つ。

（『デーリー東北』二〇一八年一月二六日）

IV

沖縄、そして世界の再地図化《リマッピング》へ

沖縄の英文学者・米須興文の「二つの異なった視点」

――主に『ベン・ブルベンの丘をめざして』収録文から考える

「米須興文《こめすおきふみ》さん死去　世界的な英文学研究家」。二〇一五年一二月一七日に呼吸器不全で亡くなった米須興文（一九三一年生まれ）の訃報を掲載した同月一九日付け沖縄タイムスの見出しである。その経歴は、「米須さんは１９６８年ミシガン州立大学大学院博士課程修了。博士号（同大）取得。ノーベル賞を受賞したアイルランド文芸復興の詩人イエーツの研究で世界的な評価を受けた。文学研究を基礎に、国際的な視野で幅広く沖縄の精神文化を論じた。91年沖縄タイムス出版文化賞、２００２年沖縄タイムス賞（文化賞）を受賞。著書に「複眼のイェイツ美学」（英文）「ピロメラのうた」など多数」と、まとめられていた。

同日の琉球新報では、「米ミシガン州立大学で博士号を取得。日米英で学術書、論文を多数発表し、英和辞典の編集にも携わった。１９９４年の琉球アイルランド友好協会の初代会長も務めた。アイルランド研究の視点から沖縄の文化やアイデンティティーを鋭く論じ、一般向け著書も、エッセー集『レダの末裔』（ひるぎ社）『アイルランド断章』（同）など多数ある。２０１３年に半生を振り返りつつ沖縄の文学、文化を批評し『ベン・ブルベンの丘をめざして』（Ｍｕｇｅｎ）を出版した」と仕事の射程が綴られたうえで、沖縄初の芥川賞作家・大城立裕による「（普天間高校の前身の）野嵩高校で文学を担当した時の教え子でもあるが、飛び切りの秀才だった。彼が文学の専門家になってからも随分教えられた。『日本文壇だけを相手にせず、世界文学を目指せ。神話的な世界を書け』とよく言われた」というコメントが紹介されていた。

これらの報道を見ても、米須が沖縄を代表する知識人だと見られていたのは間違いない。それは何よりも、英文学者として培ったディシプリンをもって、時事的であることを恐れずに地元・沖縄の精神的なあり方を問い続けてきたためだった。

琉球新報で触れられた『ベン・ブルベンの丘をめざして』が生前最後の著作となったが、このタイトルは「むきだしのベン・ブルベンの丘下／ドラムクリッフ教会の墓地に／イェイツは眠る」というイェイツの詩から採られている。つまり、米須が同書で生涯の総括を企図したことは間違いなく、ここにまとめられた、「メディアを通して行った一般読者とのコミュニケーションの記録」は、とかく〝雑文〟を軽視しがちな英文学者の職業的悪癖を鑑みると異色だろう。〝雑文〟は形式として自由であるため、学知の本質が赤裸々に露呈してしまうものだからだ。

米須は沖縄で開催された初の日本イェイツ協会大会（第四六回、二〇一〇年）の基調講演にて、自らの知的基盤を形成した研究が「沖縄とアイルランドの間にある植民地体験という共通性」を動機にしているのではない、とはっきり断っている。むしろ「研究者として警戒心」を持ち、意識して「アウトサイダー」たらんと努めようとしたとすら述べているのだ。というのも「植民地体験に絡む政治・経済問題、宗教問題、宗主国との民族・文化的関係も全く異なるから」であり、それらを接合すると「パラレリズムが大部分成り立たなくなってしまう」。だから米須は、類比をあくまでも社会の深層に止めようとする。沖縄とアイルランド、両者は「民衆の心」や「地域文化の伝統」において、ともに「美的感性と自然に感応する想像力が生き生きとしている文化」であり、そこにこそ彼は連続性を見出すのだ（「魂の響き合い——アイルランドと沖縄」）。

米須と同世代の英文学者であり、藤井哲編著『福原麟太郎著作目録』（九州大学出版会、二〇一五年）に帯文を寄せた渡部昇一（一九三〇年生まれ）が、「韓国はもうウンザリです」（『WiLL』二〇一五年五月号）、「東京裁判史観を克服「安倍談話」は百点満点だ！」（同二〇一五年一〇月号）、「もし日本がなかったら　アジアは白人支配が続いていた」（『歴史通』二〇一五年九月号）、「韓国は「植民地」ではなかった」（同二〇一五年九月号増刊）といった醜悪な言説を量産していることと比べてみれば、米須の禁欲的な姿勢が、短絡的で歴史修正主義的な憎悪感情を迂回する効果を懐胎していることが窺い知れよう。

米須の経歴は日本の英文学者のなかでも特異だった。占領地域救済政府資金（Government Aid-and/Appropriation-for Relief in Occupied Area）、通称ガリオア資金を得て、一九五二年から都合九年間アメリカに留学（米留）しており、そこで得られた知見によって、米須はイェイツ研究者・英文学者としての自己のアイデンティティを構築し、ひいては生活の糧を得ることが可能になったからである。『英語青年』二〇〇六年一二月号に掲載された津田正によるインタビューで、米須は次のように答えている。

あの当時、ガリオアは、本土と沖縄は別なんですね。（……）ガリオアというのは占領地の住民に対する援助なんですよね。終戦直後は本土も占領地でしたけれど、本土では平和条約が結ばれたとき、ガリオアはストップになったわけです。ところが沖縄ではガリオアがずっと続いたわけです。日本復帰の七二年まで。

（「米須興文氏に聞く——沖縄と英文学研究」）

「留学したのがおよそ延べで千百名、このうち一五五名が学士号、二六五名が修士号、二八名が博士号、計四四五名が学位を授与された」、すなわち「半分以上が学位を取れなかった」というから、相当な努力が要求されたのは間違いない。『ベン・ブルベンの丘をめざして』では留学前から途中の日記（一九五一年から五四年）が収められ、米留学生の生活が克明に記録されているが、大学院時代の苦学については、早くも『レダの末裔　アイルランド・ポリネシア・沖縄』（ひるぎ社、一九八六年）で、「週九時間の受講と生活の糧を得るための週十五時間の労働のほかは、覚醒時のほとんどを図書館で過ごしていた。（……）昼食のサンドイッチをかじるのも大抵は図書館の書架の間か閲覧室の机の上だった」と、回想されていた。しかし同時に、『レダの末裔』に収められた一九七六年執筆の文章では、こうした勉学によって培われた教養が「特別な感情」をもたらしたことも綴られており、米須の思想形成におけるクリティカル・ポイントになっている。

一九四五年、米軍の沖縄侵攻が刻々と迫りつつあった頃、私たち一中二年生は陸軍の通信隊に編入されて、「米英撃滅」を合言葉にモールス信号の訓練に励んでいた。戦争は、すでに末期症状を呈していた筈であるが、日本が敗れるなどと大人でさえ普通の人なら夢にも思わぬあの頃、まして中学二年の私たちには敵の来攻を心待ちにする空気すらあった。自動小銃やM－4型戦車に竹槍で歯向かう愚を悟るどころか、米鬼殲滅はわれらの手でと意気ごんでいたのである。

そのような雰囲気の中から、私は、米軍上陸のちょうど一月前の三月一日、最後の疎開船で九州へ逃れた。残った同期生は、戦火にさらされながら終始軍と行動を共にし、七十二名が生命を失った。

（……）私が戦死した同期生たちに対して特別な感情を抱くのは、私を含む生き残りの者が、彼らと全く異なった世界に属してしまっているからである。

（「三十二年目の夏――言葉への旅」）

この「特別な感情」とは、要するに「死んだ学友たちと共に、かつては「鬼畜」と憎んだアングロ・サクソン民族の文化と精神にじかに触れることになった」ことによってもたらされたものである。その結果、専門知識とは別に「副次的な収穫として、われわれをとりまく現実世界を二つの異なった視点から眺めることができるようになった」。おそらく、この「二つの異なった視点」こそが、そのまま博士論文（一九六八年）やそれを単行本化した *The Double Perspective of Yeat's Aesthetic*（一九八四年）の「複眼」的視座を培ったのだろう。

この「二つの異なった視点」は、文学を一元論的・体験的パースペクティヴと二元論的・認識的パースペクティヴという相反する視座から本質論的にアプローチした『ミメシスとエクスタシス――文学と批評の原点』（勁草書房、一九八四年）、および「文化と人びとの間の、また文学と文学者との間」の「創造者と創造物が相互に規定し規定される対等の関係」において発生する「クリエイティブ・サークル＝創造的循環」を主題的に扱った『文学作品の誕生　その文化的プロセスとしての意味』（沖縄タイムス社、一九八八年）との関係性に、まさしくパラレルなのではないか。

つまり『ミメシスとエクスタシス』が理論の中核を扱うものだとしたら、続編たる『文学作品の誕生』は環境を扱ったものであって、その「二つの異なった視点」を並立させてきたからこそ、米須は地域ナショナリズムの陥穽を鋭く察知したのだろう。少なくとも英文学者として米須を捉えるためには、沖縄人としての米須像を知らなければならない。

そのための手がかりは様々なものが考えられるものの、例えば沖縄タイムス二〇〇三年一二月二一日朝刊のインタビューで、沖縄の文学状況について問われた際の米須の発言が、その内なる「アウトサイダー」的な視座をよく伝えてくれている。

（沖縄の文学は）今は土着にのめりこんでいる段階ではないでしょうか。そこから普遍につながる道を早く見つけないとローカルカラーになってしまう危険がある。

こういうことを大きな声で言えないのは実は、私は六〇年代に逆のことを言ったのです。「沖縄は文学不毛の地か」という議論に対して、不毛から脱出するためには中央志向の模倣主義を捨てて自らの土壌に根を下ろし、文学の深層構造を把握して文学表現に載せることが大事だと、当時そう言ったのです。

私が言ったことは、その後、多くの作家が実現したと思う。しかし、それにのめり込むと話は別である。新しいものが作りきれず、創造性が失われてしまう危険がある。文学が創造的な営みであることを忘れてはならない。

米須が六〇年代に言っていたという「中央志向の模倣主義を捨てて自らの土壌に根を下ろし、文学の深層構造を把握」することは、そのまま大城立裕が冒頭で回想した「日本文壇だけを相手にせず、世界文学を目指せ。神話的な世界を書け」という檄に通じる。

しかしながら、「創造的循環」を論じた「文化の自己表現としての文学」（『文学作品の誕生』）で、米須は「日本文学作品を読む場合」に用いられる「作品理解の基盤として機能する認識の方法」を解説しているが、その際に持ちだされる実例は能であったり、川端康成『雪国』の冒頭部であったり、芭蕉の「古池や」の句であったり、謡曲の「羽衣」の迦陵頻伽であったり……と、奇妙なまでに日本的で「中央志向」なものとなってしまっている。一九九八年当時ならばまだしも、二〇一六年の私たちは、ここから渡部昇一へ至る道は思いのほか短いことをよく心得ている。

おそらく、米須自身、この陥穽から逃れるためにこそ、「土着」や「ローカルカラー」を警戒したのだろう。『文学作品の誕生』の刊行に先んじ、米須は情報化時代における沖縄のアイデンティティを、「チャンプルー」のアナロジーで問うているが、そのロジックを確認してみよう。

情報化の波が世界の津々浦々に及び、世界が狭くなるにつれ、伝統的な主流文化は急速にその権威を弱め、世界の文化は中心点が曖昧になりつつある。

変わって、マイノリティーやマージナルな文化がそれぞれのアイデンティティを主張し始めている。アメリカでも建国以来の「多様性の中の統一性」(E Pluribus Unum) の神話が崩れ、「多文化主義」(multiculturalism) が叫ばれるようになった。つまり、少数派文化や周縁文化が自信を取り戻し、自己主張を始めたのである。沖縄の土着志向も同じ歴史の大きなうねりの中にあると言って良い。

多様な文化の自己主張は、現在進行しつつある高度情報化の無国籍的なスーパー・カルチャーの成立と矛盾するようであるが、実はそうではない。諸文化の自己主張は世界文化の脱中心化を促進し、ポストモダンのパスティーシュ (pastiche チャンプルー) 的な文化をもたらして、世界の文化を主流・傍流の優劣もなく、強者・弱者間の差別も疎外もない、完全調和の方向へと導きつつあるのである。もともと中心点の曖昧なチャンプルー的な沖縄文化の本質にきわめて馴染みやすい文化状況になってきたといえる。

（『沖縄県IC資料「自立への新たな胎動」』）

これは一九九六年の原稿だが、その前年、九五年は戦後五〇年の節目にあたる年だった。これを論じるにあたっても、米須は「ポストモダンのパスティーシュ」として沖縄を捉えようとする。

でも、沖縄の文化を戦後五十年に限って論じるのは、極めて狭い見方です。遠く古琉球の時代に遡って論じるべきでしょう。そうしますと、わが琉球が数世紀も前にポストモダン的な文化を築いていたことに気がつくのです。私たちの祖先は、そのひそみに倣って、グローバルな規模でのチャンプルー（＝パスティーシュ）文化の創設に参加すべきではないでしょうか。

しかし、一つの覚悟も必要であることを付け加えてこの稿を閉じたいと思います。ポストモダンのチャンプルー文化は、沖縄の郷愁も体臭も感じさせない情報化文明の「記号のたわむれ」であるという事実を受け入れる覚悟です。

（『沖縄文芸年鑑』一九九五年号）

こうした「覚悟」は『ピロメラのうた――情報化時代における沖縄のアイデンティティ』（沖縄タイムス社、一九九一年）の頃から培われてきたものなのだが、発表から二〇年を経てみると、どのようなコンテクストで受け止めればよいのか、読み手としては戸惑わずにはいられない。なぜか。その、こころは単純明快。日本社会を席捲した「記号のたわむれ」は、「グローバルなチャンプルー」としての沖縄を確かに包摂した。その一方で、「世界の文化」が「主流・傍流の優劣もなく、強者・弱者間の差別も疎外もない、完全調和」へ辿り着いたかというと、まったくそんなことはない。それからの「失われた二〇年」において新自由主義経済体制が浸透し、沖縄はアメリカと中国、二つの強国の地政学的境界に位置する橋頭堡として、蹂躙されつつある。

二〇一六年現在、キャンプ・シュワブの前で何が行なわれているのか、「情報化文明」であるにもかかわらず、その実態がろくに報道されていない。〝辺境〟たる沖縄を除く日本社会において切実な問題として受け止められず、政権与党の勉強会で国粋主義的ベストセラー作家が漏らした「沖縄二紙は潰さないと」との発言が、社会の動向を見事に代弁している。

そもそも米須は「性格的に、流行りものになじんでいかない」、そのために「一貫してイェイツを研究対象として持ち続けた」のだとしているが、実のところ新しい理論的動向、すなわち新批評（ニュー・クリティシズム）以後の神話批評（原型批評）と解釈学批評、ポスト構造主義を説明するすべに長けており、歯切れの良い語りは付け焼き刃ではない、教育者としての豊富な経験を感じさせる。

しかし、一方で、理論を輸入するのに長けてはいても、その批評に強烈な個性があるかといえばそうではなく、よくも悪くも無難な解釈にとどまってしまっているという弱さもある。ひょっとすると、英文学者としての自己規定が、批評においては足枷になってしまっているのではないか。身も蓋もないことを言えば、もとより「流行りものになじんでいかない」人間は「ポストモダンのパスティーシュ」などとは言わない。

米須のディシプリン、その核にあるイェイツ論を考えてみよう。前述の『英語青年』のインタビューで、ポストコロニアル研究のガヤトリ・C・スピヴァクの博士論文が「ヴィジョンだとかブラーマとか、ある意味で伝統的なイェイツ論」だったという話題に対し、「イェイツというのは intellectual history（知性史）の立場からでも捉えられるし、ポストコロニアルな立場からも研究できる作家」だと答えたうえで、自身の*The Double Perspective of Yeat's Aesthetic*もまた、intellectual historyの色彩が強いと位置づけている。だとすれば、沖縄を語るうえで米須がどこか腰の据わりが悪いのは、彼にとっての「イェイツ」を「沖縄」において発見できていないからではないか。大城立裕に神話を取り入れるよう求めたというのは、その知性史的渇望を如実に証言している。米須はあくまでも、「土着のコンテクスト」で「創造的循環」が起こることを求めたのだ。「モダニズムを相対化」するためである。

こうした相対化への希求は、一九五〇年代をまるまる、占領下の沖縄ではなく、宗主国のアメリカで過ごしたという経験によって育まれたのはまず間違いない。だが、このことは、「二つの異なった視点」を可能にしつつも、同時にアキレス腱ともなってしまった。

一九五〇年代の過去に戻って、その視点に立って現在のアメリカを眺めた場合、実に多くの変化が理解できます。かつての自信に満ちたアメリカ人は姿を消し、その代わりに悩めるアメリカ人が登場しています。しかし、一方、五〇年代のナイーヴなアメリカ人も姿を消し、その代わりに自己をよく知り、新しい自画像を求めて努力をしているアメリカ人が現れています。五〇年代の自信にあふれたナイーヴなアメリカ人は、堂々とアメリカ民主主義を称揚し、外国人のアメリカ批判に対しても鷹揚で寛容な態度を示しました。しかし、彼はアメリカの少数民族や疎外された階層の問題には救いがたいほどの鈍感ぶりでした。私が籍を置いていた大学に来たある講演者は、「アメリカ独立宣言書」が「共産党宣言」よりラジカルな文書であるといい、共産主義に対する最も有効な闘いは、国民に共産主義をよく勉強させることだと平然と言っていました。

（『ガリオア留学生の足跡』、二〇〇八年）

『ベン・ブルベンの丘をめざして』に米留時代のエピソードは数多く綴られているが、その饒舌な筆致に比して、アメリカの内奥へ切り込んだ批評的言辞は驚くほど少ない。そこで重要なのは、一九五〇年代における「自信にあふれたナイーヴなアメリカ人」の凋落を見据えていたことだろう。

帰国後、六〇年代から七〇年代の沖縄で起きた光景を、米須は知らず、五〇年代アメリカの「ズレをふくんだ繰り返し」(大江健三郎)だと受け止めたのではなかろうか。『レダの末裔』において、米須はポリネシアを訪問していたが、そこで彼が見たものもまた、沖縄との「ズレをふくんだ繰り返し」だろう。とすれば「グローバルなチャンプルー」もまた、「ズレをふくんだ繰り返し」と翻訳することこそが正しいのではないか。

この点をもう少し掘り下げてみよう。米須がイェイツを論じるにあたって繰り返し取り上げるエピソードに、「国語としてのゲール語復活の必要性を熱烈に訴えた」ダグラス・ハイドとの対立がある。『英語青年』一九九四年一月号に寄稿したイェイツ論は、まさしくそのような構図で書かれたものだった。

> イェイツのケルト復古主義には一つの矛盾がある。彼は、アイルランド文学の内容とその源泉たる民族精神に関しては、古いゲール語文化への復帰を唱える原始主義者であったが、文学表現に関しては、アイルランドの言語状況の現実を容認する進歩主義者だったのである。アイルランドの神話・民話の想像的世界には愛惜止まざりしイェイツであったが、滅びゆくゲール語については極めて枯淡としていたのである。
>
> (「Irish Identity とイェイツの立場」)

イェイツの採用した二重基準。これを「ズレをはさんだ繰り返し」として、アメリカを、そして沖縄を捉え返すこと。米須のスタンスを一言で説明すれば、要するにそういうことになる。だが、こうした立場は、「アウトサイダー」として自己を規定し、当事者性を棚上げしなければ成り立ちえないのは言うまでもない。

二〇〇二年の一一月一九日朝刊の沖縄タイムスで、米須は「誤解を恐れずに真実の証言として書き残しておきたい」と前置きして、「実は、かなり前から自分の語学と文学の適性について疑問を感じてきた」と告白している。五〇年前にアメリカ兵相手のバーテンをしていたように「口笛でも吹きながら気楽にできる仕事について人生を送るほうが幸せだったのではないか」と反省しているのだ。

これは「英語で苦労しているようには見えない」同業者（英文学者）の実例から見た、一種の謙遜だと受け止めるのが普通の読み方だろうが、この唐突な述懐は、どうもそのような位置づけをはみ出すような部分が少なくないのではないか。つまり、「見る前に跳べ」（大江健三郎）という内的な衝迫に従って、米須は米留を選んだものの、そうではない道筋もあったのではないか、という、歴史を生きた自己への問いかけのように見えるのだ。

米須は「悩めるアメリカ人」が余儀なくされた「アメリカの理想の見直し」として、ゲーリー・スナイダーの〈亀の島〉（Turtle Island）を紹介している（「文学とナショナリズム」、『文学作品の誕生』）。それは「WASP文化の枠内に閉じ込められた世界」ではなく、むしろ「伝統的アメリカ像の破壊のような観さえ」あるもので、「ワスプの枠を越えた自由と平等の理念の再解釈、政治的支持基盤を生態的環境にまで広げた民主主義の再解釈」なのだと米須は論じている。

だとすれば、そうした「場所の感覚」に基づくゲーリー・スナイダー的な「理想郷の再構築」へ、サルトルに強い「衝撃」を受けたという米須は、自らを投企すべきではなかったか。仮に英文学者としての自己規定がそうすることへの妨げになっていたのだとしたら、時には鎧を脱ぎ捨てることも必要だったのではないか。

スナイダーは一九六三年に京都を訪れ、〝新宿のランボー〟こと日本のビートニク詩人・長沢哲夫（ナーガ）に出会い、翌年、その詩編を英訳して詩の雑誌に掲載、北米の読者に紹介した。「ナーガの詩のなかには、既存の人間の言葉ではありえない、魔術的なシラブルに満ちたものがあった。まさに独特のバイブレーションとオーラを持つ「音の詩」だったのだ。ナーガはいつも何かを追い求めている純粋な実験者であり、穏やかながらも頑として、それを実践していた一人だった。言葉が意味を喪う、その崖っぷちを彼は彷徨う」（拙訳）と、二〇〇三年に発表した「ナーガ」という一文にスナイダーは書いている。

ナーガは日本最初のカウンター・カルチャー運動「部族」の主要メンバーの一人で、トカラ列島の諏訪之瀬島のコミューン「バンヤン・アシュラム」の一員となり、現在も諏訪之瀬島で詩を書きながら漁師をして暮らしている。

ナーガの詩編については、また稿をかえて詳述したいが、米須の眼差しが、又吉栄喜や目取真俊といった芥川賞作家や、山之口貘や高良勉といった全国レベルで知られた詩人のみならず、沖縄周辺のカウンター・カルチャーにまで注がれていたら、あるいは「パスティーシュ」も実態を持ち得たかもしれないし、そこにこそ「魂の響き合い」はあったのではないか。

――そのような可能性を夢想しつつ、本稿は筆を擱くこととしたい。

（書き下ろし、二〇一六年八月）

移動と語りの重ね書きによる世界の再地図化《リマッピング》

——宮内勝典『永遠の道は曲りくねる』

どこか遠い異国、見知らぬ土地に放り出されたと想像してみよう。これまでの常識は、もはやまったく通用しない。教育や仕事はおろか、培ってきた人間関係までもが、まっさらにリセットされ、そこで裸一貫で生きていかねばならない場所だ。

宮内勝典と署名された小説は、総じてこのような地平から立ち上げられており、日本文学の伝統からすると明らかに異質だ。とりわけ、ビルドゥングス・ロマン（教養小説）である『ぼくは始祖鳥になりたい』（連載：『すばる』一九八八年一月号〜八九年一一月号、単行本：一九九八年）と、『金色の虎』（連載：『群像』一九九二年七月号〜九六年三月号、単行本：二〇〇二年）は、世紀をまたぎながら、一語一語、真空に楔を打ち込むがごとくに書き継がれ、連綿と改稿が施されてきた。『ぼくは始祖鳥になりたい』の背景には、『宇宙的ナンセンスの時代』に『ニカラグア密航計画』（ともに一九八六年、再刊の際に改題）といった実録としてのノンフィクションがある。『金色の虎』には、オウム真理教の内在的論理を喝破するための苦闘を示す『善悪の彼岸へ』（二〇〇〇年）が併置される。実録として抽出された人間の病理を、時代に固有のものと留め置かず、外部へと開いていく道はどこにあるのか。それを模索する思考実験として、フィクションという形式が選択されたのだろう。

私たちはしばしば、理解してもらえるもの、共有できるものは何もないという漠然とした諦念に襲われる。にもかかわらず、神や宇宙人によってプログラムされたがごとくに母語があり、文化や民族という表徴のもとに刻まれた記憶を分有している。そして、それらを包含するかのように、淡い意味を浮かび上がらせる意識があるのだ。

世界の景色が内面の投影にすぎないのだとしたら、私たちのアイデンティティを規定する意味とは何なのか。意味が成立するぎりぎりの吃水線に立ち、その足場をも言葉で表現せんとすること。観念を一人歩きさせるのではなく、血肉を備えた人間の生きざまを通じ、認識の限界、抽象へと到達することは可能なのか。

連作の完結編にあたるという『永遠の道は曲りくねる』(『文藝』二〇一五年春季号〜一六年冬季号)は、これらの問いへ対峙し、読者に答えを書き込ませようとするノートブックのような小説だ。全体を構成する言葉は太い柱のようで、むしろ詩に近い。私小説的な『金色の象』(一九八〇年)や『焼身』(二〇〇五年)とも微妙に異なる。提示されるイメージは色彩に満ち、かつて江藤淳が、デビュー作『南風』(一九七九年)を「こちら側の世界とあちら側の世界の接点を、ある意味で印象主義的な手法で書いている」と評したことが想起される。シンプルな言葉の輪郭は油絵のように明瞭で、それにより認識の枠組みそのものに訴えようとするのだ。

『ぼくは始祖鳥になりたい』のサイキック青年・ジロー(次郎)は、すでに三二歳となり、若さの喪失を自覚している。盟友の黒人宇宙飛行士ジムがメールを発信してくるのは、遠く地球を離れた宇宙ステーション。この惑星の、文字通り外側からジローを見守る。精神科医の田島は『金色の虎』でカルト教団の導師《グル》シヴァ・カルパの片腕として、怪しげなセックス・セラピーの実験に手を染めた過去があったが、かつて全学連の委員長だった末期癌の霧山の招きで精神医療の現場に復帰する。

『魔王の愛』(二〇一〇年)で書かれたマハトマ・ガンジーや、おそらく作家自身もそうであるように、登場人物はそれぞれ、清濁併せ呑む経験を経ている。そのような男どもの紐帯を相対化するのが、リストカット癖のある〝アメラジアン〟の七海、中東の体験でPTSDとなった兵士ジェーンといった傷ついた女性に、心を病んだ女性を受け入れてユタ(巫女)に育てる乙姫のような精神の領域で生きる存在である。

主な舞台は沖縄だ。かつて宮内勝典は、『LOOK AT ME　おれを見てくれ』(一九八三年)で、「沖縄は僻地どころか、地球の縮図なんだよ。生態系をひき裂く〈近代〉と、シャーマニズムや精神文化がせめぎ合う最前線なんだ」と書いていた。ここで音楽家・嘉納昌吉の言葉として語られる「シャーマンだけは全世界にいる。沖縄にも朝鮮にもアメリカにも、全世界にいる」というヴィジョンが、『永遠の道は曲りくねる』では環太平洋的なスケールで壮大に語り直される。ヤマトの価値観では辺境と切り捨てられる沖縄をこそ中心として、世界各国からシャーマンとして一三人のグランマザーが集い、サポーターと《平和の行進》を行ない、受けてきた暴力とその背景を滔々と語る場面がそうだ。グランマザーらをはじめ、多様な人物の回想それ自体が、意識に新たなスクリーンを立ち上げるような効果を生む。焦点人物のジローは〝人類発祥の地〟であり紛争地帯でもあるパレスチナから沖縄へ渡り、そこから太平洋戦争における「大東亜共栄圏」の残骸を辿り直し、やがてマーシャル諸島から核実験で汚染された太平洋のビキニ環礁へと行き着く。ジローらの移動が、多声的な語りに、しっかりとした軸を差し込んでいる。だからこそ、「この島々はフクシマとつながっているんだよ」というさりげない一文の苦渋が響く。
『ぼくは始祖鳥になりたい』や『金色の虎』と同じく、ジローは多くを語らない。読者に自己を投影させるためだろう。一方で、宮内は佐原次郎という筆名を使ったことがあり、それは初期の代表作『グリニッジの光を離れて』(一九八〇年)の主人公の名でもあった。作家の似絵という側面も確実にある。つまり、ジローはコミュニケーションの器として造形されており——作家と交流のある諏訪之瀬島の詩人・長沢哲夫の言葉を借りれば——「一秒の死を歩く」のだ。こうした移動に複合的な語りを重ね書きすることで、時間は混交し、世界の群島《アーキペラゴ》としての再地図化《リマッピング》がなされる。そのプロセスを経ているからこそ、「この惑星こそが楽園なのだ」という一文に、新たな位置が与えられるのだ。

(『すばる』二〇一七年八月号)

あとがき

本書の母体となっているのは、二〇一六年八月に限定発刊した『破滅《カタストロフィー》の先に立つ――ポストコロニアル現代／北方文学論』である。発行元の幻視社は、「『挾み撃ち』の夢――後藤明生の引揚げ《エグザイル》」（『未来』連載）で知られる東條慎生氏のプライベート・プレス。幸いにして同書は、第五〇回北海道新聞文学賞創作・評論部門佳作を受賞した（正賞の受賞作はなし）。同賞で評論の入賞が出たのは二一年ぶりという。

受賞から約二年の時を経て、このたび商業出版で出し直すにあたっては、新しい読者と出逢うため、よりコンセプトを鋭角的にして構成を練り直し、半数近くの原稿を入れ替えた。加えて、新たに二〇一六年以降発表の原稿も収めることで、最新の認識が伝わるように心がけた。その結果、『図書新聞』に連載中の「〈世界内戦〉下の文芸時評」（二〇一五年三月～）や、『北海道新聞』に連載していた「現代北海道文学論　「北の想像力」の可能性」（二〇一五年四月～二〇一七年一二月）からの収録原稿はすべて省かざるをえなかった（いずれ、独立した書物としてお目にかけられればと考えている）。しかし、このような作業を経ることで、本書はまったく新しい書物として生まれ変わることができたように思う。偶然にも、道新文学賞を受けた月に娘が生まれたのだが、彼女がこれから生きていかねばならない環境を、〈文学〉を通し、少しでもマシなものにしていきたい。

さて、私は文芸評論家として活動しているだけではなく、英語圏の流れをくんだゲームデザイナー（実作者）という顔もあり、キャリアとしてはそちらの方が長いくらいだ。ただし、ゲームという古くて新しい表現を扱う際にも、本書で言う〈文学〉として扱っており、「はじめに」で批判した類の「オタク批評」にはならないように心がけている。『世界にあけられた弾痕と、黄昏の原郷——ＳＦ・幻想文学・ゲーム論集』（アトリエサード／書苑新社、二〇一七年）を読んでいただければ、その意図はご理解いただけるはずだ。

本書の出版にあたっては、寿郎社の土肥寿郎社長、下郷沙季氏のお世話になった。「『北の想像力』という巨大な〈弾〉」に書いたとおり、リスキーな企画を〝いまの世界に必要だから〟と、あえて容れてくれる度量には感服せざるをえない。校正にあたっては、幻視社版に続いて、柳剛麻澄氏に協力をいただいた。山城むつみ氏とマーク・ウィンチェスター氏には、それぞれインタビューと対談の収録許可をいただいた。お二人の言葉が響いているおかげで、単著にありがちな〝独りよがり〟を免れることができたものと思う。その他、個々に名前を挙げることはできないが、収録原稿の初出をはじめ、本書に何かしらの形で関わった方々にもお礼を申し上げたい。

ただ、まずは本書を最後まで読んでくださった読者のあなたに、満腔の謝意を捧げます。言説の公共性を切り崩すヘイトスピーチが飛び交い、政治的な状況は暗く先行きの見えない状態が長く続いていますが、真空へ一歩踏み出すインスピレーションを、本書より汲みとっていただけましたら幸甚です。

二〇一八年六月

岡和田晃

岡和田晃（おかわだ・あきら）

一九八一年、北海道上富良野町生まれ。早稲田大学第一文学部卒。筑波大学大学院人文社会科学研究科で修士号を取得。

文芸評論家、ゲームデザイナー、東海大学文芸創作学科非常勤講師。

「「世界内戦」とわずかな希望――伊藤計劃『虐殺器官』へ向き合うために」で第五回日本ＳＦ評論賞優秀賞受賞（二〇一〇年度）。二〇一四年、『北の想像力　《北海道文学》と《北海道ＳＦ》をめぐる思索の旅』（編著、寿郎社）で第三五回日本ＳＦ大賞最終候補。二〇一六年、本書の母体である『破滅（カタストロフィー）の先に立つ　ポストコロニアル現代／北方文学論』で第五〇回北海道新聞文学賞創作・評論部門佳作。二〇一五年の『アイヌ民族否定論に抗する』（共編著、河出書房新社）は広く話題となり、関連して、反ヘイトの評論・講演活動などを行なう。

その他の著作に『アゲインスト・ジェノサイド』（新紀元社）、『「世界内戦」とわずかな希望　伊藤計劃・ＳＦ・現代文学』（アトリエサード）、『向井豊昭傑作集　飛ぶくしゃみ』（編著、未來社）、『向井豊昭の闘争　異種混交性（ハイブリディティ）の世界文学』（未來社）、『世界にあけられた弾痕と、黄昏の原郷　ＳＦ・幻想文学・ゲーム論集』（アトリエサード）、『石牟礼道子　さようなら、不知火海の言魂』（共著、河出書房新社）など。『エクリプス・フェイズ』（筆頭訳、新紀元社）ほか翻訳書も多数。

日本文藝家協会、日本ＳＦ作家クラブ、日本近代文学会、それぞれ会員。

反《はん》ヘイト・反新自由主義《はんしんじゆうしゅぎ》の批評精神《ひひょうせいしん》
いま読《よ》まれるべき〈文学《ぶんがく》〉とは何《なに》か

発　行　2018年8月31日 初版第1刷
著　者　岡和田晃
発行者　土肥寿郎
発行所　有限会社 寿郎社
〒060-0807 札幌市北区北7条西2丁目37山京ビル
電話 011-708-8565　FAX 011-708-8566
e-mail doi@jurousha.com　URL http://www.ju-rousha.com

印刷・製本　モリモト印刷株式会社

ISBN 978-4-909281-12-8 C0095

好評既刊

北の想像力
《北海道文学》と《北海道ＳＦ》をめぐる思索の旅

岡和田晃［編］

気鋭のＳＦ批評家一〇人が、北海道に関わる新旧の文芸作品とＳＦ作品を〈思弁小説〉としてとらえ直し、「辺境」でありながら「世界」を志向するその先進性を論じる。安部公房・荒巻義雄の古典的作品から、清水博子・円城塔の前衛的作品、鶴田知也・向井豊昭のアイヌをめぐる作品、北海道が登場する海外作品までを網羅した空前絶後の評論大全。

Ａ５判上製七九八頁　定価：本体七五〇〇円＋税

近現代アイヌ文学史論
アイヌ民族による日本語文学の軌跡〈近代編〉

須田茂［著］

アイヌ民族の言論人によって書かれた文学（小説・評論・詩歌）のすべてを論じた日本初のアイヌ文学通史――その上巻「近代編」がついに完成。刺激的な内容と五〇〇ページを超えるボリュームで日本文壇と学会、読書界に波紋を呼ぶこと必至の大著。不条理な〝死角〟と〝ネグレクト〟のなかでも文学の普遍性を堅持したのがアイヌ民族文学だった――。

四六判並製五二四頁　定価：本体二九〇〇円＋税